MANUEL À L'USAGE DES FEMMES DE MÉNAGE

LUCIA BERLIN

MANUEL À L'USAGE DES FEMMES DE MÉNAGE

Traduit de l'anglais (États-Unis)
par VALÉRIE MALFOY

Préface de LYDIA DAVIS

Postface de STEPHEN EMERSON

BERNARD GRASSET
PARIS

L'édition originale de cet ouvrage a été publiée
par Farrar, Straus and Giroux, LLC, en 2015, sous le titre :

A MANUAL FOR CLEANING WOMEN

Photo de la jaquette : © Peter Burnett / Gettyimages

ISBN 978-2-246-85782-2

PRÉFACE

L'important, c'est l'histoire

Les nouvelles de Lucia Berlin sont électriques : elles bourdonnent et crépitent quand les fils sous tension se touchent. Et à son tour, l'esprit du lecteur, lui aussi, séduit, captivé, s'anime, toutes ses synapses stimulées. C'est dans cet état-là qu'il nous plaît d'être quand nous lisons – le cerveau travaillant, le cœur palpitant.

Pour une part, la vitalité de cette prose réside dans son tempo – tantôt fluide et calme, équilibré, égal et mesuré, tantôt saccadé, télégraphique, rapide. Pour une autre part, dans sa façon bien particulière de nommer les choses : Piggly Wiggly (un supermarché), Beenie-Weenie Wonder (une étrange création culinaire), collants Big Mama (manière de nous indiquer le gabarit imposant de la narratrice). Elle est dans les dialogues. Qu'est-ce que cette exclamation ? « Crénom d'un chien ! », « Je suis refait ! ». La caractérisation : la chef de la standardiste dit savoir que la journée se termine rien qu'à voir l'attitude de Thelma : « Ta perruque est de travers et tu commences à dire des obscénités. »

Et il y a le langage lui-même, mot après mot. Lucia Berlin est toujours à l'écoute, à l'affût. Sa sensibilité aux sonorités du langage est toujours là, et nous aussi, nous savourons les rythmes des syllabes ou la parfaite coïncidence du son et du sens. Une standardiste revêche bouge « en claquant et frappant ses affaires ». Dans une autre histoire, Berlin évoque les cris des « corneilles empotées et braillardes ». Dans une lettre qu'elle m'avait écrite du Colorado en 2000, « des branches lourdes de neige cassent et craquent contre mon toit et le vent secoue les murs. Bien au chaud cependant, comme dans un bon bateau robuste, chaland ou remorqueur ». (Écoutez ce rythme.)

Ses nouvelles sont aussi pleines de surprises : phrases inattendues, réflexions, tournure des événements, humour, comme dans « À plus », où la narratrice vit au Mexique et parle principalement espagnol, commentant avec une certaine tristesse : « Naturellement, j'ai une identité propre, ici, et une nouvelle famille, de nouveaux chats, de nouvelles blagues. Mais je tâche sans cesse de me rappeler qui j'étais en anglais. »

Dans « Panteón de Dolores », la narratrice, enfant, est aux prises avec une mère difficile – comme ce sera le cas dans beaucoup d'autres histoires :

« Un soir, après son départ, elle est rentrée dans la chambre où je dormais avec elle. Elle a continué à boire, pleurer, et gribouiller, littéralement gribouiller dans son journal intime.

— T'es OK ? ai-je fini par lui demander, et elle m'a giflée. »

Dans « Chère Conchi », la narratrice est une étudiante fine et pleine d'humour :

« Ella, ma coloc, (…) Si seulement on s'entendait mieux. Tous les mois, sa mère lui envoie ses Kotex de l'Oklahoma. Sa matière principale, c'est théâtre. Mais enfin, comment jouer Lady Macbeth si elle est aussi stressée par un peu de sang ? »

Ou la surprise vient d'une comparaison – et ses histoires en abondent.

Dans « Manuel à l'usage des femmes de ménage », elle écrit : « Un jour, il m'a dit qu'il m'aimait parce que j'étais comme San Pablo Avenue. »

Et d'enchaîner sur une autre, encore plus surprenante : « Lui, il était comme la décharge de Berkeley. »

Et elle est tout aussi lyrique dans sa description d'une décharge (tant à Berkeley qu'au Chili) que pour évoquer un champ de fleurs sauvages :

« Si seulement il y avait un bus pour y aller. C'est là qu'on se rendait quand on avait la nostalgie du Nouveau-Mexique. C'est désolé, venteux, et des mouettes s'envolent comme des petits rapaces dans le désert. On peut voir le ciel tout autour et au-dessus de soi. Des bennes à ordures passent sur les routes où la poussière vole dans un grondement de tonnerre. Dinosaures gris. »

Enchâssant toujours ses histoires dans une réalité concrète, il y a ce genre d'imagerie physique : les bennes à ordures passent dans un grondement de tonnerre, la poussière vole. Parfois l'image est belle, d'autres fois non mais elle est intensément palpable ; nous appréhendons chaque histoire non seulement avec notre intellect et notre cœur mais aussi par nos sens. L'odeur du professeur d'histoire, sa sueur et ses vêtements moisis, dans « Bonne et mauvaise ». Et, dans une autre histoire : « le tarmac au goudron ramolli (…) l'odeur de terre et de sauge ». Les grues qui s'envolent « avec un bruit de cartes qu'on brasse ». « Poussière de *caliche* et laurier-rose ». « Les tournesols mexicains et plantes violettes » dans une autre histoire encore ; et des foules de peupliers, plantés à une époque plus heureuse, prospérant dans un bidonville. Elle était toujours aux aguets, fût-ce depuis sa fenêtre (quand il lui était devenu difficile de bouger) : dans cette même lettre qu'elle m'adressait, des pies « plongent sur la pulpe de pomme – vifs éclairs bleu-vert et noir sur fond de neige ».

Une description peut commencer sur un mode romantique – « la *parroquia* à Veracruz, des palmiers, des lampions au clair de lune » – mais le romantisme est troublé, comme dans la vraie vie, par le détail réaliste flaubertien, si finement relevé : « chiens et chats parmi les souliers vernis des danseurs ». La façon dont un écrivain embrasse le monde est encore plus convaincante quand il voit l'ordinaire avec l'extraordinaire, la vulgarité ou la laideur en même temps que la beauté.

Elle crédite sa mère, par la voix d'une de ses narratrices, de lui avoir transmis ce sens de l'observation : « On s'est rappelé tes blagues et ta façon de regarder, sans jamais rien louper. Tu nous as donné cela. Le regard.

« Pas l'ouïe. Tu nous donnais peut-être cinq minutes pour te parler de quelque chose, après quoi tu disais : "Ça suffit". »

La mère restait dans sa chambre à boire. Le grand-père restait dans sa chambre à boire. La fillette les entendait écluser depuis la véranda où elle dormait. Dans une nouvelle, mais peut-être aussi dans la réalité – ou bien la nouvelle est une exagération de la réalité, perçue avec une telle acuité, une telle dérision, que même si la douleur est là, on a le plaisir paradoxal de la forme, et c'est ce plaisir-là qui l'emporte.

Bon nombre de ses nouvelles sont inspirées de sa propre vie. Après sa mort, l'un de ses fils a dit : « Ma mère écrivait des histoires vraies, pas forcément autobiographiques, mais pas non plus très éloignées de la vérité… »

Bien qu'on parle aujourd'hui, comme si c'était une nouveauté, de ce type de fiction connu en France comme *autofiction* – la narration de sa propre vie, tirée presque sans modification de la réalité, sélectionnée et racontée judicieusement, avec art –, Lucia Berlin a fait cela, ou une version de cela, me semble-t-il, dès l'origine, c'est-à-dire le début des années 1960. Comme l'ajoutait son fils : « Nos histoires et souvenirs familiaux ont été lentement refondus, embellis et révisés au point que je ne sais plus très bien ce qui s'est réellement passé à l'époque. Lucia disait que ça n'avait pas d'importance : l'important, c'est l'histoire. »

Bien entendu, dans l'intérêt de l'équilibre, de la couleur, elle changeait ce qu'il fallait en façonnant son histoire – détails, descriptions, chronologie. Elle avouait être portée à l'exagération. L'une de ses narratrices l'affirme : « J'exagère souvent et mélange fiction et réalité, mais en fait, je ne mens jamais. »

Certes, elle inventait. Par exemple, Alastair Johnston, l'éditeur d'un de ses premiers recueils, rapporte cette conversation : « J'aime la description de votre tante à l'aéroport, lui disait-il. Le moment où vous vous effondrez sur son grand corps comme sur une chaise longue. » Sa réponse fut : « En réalité… personne n'était venu me chercher. Cette image m'est venue l'autre jour et j'ai écrit cette histoire juste pour pouvoir la placer. » En fait, certaines nouvelles étaient pure invention, comme elle l'expliqua dans une interview. Si on pensait pouvoir la connaître uniquement à travers ses nouvelles, c'était une erreur.

Sa vie fut riche et mouvementée, et le matériau qu'elle en a tiré pour ses histoires est pittoresque, dramatique, et très divers. Les lieux où elle vécut avec sa famille au temps de son enfance furent déterminés par l'activité professionnelle de son père, puis le départ de celui-ci pour l'armée, et enfin son retour à la vie civile après la guerre. Née en Alaska, elle a grandi dans des camps de mineurs dans l'Ouest américain, puis dans la famille de sa mère à El Paso alors que son père était à l'étranger, avant de connaître une existence très différente au Chili, une vie d'aisance financière et de privilèges décrite dans ses histoires qui évoquent cette adolescence à Santiago, avec écoles catholiques, turbulences politiques, yacht clubs, grands couturiers, bidonvilles, révolution. Devenue adulte elle continua à mener une vie agitée, d'un point de vue géographique, vivant au Mexique, en Arizona, au Nouveau-Mexique, à New York. L'un de ses fils se rappelle qu'ils déménageaient tous les neuf mois quand il était petit. Par la suite elle enseigna à Boulder, Colorado, et à la toute fin s'installa près de ses fils, à Los Angeles.

Elle écrit sur ses fils – elle en eut quatre – et les emplois qu'elle a occupés pour assurer leur subsistance. Ou, devrait-on dire, elle écrit sur une femme qui a quatre fils, des emplois comme les siens – femme de ménage, infirmière, secrétaire médicale, standardiste, enseignante.

Elle a vécu dans tellement d'endroits, fait tellement d'expériences – il y avait de quoi remplir plusieurs vies. Nous avons, la plupart d'entre nous, connu au moins une partie de ce qu'elle a traversé : enfance difficile, ou attouchements sexuels, ou liaison passionnée, combats contre une addiction, maladie pénible ou infirmité, rapprochement inattendu avec un frère ou une sœur, ou un boulot ennuyeux, des collègues imbuvables, un patron tyrannique, ou un ami qui vous trahit, sans parler de l'émerveillement face à la beauté du monde – bovins enfoncés jusqu'aux genoux dans la Castilléjie, un champ de lupins, une fleur de roquette rose aperçue dans la ruelle derrière l'hôpital. Comme nous avons déjà vécu une part de ce qu'elle raconte, ou quelque chose qui s'en rapproche, nous sommes prêts à aller là où elle nous entraîne.

Il se passe à vrai dire des choses dans ces nouvelles – toute une dentition est arrachée d'un seul coup ; une fillette est expulsée d'une école pour avoir frappé une religieuse ; un vieillard meurt dans une cabane au sommet d'une montagne, couché parmi ses chèvres et aux côtés de son chien ; l'enseignante au pull moisi est congédiée en raison de son appartenance au parti communiste – « Mais il n'en fallut pas davantage. Trois mots à mon père. Elle fut virée au cours du week-end et on ne l'a plus jamais revue. »

Est-ce pour cela qu'il est quasi impossible de s'interrompre une fois qu'on a entamé l'une de ses nouvelles ? Parce qu'il se passe sans arrêt quelque chose ? Serait-ce aussi la voix de la narratrice, si engageante, d'une compagnie si agréable ? S'ajoutant à l'économie de moyens, au rythme, au caractère imagé, à la clarté ? Ces nouvelles nous font oublier ce qu'on était en train de faire, où on est, et même qui on est.

« Attendez, est-il dit au début d'une histoire. Que je m'explique… » C'est une voix proche de celle de l'auteur, quoique jamais identique. Son esprit et son ironie irriguent ses histoires et débordent de ses lettres, aussi. « Elle suit son traitement, me dit-elle un jour d'une amie, ce qui fait une grosse différence ! Comment faisait-on avant le Prozac ? On devait fouetter ses chevaux, je suppose. »

Fouetter ses chevaux. D'où cela pouvait-il sortir ? Le passé était peut-être aussi vivant dans son esprit que l'étaient d'autres cultures, d'autres langues, la politique, les faiblesses humaines ; la palette de ses références est si riche, et même exotique, que des standardistes se penchent sur leur console comme des laitières pour traire leurs vaches ; ou une amie passe la porte : « Ses cheveux noirs étaient entortillés autour de petits bigoudis, on aurait dit une coiffure kabuki. »

Le passé – j'ai lu plusieurs fois ce paragraphe extrait d'« À plus », avec délectation, émerveillement, avant de comprendre comment elle procédait :

« Une nuit, il faisait un froid mordant. Ben et Keith dormaient avec moi, en combinaison de ski. Le vent faisait claquer les volets, des volets aussi vieux que Herman Melville. Comme on était dimanche, il n'y avait pas de voiture. Dans les rues, le fabricant de voiles passait, sur une carriole tirée par des chevaux. Clop-clop. Le grésil sifflait contre les fenêtres et Max appela. Hello. Je suis juste au coin de la rue, dans une cabine publique.

« Il est venu avec des roses, une bouteille d'eau-de-vie et quatre billets d'avion pour Acapulco. J'ai réveillé les enfants et on est partis. »

Ils habitaient au sud de Manhattan, à une époque où le chauffage était coupé à la fin de la journée de travail si on habitait dans un loft. Les volets étaient peut-être aussi vieux que Herman Melville, puisque certains bâtiments de Manhattan dataient effectivement des années 1860 quand elle y vivait, et il en reste encore. Mais il s'agit peut-être encore d'une exagération – une magnifique exagération, dans ce cas, un magnifique ornement. Elle précise : « Comme on était dimanche, il n'y avait pas de voiture. » La notation semblant réaliste, j'ai été bernée par le fabricant de voiles et la carriole qui viennent ensuite – je l'ai cru et accepté, et n'ai compris qu'à la seconde lecture qu'elle avait dû revenir sans effort à l'époque de Melville. Le « clop-clop » aussi est une chose qui lui plaît – ne pas gaspiller de mot, ajouter un détail sous une forme abrégée. Le grésil qui sifflait m'a emmenée là-bas, entre ces murs, puis l'action s'accélérait et on se retrouvait tout à coup en route pour Acapulco.

C'est une écriture grisante.

Une autre histoire commence par une déclaration simple et factuelle que je peux aisément m'imaginer tirée tout droit de la vie de l'auteur : « Je travaille dans des hôpitaux depuis des années à présent, et s'il est une chose que j'ai apprise, c'est que plus les patients sont mal en point, moins ils font de bruit. Voilà pourquoi j'ignore l'appel-malade. » Voilà qui me rappelle les histoires de William Carlos Williams quand il écrivait en médecin de famille qu'il était – son côté direct, les détails qu'il apporte à propos de maladies et traitements, ses rapports objectifs. Plus encore que Williams, elle voyait aussi en Tchekhov (autre médecin) un modèle et un professeur. Elle affirme dans une lettre à Stephen Emerson que ce qui donne vie à leur travail c'est leur détachement de médecin, associé à la compassion. Elle poursuit en citant l'usage qu'ils font de petits détails et l'économie de moyens – « Il n'y a pas un mot de trop ». Détachement, compassion, petit détail et économie de moyens – nous sommes en train d'identifier les composants les plus importants d'une écriture. Mais il y a toujours un peu plus à dire.

Comment s'y prend-elle ? Pour qu'on ne sache jamais tout à fait ce qui va suivre ? Rien n'est prévisible. Et pourtant tout est également naturel, authentique, conforme à nos attentes psychologiques et affectives.

À la fin de « Dr H. A. Moynihan », la mère paraît s'adoucir un peu envers son vieux père méchant, bigot et alcoolique. « Il a bien travaillé, déclara ma mère. » C'est la fin de l'histoire et donc nous pensons – formés par des années de lecture – qu'à présent la mère va céder, qu'on peut toujours se réconcilier dans les familles, au moins pour un temps. Mais quand la fillette lui dit : « Maintenant, tu ne le détestes plus, hein ? », la réponse fuse, d'une honnêteté brutale, et d'une certaine façon satisfaisante : « Oh si. Et comment. »

Lucia Berlin est inflexible, elle ne prend pas de gants, et pourtant la brutalité de la vie est toujours tempérée par sa compassion pour la fragilité humaine, l'esprit et l'intelligence de cette voix narrative, et son humour fin.

Dans « Silence », la narratrice affirme : « Ça ne me dérange pas de raconter des anecdotes affreuses du moment que ça peut être drôle. » (Et toutes ne l'étaient pas, ajoute-t-elle.)

Parfois le comique est plus populaire, comme dans « Sex-Appeal » où la jolie cousine Bella Lynn embarque dans un avion pour aller faire carrière à Hollywood, ses appas rehaussés par un soutien-gorge gonflable – mais quand l'avion atteint une certaine altitude, le soutien-gorge explose.

En général, l'humour est plus en demi-teinte, plus naturellement intégré au récit – par exemple, à propos de la difficulté d'acheter des boissons alcoolisées dans la ville de Boulder : « Ces magasins sont des hyper cauchemars. On pourrait succomber au delirium tremens en cherchant où se trouve le rayon du whisky pas cher. » Et de nous informer que : « Le mieux, c'est à Albuquerque où ces magasins-là ont un guichet, on n'a même pas à quitter son pyjama. »

Comme dans la vie, le comique peut se déclarer au milieu d'une tragédie : la sœur cadette, qui se meurt d'un cancer, gémit : « Je ne reverrai plus jamais d'ânes ! » et cela finit en crise de fou rire, mais cette poignante exclamation reste en vous. La mort est devenue si immédiate – plus d'ânes, plus de tellement de choses.

A-t-elle contracté ce fantastique talent de narratrice auprès des conteurs parmi lesquels elle a grandi ? Ou fut-elle toujours attirée par les conteurs, les recherchant, apprenant d'eux ? L'un et l'autre, sans doute. Elle avait une affinité naturelle avec la forme, la structure du récit. Naturelle ? J'entends par là que ses nouvelles ont une structure équilibrée, solide, et pourtant elles évoluent avec un naturel apparent d'un sujet à l'autre, ou, dans certaines histoires, du présent au passé – parfois au sein d'une même phrase, comme dans ce passage :

« Je travaillais machinalement à mon poste, répondant au téléphone, demandant oxygène et techniciens de labo, portée par des vagues chaleureuses de saules discolores, pois de senteur et parcs à truites. Les poulies et gréements de la mine la nuit, après la première neige. Fleurs de carottes sauvages contre le ciel étoilé. »

Sur la façon dont une histoire se développe, Alastair Johnston a cette idée : « Son écriture était cathartique mais au lieu de ménager une épiphanie, elle évoquait plutôt l'apogée avec plus de circonspection, laissant le lecteur la deviner. Comme l'a écrit Gloria Frym dans l'*American Book Review*, "elle la minimisait, l'entourait et laissait le moment se révéler de lui-même". »

Et puis, les fins. Très souvent, Bam ! voici la chute, à la fois surprenante et pourtant inévitable, résultant de façon organique du matériau de l'histoire. Dans « Maman », la jeune sœur trouve un moyen de sympathiser, enfin, avec la mère difficile, mais la dernière réflexion de l'aînée, la narratrice – qui s'adresse à elle-même, ou à nous – nous prend par surprise : « Moi (…) je n'ai pas pitié. »

Comment une histoire prend-elle forme, pour Lucia Berlin ? Johnston propose une réponse : « Elle commençait par quelque chose d'aussi simple que la ligne d'une mâchoire, ou le jaune du mimosa. » Elle-même précise : « Mais l'image doit se connecter à une expérience particulière et intense. » Ailleurs, dans une lettre à August Kleinzahler, elle décrit sa manière d'avancer : « Je démarre & ensuite c'est comme vous écrire ceci, en plus lisible… » Une part de son esprit, parallèlement, devait toujours contrôler la forme et la séquence des épisodes, ainsi que la fin.

Elle a affirmé que l'histoire devait être réelle – mais qu'entend-elle par là ? Je crois que cela signifie ni artificielle, ni anecdotique ou gratuite, mais profondément ressentie, importante du point de vue affectif. Elle déclara un jour à un étudiant que son texte était trop intelligent – n'essayez pas d'être intelligent, lui conseilla-t-elle. Elle composa l'une de ses propres histoires sur le plomb brûlant d'une linotype et rejeta toutes les lignes-blocs dans le creuset au bout de trois jours de travail, jugeant que tout ça « sonnait faux ».

Et quid de la difficulté du matériau (réel) ?

Dans « Silence », elle parle de certains événements réels évoqués de façon plus brève dans sa lettre à Kleinzahler, dans une sorte de douloureuse sténo : « Dispute avec Hope dévastatrice. » Dans cette nouvelle, l'oncle John, qui est alcoolique, conduit en état d'ivresse avec sa jeune nièce à bord. Il heurte un petit garçon et son chien, les blessant tous deux, le chien grièvement, et ne s'arrête pas. Lucia Berlin a dit, de l'accident : « Ma désillusion quand il a heurté l'enfant et son chien fut Atroce. » L'histoire, transformée en fiction, comporte le même accident, et la même douleur, mais il y a une sorte de rédemption. La narratrice revoit l'oncle John quelques années plus tard, alors qu'il est heureux en ménage, doux et bon, et qu'il ne boit plus. Ses derniers mots dans l'histoire sont : « Évidemment, à cette époque-là, j'avais compris toutes les raisons pour lesquelles il n'avait pas pu s'arrêter sur la route car, à cette époque-là, j'étais devenue alcoolique. »

Sur la façon d'aborder ce matériau douloureux, elle fait ce commentaire : « D'une façon ou d'une autre une altération presque imperceptible de la réalité doit se produire. Une transformation, pas une distorsion de la vérité. L'histoire elle-même devient la vérité, pas seulement pour l'écrivain mais pour le lecteur. Dans tout bon texte ce n'est pas une identification à la situation, mais la reconnaissance de la vérité qui est enthousiasmante. »

Une transformation, pas une distorsion de la vérité.

Je connais le travail de Lucia Berlin depuis plus de trente ans – depuis le jour où je me suis procuré le mince livre de poche édité par Turtle Island en 1981 et intitulé *Angel's Laundromat*. À l'époque où fut publié son troisième recueil, j'en étais venue à la connaître personnellement, quoique à distance, même si je ne sais plus par quel biais. Là, sur la page de garde du superbe *Safe & Sound* (Poltroon Press, 1988) figure sa dédicace. On ne s'est jamais rencontrées face à face.

Ses publications ont fini par dépasser le monde de l'édition confidentielle pour gagner celui des éditeurs de moyenne importance comme Black Sparrow et, plus tard, Godine. L'un de ses recueils remporta l'American Book Award. Mais malgré cette reconnaissance, elle n'a pas encore trouvé le vaste public qu'elle mérite.

J'ai toujours pensé qu'une de ses nouvelles mettait en scène une mère et ses enfants cueillant les premières asperges sauvages au début du printemps, mais je n'ai retrouvé cela, jusqu'à présent, que dans une lettre qu'elle m'a écrite en 2000. Je lui avais adressé un texte de Proust sur les asperges. Elle répondit :

« Les seules que j'aie jamais vues pousser, ce sont les sauvages, fines et vert pastel. Au Nouveau-Mexique, quand nous vivions près d'Albuquerque, au bord du fleuve. Un jour au printemps, elles apparaissaient sous les peupliers de Virginie. Hautes d'une quinzaine de centimètres, prêtes à se casser. Mes quatre fils et moi, on en cueillait des dizaines, tandis qu'en aval Granma Price et ses garçons en faisaient autant, et en amont tous les Waggoner. Personne ne les apercevait quand elles ne faisaient que trois ou cinq centimètres, seulement quand elles avaient cette hauteur idéale. L'un des garçons rentrait en courant et criait « Asperges ! » et juste au même moment quelqu'un en faisait autant chez les Price et les Waggoner. »

J'ai toujours voulu croire que les meilleurs écrivains finissaient par surnager, comme la crème, tôt ou tard, pour être aussi connus qu'ils devraient l'être – leur œuvre discutée, citée, enseignée, jouée, filmée, mise en musique, comprise dans une anthologie. Se pourrait-il que, grâce à la présente édition, Lucia Berlin commence à attirer l'attention qu'elle mérite ?

Je pourrais citer presque n'importe quel passage de n'importe quelle nouvelle comme une invitation à la contemplation, au plaisir, mais voici pour finir l'un de mes favoris :

« Alors, qu'est-ce que le mariage ? Je n'ai jamais compris. Et aujourd'hui c'est la mort que je ne comprends pas. »

Lydia DAVIS

Manuel à l'usage des femmes de ménage

Lavomatic Angel's

Un grand et vieil Indien en Levi's délavé et belle ceinture zuni. Longs cheveux blancs, retenus par un bout de ficelle framboise sur la nuque. Ce qui est étrange, c'est que pendant à peu près une année on se trouvait au lavomatic toujours au même moment. Mais pas aux mêmes moments. Par exemple, j'y allais certaines fois le lundi à sept heures du matin ou le vendredi à six heures et demie du soir et il était déjà là.

Mme Armitage, c'était différent, même si elle était vieille aussi. C'était à New York, au San Juan, dans la 15e Rue. Portoricains. Mousse qui déborde par terre. J'étais alors une jeune mère et je lavais les couches le jeudi matin. Elle habitait au-dessus de chez moi, au 4-C. Un jour à la laverie elle m'avait donné une clé en disant que si je ne la voyais plus le jeudi c'est qu'elle serait morte alors aurais-je l'obligeance de venir découvrir son cadavre ? C'est terrible de demander ça à quelqu'un ; en plus, j'étais obligée de faire ma lessive le jeudi, à l'époque.

Elle est morte un lundi et je ne suis jamais retournée au San Juan. C'est le concierge qui l'a trouvée. J'ignore dans quelles circonstances.

Pendant des mois, au Angel's, l'Indien et moi, on ne s'est pas parlé mais on se tenait côte à côte sur des chaises jumelées en plastique jaune, comme dans les aéroports. Elles glissaient sur le lino déchiré, on en avait mal aux dents.

En général, il sirotait du Jim Beam tout en regardant mes mains. Pas directement, mais dans le miroir en face, au-dessus des lave-linge Speed Queen. Au début, ça m'était égal. Un vieil Indien qui regarde mes mains dans ce miroir sale, entre un jaunissant REPASSAGE 1,50 DOLLAR LA DOUZAINE et des « prières de la sérénité » orange fluo. MON DIEU DONNEZ-MOI LA SÉRÉNITÉ D'ACCEPTER LES CHOSES QUE JE NE PEUX PAS CHANGER. Et puis j'ai commencé à me demander s'il avait un truc spécial avec les mains. C'était énervant, d'être observée en train de fumer ou de se moucher, de feuilleter des magazines vieux de plusieurs années. Lady Bird Johnson descendant les rapides.

Finalement, il m'a surprise à observer mes propres mains. Il en souriait presque de m'avoir pincée. Pour la première fois, nos regards se croisaient dans la glace, sous NE PAS SURCHARGER LES MACHINES.

Il y avait de la panique dans mes yeux. Je les ai sondés avant d'en revenir à mes mains. Affreuses taches de vieillesse, deux cicatrices. Mains pas indiennes, nerveuses, esseulées. J'y voyais des enfants, des hommes et des jardins.

Les siennes, ce jour-là (le jour où j'ai remarqué les miennes), reposaient sur chacune de ses cuisses fermes et bleues. La plupart du temps, elles tremblaient beaucoup et il les laissait tressauter sur ses genoux, mais ce jour-là il se dominait. Ses phalanges couleur brique blanchissaient sous l'effort.

La seule fois où j'avais parlé avec Mme Armitage hors de la laverie, c'était quand ses W.-C. avaient débordé et que ça ruisselait chez moi à travers le lustre. Les ampoules étaient restées allumées et les éclaboussures faisaient des arcs-en-ciel. M'agrippant le bras de sa main glacée de mourante, elle avait dit : « C'est un miracle, n'est-ce pas ? »

Il s'appelait Tony. C'était un Apache Jicarilla venu du nord. Un jour, je ne l'avais pas vu mais j'ai deviné que c'était sa belle main qui était là sur mon épaule. Il m'a donné trois pièces de dix cents. Je n'ai pas compris, j'ai failli dire merci, avant de réaliser qu'il tremblait au point de ne pas pouvoir mettre en route les séchoirs. Sobre, c'est dur. On doit tourner la flèche d'une main, insérer la pièce de l'autre, appuyer sur le bouton-poussoir, puis tourner la flèche dans l'autre sens pour la pièce suivante.

Il est revenu un peu plus tard, ivre, juste au moment où son linge commençait à être flasque et sec. Il n'a pas réussi à ouvrir le hublot, a cuvé sur la chaise jaune. Mes affaires étaient propres, j'étais en train de les plier.

Angel et moi on l'a allongé sur le sol de la salle de repassage. Brûlant. C'est à Angel qu'on doit toutes les prières et devises des Alcooliques Anonymes. NE PENSE PAS ET NE BOIS PAS. Il lui a mis une chaussette mouillée et froide sur le front et s'est agenouillé près de lui.

— Mon frère, crois-moi... Je suis passé par là... Moi aussi, j'ai roulé dans le caniveau comme toi. Je sais ce que tu ressens.

Tony n'a pas ouvert les yeux. Quiconque prétend savoir ce que ressent quelqu'un d'autre est un imbécile.

Le lavomatic Angel's se trouve à Albuquerque, Nouveau-Mexique. 4e Rue. Boutiques minables et dépotoirs, dépôts-ventes avec lits de camp, caisses de chaussettes orphelines, éditions 1940 de *Good Hygiene*. Silos à grain et motels pour amants, ivrognes et vieilles femmes teintes au henné qui lavent leur linge ici. Les toutes jeunes mariées chicanas aussi. Serviettes, nuisettes roses, petites culottes qui disent *Jeudi*. Leurs maris portent des salopettes bleues avec leur nom calligraphié sur les poches. J'aime guetter leur apparition dans le hublot des séchoirs. *Tina, Corky, Junior*.

Il y a aussi les itinérants. Matelas sales, chaises hautes rouillées, attachées au toit de vieilles Buick cabossées. Carters d'huile qui fuient, vaches à eau qui fuient. Lave-linge qui fuient. Les hommes attendent dans les voitures, torse nu, broyant leurs canettes de bière quand elles sont vides.

Mais ce sont surtout des Indiens qui viennent là. Indiens Pueblo de San Felipe, Laguna et Sandia. Tony est le seul Apache que j'aie jamais rencontré, au lavomatic ou ailleurs. J'aime pour ainsi dire bigler pour voir ces séchoirs pleins de fringues indiennes brouiller cet éclatant tourbillon de bleu, orange, rouge et rose.

Et moi aussi, j'y vais. Je ne sais pas trop pourquoi, pas seulement pour les Indiens. C'est loin de chez moi. Alors qu'à deux pas il y a le Campus – climatisation, soft rock en fond sonore. *New Yorker, Ms, Cosmopolitan*. Fréquenté par les femmes des professeurs adjoints qui paient des friandises et des Cocas à leurs enfants. Le Campus a cette affiche, comme la plupart des laveries : DÉFENSE DE TEINDRE SON LINGE. J'ai fait toute la ville avec un couvre-lit vert avant d'arriver au Angel's et son affiche jaune : VOUS POUVEZ MOURIR ICI A TOUT MOMENT[1].

---

1. Dans l'original *: you can die here anytime*, jeu de mots avec *dye* qui signifie teindre : « vous pouvez teindre à tout moment ici. » (Toutes les notes sont de la traductrice.)

Bon, j'ai bien vu que ça ne devenait pas violet foncé mais vert kaki, mais j'ai quand même eu envie de revenir. J'aimais bien les Indiens et leur linge. Le distributeur de Coca détraqué et le sol inondé me rappelaient New York. Portoricains épongeant, épongeant. Le téléphone toujours HS, comme au Angel's. Serais-je allée découvrir le cadavre de Mme Armitage un jeudi ?

— Je suis le chef de ma tribu, m'a dit l'Indien.

Il était assis là, à siroter son vin fortifié, en regardant mes mains.

Il m'a raconté que sa femme faisait des ménages. Ils avaient eu quatre fils. Le plus jeune s'était suicidé, le plus âgé était mort au Vietnam. Les deux autres étaient chauffeurs de bus.

— Tu sais pourquoi je t'aime bien ? me dit-il.

— Non, pourquoi ?

— Parce que t'es une Peau-Rouge.

Il désignait mon visage dans la glace. C'est vrai que j'ai le teint rouge, et non, je n'avais jamais vu d'Indien au teint rouge.

Il aimait bien mon prénom, le prononçait à l'italienne : *Lou-tchi-a*. Il avait combattu en Italie pendant la Seconde Guerre mondiale. Effectivement on voyait une plaque d'identité militaire parmi ses beaux colliers argent et turquoise. Elle était toute déformée. « Une balle ? » Non, il avait l'habitude de la mordiller quand il était effrayé ou émoustillé.

Une fois il a proposé qu'on aille s'allonger dans son camping-car, histoire de se reposer.

— En eskimo, ça se dit « rire ensemble ».

J'ai désigné l'affichette vert fluo : NE PAS LAISSER LES MACHINES SANS SURVEILLANCE. On s'est mis à glousser tous les deux, à rire ensemble sur nos chaises en plastique jumelées. Puis on est restés là, tranquilles. Plus de bruit, sinon les flic-flac de l'eau, rythmés comme les vagues de l'océan. Sa main de bouddha tenait la mienne.

Un train passe. Il me flanque un coup de coude. « Grand cheval d'acier ! » et on se remet à rigoler.

J'ai plein de préjugés sur les gens – genre tous les Noirs apprécient forcément Charlie Parker, les Allemands sont des affreux, tous les Indiens ont un sens de l'humour bizarre comme ma mère – l'une de ses blagues favorites, c'était : Toto achète une paire de lacets. « Et avec ça ?, dit le vendeur. — Avec ça je vais attacher mes chaussures ». À table, sa maman insiste : « Allez, Toto, mange tes haricots, c'est bon pour la peau ! — Mais je ne veux pas avoir la peau verte ! » Tony me débitait les mêmes quand il n'y avait pas affluence à la laverie.

Un jour qu'il était ivre, salement torché, il s'est bagarré avec des immigrants sur le parking. On lui avait piqué sa bouteille de Jim Beam. Angel a dit qu'il lui en paierait une demi-pinte s'il voulait bien l'écouter dans la salle de repassage. J'ai transvasé mon linge du lave-linge au séchoir tandis qu'il lui délivrait le « À Chaque Jour Suffit Sa Peine ».

Lorsque Tony est revenu, il m'a fourré ses pièces dans la main. J'ai mis ses fringues dans un séchoir tandis qu'il s'escrimait sur la capsule de sa bouteille. Je n'avais pas eu le temps de m'asseoir qu'il me braillait :

— Je suis un chef ! Je suis un chef de tribu apache ! Merde !

— Merde toi-même, Chef.

Il était assis là, à écluser, et à regarder mes mains dans la glace.

— Hé, ça va bien, la branlette apache ?

Qu'est-ce qui m'avait pris ? Quelle horreur. Je croyais peut-être qu'il en rirait. D'ailleurs, il en a ri.

— Et toi, c'est quoi ta tribu, la Peau-Rouge ? a-t-il dit, en observant mes mains qui sortaient une cigarette.

— Tu sais que ma première clope a été allumée par un prince ? Tu me crois ?

— Ben oui, je te crois. Tu veux du feu ?

Il me l'a allumée et on s'est souri. Nous étions très proches et puis il a cuvé et je me suis retrouvée toute seule dans la glace.

Il y avait une jeune fille, pas dans le miroir mais assise près de la vitrine. La vapeur faisait boucler ses cheveux – vaporeux botticellien. J'ai lu toutes les affichettes. DIEU DONNE-MOI LE COURAGE. BERCEAU NEUF JAMAIS UTILISÉ – BÉBÉ MORT.

Elle a mis ses vêtements dans un panier turquoise et elle est partie. J'ai déplacé les miens sur la table, vérifié ceux de Tony, et inséré une autre pièce de monnaie. J'étais seule avec lui. J'ai regardé mes mains et mes yeux dans le miroir. Jolis yeux bleus.

Un jour, j'étais sur un yacht, au large de Vina del Mar. J'ai tapé ma première cigarette et demandé au prince Ali Khan une allumette. Il a dit « Enchanté. » En fait, il n'en avait pas.

J'ai plié mon linge, et quand Angel est revenu je suis retournée chez moi.

Je ne sais plus quand je me suis aperçue que je n'avais plus revu ce vieil Indien.

Dr H.A. Moynihan

Je détestais Saint-Joseph. Terrifiée par les religieuses, j'avais frappé sœur Cecilia par une journée torride au Texas et été expulsée. Pour ma peine, je devrais travailler tous les jours de ces vacances d'été au cabinet dentaire de Grand-Père. La raison véritable, je le savais, c'était qu'on ne voulait pas que je joue avec les enfants du quartier. Mexicains ou syriens. Pas de nègres, mais ce n'était qu'une question de temps, d'après ma mère.

Je suis sûre qu'on voulait aussi m'épargner l'agonie de Mamie, ses plaintes, ses amies qui priaient, la puanteur et les mouches. La nuit, grâce à la morphine, elle s'assoupissait et ma mère et Grand-Père allaient boire chacun seul dans sa chambre. Je les entendais écluser leur bourbon depuis la véranda où je dormais.

C'est à peine si Grand-Père me parla de tout l'été. Je stérilisais et disposais ses instruments, nouais des serviettes autour du cou des patients, tenais le gobelet de Stom Aseptine et leur disais de cracher. Quand il n'y avait pas de patients, il allait dans son atelier fabriquer des prothèses ou dans son bureau pour se consacrer à ses collages. Je n'étais pas admise dans ces pièces-là.

Il collait des photos d'Ernie Pyle et de FDR[1], avait différents albums pour les guerres japonaises et allemandes. Il en avait pour « CRIME », « TEXAS » et « ACCIDENTS INSOLITES » : un homme pris de folie jette une pastèque par la fenêtre du premier étage ; elle tombe sur la tête de son épouse qui meurt sur-le-champ, rebondit, atteint le bébé dans son landau, qui meurt aussi, tout ça sans même se fendre.

Tout le monde détestait Grand-Père sauf Mamie – et moi, je suppose. Tous les soirs, il se soûlait et devenait méchant. Il était cruel, raciste et bouffi d'orgueil. Au cours d'une querelle il avait tiré sur mon oncle John qui en était devenu borgne et il avait culpabilisé et humilié ma mère toute sa vie. Elle ne lui parlait plus, ne voulait même plus l'approcher tellement il était dégoûtant, mangeant comme un porc et crachant, laissant des mégots mouillés un peu partout. Le plâtre de ses moulages dentaires le recouvrait de petites taches blanches, on aurait dit un peintre ou une statue.

C'était le meilleur dentiste à l'ouest du Texas, peut-être de tout le Texas. C'est ce que prétendaient bien des gens, et j'y croyais. Non, ses patients n'étaient pas tous de vieux poivrots ou des amies de Mamie, affirmait Maman. Des messieurs distingués venaient même de Dallas ou de Houston car il faisait des dentiers vraiment magnifiques. Ça ne sifflait pas, ne glissait pas, et faisait complètement vrai. Il avait inventé une formule secrète pour leur donner la teinte idéale, allant parfois jusqu'à les jaunir ou les ébrécher, ajoutant plombages et couronnes.

---

1. Ernie Pyle : grand correspondant de guerre tué à Okinawa (1900-1945). FDR : Franklin Delano Roosevelt.

Il n'avait jamais laissé personne entrer dans son atelier, à part les pompiers, juste une fois. Le ménage n'avait pas été fait depuis quarante ans. J'y étais allée quand il était au W.-C. Les fenêtres étaient noires de crasse, de plâtre et de cire. Le seul éclairage provenait des flammes bleues vacillantes de deux becs Bunsen. D'énormes sacs de plâtre calés contre les murs débordaient sur un sol jonché de morceaux de moulages cassés, de bocaux contenant diverses dents. De grosses gouttes de cire roses et blanches étaient accrochées aux murs, traînant après elles des toiles d'araignées. Des étagères étaient encombrées d'instruments rouillés et de rangées de dentiers, souriants, ou posés à l'envers, maussades, tels des masques de théâtre. Il fredonnait tout en travaillant, ses cigarettes à moitié fumées enflammaient souvent des gouttes de cire ou des papiers de bonbon. Il jetait du café sur ces incendies, souillant le sol plâtreux qui avait pris une teinte brune de caverne.

L'atelier donnait sur un petit cabinet avec un secrétaire à cylindre où il réalisait ses collages et signait ses chèques. Après avoir signé, il agitait toujours le stylo-plume, projetant du noir à travers sa signature, occultant parfois le montant, si bien que la banque devait l'appeler pour vérifier.

Il n'y avait pas de porte entre la pièce où il exerçait et la salle d'attente. Tout en travaillant, il se retournait pour parler aux gens qui attendaient, brandissant sa roulette. Ceux qui avaient subi une extraction s'en remettaient sur une méridienne ; les autres s'asseyaient au bord des fenêtres ou sur les radiateurs. Parfois quelqu'un se posait dans la cabine téléphonique, une grosse cabine en bois avec un téléphone payant et un ventilateur, et ce poster : « JE N'AI JAMAIS RENCONTRÉ UN HOMME QUE JE N'AIE APPRÉCIÉ. »

Il n'y avait pas de magazines. Si quelqu'un en apportait un et le laissait, Grand-Père le jetait. Selon Maman, c'était histoire d'être contrariant. D'après lui, c'était parce que c'était exaspérant, ces gens assis qui tournaient les pages.

S'ils n'étaient pas assis, les patients déambulaient dans cette pièce en tripotant les objets sur les deux coffres-forts. Bouddhas, crânes à fausses dents articulées avec du fil de fer, serpents qui mordent quand on leur tire la queue, boules à neige. Au plafond, une affichette : QU'EST-CE QUE TU REGARDES DONC LÀ-HAUT ? Les coffres contenaient de l'or et de l'argent pour les plombages, des liasses de billets, et des bouteilles de Jack Daniel's.

Sur toutes les fenêtres, face à la grand-rue d'El Paso, en grosses lettres dorées : DR. H. A. MOYNIHAN. JE NE SOIGNE PAS LES NÈGRES. Ces affichettes se reflétaient dans les glaces fixées aux trois autres murs. Le même credo se retrouvait sur la porte du couloir. Je ne restais jamais face à celle-ci de peur que des Nègres entrent et voient ça. Même si je n'en ai jamais vu un seul dans le bâtiment Caples, à part Jim, le liftier.

Quand on appelait pour un rendez-vous, Grand-Père me faisait répondre qu'il ne prenait plus de patient ; aussi, plus l'été avançait, moins il y avait à faire. Finalement, juste avant la mort de Mamie, il n'y eut plus personne. Grand-Père se contentait de rester enfermé dans son atelier ou son cabinet. Moi, j'allais quelquefois sur le toit. De là on pouvait voir Juarez et tout le centre-ville d'El Paso. Je choisissais quelqu'un dans la foule et le suivais jusqu'à ce qu'il disparaisse. Mais en général je restais à la fenêtre, perchée sur le radiateur, à contempler Yandell Drive. Je passais des heures à décoder des lettres dans le

Captain Marvel Pen Pals, même si c'était vraiment rasoir ; le code, c'était A pour Z, B pour Y, etc.

Les nuits étaient longues et étouffantes. Les amies de ma grand-mère restaient même quand elle dormait, lisant des passages de la Bible, chantant parfois. Grand-Père sortait, allait à son club, ou à Juarez. Le chauffeur de taxi l'aidait à monter les marches. Ma mère allait jouer au bridge, soi-disant, mais elle aussi rentrait ivre. Les petits Mexicains jouaient dehors jusqu'à très tard dans la nuit. J'observais les fillettes depuis la véranda. Elles jouaient aux osselets, accroupies sur le ciment sous l'éclairage nocturne. Je mourais d'envie de les rejoindre. Le bruit des osselets était magique à mes oreilles, comme des baguettes sur un tambour ou bien la pluie, lorsqu'une bourrasque la fait chatoyer contre la vitre.

Un matin, alors qu'il faisait encore nuit, Grand-Père me réveilla. C'était un dimanche. Je me suis habillée tandis qu'il appelait le taxi. Pour cela, il passait par le standard et quand on décrochait il disait : « On peut se faire trimbaler ? » Il ne répondit pas quand le chauffeur demanda pourquoi on se rendait à son cabinet un dimanche. Le hall était sombre et pas très rassurant. Des cafards détalaient sur les carreaux et des magazines nous souriaient derrière des caillebotis. Il manœuvra l'ascenseur, montant et descendant fébrilement, puis remontant encore jusqu'à ce qu'on stoppe enfin au-dessus du quatrième étage et qu'on saute. Ensuite, un grand silence. On n'entendait plus que les cloches de l'église et le tram de Juarez.

Au début, j'avais trop peur pour le suivre dans l'atelier, mais il m'entraîna. C'était obscur comme au cinéma. Il alluma les becs Bunsen palpitants. Je n'y voyais toujours pas, pas plus que je ne voyais ce qu'il me voulait. Prenant un dentier sur une étagère, il l'approcha de la flamme sur le socle en marbre. Je secouai la tête.

— Regarde bien.

Il ouvrit sa bouche en grand et mon regard fit la navette entre les vraies et les fausses.

— Mais c'est toi !

La réplique était parfaite, même les gencives étaient d'un rose moche, maladivement pâle. Elles étaient plombées et fêlées, certaines ébréchées ou archi usées. Il n'en avait changé qu'une seule, sur le devant, la coiffant d'une couronne en or. Ce qui en faisait un chef-d'œuvre, selon lui.

— Et tous ces jaunes, comment t'as fait ?

— Pas mal, hein ? Alors... c'est pas mon chef-d'œuvre ?

— Si.

On s'est serré la main. J'étais ravie d'être là.

— Comment tu vas les mettre ? Ça va marcher ?

D'habitude, il arrachait tout, laissait les gencives cicatriser, puis il exécutait un moulage de la gencive à nu.

— Aujourd'hui, certains procèdent ainsi : on prend l'empreinte avant d'extraire les dents, on fabrique le dentier et on le place avant que les gencives n'aient le temps de se rétracter.

— Quand est-ce que tu vas te faire arracher tes dents ?

— Tout de suite. On va faire ça nous-mêmes. Prépare le matériel.

Je branche le stérilisateur rouillé. Le cordon est dénudé ; ça crache des étincelles. Il esquisse un geste dans cette direction. « Pas la peine de... », mais : « Non, dis-je, faut tout stériliser », et il se marre. Il pose sa bouteille de whisky et ses cigarettes sur le plateau, allume une cigarette, et remplit de Jack Daniel's un gobelet en carton.

Puis il s'installe dans le fauteuil. De mon côté, j'arrange le réflecteur, lui noue un bavoir, et actionne la pédale pour régler sa position.

— J'imagine qu'un tas de patients aimeraient être à ma place.

— Alors, ça bout ?

— Non.

J'ai rempli plusieurs gobelets de Stom Aseptine et sorti les sels.

— Et si tu t'évanouis ?

— Tant mieux. Comme ça, tu n'auras qu'à les arracher toi-même. Chope-les le plus à ras de la gencive, ensuite tords et tire en même temps. File à boire.

Je lui tends un gobelet de Stom Aseptine.

— Grosse maligne.

Je lui sers du whisky.

— Tes patients n'y ont jamais droit.

— C'est mes patients, pas les tiens.

— Bon, ça bout.

Le stérilisateur est vidé par mes soins dans le crachoir, et je déploie une serviette. Sur une autre, je dispose les instruments en arc de cercle sur le plateau au-dessus de sa poitrine.

— Tiens-moi le petit miroir, dit-il, et là il s'empare des pinces.

Me voilà entre ses genoux, juchée sur le repose-pied, afin d'approcher ce miroir. Les trois premières cèdent assez facilement. Il me les remet et je les balance dans le tonneau contre le mur. Les incisives, c'est plus dur, une en particulier. Il a un haut-le-cœur et s'interrompt, la racine toujours coincée dans la gencive. Faisant un drôle de bruit, il me flanque les pinces dans la main. « Prends ! » Je tire dessus. « Ciseaux, idiote ! » Je m'assois sur le plateau en métal entre ses pieds. « Un instant, Grand-Père. »

Son bras me survole pour saisir la bouteille, il boit, et, prenant un autre instrument sur le plateau, entreprend d'extirper toutes les autres du bas à l'aveuglette. C'est comme un bruit de racines qu'on arrache, un arbre qu'on déterrerait d'un sol gelé. Le sang dégoutte sur le plateau, plop, plop, et sur le métal où j'ai posé mes fesses.

Il se met à rire si fort que je crains qu'il soit devenu fou. Son corps bascule sur moi. Effrayée, je me relève d'un bond et le repousse dans le fauteuil incliné. « Arrache-les ! », dit-il d'une voix étranglée. La peur me prend – est-ce un meurtre, si jamais je les extrais et qu'il en claque ?

— Arrache-les !

Une fine cascade rouge ruisselle sur son menton.

À coups de pédale je ramène le fauteuil en arrière. Il est tout flasque et n'a pas l'air de sentir que je tords celles du haut au fond, de biais, avant de les extraire. Il s'est évanoui, ses lèvres se referment comme des coquillages grisâtres. J'ouvre sa bouche pour y fourrer une serviette en papier dans un coin et pouvoir atteindre les trois dernières au fond.

Voilà, elles sont toutes extraites. Cherchant à rabaisser le fauteuil avec la pédale, je heurte la mauvaise manette et il se met à tournoyer sur lui-même en postillonnant des ronds sanglants par terre. Tandis que je l'abandonne, le fauteuil s'arrête petit à petit en grinçant. Il faudrait des sachets de thé, c'est ce qu'il donne à mordre aux gens pour juguler l'hémorragie. Les tiroirs de Mamie sont retournés : talc, images pieuses, merci pour les fleurs. Ces sachets se trouvaient dans une boîte derrière la plaque chauffante.

La serviette dans sa bouche est maintenant tout imbibée et cramoisie. J'introduis une poignée de sachets de thé à la place avant de lui maintenir les mâchoires fermées. Je pleure à chaudes larmes. Édentée, sa face est comme une tête de mort, blafarde au-dessus de la gorge sanguinolente. C'est un monstre effroyable, une théière humaine, avec ces étiquettes Lipton noir et jaune qui pendouillent comme des rubans de carnaval. Je cours téléphoner à ma mère. Pas de monnaie. Pas moyen de le bouger pour atteindre ses poches. Il a fait dans son froc ; l'urine coule goutte à goutte par terre. Une bulle de sang gonfle et éclate sans arrêt à l'intérieur de sa narine.

Le téléphone sonne. Ma mère. En pleurs. Le rôti, un bon repas dominical. Même des concombres et des oignons – tout comme Mamie. Je crie : « Au secours ! Grand-Père ! » et je raccroche.

Il a vomi. Oh, parfait, je me dis, et je rigole parce que c'est bête de penser oh parfait à ce moment-là. Je jette les sachets de thé dans le tas dégoûtant par terre, mouille des serviettes pour lui nettoyer la figure. Je débouche le pot de sels sous son nez, en respire moi-même, toute frissonnante.

Il beugle :

— Mes dents !

Et moi, comme à un gamin :

— C'est fini ! Y en a plus !

— Les neuves, crétine !

Je vais les chercher. Je les connais bien, elles sont exactement comme étaient les vraies.

Grand-Père tend les mains dans leur direction, tel un mendiant de Juarez, mais elles tremblent beaucoup trop.

— Je m'en occupe. Rince-toi d'abord.

Je lui tends le rince-bouche. Il se gargarise et crache sans relever la tête. J'inonde le dentier d'eau oxygénée et le mets en place.

— Tiens, regarde !

J'ai brandi le miroir de Mamie en ivoire.

— Den-*tesque* !

Ça le fait rigoler.

— Quel chef-d'œuvre, Grand-Père !

Moi aussi je rigole, et j'embrasse son front tout moite.

— Oh, mon Dieu, s'écria ma mère qui s'avançait vers moi les bras tendus.

Elle dérapa dans le sang, rentra dans les tonneaux à dents, s'y agrippa pour reprendre son équilibre.

— Regarde ses dents, Maman !

Elle n'avait rien remarqué. N'y voyait que du feu. Il lui servit du Jack Daniel's. Elle prit le gobelet, trinqua avec lui distraitement, et but.

— T'es fou, Papa. Il est fou. D'où viennent tous ces sachets de thé ?

En se décollant de sa peau, sa chemise fit un bruit de succion. Je l'aidai à laver son torse et son ventre fripé. Puis je me débarbouillai moi aussi, j'enfilai un pull corail qui appartenait à Mamie. Ils buvaient tous deux, en silence, en attendant le taxi. Je manœuvrai l'ascenseur, le posant presque au niveau du rez-de-chaussée. Arrivé à destination, le chauffeur aida Grand-Père à monter les marches. Il s'arrêta à la porte de Mamie, mais elle dormait.

Une fois au lit, Grand-Père s'endormit lui aussi, découvrant son râtelier dans un sourire à la Bela Lugosi. Il avait dû déguster.

— Il a bien travaillé, déclara ma mère.

— Maintenant, tu ne le détestes plus, hein ?

— Oh si. Et comment.

Des Étoiles et des Saints

Attendez. Que je m'explique…

Toute ma vie, je me suis retrouvée dans ce genre de situation, comme l'autre jour avec le psychiatre. Il logeait derrière chez moi durant la rénovation de sa nouvelle maison. Il avait l'air vraiment sympa, bel homme en plus, et bien entendu je voulais faire bonne impression, je lui aurais même apporté des brownies si je n'avais craint d'en faire trop. Ce matin-là, juste à l'aube, comme d'habitude, je sirotais mon café tout en regardant par la fenêtre mon jardin, superbe avec ses pois de senteur, delphiniums et cosmos. Je me sentais, eh bien, pleine de joie… pourquoi hésiter à vous avouer ceci ? C'est que je ne veux pas passer pour une gourde, mais faire bonne impression. Bref, contente comme tout, voilà que je jette une poignée de graines pour oiseaux sur le patio, souriant aux anges, et des douzaines de tourterelles et pinsons affluent pour les picorer. Mais tout à coup paf, deux gros matous bondissent et se mettent à les dévorer, les plumes volent, juste au moment où le psychiatre sort de chez lui. Il me regarde, effaré, dit : « Quelle horreur ! » et file. Par la suite, il m'a soigneusement évitée, et ce n'était pas mon imagination. Impossible d'expliquer que tout s'était passé très vite, que ce n'était pas ce carnage qui me faisait sourire, mais la vision des pois de senteur et des pinsons qui n'avait pas eu le temps de s'estomper.

Du plus loin qu'il m'en souvienne, j'ai toujours fait mauvaise impression. Comme dans le Montana, quand j'avais voulu tout simplement retirer ses chaussettes à Kent Shreve pour qu'on puisse marcher pieds nus, mais elles étaient fixées à sa culotte. Ce dont je voudrais vraiment parler, c'est de l'école Saint-Joseph. Bon, les psychiatres (de grâce, ne vous méprenez pas, je ne fais pas de fixation sur les psychiatres, pas du tout) – je trouve que les psychiatres se polarisent bien trop sur la scène primitive et le complexe de castration et ignorent le traumatisme de l'école primaire et des autres enfants, qui sont cruels ingrats sans pitié.

Je n'entrerai même pas dans ce qui s'est passé à Vilas, ma première école à El Paso. Gros, gros malentendu. Donc, deux mois après la rentrée, en CE2, je me trouvais dans la cour de récréation de Saint-Joseph. Ma nouvelle école. Parfaitement terrorisée. J'avais cru que l'uniforme aiderait. Mais j'avais cette lourde armature dans le dos, à cause de ce qu'on appelait ma scoliose, soyons francs : ma bosse, et donc j'avais dû prendre le corsage blanc et la jupe à carreaux bien trop amples pour masquer cela, et bien sûr ma mère n'avait pas pensé à rectifier au moins l'ourlet.

Autre gros malentendu. Quelques mois plus tard, sœur Mercedes était la surveillante. C'était la jeune et gentille nonne qui avait dû avoir un amour tragique. Il était probablement mort à la guerre, caporal d'artillerie. Comme nous passions devant elle, en rang par deux, elle toucha ma bosse en murmurant : « Pauvre petite, tu as ta croix à porter. » Mais comment aurait-elle pu savoir que j'étais devenue d'une dévotion fanatique à cette époque-là, que cette parole innocente ne ferait que me convaincre de mon lien prédestiné avec Notre Sauveur ?

(Oh, et les mères ! L'autre jour, dans le bus, l'une d'elles est montée avec son petit garçon. C'était de toute évidence une femme qui travaillait, elle était allée le chercher à la garderie, était contente de le revoir malgré sa fatigue, l'interrogeait sur sa journée. Il lui racontait tout ce qu'il avait fait. « Tu es vraiment à part, toi ! », dit-elle en le serrant dans ses bras. « *À part*, ça veut dire *attardé* ! », répondit le gosse. Il avait de grosses larmes aux yeux et restait là, paniqué, tandis que sa mère continuait à sourire béatement, comme moi avec les oiseaux.)

Ce jour-là, dans la cour de récréation, je compris que jamais dans ma vie je ne parviendrais à m'intégrer. Pas juste à m'adapter, m'intégrer. Dans un coin deux fillettes faisaient tourner une grosse corde à sauter et, l'une après l'autre, de mignonnes gamines aux joues roses se détachaient de la file pour passer sous la corde, sauter, sauter et ressortir juste au bon moment pour aller reprendre leur tour. Flap, Flap, aucune ne ratait le coche. Au milieu de la cour, il y avait une balançoire ronde avec un siège circulaire qui tournoyait étourdiment joyeusement sans jamais s'arrêter, sur laquelle des enfants rieurs se succédaient sans… non seulement sans tomber, mais sans ralentir le rythme. Tout autour de moi ce n'était que symétrie, synchronisme. Deux religieuses, chapelets cliquetant à l'unisson, leur pur visage acquiesçant en chœur à ces jeux enfantins. Osselets. La balle qui rebondit sèchement sur le ciment, les douze osselets qui volent en l'air pour être rattrapés en même temps d'un moulinet du poignet.

Clac, clac, clac, d'autres fillettes jouaient à des jeux de mains subtilement compliqués. Marie-Madeleine va à la fontaine. Clac-clac. J'errais, non seulement incapable de m'intégrer mais apparemment invisible, ce qui était une bénédiction toute relative. Je finis par me réfugier à l'angle du bâtiment d'où sortaient des bruits et des rires émanant des cuisines. Là, j'étais à l'abri des regards ; ces bruits sympathiques me rassuraient. Mais j'en étais exclue, jusqu'au moment où il y eut des cris perçants, des hurlements. « Oh, je ne peux pas, c'est au-dessus de mes forces », se lamentait une sœur et je compris alors que je pouvais y aller puisque ce qui était au-dessus de leurs forces c'était d'extraire les souris mortes des pièges. « Je m'en charge », dis-je. Et elles étaient si contentes qu'elles n'ont rien dit sur ma présence dans cette cuisine, sauf que l'une d'elles a murmuré « Protestante » à une autre.

Et voilà comment tout a commencé. Et puis elles m'ont donné une brioche, chaude et délicieuse, au beurre. Bien sûr, j'avais pris mon petit déjeuner mais c'était si bon que je n'en ai fait qu'une bouchée et on m'en a donné une autre. Chaque jour, pour prix de mes services – débarrasser et replacer deux ou trois pièges –, j'avais non seulement des brioches mais une médaille de saint Christophe qui me servait ensuite de jeton de cantine. Ça me dispensait de faire la queue avant le début de la classe pour troquer mes sous contre ces médailles qui avaient cours là-bas.

En raison de ma scoliose, j'étais autorisée à rester en classe pendant la gym et la récréation. C'était le matin qui était dur, parce que le bus arrivait avant l'ouverture des grilles. Je m'obligeais à tenter de me faire des copines, de parler avec des filles de ma classe, mais c'était sans espoir. Elles étaient toutes catholiques et se connaissaient depuis la maternelle. Pour être juste, c'étaient des fillettes gentilles, normales. J'avais sauté une classe, étais donc bien plus jeune et n'avais vécu que dans des camps miniers reculés avant la guerre. Je ne savais pas comment dire des trucs du genre : « T'aimes bien étudier le Congo belge ? » ou « C'est quoi tes passe-temps ? » Je me pointais avec mes gros sabots et lançais « Mon oncle a un œil de verre » ou « J'ai trouvé un ours Kodiak mort, la figure pleine d'asticots ». Elles m'ignoraient, ou ricanaient, ou disaient « Menteuse, menteuse – Hou, la vilaine menteuse ! »

Donc, pendant quelque temps j'ai eu un endroit où aller avant la classe. Je m'y sentais utile et appréciée. Mais ensuite, j'ai entendu des filles murmurer « le cas social » en même temps que « protestante » et elles ont commencé à m'appeler « piège à rat » et « Minnie Mouse ». Je faisais celle qui s'en fiche et en plus j'adorais la cuisine, les rires légers et les chuchotements des sœurs affectées à la cuisine, avec leurs habits qui ressemblaient à des chemises de nuit faites maison.

J'avais bien sûr décidé de me faire nonne alors, parce qu'elles n'avaient jamais l'air nerveuses mais surtout à cause de l'habit noir et de la cornette blanche, on aurait dit des lis géants et amidonnés. Je parie que l'Église catholique a perdu beaucoup de recrues en puissance depuis qu'elles s'habillent comme de banales contractuelles. Et puis un jour ma mère est venue voir comment je me débrouillais. On a dit que mes résultats scolaires étaient excellents et ma conduite exemplaire. Sœur Cecilia lui a dit combien elles m'appréciaient à la cuisine et qu'on veillait à ce que j'aie un bon petit déjeuner. Ma mère, cette snob, avec son vieux manteau pelé au col de renard mité et aux yeux en bouton de bottine, en tomba des nues. Elle en fut mortifiée, dégoûtée par cette histoire de souris et furieuse à propos de la médaille de saint Christophe car j'avais pris l'habitude d'encaisser ma pièce de dix cents chaque matin et de la dépenser en bonbons l'après-midi. La sournoise petite voleuse. Pif, paf. Mortifiée !

C'est ainsi que ça s'est terminé et ce fut un gros, gros malentendu. Les sœurs apparemment avaient cru que je rôdais du côté des cuisines parce que j'étais une pauvre petite indigente, et elles m'avaient confié leurs tapettes à souris par charité, non parce qu'elles avaient besoin de moi. Le hic c'est que je ne vois toujours pas comment j'aurais pu éviter cette fausse impression. Peut-être en refusant la brioche ?

Voilà comment j'ai commencé à traîner dans la chapelle avant la classe et décidé vraiment de me faire religieuse, ou sainte. Le premier mystère, c'était que les rangées de cierges sous chacune des statues de Jésus, Marie et Joseph tremblaient et vacillaient comme s'il y avait des coups de vent alors que la vaste chapelle était parfaitement étanche et qu'aucune de ses lourdes portes n'était ouverte. Je crus que l'esprit divin dans ces statues était si puissant qu'il faisait frémir et siffler, trembler de souffrance ces cierges. Chaque petite flamme illuminait le sang séché sur les pieds blancs et osseux du Christ et ça paraissait frais.

Au début, je restais au fond, grisée, soûlée par l'odeur d'encens. Je m'agenouillais, priais. Cette posture était très pénible à cause de ma scoliose et l'armature me rentrait dans la colonne vertébrale. J'étais convaincue que cela me sanctifiait et rachetait mes péchés mais c'était si douloureux que je dus me contenter de m'asseoir dans le noir jusqu'à la cloche annonçant le début de la classe. En général, il n'y avait personne à part moi, sauf le jeudi, quand le père Anselmo allait s'enfermer dans le confessionnal. Quelques vieilles femmes, des jeunes filles des classes supérieures, parfois une élève du primaire s'avançaient, s'arrêtaient pour faire une génuflexion devant l'autel et se signer, puis une autre génuflexion et se signer encore une fois avant de pénétrer de leur côté du confessionnal. Le plus déconcertant, c'était qu'elles passaient ensuite plus ou moins de temps à prier. J'aurais donné n'importe quoi pour savoir ce qui se passait là-dedans. Je ne sais plus au bout de combien de temps je m'y suis glissée, le cœur battant. C'était plus raffiné à l'intérieur que je ne l'aurais cru. Enfumé par la myrrhe, un coussin de velours pour les genoux, la Vierge Marie qui me couvait d'un regard plein de pitié et de compassion. Derrière l'écran sculpté se trouvait le père Anselmo qui était d'ordinaire un petit homme préoccupé. Mais il se découpait en ombre chinoise, comme l'homme au haut-de-forme sur le mur chez Mamie. Cela pouvait être n'importe qui… Tyrone Power, mon père, Dieu. Sa voix n'était pas du tout comme celle du père Anselmo, mais grave et légèrement résonnante. Il me demanda de réciter une prière que je ne connaissais pas, et prononça donc les paroles en premier, pour que je les répète, Mon Dieu j'ai un très grand regret de Vous avoir offensé. Puis il m'interrogea sur mes péchés. Je n'ai pas menti. Véritablement, je n'avais pas de péché à confesser. Pas un seul. J'étais si honteuse, je devais pourtant pouvoir trouver quelque chose. Cherche tout au fond de ton cœur, mon enfant… Rien. Désespérée, désirant si fort le contenter, j'ai inventé. J'ai flanqué un coup de brosse sur la tête de ma sœur. Es-tu jalouse de ta sœur ? Oh oui, mon père. L'envie est un péché, mon enfant, prie pour qu'il te soit extirpé. Trois Je Vous Salue Marie.

Tandis que je priais, à genoux, je m'aperçus que c'était une courte pénitence, la prochaine fois je pourrais faire mieux. Mais il n'y eut pas de prochaine fois. Ce jour-là, sœur Cecilia me garda après la classe. Le pire, c'était qu'elle était si gentille. Elle comprenait mon désir de connaître les sacrements et mystères de l'Église. Les mystères, oui ! Mais j'étais protestante, ni baptisée ni confirmée. J'étais autorisée à venir dans cette école, et elle en était ravie, parce que j'étais une bonne élève obéissante, mais je ne pouvais pas fréquenter la chapelle. Je devais rester dans la cour de récréation avec les autres.

J'eus une pensée horrible, sortis de ma poche mes quatre images pieuses. Chaque fois qu'on avait un A en lecture ou arithmétique, on recevait une étoile. Le vendredi, l'élève qui en avait le plus recevait une image pieuse, semblable à une carte de base-ball sauf que le liseré était pailleté. Les images, je peux les garder ? dis-je, la mort dans l'âme.

— Mais oui, bien sûr, et j'espère que tu en mériteras beaucoup d'autres.

Elle me sourit et m'accorda une autre faveur.

— Tu peux toujours prier, mon enfant, pour demander conseil. Disons un Je vous Salue Marie ensemble.

J'ai fermé les yeux et prié avec ferveur Notre Mère, qui aura à jamais les traits de sœur Cecilia.

Chaque fois qu'une sirène retentissait dans les rues, proche ou lointaine, elle nous interrompait dans nos activités, nous faisait poser le front sur les pupitres pour dire un Je Vous Salue Marie. Je le fais encore. Dire un Je Vous Salue Marie. Enfin, je pose aussi mon front sur les pupitres en bois, pour les écouter, parce qu'ils font du bruit, comme des branches sous le vent, comme s'ils étaient encore des arbres. Une foule de questions me hantait en ce temps-là, comme qu'est-ce qui anime les cierges et d'où viennent les bruits dans les pupitres ? Si tout ici-bas a une âme, même les pupitres, puisqu'ils ont une voix, alors il y a un paradis. Je ne pourrais pas y accéder puisque j'étais protestante. Je devrais aller dans les limbes. J'aurais préféré l'enfer, quel mot horrible, « limbes », comme lombaire, ou lambin, un mot sans aucune dignité.

J'ai annoncé à ma mère que je voulais me convertir au catholicisme. Elle et mon grand-père se sont disputés. Il voulait me remettre à l'école Vilas mais pas elle, car c'était plein de Mexicains et de délinquants juvéniles. J'ai déclaré qu'il y avait beaucoup de Mexicains à Saint-Joseph, mais elle rétorqua qu'ils venaient de bonnes familles. Étions-nous une bonne famille ? Je l'ignore. Ce que je fais encore, c'est regarder par les baies vitrées pour surprendre des réunions familiales en me demandant ce que font ces gens, comment ils se parlent entre eux.

Sœur Cecilia et une autre vinrent chez nous, un après-midi. Je ne sais pas pourquoi et elles n'eurent pas le temps de le dire. Tout alla de travers. Ma mère en pleurs et Mamie aussi, Grand-Père ivre qui se jetait sur elles en les traitant de corbeaux. Le lendemain, j'avais peur que sœur Cecilia ne m'en veuille et ne dise pas « Au revoir, mon enfant » avant de me laisser seule dans la classe, au moment de la récréation. Mais avant de s'en aller elle me tendit un livre intitulé *Les Expériences de Betsy* qui devrait me plaire, d'après elle. C'est le premier livre que j'ai lu, le premier dont je suis tombée amoureuse.

Elle louait mon travail en classe et le commentait pour les autres élèves chaque fois que j'avais une étoile, ou le vendredi quand on me donnait une image pieuse.

Je faisais tout pour lui plaire, fignolant un A.M.D.G.[1] en haut de chaque devoir, me précipitant pour effacer le tableau. Mes prières étaient les plus vibrantes, ma main la première à se lever quand elle posait une question. Elle continuait à me donner des livres et, une fois, un signet en papier qui disait : « Priez pour nous pauvres pécheurs maintenant et à l'heure de notre mort. » Je l'ai montré à Melissa Barnes à la cafétéria. J'avais cru sottement que, puisque sœur Cecilia m'aimait bien, alors les filles allaient commencer à m'apprécier aussi. Mais désormais au lieu de se moquer de moi, elles me détestaient. Lorsque je me levais pour répondre en classe, elles chuchotaient « chouchou, chouchou, chouchou ». Comme sœur Cecilia m'avait choisie pour collecter les pièces de dix cents et distribuer les médailles pour la cantine, chacune me soufflait « chouchou » en prenant la sienne.

Puis un jour comme un coup de tonnerre dans un ciel serein ma mère se fâcha contre moi parce que mon père m'écrivait plus souvent qu'à elle. C'est parce que je lui écris davantage. Non, t'es son chouchou. Un jour, j'étais rentrée tard. J'avais raté le bus. Elle se dressa en haut des marches, tenant d'une main une lettre-avion bleue envoyée par mon père. De l'autre, elle alluma une allumette de ménage sur l'ongle de son pouce et brûla cette lettre tandis que je montais l'escalier à toute vitesse. Cela m'effrayait toujours. Quand j'étais petite, je ne voyais pas l'allumette et croyais qu'elle allumait ses cigarettes avec son pouce enflammé.

1. A.M.D.G : *Ad majorem Dei gloria.* « Pour la plus grande gloire de Dieu. »

J'ai cessé de parler. Je ne m'étais pas dit : Bon, dorénavant je ne parlerai plus ; ce fut graduel, et quand on entendait passer les sirènes, je posais ma tête sur le pupitre et priais toute seule à voix basse. Lorsque sœur Cecilia me choisissait pour répondre, je faisais non de la tête et reprenais ma place. Je ne reçus plus d'étoiles et de saints. Mais le mal était fait. À présent on me traitait d'idiote. Un jour, elle est restée dans la classe après le départ de tout le monde pour la gym. « Qu'y a-t-il, mon enfant ? Que puis-je faire pour toi ? Parle-moi. » Je serrai les dents et refusai de la regarder. Elle s'en alla en me laissant dans la pénombre étouffante de la salle. Mais elle revint un peu plus tard, avec un exemplaire de *Black Beauty* qu'elle déposa devant moi. « C'est un bon livre, mais très triste. Dis-moi, quelque chose t'attriste ? »

Je suis partie en courant pour me réfugier dans le vestiaire. Bien entendu, il n'y avait pas de casiers avec cette chaleur texane, mais des cartons pleins de manuels scolaires poussiéreux. Déco de Pâques. Déco de Noël. Sœur Cecilia me rejoignit dans ce cagibi. Elle me fit pivoter sur moi-même et m'agenouiller. « Prions », dit-elle.

Je Vous Salue Marie, pleine de grâce, le Seigneur est avec Vous. Jésus, le fruit de vos entrailles, est béni... Ses yeux étaient pleins de larmes. Leur tendresse était insupportable. Je me suis dégagée, la renversant sans le faire exprès. Sa cornette s'accrocha à une patère et fut arrachée. Elle n'avait pas le crâne rasé contrairement à ce qu'affirmaient les filles. Elle poussa un cri et se sauva.

J'ai été renvoyée le jour même, expulsée pour avoir frappé une sœur. Je me demande bien comment elle a pu me croire capable d'une chose pareille. Ce n'était pas du tout ça.

Manuel à l'usage des femmes de ménage

42-PIEDMONT. Bus poussif jusqu'à Jack London Square. Femmes de ménage et vieilles dames. J'étais à côté d'une vieille aveugle qui lisait en braille, ses doigts glissaient sur la page, lents et discrets, ligne après ligne. C'était apaisant de regarder, de lire par-dessus son épaule. Elle est descendue à la 29e Rue, là où toutes les lettres sont tombées du panneau PRODUITS NATIONAUX PAR LES AVEUGLES sauf AVEUGLES.

La 29e, c'est aussi mon arrêt, mais je dois aller jusqu'au centre-ville pour encaisser le chèque de Mme Jessel. Si jamais elle me file encore une fois un chèque je démissionne. En plus elle n'a jamais de monnaie pour le trajet. La semaine dernière je suis allée jusqu'à la banque à mes propres frais et elle avait oublié de le signer.

Elle oublie tout, y compris ses maux. Tout en passant le plumeau je les recueille et les dépose sur son bureau. 10 h 00. NAUSÉE sur un bout de papier sur la cheminée. DIARÉE (orthographe ?) sur la paillasse. ÉTOURDIE MAUVAISE MÉMOIRE sur la cuisinière. Surtout elle ne sait plus si elle a pris ou non son phénobarbital, ni qu'elle m'a déjà appelée deux fois à la maison pour me demander si elle l'a fait, où est sa bague avec le rubis, etc.

Elle me suit de pièce en pièce, en radotant. J'en deviens aussi cinoque qu'elle. J'ai beau répéter que je vais rendre mon tablier elle me fait pitié. Il n'y a qu'à moi qu'elle peut parler. Son mari est avocat, il joue au golf et a une maîtresse. Je ne pense pas qu'elle soit au courant, ou s'en souvienne. Une femme de ménage sait tout.

Les femmes de ménage volent, oui. Pas les trucs qui rendent nos employeurs tellement fébriles. C'est tout ce superflu qui finit par vous choquer. La petite monnaie dans les petits cendriers, très peu pour nous.

Une cliente à une soirée bridge a dû lancer l'idée que, pour tester l'honnêteté d'une femme du ménage, on doit laisser traîner des petites soucoupes en porcelaine avec de la menue monnaie, ici et là. Ma parade, c'est de toujours ajouter quelques sous, voire une pièce de dix cents.

Dès que j'arrive au boulot, je commence par vérifier où sont les montres, les bagues, les minaudières en lamé. Et quand elles rappliquent un peu plus tard, le visage tout bouffi et congestionné, je n'ai plus qu'à lâcher froidement : « Sous votre oreiller, derrière le W.-C. vert avocat. » Les seuls trucs que je vole, en fait, c'est des somnifères, toujours garder une poire pour la soif.

Aujourd'hui, j'ai piqué un pot de graines de sésame Spice Islands. Mme Jessel cuisine rarement. Et c'est toujours du poulet au sésame. La recette est collée à l'intérieur du placard à épices. Il y a un autre exemplaire dans le tiroir à timbres et bouts de ficelle et encore un autre dans son carnet d'adresses. Chaque fois qu'elle commande du poulet, de la sauce de soja et du xérès, elle commande un pot de graines de sésame. Elle en a quinze. Quatorze à présent.

À l'arrêt du bus, je me suis assise au bord du trottoir. Trois autres femmes de ménage, des Noires en blouse blanche, se tenaient au-dessus de moi. Ce sont de vieilles copines, elles bossent dans Country Club Road depuis des lustres. Au début on était furax... Le bus avait deux minutes d'avance et on l'avait loupé. Et merde. Il sait bien qu'elles sont toujours là, que le 42-PIEDMONT ne passe que toutes les soixante minutes.

J'ai fumé une cigarette tandis qu'elles comparaient leur butin. Ce qu'elles avaient piqué... vernis à ongles, parfum, papier hygiénique. Ce qu'on leur avait donné... boucles d'oreilles dépareillées, vingt cintres, soutif déchiré.

(Conseil aux femmes de ménage : Prenez tout ce que la cliente vous donne et dites Merci. Vous pouvez toujours le laisser dans le bus, vous le mettre au derrière.)

Histoire de me mêler à la conversation je leur ai montré mon pot de graines de sésame. Elles en ont hurlé de rire. « Oh, qu'elle est mignonne ! Des graines de sésame ? » Elles m'ont demandé comment je peux travailler pour Mme Jessel depuis aussi longtemps. La plupart ne tiennent pas plus de trois séances. Elles m'ont demandé s'il est vrai qu'elle a cent quarante paires de chaussures. Oui, mais le pire, c'est que la plupart sont identiques.

Les soixante minutes ont passé sans douleur, à parler de toutes nos clientes. On riait, non sans amertume.

Je ne suis pas facilement acceptée par les aînées. Et ce n'est pas aisé de décrocher des boulots dans ce créneau, parce que je suis « instruite ». Mais c'est encore plus difficile d'en décrocher d'autres en ce moment. J'ai appris à lâcher d'emblée que mon alcoolique de mari est mort depuis peu, me laissant moi et mes quatre gosses. Je n'avais jamais travaillé avant, avec les gamins à élever.

43-SHATTUCK-BERKELEY. Les bancs qui disent SATURATION PUBLICITAIRE sont imbibés tous les matins. J'ai demandé une allumette à un homme, qui m'a filé toute la boîte. PRÉVENTION SUICIDE. C'était le genre débile avec le grattoir au-dessous. Mieux vaut prévenir que guérir.

En face la femme de NETTOYAGE L'IMPECCABLE balayait son bout de trottoir. Déchets et feuilles mortes voletaient à sa droite et à sa gauche. C'est l'automne désormais, à Oakland.

Plus tard dans l'après-midi, après avoir fait le ménage chez les Horwitz, le trottoir L'IMPECCABLE était de nouveau jonché de feuilles et d'ordures. J'y ai jeté mon bon de transport. On m'en donne toujours. Parfois, je les donne, en général je les garde dans la main.

Ter me taquinait sur cette manie de toujours retenir les choses.

— Tu sais, Maggie May, y a rien dans ce monde à quoi tu peux t'accrocher. Sauf à moi, peut-être.

Un soir, dans Telegraph, je me suis réveillée avec la sensation qu'il refermait ma main autour d'un briquet Zippo. Il me souriait. Terry était un jeune cow-boy du Nebraska. Il n'allait jamais voir de film en langue étrangère. J'ai fini par comprendre que c'était parce qu'il ne pouvait pas lire assez vite.

Chaque fois qu'il prenait un livre, chose rare – il déchirait chaque page et la jetait. Quand je rentrais à la maison, où les fenêtres étaient toujours ouvertes ou cassées, ça tourbillonnait dans la pièce, on aurait dit les pigeons sur le parking du supermarché.

33-BERKELEY EXPRESS. Le 33 s'est paumé ! Le chauffeur a raté l'embranchement pour l'autoroute à

SEARS. Tout le monde sonnait au moment où, rougissant, il a tourné à gauche sur la 27e Rue. On a fini par s'embringuer dans une impasse. Les riverains s'étaient postés à leurs fenêtres. Quatre types sont venus l'aider à reculer entre les voitures garées dans cette rue étroite. Une fois sur l'autoroute, il a fait du cent trente. Flippant. On parlait tous ensemble, enchantés de cette péripétie.

Aujourd'hui, Linda.

(Femmes de ménage : par principe, ne jamais travailler pour des amies. Tôt ou tard, elles vous en voudront d'en savoir aussi long sur elles. Ou bien c'est vous qui ne voudrez plus d'elles, pour la même raison.)

Mais Linda et Bob sont de bons vieux copains. Leur chaleur humaine est palpable même en leur absence. Sperme et gelée de myrtilles sur les draps. Bulletin des courses et mégots dans la salle de bains. Petits mots de Bob à Linda : « Achète des clopes et prends la voiture… *dooh-dah dooh-dah.* » Dessins d'Andrea avec Bisous à Maman. Miettes de pizza. Je nettoie leur miroir à coke au Windex.

C'est le seul endroit où je bosse qui ne soit pas immaculé pour commencer. C'est dégueulasse en fait. Tous les mercredis je gravis l'escalier tel Sisyphe pour déboucher dans le séjour qui donne toujours l'impression qu'ils sont en plein déménagement.

Je ne gagne pas grand-chose avec eux car je ne me fais pas payer à l'heure, ni le déplacement. Et encore moins le repas du midi. Je trime. Mais je m'accorde beaucoup de pauses, je reste très tard. Je fume et lis le *New York Times*, des bouquins pornos, *Comment construire un toit de terrasse.* Le plus souvent, je me contente de regarder par la fenêtre la maison voisine où nous habitions. 2129-1/2 Russell Street.

Je regarde l'arbre qui donne des poires en bois que Ter avait l'habitude de dégommer à coups de fusil. La clôture en bois que le produit de protection fait briller. L'enseigne BEKINS qui éclairait notre lit la nuit. Ter me manque et je fume. On n'entend pas les trains dans la journée.

40-TELEGRAPH. MAISON DE REPOS MILLHAVEN. Quatre vieilles femmes en fauteuil roulant contemplent vaguement la rue. Derrière elles, au poste des infirmières, une belle fille noire danse sur « I Shot the Sheriff ». La musique est trop forte, même pour moi, mais elles n'entendent rien du tout. Au-dessous d'elles, sur le trottoir, ce panneau brutal : INSTITUT DE LA TUMEUR 1 h 30.

Le bus est en retard. Des voitures passent. Les riches en voiture ne regardent jamais les gens dans la rue, jamais. Les pauvres toujours… en fait on dirait parfois qu'ils sortent juste pour ça. Moi aussi j'ai fait cela. Les pauvres passent leur vie à attendre. Dispensaire, files de chômeurs, laveries automatiques, cabines téléphoniques, prise en charge aux urgences, prisons, etc.

Tout en attendant le 40, on regardait à travers la vitrine de la LAVERIE MILL ET ADDIE'S. Mill est né dans un moulin[1] en Géorgie. Couché sur cinq lave-linge, il installait un gros poste de télévision en hauteur. Addie faisait le clown à notre intention, montrant que ça ne tiendrait jamais. Des badauds s'arrêtaient pour faire comme nous. Nous étions tous reflétés dans la télévision, comme dans cette émission *Un Homme dans la rue.*

Un peu plus loin, d'importantes funérailles noires chez Fouché. Autrefois il me semblait que l'enseigne au néon

1. *Mill* : « moulin ».

disait « Touché », et j'imaginais toujours la Mort affublée d'un masque, désignant mon cœur.

J'ai trente cachets désormais, piqués chez les Jessel, Burn, Mcintyre, Horwitz et Blum. Chacun de mes employeurs a assez de stimulants et tranquillisants pour mettre un Hell's Angel à l'ombre pendant vingt ans.

18-PARK-MONTCLAIR. Centre-ville d'Oakland. Un Indien ivre me connaît à présent, il dit toujours : « C'est la vie, on n'y peut rien, ma belle. »

À Park Boulevard un bus bleu de la police, aux fenêtres condamnées. À bord une vingtaine de détenus en route pour le tribunal. Ces hommes, enchaînés les uns aux autres, bougeaient un peu comme les membres d'un même équipage dans leur combinaison orange. Avec le même sens de la camaraderie, en fait. C'est sombre à l'intérieur du bus. Reflété dans la vitre, le feu de circulation. Jaune WAIT WAIT. Rouge STOP STOP.

Longue heure somnolente dans la montée jusqu'aux chic et brumeuses collines de Montclair. Que des employées de maison à bord. Sous l'église luthérienne de Sion, une grosse pancarte noir et blanc : GARE AUX CHUTES DE PIERRES. À chaque fois, ça me fait rire aux éclats. Les autres femmes de ménage et le chauffeur se retournent pour me dévisager. C'est rituel à présent. Il fut un temps où je me signais machinalement en passant devant une église catholique. Peut-être ai-je arrêté à cause de ces regards. Je continue à réciter un Je Vous Salue Marie, intérieurement, chaque fois que j'entends une sirène. C'est casse-pieds car j'habite le quartier de Pill Hill[1] à Oakland, près de trois hôpitaux.

---

1. « *Pill Hill* » : littéralement, « Colline des Comprimés ».

Au pied des collines de Montclair, des femmes en Toyota attendent que leurs domestiques descendent du bus. Je me fais toujours véhiculer dans Snake Road avec Mamie et sa cliente qui dit : « Ça par exemple, comme on est jolie avec cette perruque argent, Mamie, et moi qui suis dans mes vulgaires nippes de peintre ! » Mamie et moi, on fume.

Les voix féminines grimpent toujours de deux octaves quand elles s'adressent à leur femme de ménage ou aux chats.

(Femmes de ménage : les chats… ne jamais copiner avec eux, ne pas les laisser jouer avec la serpillière, les chiffons. Ces dames seront jalouses. Ne pas, toutefois, virer le matou des fauteuils. En revanche, vous pouvez faire ami-ami avec les toutous, passer cinq ou dix minutes à gratouiller Cherokee ou Smiley quand vous arrivez. Pensez à rabattre le couvercle des toilettes. Babines duveteuses, baveuses.)

Les Blum. Mon lieu de travail le plus bizarre, la seule belle maison. Tous deux sont psychiatres. Conseillers matrimoniaux avec deux « préscolaires » adoptés.

(Ne travaillez jamais dans une maison avec « préscolaires ». Les bébés, super. On peut passer des heures à les regarder, les tenir dans ses bras. Mais plus grands… c'est des criailleries, des Cheerios séchées, des « accidents » durcis et sur lesquels un pied dans sa grenouillère Snoopy a marché.)

(Ne travaillez pas non plus pour des psychiatres. On devient fou. J'aurais un ou deux trucs à leur dire, moi aussi… Des talonnettes ?)

Le Dr Blum, l'homme, est encore malade. Il a de l'asthme, figurez-vous. Il traînasse en peignoir, se grattant une jambe pâle et poilue avec sa pantoufle.

Oh ho ho ho, Mrs. Robinson. Il a pour plus de 2 000 dollars de matériel hi-fi et cinq disques. Simon and Garfunkel, Joni Mitchell, et trois Beatles.

Il est planté sur le seuil de la cuisine, à se gratter l'autre jambe à présent. J'éloigne le sensuel M. Propre avec ma serpillière virevoltante jusque dans le coin petit déjeuner tandis qu'il me demande pourquoi j'ai choisi ce métier-là.

— Culpabilité ou colère, je suppose…

— Quand c'est sec par terre, je peux me faire un thé ?

— Euh, allez donc vous asseoir. Je vais vous l'apporter. Sucre ou miel ?

— Miel. Si ça ne vous dérange pas. Et du citron si…

— Allez vous asseoir.

Je fais le service. Un jour, j'avais apporté à Natasha, quatre ans, un corsage noir à sequins. Pour se déguiser. Mme le Dr Blum a pris la mouche et hurlé au sexisme. Sur le coup j'ai cru qu'elle m'accusait de vouloir abuser de la petite. Elle a jeté le corsage à la poubelle. Je l'ai récupéré un peu plus tard et je le mets désormais, de temps en temps, pour me faire belle.

(Femmes de ménage : Vous tomberez sur un tas de femmes émancipées. Le premier stade c'est le groupe d'éveil de la conscience ; le second c'est la femme de ménage ; le troisième, divorce.)

Les Blum ont plein de cachets, pléthore de pilules. À elle les stimulants, à lui les tranquillisants. M. le Dr Blum prend de la Belladonna. Je ne sais pas ce que ça soigne, mais j'aimerais bien avoir ce prénom-là.

Un matin, je l'ai entendu lui dire, à la table du petit déjeuner : « Faisons un truc spontané aujourd'hui, emmenons les gosses jouer au cerf-volant ! »

Ça m'a touchée au cœur. Une part de moi-même aurait voulu intervenir comme la bonne à la dernière page du *Saturday Evening Post.* Je fabrique de super cerfs-volants, je connais les bons coins à Tilden pour le vent. À Montclair, il n'y a pas de vent. L'autre moi-même a branché l'aspirateur pour ne pas entendre la réponse de sa femme. Dehors il tombait des cordes.

La salle de jeux était un foutoir. J'ai demandé à Natasha si elle et Tod jouaient vraiment avec tous ces jouets. Elle m'a dit que le lundi, elle et Tod les balançaient un peu partout, parce que je venais. « Va chercher ton frère », ai-je dit.

Je les faisais marner quand Mme le Docteur est arrivée. Elle m'a grondée pour mon ingérence, ajoutant qu'elle refusait qu'on culpabilise ou endoctrine ses enfants. J'écoutais, maussade. Après coup, elle m'a demandé de dégivrer et nettoyer le frigo avec de l'ammoniaque et de la vanille.

Ammoniaque et vanille ? J'en ai cessé de la détester. C'était si simple. On voyait qu'elle voulait vraiment un foyer accueillant, pas qu'on culpabilise ou endoctrine ses enfants. Un peu plus tard j'ai pris un verre de lait qui avait ce goût d'ammoniaque et de vanille.

40-TELEGRAPH-BERKELEY. LAVERIE MILL ET ADDIE'S. Seule dans la laverie, Addie nettoie à grande eau la vitrine. Derrière elle, sur un lave-linge, une énorme tête de poisson dans un sac en plastique. Yeux aveugles et qui biglent. Un ami, M. Walker, leur apporte ça pour la soupe. Addie trace d'immenses ronds d'un blanc mousseux sur la paroi. En face, au jardin d'enfants Saint-Luke, un petit garçon croit qu'elle lui fait des signes. Il lui répond, traçant les mêmes loopings. Addie s'interrompt, sourit, lui fait signe pour de vrai. Mon bus arrive. On remonte

Telegraph en direction de Berkeley. À la devanture de l'INSTITUT DE BEAUTÉ LA BAGUETTE MAGIQUE une étoile en alu est reliée à une tapette à mouche. À côté, un magasin de matériel orthopédique avec deux mains suppliantes et une jambe.

Ter refusait de prendre le bus. Les passagers le déprimaient. Mais il aimait bien les gares d'autocars. On allait se balader du côté de celles de San Francisco et d'Oakland. Surtout celle d'Oakland, dans San Pablo Avenue. Un jour, il m'a dit qu'il m'aimait parce que j'étais comme San Pablo Avenue.

Lui, il était comme la décharge de Berkeley. Si seulement il y avait un bus pour y aller. C'est là qu'on se rendait quand on avait la nostalgie du Nouveau-Mexique. C'est désolé, venteux, et des mouettes s'envolent comme des petits rapaces dans le désert. On peut voir le ciel tout autour et au-dessus de soi. Des bennes à ordures passent sur les routes où la poussière vole dans un grondement de tonnerre. Dinosaures gris.

Je ne supporte pas que tu sois mort, Ter. Enfin, je ne t'apprends rien.

C'est comme cette fois à l'aéroport, quand tu étais sur le point de monter sur la rampe-escalator pour Albuquerque.

— Oh, merde, je peux pas y aller. Tu retrouveras jamais la voiture.

— Tu feras quoi, quand je serai plus là, Maggie ? répétais-tu sans arrêt, cette autre fois, quand tu allais à Londres.

— Du macramé, nigaud.

— Tu feras quoi, quand je serai plus là ?

— Tu te crois à ce point indispensable ?

— Oui.

Simple et direct, le style du Nebraska.

Mes amis prétendent que je me complais dans mon malheur et les remords. Prétendaient, car je ne vois plus personne. Quand je souris, ma main monte spontanément à mes lèvres.

Je collectionne les somnifères. Un jour, on avait fait un pacte… si ça n'allait pas en 1976, on s'entre-tuerait au bout de la marina. Tu n'avais pas confiance en moi, tu disais que je te descendrais d'abord avant de me sauver, ou que je me tuerais d'abord, ou que sais-je encore. Je suis fatiguée d'avoir fait cette bonne affaire, Ter.

58-COLLEGE-ALAMEDA. Des vieilles dames d'Oakland vont toutes au Hink's, le grand magasin de Berkeley. Les vieilles dames de Berkeley vont au Capwell, le grand magasin d'Oakland. Tout le monde dans ce bus est jeune et noir ou vieux et blanc, y compris les chauffeurs. Les vieux chauffeurs blancs sont mesquins et nerveux, en particulier dans les parages du lycée technique d'Oakland. Ils stoppent toujours brutalement en lançant une gueulante contre ceux qui fument ou les radios. Ils font des embardées et pilent, envoyant les vieilles dames blanches valdinguer contre les poteaux. Aussitôt, elles ont des bleus aux bras.

Les jeunes chauffeurs noirs vont vite, grillant les feux orange dans Pleasant Valley Road. C'est bruyant et enfumé dans leurs bus, mais on n'est pas secoué.

Aujourd'hui, Mme Burke. Elle aussi, il faudrait m'en débarrasser. Rien ne change jamais. Rien n'est jamais sale. Je ne vois pas du tout ce que je viens faire ici. Aujourd'hui, je me suis sentie mieux. Au moins, j'ai compris pour les trente bouteilles de rosé Lancers. Il y en avait trente et une. À ce qu'il paraît, hier c'était leur anniversaire. Il y avait deux mégots dans le cendrier de monsieur (pas juste le sien), un seul verre à vin (elle ne boit pas) et ma nouvelle bouteille de rosé ; les trophées de bowling avaient été déplacés, légèrement. Notre vie ensemble.

Elle m'en a beaucoup appris sur le ménage. Placer le papier hygiénique pour que ça sorte par en dessous. Ne laisser paraître que trois trous au lieu de six quand on se sert de l'Ajax. Ne pas gaspiller pour ne pas manquer. Un jour, dans un accès de rébellion, j'ai arraché complètement la languette et renversé tout le contenu à l'intérieur de la cuisinière. Quel gâchis.

(Femmes de ménage : montrez-vous consciencieuses. Le premier jour, remettez tous les meubles n'importe comment… décalés de dix à vingt centimètres, ou tournés dans le mauvais sens. Quand vous époussetez, retournez les chats siamois, mettez le petit pot de lait à la gauche du sucrier. Mélangez les brosses à dents.)

Mon chef-d'œuvre dans ce domaine, c'est quand j'ai nettoyé le dessus du frigo de Mme Burke. Rien ne lui échappe, mais si je n'avais pas laissé la lampe de poche au-dessus elle n'aurait pas vu que j'avais récuré et huilé le gaufrier, raccommodé la geisha et nettoyé aussi ladite lampe de poche.

Faire tout de travers non seulement les rassure sur votre conscience professionnelle mais leur donne l'occasion de s'affirmer et d'être la « patronne ». La plupart des Américaines sont très gênées d'avoir des domestiques. Elles ne savent pas quoi faire pendant qu'on est là. Mme Burke fait des trucs comme revérifier sa liste de cartes de vœux pour Noël ou repasser les papiers cadeaux de l'an dernier. En août.

Essayez de travailler pour les juifs ou les Noirs. Le repas est compris. Mais surtout les juives et les Noires respectent le travail, le travail qu'on fait, et de plus elles n'ont absolument pas honte de passer toute la journée à ne rien faire. C'est vous qu'on paie, non ?

Les adeptes de l'Ordre de l'Étoile orientale[1], c'est une autre paire de manches. Afin qu'elles ne se sentent pas coupables, efforcez-vous toujours de faire quelque chose qu'elles ne feraient jamais. Grimpez sur la cuisinière pour effacer une tache de Coca au plafond. Enfermez-vous dans la cabine de douche. Repoussez tous les meubles, y compris le piano, contre la porte. Elles ne feraient jamais ça, et d'ailleurs ça les empêche d'entrer.

Dieu merci, il y a toujours au moins une émission télé à laquelle elles sont accros. Je laisse l'aspirateur allumé pendant une demi-heure (bruit apaisant), m'allonge sous le piano avec un chiffon en boule dans la main, au cas où. Et je reste là, à fredonner et réfléchir. J'ai refusé d'aller identifier ton cadavre, Ter, causant bien du tracas. J'avais peur de te frapper à cause de ce que tu as fait. Mourir.

Le piano des Burke est ce que je fais en dernier avant de partir. L'ennuyeux, c'est que la seule partition dessus est le *Chant des Marines*. Je me retrouve toujours à marcher d'un pas martial jusqu'à l'arrêt du bus – « Des murs de Monte-zu-u-ma… »

58-COLLEGE-BERKELEY. Un vieux chauffeur blanc vachard. Il pleut, il est tard, c'est bondé, il fait froid. Noël, la mauvaise saison pour les bus. Une hippie défoncée hurlait : « Laissez-moi descendre ! — Attendez l'arrêt réglementaire ! », répliquait le chauffeur. Au premier rang,

---

1. Organisme maçonnique philanthropique et patriotique féminin.

une grosse femme, une femme de ménage, a vomi sur les caoutchoucs des gens et ma botte. L'odeur était infecte et plusieurs passagers sont descendus à l'arrêt suivant. Le chauffeur s'est arrêté à la station-service Arco sur Alcatraz pour nettoyer au tuyau d'arrosage, ne faisant bien entendu que repousser la chose tout au fond et aggraver l'humidité. Il était tout rouge et furieux, a grillé le feu d'après, nous mettant tous en danger, a déclaré mon voisin.

Au lycée technique, une vingtaine d'élèves avec des radios attendaient derrière un grand invalide. Le dispensaire, c'est après le lycée technique. Comme il montait à bord, avec beaucoup de difficulté, le chauffeur a dit « OH ! C'EST PAS VRAI NOM DE DIEU ! » et l'autre a paru surpris.

Encore chez les Burke. Rien ne change. Ils ont dix horloges numériques, qui donnent toutes l'heure juste. Le jour où je les plaque, je débranche tout.

J'ai finalement bel et bien quitté Mme Jessel. Elle continuait à me payer par chèque et un jour elle m'a appelée quatre fois dans la nuit. J'ai joint son mari et déclaré que j'avais une mononucléose. Elle a oublié que j'avais démissionné, m'a appelée l'autre nuit pour me demander si je ne l'avais pas trouvée un peu pâle. Elle me manque.

Aujourd'hui, une nouvelle cliente. Une dame, une vraie.

(Je ne me vois jamais comme une femme de ménage, même si c'est ainsi qu'elles parlent de vous : « ma femme de ménage » ou « ma fille ».)

Mme Johansen. Elle est suédoise et parle un anglais truffé d'argot, comme les Philippins.

La première chose qu'elle m'a dite, en ouvrant la porte, c'est : « BONTÉ DIVINE ! »

— Euh… J'arrive trop tôt ?

— Pas du tout, ma chère.

Elle est montée sur scène. Une Glenda Jackson de quatre-vingts ans. Sur le cul, je fus (vous voyez, je parle déjà comme elle). Sur le cul dans le vestibule.

Dans le vestibule, avant même que je n'enlève mon manteau, le manteau de Ter, elle m'a expliqué le drame de sa vie.

John, son mari, est mort il y a six mois. Le plus difficile, pour elle, c'était dormir. Elle s'était mise aux puzzles. (Elle m'a désigné la table de bridge dans le living, où le Monticello de Jefferson était presque fini, un béant trou protozoaire en haut à droite.)

Un soir, elle séchait tellement qu'elle n'en a pas dormi du tout. Elle avait oublié – bel et bien oublié de dormir ! Et de manger, par-dessus le marché. Elle dîna à huit heures du matin. Ensuite elle fit la sieste, se réveilla à deux heures du matin, prit son petit déjeuner à deux heures de l'après-midi avant d'aller s'acheter un autre puzzle.

Du vivant de John, c'était Petit Déjeuner à 6 heures, Déjeuner à 12, Dîner à 18. Je dois dire à ce monde bancal que les temps ont changé.

— Non, ma chère, vous n'êtes pas en avance. Je suis capable d'aller me pieuter à tout moment.

J'étais encore plantée là, brûlante, sondant les yeux radieux et somnolents de ma nouvelle patronne, m'attendant à ce que des corbeaux arrivent sur le tapis.

Tout ce que j'avais à faire c'était laver les vitres et passer l'aspirateur sur la moquette. Mais, avant de passer l'aspirateur, trouver un morceau du puzzle. Du ciel avec un petit bout d'érable. C'est ça qui manque, je le sais.

C'était chouette d'être sur le balcon, à laver les carreaux. Il faisait froid, mais le soleil me réchauffait le dos. À l'intérieur, elle s'était attelée à son puzzle. Captivée, mais prenant néanmoins la pose. Elle avait de très beaux restes.

Après les fenêtres, il fallut chercher la pièce manquante ; centimètre par centimètre sur le tapis vert à longues mèches, miettes de biscuits salés, élastiques du *Chronicle*. J'étais enchantée, je n'avais jamais eu de meilleur boulot. Elle n'en avait « rien à cirer » si je fumais ou non, et donc je me contentais de ramper avec ma clope, en remorquant mon cendrier.

J'ai retrouvé le morceau, à l'autre bout de la pièce. Du ciel, avec un petit coin d'érable.

— J'ai trouvé ! s'écria-t-elle. Je le savais !

— C'est moi qui l'ai ! m'écriai-je.

Ensuite, j'ai pu passer l'aspirateur, ce que j'ai fait pendant qu'elle finissait le puzzle avec un soupir. Au moment de partir, je lui ai demandé quand elle pensait avoir de nouveau besoin de moi.

— Qui sait ?

— Bon… Chacun son truc, ai-je dit, et on a rigolé.

Ter, je ne veux pas mourir du tout, en réalité.

40-TELEGRAPH. L'arrêt du bus au niveau de la laverie. C'est bondé de clients qui attendent leur tour mais l'atmosphère est à la fête, comme au restaurant. Ça patiente, bavarde derrière la vitrine en buvant des canettes de Sprite vertes. Mill et Addie se mêlent à eux tels des hôtes obligeants, faisant de la monnaie. À la télé, l'orchestre de l'État de l'Ohio joue l'hymne national. Bourrasques de neige dans le Michigan.

C'est une journée de janvier froide et limpide. Quatre cyclistes à rouflaquettes débouchent au coin de la 29e comme un fil de cerf-volant. Une Harley tourne au ralenti à l'arrêt du bus, et des gamins font signe au motard patibulaire depuis le plateau d'un pick-up Dodge des années 50. Je pleure enfin.

Mon Jockey

J'aime bien travailler aux urgences – c'est là qu'on rencontre les hommes, de toute façon. Les vrais, les héros. Combattants du feu et jockeys. Ils atterrissent toujours aux urgences. Les jockeys nous donnent de splendides radios. Ils se font des fractures en veux-tu en voilà mais se rafistolent juste à temps pour la course suivante. Leurs squelettes ressemblent à des arbres, des brontosaures reconstitués. Radios de saint Sébastien.

J'hérite des jockeys car je parle espagnol et la plupart d'entre eux sont mexicains. Mon premier fut Munoz. Doux Jésus. Je déshabille des gens tout le temps et ce n'est pas sorcier, l'affaire de quelques secondes. Munoz gisait là, inconscient, une divinité aztèque en miniature. Sa tenue était si compliquée que c'était comme accomplir un rituel élaboré. Déconcertant, car interminable, comme chez Mishima où il faut trois pages pour ôter son kimono à la dame. Sa chemise en satin fuchsia avait plein de boutons le long de l'épaule et des frêles poignets ; sa culotte était attachée par un laçage subtil, des nœuds précolombiens. Ses bottes sentaient le crottin et la sueur, mais étaient aussi souples et fines que les pantoufles de Cendrillon. Il sommeillait, mon Bel au bois dormant.

Mais avant même de se réveiller il se mit à réclamer sa mère. Il ne se contentait pas de me tenir la main, comme certains patients, mais se pendait à mon cou, sanglotant, *Mamacita ! Mamacita !* Il ne se laissa examiner par le Dr Johnson qu'à partir du moment où je le tins dans mes bras comme un bébé. Il était aussi petit qu'un bambin mais costaud, tout en muscles. Un homme sur mes genoux. L'homme de mes rêves ? Le bébé de mes rêves ?

Le Dr Johnson m'épongeait le front tandis que je traduisais. À coup sûr il avait une clavicule cassée, au moins trois côtes fêlées, sans doute un traumatisme crânien. Mais non, rien à faire. Il devait courir les épreuves du lendemain. Qu'il passe des radios, dit le Dr Johnson. Comme il ne voulait pas s'allonger sur la civière, je l'ai porté à travers le couloir, tel King Kong. Il pleurait, terrifié, ses larmes inondaient mon sein.

On a attendu le radiologue dans la pénombre. Je l'apaisais comme j'aurais cajolé un cheval. *Calmate, lindo, calmate. Despacio… despacio.* Tout doux… tout doux. Il s'est calmé dans mes bras, éternuant, reniflant doucement. J'ai caressé sa belle échine. Elle était soyeuse et frémissait comme celle d'un jeune poulain, splendide. C'était une merveille.

El Tim

Une nonne se tenait au seuil de chaque salle de classe, robes noires flottant dans le couloir, portées par le vent. Les voix des CP, priant, *Je vous salue Marie, pleine de grâce, le Seigneur est avec vous.* À l'autre bout du couloir, les CE1 s'y mettaient de leurs voix claires, *Je vous salue Marie, pleine de grâce.* Je me suis arrêtée au beau milieu du bâtiment, guettant les voix triomphales des CE2, rejointes par les CP, *Notre Père qui êtes aux cieux*, les CM1, puis, graves, *Je vous salue Marie, pleine de grâce.*

Plus ils étaient grands, plus ils allaient vite, si bien que peu à peu les voix se mêlaient, fusionnaient dans une seule psalmodie subitement pleine de joie. *Au nom du Père, du Fils et du Saint-Esprit. Amen.*

J'enseignais l'espagnol dans la nouvelle école secondaire qui se trouvait de l'autre côté de la cour de récréation, pareille à un jouet coloré. Tous les matins, avant la classe, je traversais l'école primaire pour écouter ces prières, mais aussi tout simplement pour entrer dans le bâtiment, comme on irait à l'église. Cette école avait été une mission, construite en 1700 par les Espagnols pour résister au désert. Ce n'était pas comme d'autres établissements anciens où le calme et la solidité n'en restent pas moins un carcan pour les enfants qui transitent par là. Elle avait conservé le caractère paisible d'une mission, d'un sanctuaire.

Les religieuses riaient dans l'école primaire, et les enfants aussi. Les sœurs étaient toutes vieilles, mais pas comme ces femmes lasses qui serrent leurs sacs à l'arrêt du bus ; elles étaient fières, aimées de Dieu et des enfants. Elles répondaient à cet amour par de la tendresse, des rires doux qui étaient contenus, réservés, derrière les grosses portes de bois.

Quelques-unes de l'école secondaire traversaient en trombe la cour de récréation, à la recherche d'une cigarette. Celles-ci étaient jeunes et nerveuses. Elles enseignaient à des « enfants défavorisés », des « délinquants juvéniles », et leurs fins visages étaient fatigués, las de ces regards vides. Elles ne pouvaient compter sur le respect ou l'amour, comme à l'école primaire. Leur recours était l'invulnérabilité, l'indifférence à ces élèves qui étaient leur devoir et leur raison d'être.

Les rangées de fenêtres des troisième brillèrent quand sœur Lourdes les ouvrit, comme d'habitude, sept minutes avant la cloche. Je me tenais devant les portes à initiales orange, à observer mes élèves de troisième qui faisaient les cent pas devant le grillage, corps souple et avachi, dodelinant de la tête, balançant bras et jambes sur un rythme, une trompette qu'ils étaient seuls à entendre.

Ils s'appuyaient au grillage, parlant dans un dialecte branché anglais-espagnol, riant tout bas. Les filles portaient l'uniforme bleu marine de l'école. Tels des oiseaux sans éclat, elles flirtaient avec les garçons qui exhibaient leur fier plumage, tout scintillants dans leurs pantalons orange, jaunes ou turquoise. Ils portaient des chemises noires au col ouvert ou des pulls col en V sans rien dessous, en sorte que la petite croix brillait contre leur torse brun et lisse… la petite croix du pachuco qui était également tatouée sur leur main.

— Bonjour, ma chère.

— Bonjour, ma sœur.

Sœur Lourdes était sortie pour voir si les cinquième étaient bien alignés.

C'était la directrice. Elle m'avait embauchée, bien que regrettant d'avoir à payer quelqu'un, puisque aucune sœur ne parlait l'espagnol.

— En tant qu'enseignante laïque, avait-elle déclaré, la première à San Marco, vous aurez peut-être du mal à vous faire obéir, d'autant plus qu'une bonne partie de vos élèves a presque votre âge. Ne commettez surtout pas la même erreur que mes jeunes nonnes : n'essayez pas de devenir leur amie. Ils ne connaissent que les rapports de force. Conservez votre ascendant… par une attitude distante, l'exercice de la discipline, les punitions, l'autorité. L'espagnol est une matière facultative ; collez-leur autant de F que vous voulez. Au cours des trois premières semaines, vous pourrez m'envoyer n'importe quel élève en latin. Je n'en ai pas de volontaires. Vous verrez que vous m'en remercierez, conclut-elle en souriant.

Le premier mois s'était bien passé. La menace du cours de latin était un avantage : à la fin de la seconde semaine, j'en avais éliminé sept. C'était un luxe d'avoir une classe à l'effectif aussi restreint, et dont le quart le plus médiocre avait été écrémé. Mon espagnol – ma langue maternelle – m'aidait beaucoup. Ils étaient surpris d'entendre une « gringa » parler aussi bien que leurs parents, et même mieux qu'eux-mêmes. Admiratifs de constater que je savais les mots orduriers, et reconnaissais leur argot pour « police » et « marijuana ». Et ils s'appliquaient. L'espagnol était une chose proche, importante pour eux. Ils se comportaient bien, mais je ressentais leur obéissance maussade et leurs réponses automatiques comme un affront.

Ils se moquaient des termes et expressions dont j'usais et se mirent à s'en servir aussi souvent que moi. « La Pina », ricanaient-ils, à cause de mes cheveux, mais bientôt les filles adoptèrent ma coupe. « L'idiote sait pas écrire », murmuraient-ils quand j'écrivais en script sur le tableau noir, mais ils se mirent à rédiger en script tous leurs devoirs.

Ce n'étaient pas encore des « pachucos », les truands qu'ils s'efforçaient d'être, jouant avec un cran d'arrêt à l'intérieur de leur pupitre, rougissant quand ça glissait et tombait par terre. Ils ne disaient pas encore : « J'ai rien à apprendre de vous. » Ils attendaient, avec un haussement d'épaules, qu'on les épate. Et comment les épater ? Le monde que je connaissais ne valait pas mieux que celui qu'ils avaient le courage de défier.

J'observais sœur Lourdes dont la force n'était pas, comme chez moi, juste une façade pour gagner leur respect. Ces élèves voyaient sa foi en Dieu, dans cette vie qu'elle avait choisie ; ils respectaient cela, sans jamais lui montrer leur tolérance envers la sévérité dont elle faisait preuve pour les dominer.

Elle non plus ne pouvait pas rire avec eux. Ils ne riaient que par dérision, seulement quand quelqu'un se trahissait par une question, un sourire, une bêtise, un vent. Toujours, en faisant taire leurs rires sans joie, je songeais aux gloussements, aux cris, ce contrepoint de la joie à l'école primaire.

Une fois par semaine, je riais avec mes troisième. Le lundi, quand soudain on frappait à la légère porte métallique, un impérieux BOUM BOUM BOUM qui faisait vibrer les fenêtres et résonnait à travers tout le bâtiment. Toujours ce boucan formidable me faisait sursauter, et la classe se moquait de moi.

« Entrez ! », lançais-je, et ces coups cessaient, et on riait car ce n'était qu'un tout petit du CP. Il se dandinait en baskets jusqu'à mon bureau. « Bonjour, chuchotait-il. Je peux avoir la liste pour la cafétéria ? » Puis il repartait sur la pointe des pieds et claquait la porte, ce qui était drôle, aussi.

— Madame Lawrence, vous voulez bien venir une minute ?

J'ai suivi sœur Lourdes dans son bureau et attendu pendant qu'elle sonnait la cloche.

— Timothy Sanchez est de retour.

Elle marqua une pause, comme si j'étais censée réagir.

— Il était en centre de détention, une fois de plus – pour vol et détention de stupéfiants. Ils estiment qu'il doit finir sa scolarité au plus tôt. Il est bien plus âgé que ses camarades et, d'après les tests, c'est un garçon d'une intelligence exceptionnelle. Il est noté ici qu'il devrait être « encouragé et motivé ».

— Vous attendez de moi quelque chose de particulier ?

— Non. En fait, je n'ai aucun conseil à vous donner… c'est un cas à part. J'ai pensé qu'il fallait vous en parler. Son contrôleur vérifiera ses progrès.

Le lendemain matin, c'était Halloween, et les élèves du primaire étaient venus costumés. Je me suis attardée pour voir les sorcières, les centaines de diablotins qui récitaient en tremblant leur prière matinale. La cloche avait sonné quand je suis arrivée chez les troisième. « Cœur Immaculé de Marie, priez pour nous. » Je restai sur le seuil tandis que sœur Lourdes procédait à l'appel. On se leva pour saluer ma venue. « Bonjour. » Les chaises raclèrent au moment où les élèves reprenaient leur place.

Le calme se fit. « El Tim ! » chuchota quelqu'un.

Il se tenait à la porte, sa silhouette dessinée comme celle de la sœur par la lumière émanant du hall. Tout en noir, chemise ouverte jusqu'au nombril, le pantalon taille basse serrant ses hanches maigres. Une croix dorée brillait au bout de sa lourde chaîne. Un demi-sourire aux lèvres, il regardait la religieuse avec condescendance, ses cils créant des ombres en zigzag sur ses joues creuses. Ses cheveux noirs étaient longs et raides. Il les lissa en arrière de ses doigts fins, furtivement, tel un oiseau.

La classe était pétrifiée. J'observais les jeunes filles, les jolies filles qui parlaient à mi-voix aux W.-C. non pas de rendez-vous ou d'amour mais de mariage et d'avortement. Elles étaient tendues, les yeux braqués sur lui, rouges et attentives.

Sœur Lourdes entra dans la salle. « Assieds-toi ici, Tim. » La place qu'elle désignait était devant mon bureau. Il traversa la pièce avec ses larges épaules voûtées, le cou en avant, tssch-tssch, tssch-tssch, le beat des pachucos. « Elle me botte, la vieille timbrée ! », dit-il en me regardant avec le sourire. Rire général. « Silence ! », dit sœur Lourdes. Elle se planta près de lui. « Voici Mme Lawrence. Là, ton livre d'espagnol. » Il ne semblait pas l'entendre. Le chapelet de cette dernière cliquetait fébrilement.

— Boutonne ta chemise. Boutonne ta chemise !

Il porta les mains à sa poitrine, maniant de l'une le bouton à la lumière, tripotant de l'autre la boutonnière. La sœur écarta ses mains, s'escrimant à le faire elle-même.

— J'sais pas comment je me débrouillerais sans vous, ma Sœur, dit-il d'une voix traînante.

Elle s'en alla. C'était mardi, dictée.

— Prenez du papier et un crayon.

La classe s'exécuta automatiquement.

— Toi aussi, Tim.

— Papier, ordonna-t-il à voix basse.

Ce fut à qui lui donnerait sa feuille de papier.

— *Llego el hijo*, dictai-je.

Tim se leva et alla vers le fond de la salle.

— Cassé mon crayon, dit-il.

Sa voix était grave et rauque, rauque comme quand on est sur le point de pleurer. Il tailla son crayon lentement, tournant la manivelle en sorte qu'on aurait cru entendre des balais sur un tambour.

— *No tenian fé*.

Tim s'arrêta pour mettre la main sur les cheveux d'une fille.

— Assieds-toi, dis-je.

— *Calmos*, marmonna-t-il, ce qui fit rire tout le monde.

Il rendit une feuille de papier vierge, avec un « EL TIM » en travers.

À dater de ce jour, tout gravita autour de lui. Il rattrapa rapidement le reste de la classe. Ses interrogations écrites et ses exercices étaient toujours excellents, mais les élèves n'étaient sensibles qu'à sa morne insolence, à son silencieux, impunissable rejet. Lire à haute voix, conjuguer sur le tableau noir, discuter, toutes ces choses qui avaient été presque amusantes étaient désormais quasi impossibles. Les garçons étaient désinvoltes, honteux d'apprendre ; les filles gênées, gauches devant lui.

Je me mis à donner surtout des devoirs écrits, du travail individuel pouvant être contrôlé de table en table. Je donnais beaucoup de dissertations, même si ce n'était pas censé se faire en cours d'espagnol niveau troisième. C'était la seule chose qui lui plaisait, où il s'appliquait, effaçant et recopiant, feuilletant les pages d'un dictionnaire sur son bureau. Ses rédactions étaient imaginatives, parfaites d'un point de vue grammatical, toujours sur des sujets impersonnels… une rue, un arbre. J'écrivais des commentaires et faisais son éloge. Parfois, je lisais ses devoirs en classe, dans l'espoir qu'ils seraient impressionnés, encouragés par son travail. Je compris trop tard que cela ne faisait que les troubler à son égard, qu'il triomphait de toute façon avec un ricanement… « *Pues, la tengo…* » Je l'ai bien eue.

Emiterio Perez répétait tout ce qu'il disait. C'était un abruti, qu'on maintenait en troisième en attendant qu'il ait l'âge d'arrêter sa scolarité. Il distribuait les devoirs, ouvrait les fenêtres. Je lui faisais faire tout comme les autres élèves. Gloussant, il rédigeait des pages et des pages de gribouillis informes et appliqués que je notais et lui rendais. Parfois je lui décernais un B, et il en était tout content. Désormais même lui ne voulait plus travailler. « *Para qué, hombre ?* », lui soufflait Tim. Emiterio se troublait, il nous regardait alternativement. Parfois, il pleurait.

Désemparée, j'assistais à cette croissante confusion en classe, une confusion que même sœur Lourdes ne parvenait plus à juguler. Il n'y avait plus de silence à présent, quand elle venait, mais de l'agitation… une main passée sur un visage, le martèlement d'une gomme, des pages qu'on tourne. La classe attendait. Et toujours, lente et grave, on entendait la voix de Tim. « Fait froid ici, ma sœur, vous trouvez pas ? », « Ma sœur, j'ai un truc à l'œil, venez voir ». On ne bougeait pas quand, chaque fois, chaque jour, elle lui reboutonnait machinalement sa chemise. « Tout va bien ? », me demandait-elle, et elle quittait la classe.

Un lundi, j'ai relevé la tête pour voir un bambin venir à moi. Je l'ai regardé, puis, souriante, j'ai regardé Tim.

— Ils les font de plus en plus petits… vous avez remarqué ? dit-il, pour mes seules oreilles.

Il me souriait. Je lui souris, tremblante de joie. Puis, avec un brutal raclement, il repoussa sa chaise en arrière et alla vers le fond de la salle. À mi-chemin, il s'arrêta devant Dolores, un timide laideron. Lentement, il lui passa les mains sur les seins. Poussant un gémissement, elle courut hors de la salle en pleurant.

— Viens ici ! hurlai-je à l'agresseur.

Ses dents étincelèrent.

— Essaie de m'y forcer…, répondit-il.

Je m'appuyai au bureau, étourdie.

— Va-t'en, rentre chez toi ! Ne remets plus jamais les pieds dans ma classe !

— OK.

Avec un petit sourire, il passa devant moi pour prendre la porte, claquant des doigts… tsch-tsch, tsch-tsch. La classe ne disait rien.

Comme j'allais à la recherche de Dolores, une pierre fracassa la fenêtre, atterrissant avec des bris de verre sur mon bureau.

— Que se passe-t-il ?

Sœur Lourdes était sur le seuil. Impossible de passer la porte.

— J'ai renvoyé Tim chez lui.

Elle était livide, sa cornette tremblait.

— Madame Lawrence, il est de votre devoir de vous faire obéir de lui en classe.

— Désolée, ma Sœur, c'est au-dessus de mes forces.

— J'en parlerai à la Mère supérieure. Vous viendrez dans mon bureau demain matin. Toi, à ta place ! hurla-t-elle à Dolores, qui était revenue par la porte du fond.

Et elle disparut.

— Page 93, dis-je. Eddie, lis et traduis le premier paragraphe.

Je ne suis pas retournée à l'école primaire le lendemain matin. Sœur Lourdes attendait, assise à son bureau. Derrière les portes vitrées, Tim était adossé au mur, les mains passées dans sa ceinture.

Brièvement, j'ai raconté à la religieuse ce qui s'était passé la veille. Sa tête était penchée pendant mes explications.

— J'espère que vous trouverez le moyen de reconquérir le respect de ce garçon, dit-elle.

— Je n'en veux plus en classe.

Je me tenais en face de son bureau, agrippée au rebord.

— Madame Lawrence, on nous a dit qu'il avait besoin d'une attention particulière, qu'il avait besoin d'être « encouragé et motivé ».

— Pas au sein du collège. Il est trop vieux et trop intelligent pour être ici.

— Eh bien, vous allez devoir apprendre à gérer ce problème.

— Sœur Lourdes, si jamais vous le réintégrez dans ma classe, j'irai voir la Mère supérieure, son contrôleur. Je leur dirai ce qui s'est passé. Je montrerai les résultats que j'obtenais avec mes élèves avant son arrivée, et maintenant. Je leur montrerai le travail de Tim. Sa place n'est pas en troisième.

Elle parla doucement, sèchement :

— Madame Lawrence, ce garçon est sous votre responsabilité. Le comité de probation nous l'a confié. Il restera dans votre classe.

Elle se pencha vers moi, toute pâle.

— C'est notre devoir d'enseignante de maîtriser ces éléments, d'exercer notre métier malgré eux.

— Pour moi c'est impossible.

— Vous êtes faible ! siffla-t-elle.

— Oui, je suis faible. Il a gagné. Je ne peux pas supporter ce qu'il nous inflige, à moi et à la classe. Si jamais il revient, je démissionne.

Elle se renversa dans son siège, très lasse.

— Donnez-lui une autre chance. Une semaine. Ensuite, vous pourrez faire à votre guise.

— Entendu.

Elle se leva et ouvrit la porte. Il se percha au bord du bureau.

— Tim, dit-elle doucement. Vas-tu nous démontrer, à moi, Mme Lawrence et la classe, que tu regrettes ?

Il ne répondit pas.

— Je ne veux pas te renvoyer au centre de détention.

— Pourquoi ?

— Parce que tu es intelligent. Je veux que tu apprennes quelque chose ici, que tu sortes de San Marco avec un diplôme. Je veux que tu poursuives tes études, à…

— Allons, allons, ma Sœur, dit-il de sa voix traînante. Vous voulez juste boutonner ma chemise.

— Tais-toi !

Je l'ai frappé sur la bouche. Ma main resta imprimée en blanc sur sa peau mate. Il ne bougea pas. J'en étais malade. Sœur Lourdes quitta la pièce. Tim et moi, on se faisait face, tandis qu'elle commençait les prières avec les troisième… *Vous êtes bénie entre toutes les femmes, et Jésus, le fruit de vos entrailles est béni…*

— Pourquoi me frapper ? demanda-t-il doucement.

J'allais répondre : « Parce que tu as été insolent et méchant », mais je vis à son sourire de mépris qu'il attendait justement cette réponse.

— Je t'ai giflé parce que j'étais en colère. À cause de Dolores et de la pierre. Parce que je me suis sentie blessée et ridicule.

Ses yeux de braise me sondèrent. L'espace d'un instant, le masque était tombé.

— Alors, je crois qu'on est quittes, dit-il.

— Oui, et maintenant en classe.

J'ai traversé le couloir avec lui, en résistant à sa démarche chaloupée.

Point de vue

Imaginez *Tristesse*, la nouvelle de Tchekhov, à la première personne du singulier. Un vieux nous annonce que son fils vient de mourir. Nous serions gênés, mal à l'aise, et même assommés, tout comme les clients du cocher dans l'histoire. Mais la voix impartiale de Tchekhov insuffle de la dignité à cet homme. Nous nous imprégnons de la compassion de l'auteur pour lui au point d'être profondément émus, sinon par la mort du fils, du moins par ce vieillard qui s'adresse à son cheval.

Je crois que c'est parce que nous manquons tous de confiance en nous-mêmes.

Par exemple, si je me contentais de vous présenter cette femme sur laquelle j'écris en ce moment…

« Je suis une célibataire à la cinquantaine bien sonnée. Je travaille dans un cabinet médical. Je rentre chez moi en bus. Tous les samedis, je fais la lessive, les courses chez Lucky's, j'achète le *Sunday Chronicle* et je rentre à la maison. » Vous me diriez : Pitié !

Mais ma nouvelle s'ouvre sur : « Tous les samedis, après le lavomatic et l'épicerie, elle achetait le *Sunday Chronicle.* » Vous voilà à l'écoute de tous les compulsifs, obsessionnels et ennuyeux petits détails de l'existence de cette femme, Henrietta, uniquement parce que c'est écrit à la troisième personne. Vous vous dites : bon, si le narrateur estime que ce terne personnage est digne d'intérêt, admettons. Poursuivons notre lecture et voyons ce qu'il advient.

Rien n'advient, en réalité. En fait, la nouvelle n'est même pas encore écrite. Mon objectif, c'est de rendre cette femme si crédible grâce à ces petits détails que vous ne pourrez vous empêcher de la plaindre.

La plupart des écrivains ont recours à des accessoires et décors tirés de leur propre vie. Par exemple, mon Henrietta prend son humble repas du soir sur un set de table bleu, munie de lourds et raffinés couverts italiens en inox. Détail curieux, peu cohérent, peut-il sembler, avec la personnalité de cette femme qui découpe des bons de réduction pour une marque d'essuie-tout, mais piquant la curiosité du lecteur. Du moins je l'espère.

Je ne crois pas que je donnerai d'explication dans la nouvelle. Je me sers moi-même de ce genre de couverts luxueux. L'an dernier, j'ai commandé six jeux de couverts dans le catalogue Noël du MoMA. C'était excessivement cher, une centaine de dollars, mais ça en valait la peine, semblait-il. J'ai six assiettes et six chaises. Je vais peut-être inviter du monde à dîner, songeais-je à ce moment-là. En réalité, c'était cent dollars le jeu de six pièces. Deux fourchettes, deux couteaux, deux cuillères. Un set de table. L'idée de les renvoyer m'embarrassant, je me suis dit que bon, l'an prochain, peut-être, j'en commanderais un autre.

Henrietta mange avec ses jolis couverts et boit du vin californien dans un verre à pied. Il y a de la salade dans un saladier en bois et un surgelé basses calories dans une grande assiette. Tout en mangeant, elle parcourt la rubrique *This World* où tous les articles semblent avoir été écrits par la même première personne du singulier.

Henrietta attend avec impatience le lundi. Elle est amoureuse du Dr B., le néphrologue. Nombre d'infirmières/secrétaires sont amoureuses de « leur » médecin. Syndrome Della Street, en quelque sorte[1].

Le Dr B. s'inspire du néphrologue pour lequel j'ai travaillé. Moi, j'étais loin d'être amoureuse de lui. Parfois, pour plaisanter, je disais que nous avions une relation d'amour-haine. Il était si odieux que cela devait me rappeler comment peuvent tourner les affaires de cœur, parfois.

Shirley, celle que j'ai remplacée, était amoureuse de lui, néanmoins. Elle m'avait signalé tous les cadeaux d'anniversaire qu'elle lui avait offerts. La jardinière avec le lierre et le petit vélo en laiton. Le miroir au koala dépoli. La parure de stylos. Elle affirmait qu'il avait adoré tous ses cadeaux, sauf le couvre-selle en peau de mouton. Elle avait dû l'échanger contre des gants de vélo.

Dans ma nouvelle, le Dr B. se moque de Henrietta à propos de ce couvre-selle, il est vraiment moqueur et cruel, comme il savait bien l'être. Ce sera le paroxysme de ma nouvelle, lorsqu'elle comprend le dédain qu'il éprouve à son égard, combien son amour est pitoyable.

Le jour où j'ai commencé à travailler là-bas, j'ai commandé des blouses en papier. Shirley les prenait en coton. « Carreaux bleus pour les garçons, fleurs roses pour les filles ». (La plupart de nos patients étaient si âgés qu'ils marchaient avec des déambulateurs.) Tous les week-ends, elle rapportait le linge sale chez elle alors qu'elle se déplaçait en bus et non seulement le lavait mais l'amidonnait

1. Secrétaire dans *Perry Mason*, la série télévisée.

et le repassait. Mon Henrietta fait de même… repasser le dimanche, après avoir fini le ménage dans son appartement.

Bien entendu, il est beaucoup question des habitudes de Henrietta dans mon récit. Les habitudes. Ce n'est pas tant qu'elles soient mauvaises en soi, mais elles durent depuis si longtemps. Tous les samedis, année après année.

Tous les dimanches, Henrietta lit la rubrique Loisirs. L'horoscope d'abord, toujours page 16, l'habitude du journal. En général, les astres ont des trucs osés à lui dire. « Pleine lune, Scorpion sexy et on ne vous fait pas de dessin ! Étincelles en perspective ! »

Le dimanche, après le ménage et le repassage, elle met les petits plats dans les grands. Un poulet. Farce toute-prête et sauce aux airelles. Petits pois à la crème. Un Milky Way en dessert.

Après la vaisselle elle regarde *60 Minutes*. Non que le programme soit si passionnant. Elle aime bien l'équipe. Diane Sawyer est si bien élevée, jolie, et les hommes solides, fiables et concernés. Elle aime quand ils ont l'air soucieux et secouent la tête ou quand c'est une histoire drôle ils sourient et secouent la tête. Mais ce qu'elle préfère, ce sont les plans sur la grosse pendule. L'aiguille des minutes et le tic-tac des secondes.

Ensuite, elle regarde *Arabesque*, qui ne lui plaît guère, mais c'est ça ou rien.

Je sèche un peu sur le dimanche. Restituer ce long vide du dimanche. Pas de courrier, lointaines tondeuses à gazon, désespoir.

Ou pour décrire sa hâte d'être au lundi matin. Le bruit du pédalier de son vélo à lui et le clic quand il s'enferme pour enfiler sa tenue bleue.

— Vous avez passé un bon week-end ? dit-elle.

Jamais il ne répond. Jamais ni bonjour ni bonsoir.

Le soir elle lui tient la porte, au moment où il sort avec son vélo à la main.

— Bonsoir ! Profitez bien !

Elle sourit.

— Profiter de *quoi* ? Par pitié, changez de disque !

Mais il a beau être infect, Henrietta croit à un lien entre eux. Il a un pied-bot, boite sérieusement, et elle une scoliose, une déviation de la colonne vertébrale. Une bosse, en fait. Elle est complexée, timide, mais comprend qu'il puisse être aussi caustique. Un jour il lui a déclaré qu'elle avait les deux qualités nécessaires pour être infirmière… « bêtise et servilité ».

Après *Arabesque*, elle prend un bain, se dorlote avec des perles de bain aux senteurs florales.

Elle suit les infos tout en se passant de la lotion sur le visage et les mains. Elle a mis de l'eau à chauffer pour sa tisane. Elle aime bien le bulletin météo. Les petits soleils au-dessus du Nebraska et du Nord Dakota. Nuages de pluie au-dessus de la Floride et de la Louisiane.

Couchée dans son lit, elle sirote sa tisane. Si seulement elle avait encore sa vieille couverture électrique avec son bouton mini-médium-maxi. La nouvelle était présentée dans la pub comme la Couverture Électrique Intelligente. Sachant qu'il ne fait pas froid, elle ne chauffe pas trop. Si seulement elle pouvait devenir brûlante, réconfortante. Elle est trop futée, celle-ci ! Henrietta rit tout haut et cela rend un son saisissant dans cette petite chambre.

Elle éteint le poste, boit à petites gorgées, écoute les allées et venues des voitures au niveau de la station Arco, de l'autre côté de la rue. Parfois l'une d'elles stoppe dans un crissement de pneus à la hauteur de la cabine téléphonique. Une portière claque et bientôt le véhicule repart en trombe.

Elle entend quelqu'un rouler lentement jusqu'au téléphone. Un air de jazz sonore s'échappe de la voiture. Henrietta éteint la lumière, soulève le store à côté du lit, à peine. La fenêtre est embuée. L'autoradio passe du Lester Young. L'homme au téléphone cale le combiné avec son menton. Il s'essuie le front avec un mouchoir. Je m'appuie au froid rebord de la fenêtre pour l'observer. J'écoute le gentil saxophone jouer « Polka Dots and Moonbeams ». Sur la vitre embuée, j'écris quelque chose. Quoi ? Mon nom ? Celui d'un homme ? Henrietta ? Amour ? Qu'importe, je l'efface vite avant qu'on puisse voir.

Sa première désintox

Carlotta émergea, durant la quatrième semaine de pluie d'octobre consécutive, dans le service de désintoxication du comté. Tu es à l'hôpital, se dit-elle, et elle s'avança en titubant dans le couloir. Il y avait deux types dans une grande salle qui aurait été ensoleillée sans cette pluie. Des affreux, en denim noir et blanc. Ils avaient des hématomes, des bandages sanglants. Ces hommes sortent de prison – mais elle vit alors qu'elle aussi, elle était en denim noir et blanc, qu'elle aussi, elle avait des hématomes et du sang sur le corps. Elle se rappelait les menottes, une camisole de force.

C'était Halloween. La bénévole des Alcooliques Anonymes leur apprit à faire des citrouilles. On gonfle le ballon, elle fait le nœud. Puis on l'enrobe de bandes de papier poisseux de colle. Le lendemain soir, quand votre ballon est sec, vous le peignez en orange. La bénévole découpe les yeux, le nez et la bouche. On a le choix entre sourire et air pas content. Pas de ciseaux pour vous.

Il y avait beaucoup de rires puérils à cause des ballons qui glissaient entre les doigts, de leur tremblote. Pas facile à faire, ces citrouilles. Si on leur avait permis de découper les yeux, le nez et la bouche, ils en auraient eu, de ces foutus ciseaux à bouts ronds. Si jamais ils souhaitaient écrire, on leur refilait de gros crayons, comme à des élèves de CP.

Carlotta passa de bons moments dans ce service. Les hommes étaient d'une galanterie gauche à son égard. Elle était la seule femme, jolie, n'avait pas « l'air d'une poivrote ». Ses yeux gris n'étaient pas troubles, elle riait facilement. Elle avait agrémenté son pyjama noir et blanc d'un foulard rose vif.

La plupart étaient SDF. La police les amenait ici, ou bien ils se présentaient d'eux-mêmes quand le pécule des allocs était épuisé, quand il n'y avait plus ni bibine ni refuge. Ici, c'était l'idéal pour décrocher, à les entendre. On vous donnait Valium, Thorazine, Dilantin en cas d'épilepsie. Le soir, les gros cachets de Nembutal en gélule jaune. Mais ça ne durerait pas ; bientôt il n'y aurait plus que des cures « non médicalisées », sans aucun médicament. « À quoi bon venir, alors ? », disait Pepe.

La nourriture était bonne, mais froide. Il fallait prendre son plateau sur le chariot et le porter jusqu'à la table. La plupart n'y arrivaient pas d'emblée, ou bien ils le lâchaient. Certains tremblaient si fort qu'il fallait les faire manger, ou ils se penchaient et lapaient leur assiette, comme des chats.

Au bout du troisième jour, on vous donnait du disulfirame. Si jamais on s'alcoolise soixante-douze heures après l'ingestion on est malade comme un chien. Convulsions, douleurs thoraciques, état de choc, souvent la mort. Les patients voyaient le film sur le disulfirame tous les matins à neuf heures trente, avant la thérapie de groupe. Ensuite, dans le solarium, les hommes calculaient dans combien de temps ils pourraient s'y remettre. Ils écrivaient sur des serviettes, avec de gros crayons. Carlotta fut la seule à déclarer qu'elle allait arrêter.

— Tu carbures à quoi, toi ? demanda Willie.

— Jim Beam.

— Jim Beam ?

Tout le monde ricana.

— Ma pauvre… t'es pas alcoolo. Nous, les alcoolos, c'est le vin doux.

— Doux-doux, tout doux !

— Qu'est-ce que tu fous là, au fait ?

— Une chouette fille comme moi, tu veux dire… ?

Oui, qu'est-ce qu'elle foutait là, au fait ? Elle n'y avait pas encore réfléchi.

— Jim Beam. T'as rien à faire ici…

— Ben si ! C'était une folle quand on l'a amenée ici, elle tabassait ce chinetoque de flic. Wong. Ensuite, elle a fait une sacrée crise, trois minutes à se cogner partout comme un poulet décapité.

Mais elle ne se souvenait de rien. Selon l'infirmière, elle avait embouti un mur. La police l'avait conduite ici au lieu de la flanquer en cellule après avoir découvert qu'elle était enseignante, avait quatre enfants et pas de mari. Pas d'antécédents, aucun.

— T'as le delirium tremens ? lui demanda Pepe.

— Oui, mentit-elle.

Mon Dieu, écoutez-moi… acceptez-moi, les mecs, aimez-moi, vous les clodos aux yeux chassieux.

Le delirium tremens, connais pas. Le médecin m'a posé aussi la question. J'ai dit oui, et il a noté ça. Je crois que j'en ai eu toute ma vie, en fait, ce sont des visions démoniaques.

Ils se marraient bien tout en appliquant les bandes collantes sur leurs ballons. Ce con de Joe, éjecté de l'Adam et Eve, avait cru pouvoir trouver un bar plus accueillant. Il était monté dans un taxi en braillant : « Au Shalimar ! », mais c'était une voiture de patrouille qui l'avait conduit ici. Qu'est-ce qui distingue l'amateur éclairé de l'ivrogne ? L'amateur éclairé sort au moins la bouteille du sac en papier. Mac, sur les vertus du vin Thunderbird : « Ces crétins de ritals en oublient de retirer leurs chaussettes ! »

La nuit, après les ballons et le dernier Valium, venaient les Alcooliques Anonymes. La moitié des patients étaient dans les vapes durant toute la séance, tandis que les intervenants racontaient leur propre saison en enfer. Une femme raconta qu'elle mâchait alors de l'ail à longueur de journée pour l'haleine. Carlotta, elle, c'était du clou de girofle. Sa mère humait ses doigts enduits de Vicks VapoRub. L'oncle John avait toujours des bouts de Sen-Sen collés aux dents, ce qui le faisait ressembler à l'une de ces citrouilles, hilare.

Le moment préféré de Carlotta, c'était la fin, quand ils se tenaient par la main et qu'elle disait le Notre Père. Ils devaient secouer leurs camarades, les soutenir tels les soldats morts dans *Beau Geste*. Elle ressentait une solidarité avec ces hommes priant pour devenir sobres, pour les siècles des siècles.

Après la séance, on leur distribuait du lait, des biscuits et du Nembutal. Presque tout le monde allait se coucher, y compris les infirmières. Carlotta jouait au poker avec Mac, Joe et Pepe jusqu'à trois heures du matin. C'était très sage.

Elle appelait à la maison tous les jours. Ses fils aînés, Ben et Keith, prenaient soin de Joel et Nathan. Tout allait bien, selon eux. Elle n'avait pas grand-chose à dire.

Elle resta là-bas sept jours. Le matin de son départ, il y avait une affichette dans la salle assombrie par la pluie : « BONNE BOURRE, LOTTIE. » La police avait laissé sa voiture sur le parking. Une grosse bosse, un rétro cassé.

Carlotta se rendit à Redwood Park. Elle poussa le son de la radio, se percha sur le capot cabossé, sous la pluie. En contrebas brillait le temple mormon doré. La baie était sous la brume. C'était bon d'être dehors, d'entendre de la musique. Elle fuma, réfléchit à quoi faire en classe la semaine prochaine, nota des plans de cours, quels livres emprunter à la bibliothèque.

(On avait trouvé une excuse pour l'école. Un kyste ovarien… bénin, heureusement.)

Liste d'épicerie. Faire des lasagnes ce soir – plat préféré de ses fils. Concentré de tomates, veau, bœuf. Salade et pain à l'ail. Savon et papier hygiénique, sûrement. Passer chercher un gâteau aux carottes pour le dessert. Ses listes la rassuraient, rétablissaient une cohésion.

Ses fils et Myra, sa directrice, étaient les seuls à savoir où elle était passée. Ils avaient été encourageants. T'en fais pas. Ça ira.

D'une façon ou d'une autre, ça allait toujours. Elle était une bonne enseignante et une bonne mère, si si. Leur petite maison débordait de projets, de livres, de chamailleries, de rires. Tout le monde remplissait ses obligations.

Le soir, après la vaisselle et la lessive, la pile de copies, il y avait la télé ou le Scrabble, des problèmes, les cartes, ou bien du bla-bla. Bonne nuit, les petits ! Un silence, ensuite, qu'elle saluait en doublant ses doses – finie la manie des glaçons, désormais.

S'ils se réveillaient, ses fils tombaient sur sa folie qui, à cette époque, ne débordait que rarement sur ses matinées. Mais d'aussi loin que remontaient ses souvenirs, tard le soir, elle entendait Keith vider les cendriers, le foyer de la cheminée. Éteindre les lumières, fermer les portes à clé.

Telle avait été sa première expérience avec la police, même si elle ne se souvenait de rien. Jamais elle n'avait conduit en état d'ivresse avant, jamais manqué plus d'un jour de boulot, jamais… Elle n'avait aucune idée de ce qui l'attendait.

Farine. Lait. Ajax. Elle n'avait que du vinaigre de vin à la maison, ce qui, s'ajoutant au disulfirame, pouvait provoquer des convulsions. À sa liste elle ajouta du vinaigre de cidre.

Douleur fantôme

J'avais alors cinq ans, à la mine Deuces Wild dans le Montana. Régulièrement, avant qu'il neige, mon père et moi allions dans les montagnes en suivant les marques que le vieil Hancock avait faites dans les années 1890. Mon père transportait un sac polochon plein de café, de semoule de maïs, de bœuf séché, ce genre de choses. Moi, un tas de *Saturday Evening Post*, sur une bonne partie du chemin en tout cas. La cabane de Hancock était à l'orée d'une prairie en forme de cratère au sommet de la montagne. Ciel bleu au-dessus, et tout autour. Il avait nommé son chien Blue. L'herbe poussait sur le toit, formant une frange canaille au-dessus de la véranda où ils buvaient du café et causaient, se passant des fragments de minerai, plissant les yeux à cause de la fumée de leurs cigarettes. Moi, je jouais avec Blue, les chèvres, quand je ne collais pas des pages du *Post* sur les murs de la cabane déjà abondamment tapissés d'anciens numéros. Uniformément, les rectangles nets se superposant tout autour de la petite pièce. Bloqué par la neige durant les longs hivers, Hancock lisait ses murs, page après page. S'il trouvait la fin d'un article, il s'efforçait d'inventer ce qui précédait, ou reconstituait un ensemble avec d'autres pages. Lorsqu'il avait lu toute la pièce, il collait pendant des jours et des jours et recommençait depuis le début. Je n'avais pas accompagné mon père dans sa première expédition de ce printemps-là, la fois où il trouva le vieillard mort. Les chèvres et le chien aussi, tous dans son lit. « Lorsque j'ai froid, je mets une autre biquette sur moi », disait-il.

— Allons, Lu, emmène-moi là-haut, et laisses-y-moi.

Telle était la prière que ne cessait de m'adresser mon père quand je l'ai mis en maison de retraite. Il ne parlait plus que de cela – les mines, les montagnes. Idaho, Arizona, Colorado, Bolivie, Chili. Il commençait à perdre la tête. Il ne se rappelait pas simplement ces endroits, mais croyait s'y retrouver, à la même époque. Il croyait que j'étais encore petite, me parlait comme à l'enfant que j'avais été. Par exemple, il disait aux infirmières : « La petite Lu peut lire tout *Our Friendly Helpers* et elle n'a que quatre ans. » Ou : « Aide la dame à sortir les assiettes, tu seras bien mignonne. »

Je lui apportais du café *con leche* tous les matins. Je le rasais, le peignais, le faisais marcher, arpenter les couloirs nauséabonds. La plupart des autres patients étaient toujours au lit, criant, secouant leurs barreaux, sonnant. Des vieilles femmes séniles se masturbaient. Après l'avoir fait marcher, je l'attachais au fauteuil roulant afin qu'il ne tombe pas en tentant de s'échapper. Et j'y allais aussi. C'est-à-dire que je ne faisais pas juste semblant, pour lui faire plaisir – j'allais là où il allait. Jusqu'à la mine Trench dans les montagnes de Patagonia, en Arizona : j'avais huit ans, toute bleue d'avoir ingurgité du violet de gentiane à cause de la teigne. Dans la soirée, on allait tous sur la falaise pour balancer les canettes et brûler les ordures. Des chevreuils et des antilopes, parfois le puma, s'approchaient de très près, sans craindre nos chiens. Des engoulevents filaient devant la paroi abrupte, d'un rouge plus intense sous les feux du couchant.

La seule fois où mon père m'a déclaré qu'il m'aimait, ce fut juste avant que je revienne aux États-Unis pour aller à la fac. On était sur la plage, en Terre de Feu. Froid de l'Antarctique. « On a sillonné tout ce continent ensemble… les mêmes montagnes, le même océan, de fond en comble. » Bien que née en Alaska, je n'en ai gardé aucun souvenir. Il ne cessait de penser le contraire, dans la maison de retraite, donc j'ai fini par feindre d'avoir connu Gabe Carter, de me souvenir de Nome, l'ours du camp.

Au début il m'interrogeait sans cesse sur ma mère, où elle était, quand elle viendrait. Ou bien il croyait qu'elle était là, lui parlait, me faisait lui donner une bouchée pour chacune qu'il prenait. Je cherchais à gagner du temps. Elle était en train de faire ses bagages, elle allait venir. Quand il irait mieux, on vivrait tous ensemble dans une grande maison à Berkeley. Il hochait la tête, rassuré, sauf la fois où il déclara : « Tu mens comme une arracheuse de dents », avant de passer à un autre sujet.

Un jour, il l'a tout bonnement éliminée. Quand je suis arrivée, il était couché dans son lit, en pleurs, pelotonné comme un bébé. Il me raconta l'affaire comme en état de choc, avec des détails superflus, comme quelqu'un qui a assisté à un horrible accident. Ils se trouvaient sur un bateau à vapeur voguant sur le Mississippi ; ma mère jouait aux cartes dans l'entrepont. Des gens de couleur y étaient désormais admis et Florida (son infirmière) avait gagné jusqu'à nos derniers sous. Ma mère avait misé tout le paquet, leurs économies de toute une vie, sur une unique combinaison de poker fermé. Valets de cœur et de pique comme joker. « J'aurais dû m'en douter. Quand j'ai vu cette dévergondée pleurer de rire avec sa dent en or, en comptant tout ce fric. Elle a donné à John ici présent au moins quatre mille. »

— Arrête de chialer, sale snob, lança John, son voisin de lit.

Il tira une barre Mars de dessous sa bible. Il n'avait pas droit aux sucreries, c'était moi qui l'avais apportée à mon père, la veille. Les lunettes de papa dépassaient sous l'oreiller de John. Je les ai récupérées. John s'est mis à geindre et à pleurer : « Mes jambes ! J'ai mal aux jambes ! » Il n'en avait plus. Il était diabétique et avait été amputé au-dessus des genoux.

Sur le bateau à vapeur, mon père était au bar avec Bruce Sasse (un foreur au diamant de Bisbee). Ils avaient entendu le coup de feu, puis longtemps après le plouf. « Je n'avais pas de petite monnaie pour un pourboire mais je ne voulais pas laisser un dollar. — Snob et radin ! Typique ! Typique ! », lança John depuis son lit. Mon père et Bruce Sasse s'étaient précipités à tribord tandis que ma mère s'éloignait au fil de l'eau. Traînée sanglante dans le sillage du bateau.

Il ne l'a pleurée que ce jour-là, mais des semaines durant il a parlé de ses obsèques. Des milliers de personnes y avaient assisté. Aucun de mes fils n'était en costume, mais moi j'étais charmante et bien habillée. Ed Titman était venu, l'ambassadeur du Pérou, Domingo le majordome, et même Charlie Bloom, le vieux Suédois originaire de Mullan, Idaho. Charlie m'a dit un jour qu'il mettait toujours du sucre dans sa bouillie d'avoine. Et si tu n'en as pas ? ai-je dit, faisant ma petite maligne. J'en fous quand même.

Le jour où mon père a liquidé ma mère, il a cessé de me reconnaître. Désormais, il me donnait des ordres comme à une secrétaire ou une domestique. Un jour, je lui ai enfin demandé où j'étais passée. Je m'étais sauvée. De la mauvaise graine, une Moynihan comme ma mère et l'oncle John. J'étais partie un après-midi, juste devant la maison de retraite, remontant Ashby Avenue avec un sale métèque dans une Buick à quatre hublots. L'homme qu'il décrivit était, de fait, le genre de brun louche que je trouvais séduisant.

Il se mit à halluciner la plupart du temps. Des corbeilles à papier se transformaient en chiens qui parlent, des ombres de feuillages sur les murs devenaient des soldats qui défilent, les grosses infirmières étaient à présent des espions travestis. Il parlait sans arrêt d'Eddie et Little Joe ; ni l'un ni l'autre ne semblaient avoir été des personnes réelles. Tous les soirs, ils avaient des aventures débridées sur un cargo de munitions au large de Nagasaki, en hélicoptère au-dessus de la Bolivie. Mon père riait, content et décontracté comme je ne l'avais encore jamais vu.

C'en était au point où je l'encourageais à être ainsi, mais il devenait de plus en plus raisonnable, « axé sur le temps et l'espace ». Il parlait argent. L'argent qu'il avait gagné, l'argent qu'il avait perdu, l'argent qu'il allait gagner. Il voyait peut-être en moi un courtier, n'arrêtait pas de parler options et pourcentages, griffonnait des chiffres sur la boîte de Kleenex. Marges et options, bons du Trésor, actions et obligations, fusions. Il dénonçait amèrement sa fille (moi), coupable d'avoir tué son épouse et de l'avoir enfermé, lui, juste pour faire main basse sur son argent. Florida était la seule infirmière noire à l'hôpital qui acceptait d'avoir affaire à lui. Il les accusait toutes de voler, les traitait de Négresses ou de putains. Il se servait de l'urinoir pour alerter la police. Florida et John avaient piqué tout son argent. John l'ignorait, lisant la Bible ou se contentant de rester couché dans son lit, se tortillant, hurlant : « Mes jambes ! Seigneur Tout-Puissant, faites cesser cette douleur ! »

— Chut, John, disait Florida. Ce n'est qu'une douleur fantôme.

— Ce n'est pas réel ? demandai-je.

Elle haussa les épaules.

— Toute douleur est réelle.

Il parla de moi à Florida. Elle en rit, clignant de l'œil à mon adresse, tombant d'accord avec lui : « Elle est pourrie jusqu'à la moelle. » Il nous raconta tous les domaines où je l'avais déçu, depuis l'orthographe jusqu'à mes mariages ratés.

— Ça finit par vous atteindre, déclara Florida. Vous avez cessé de repasser ses chemises – bientôt, vous ne viendrez plus.

Mais je commençais à ressentir un lien nouveau. Jamais je ne l'avais vu amer, raciste ou avare. C'était là l'homme dont les idoles avaient été Thoreau, Jefferson et Thomas Paine. Je n'étais pas désenchantée. La crainte respectueuse qu'il m'avait inspirée commençait à s'estomper.

Ce que j'appréciais aussi, c'était que je pouvais désormais le toucher. L'étreindre, le laver, lui tailler les ongles des pieds et lui tenir la main. Je n'écoutais plus vraiment ce qu'il disait, désormais. Je le tenais dans mes bras, j'écoutais Florida et les autres infirmières chanter et rire, *Des Jours et des Vies* beuglant depuis la salle commune. Je lui donnais de la Jell-O à la petite cuillère et j'écoutais John commenter le Deutéronome. Je n'ai jamais compris comment de quasi-illettrés font pour lire autant la Bible. Ce n'est pas facile. Cela m'étonne tout comme le fait que des couturières incultes soient capables de poser des manches ou des zips.

Il mangeait dans sa chambre et refusait de fréquenter les autres patients. Moi, je le faisais, ne fût-ce que pour souffler ou m'empêcher de pleurer. Sur le tableau d'affichage, un grand poster disait : Aujourd'hui, nous sommes le… Le temps est… Le prochain repas est… La prochaine fête est… Pendant deux mois, ce fut un mardi pluvieux avant le déjeuner et Pâques, mais ensuite les espaces étaient toujours vierges.

Une bénévole prénommée Ada lisait le journal tous les matins. Tournant encore et encore les pages, évitant crimes et violence. La plupart du temps elle finissait par n'avoir plus que les accidents de bus au Pakistan, Dennis la Malice et l'horoscope. Cyclones à Galveston (je ne comprends pas non plus comment on peut encore vivre à Galveston). J'en étais venue à apprécier les autres pensionnaires. La plupart étaient encore plus séniles que mon père, mais ils étaient contents de me voir, tentaient de s'agripper à moi de leurs petits doigts. Tous me reconnaissaient, m'appelaient par un nom différent.

J'ai continué à aller le voir. Peut-être poussée par un complexe de culpabilité, comme Florida avait dit, mais avec espoir aussi. J'attendais le moment où il me féliciterait, me pardonnerait. S'il te plaît, reconnais-moi, Papa, dis-moi que tu m'aimes. Il ne l'a jamais fait, et je n'y vais plus à présent que pour apporter des produits de rasage, un pyjama ou des bonbons. Il ne peut plus marcher. Et il devient violent, au point qu'on lui met la camisole de force jour et nuit.

La dernière fois où on a été réellement ensemble, c'était le jour du pique-nique au lac Merritt. Dix patients étaient venus. Ada, Florida, Sam et moi. Sam est le gardien. (Le Chimpanzé, comme l'appelle mon père.) On a mis une heure à les faire monter dans le minibus, en chargeant les fauteuils roulants par le hayon couinant. Il faisait très chaud, c'était le lendemain de Memorial Day. La plupart avaient uriné avant même le départ ; les vitres étaient tout embuées. Les vieilles personnes étaient surexcitées, mais peureuses aussi ; elles tressaillaient quand des bus, des sirènes, des motos nous dépassaient. Mon père était beau dans son costume d'été rayé de bleu et blanc, mais il devint rapidement bleu à cause de sa bave de parkinsonien, tandis qu'une jambe du pantalon s'assombrissait pour d'autres raisons.

J'avais imaginé qu'on serait sous les arbres, au bord de l'eau, mais Ada nous fit installer les fauteuils roulants en demi-cercle face à la rue, près de la mare aux canards. J'avais également imaginé que les poivrots s'en iraient mais ils restèrent sur les bancs face aux personnes âgées. Certains patients humaient l'odeur de tabac et réclamaient des cigarettes. L'un des poivrots en donna une à John, mais Ada la rafla et la piétina. Gaz d'échappement, radios des voitures customisées, surbaissées, et des motos. Le sol vibrait en raison du flux de joggers qui s'agglutinaient quand ils butaient sur nous, courant sur place en essayant de nous contourner. Nous passions de la nourriture, alimentant les « gloutons ». Salade de pommes de terre et poulet frit. Betteraves marinées et jus d'orange. Florida et moi avons servi les quatre ivrognes sur le banc, provoquant la fureur d'Ada. De toute façon, il y avait beaucoup trop à manger. La glace à la napolitaine fondait sur les bavoirs. Lula et Mae se contentaient d'écraser les Mars, jouaient avec sur leurs genoux. Mon père était très soigneux quand il mangeait, il avait toujours été méticuleux. J'ai nettoyé chacun de ses doigts. Il avait de belles mains. J'ignore pourquoi ils cherchent toujours à attraper des choses sur leurs vêtements et couvertures. Cela s'appelle de la « carphologie ».

Après le déjeuner, une imposante femme en uniforme de Ranger a apporté un bébé raton laveur qu'elle a fait passer à la ronde. Il était doux, sentait bon et tout le monde l'aimait, et même en raffolait, le tenait et le caressait, mais Lula l'a serré si fort qu'il l'a griffée au visage. « La rage ! », a dit mon père. « Mes jambes ! », s'est écrié John. L'homme lui a donné une autre cigarette. Ada n'a rien vu, elle rangeait les plateaux-repas dans le minibus. La Ranger a donné le bébé raton laveur aux ivrognes. Le petit animal les connaissait manifestement, il se nichait contre leur cou, calme. Ada a déclaré qu'on avait vingt minutes pour balader nos parents autour de la mare aux canards et des volières, et jusqu'en haut de la colline pour le point de vue sur le lac.

Mon père avait toujours aimé les oiseaux. Je l'ai garé devant les grands ducs grincheux, lui parlant des différents oiseaux qu'on avait vus. Le porc-épic aux poils verts. Le grand pic contre le tremble blanc. Une frégate au large d'Antofagasta. Des grands géocoucous s'appariant, majestueux. Mon père restait là, l'œil vitreux. Les chouettes dormaient ou étaient empaillées. J'ai éloigné son fauteuil. Tous les autres avaient le cœur à la fête, criaient et nous faisaient des signes. John s'amusait comme un fou. Florida avait sympathisé avec un jogger qui lui prêtait son magnétophone. Lula le tenait et chantait tout en nourrissant les canards.

Pousser le fauteuil en haut de la colline fut difficile. Chaleur brûlante, vacarme des voitures, des radios, et l'interminable défilé des joggers. La brume était si épaisse qu'on voyait à peine l'autre rive. Détritus et débris de Memorial Day. Des gobelets flottaient dans l'eau brunâtre du lac, sereins comme des cygnes. En haut de la colline, j'ai bloqué les freins et allumé une cigarette. Il riait, un rire hideux.

— C'est horrible, hein, Papa ?

— Ça oui alors, Lu.

Il a desserré les freins et commencé à dévaler le chemin pavé. J'hésitais, me contentant de regarder, puis j'ai jeté ma cigarette et rattrapé son fauteuil juste au moment où il commençait à prendre de la vitesse.

Morsures de tigre

Le train a ralenti aux abords d'El Paso. Je n'ai pas réveillé mon bébé, Ben, mais je l'ai amené sur la plate-forme fermée pour pouvoir regarder. Et le humer, ce désert. Caliche, sauge, soufre du haut-fourneau, feux de bois des cabanes mexicaines au bord du Rio Grande. La Terre sainte. Quand j'étais arrivée ici pour vivre avec Mamie et Grand-Père pendant la guerre, c'est là que j'avais entendu parler pour la première fois de Jésus, Marie, la Bible et le péché, si bien que Jérusalem s'était trouvée mélangée aux déserts et montagnes dentelés d'El Paso. Ruées le long du fleuve et immenses crucifix partout. Figuiers et grenadiers. Femmes aux châles sombres avec leurs nourrissons et pauvres hommes décharnés aux yeux de victime, de sauveur. Et les étoiles, la nuit, étaient grosses et brillantes comme dans la chanson, si importunément éblouissantes qu'il semblait tout naturel de croire que des Rois Mages n'avaient pu s'empêcher d'en suivre une pour trouver leur chemin.

Mon oncle Tyler avait concocté une réunion familiale pour Noël. Tout d'abord, il espérait que mes parents et moi, on se réconcilierait. Je redoutais de les revoir... Ils étaient furax parce que Joe, mon mari, m'avait quittée.

Ils avaient failli en mourir quand je m'étais mariée à l'âge de dix-sept ans, et mon divorce était donc la goutte qui fait déborder le vase. Mais j'avais hâte de voir ma cousine Bella Lynn et mon oncle John, qui venait de L.A.

Et voici Bella Lynn ! Sur le parking du dépôt de chemin de fer. Debout et me faisant signe à bord d'une Cadillac bleu pastel décapotable, vêtue d'une tenue en daim de cow-girl à franges. C'était sans doute la plus jolie fille à l'ouest du Texas, elle devait avoir gagné un million de concours de beauté. Longs cheveux blond pâle et yeux brun-jaune. Son sourire, non, c'était son rire, un rire sombre, grave et en cascade qui captait la joie, suggérait et tournait en dérision la tristesse dans chaque instant heureux.

Elle a jeté nos sacs et le petit lit de Ben sur la banquette arrière. Nous, les Moynihan, nous sommes forts, physiquement en tout cas. Elle nous a embrassés, étreints je ne sais combien de fois. On s'est installés et elle a pris la direction du drive-in à l'autre bout de la ville. Il faisait froid, mais l'air était pur et sec, elle avait laissé la voiture décapotée et mis le chauffage à fond, parlait sans arrêt tout en conduisant, d'une seule main car de l'autre elle saluait quasiment tous ceux qu'elle croisait.

— Tout d'abord il faut que je te dise que pour la « joie de Noël », c'est un peu compromis chez nous. Oncle John arrivera après-demain, pour le réveillon – loué soit le Seigneur. Mary, ta maman et la mienne ont commencé à picoler et à se chicorer d'entrée de jeu. Ma mère a grimpé sur le toit du garage et elle ne veut plus en descendre. La tienne s'est ouvert les veines.

— Oh, non…

— Enfin, tu sais, c'était pas bien méchant. Elle avait laissé un mot disant combien tu lui avais toujours pourri la vie. C'était signé Bloody Mary ! Elle est en psychiatrie à Saint-Joseph, pour trois jours. Au moins ton père ne viendra pas, il est furieux à cause de ton D.I.V.O.R.C.E. Ma folle de grand-mère est là. C'est le grand cirque. Et une ribambelle d'horribles parents de Lubbock et Sweetwater. Papa les a tous casés dans un motel, mais ils rappliquent en voiture, se goinfrent toute la journée et regardent la télé. Ce sont tous des chrétiens évangéliques, donc ils nous jugent pourries jusqu'à la moelle, toi et moi. Rex Kipp est là ! Lui et Papa achètent des cadeaux et autres pour les pauvres toute la journée et traînent à l'atelier. Alors tu penses si je suis contente de te voir…

Au drive-in, on a commandé des Papa Burgers, des frites et de la bière sans alcool, comme toujours. Je lui ai dit que je pourrais partager avec Ben. Il n'avait que dix mois. Mais elle lui a commandé un Papa Burger et un Banana Split. Toute notre famille est extravagante. Enfin, non, mon père n'est pas du tout ainsi. C'est un homme de la Nouvelle-Angleterre, économe et responsable. Moi, je suis devenue une vraie Moynihan.

Après m'avoir informée de la situation familiale, elle m'a parlé de Cletis, son époux pendant seulement deux mois. Ses parents avaient eu la même réaction que les miens à mon égard quand elle s'était mariée. Cletis était un ouvrier du bâtiment, un cow-boy de rodéo, un dur-à-cuire. Des larmes coulaient sur ses jolies joues pendant qu'elle me racontait toute l'affaire.

— Lou, on était heureux comme des poissons dans l'eau. Je jure que personne n'a jamais été autant aimé. Pourquoi les poissons sont-ils heureux ? On avait une petite caravane dans South Valley, au bord du Rio Grande. Notre petit paradis. Je faisais le ménage et la vaisselle ! Je cuisinais, faisais des gâteaux renversés à l'ananas et des macaronis, toutes sortes de trucs et il était fier de moi, et moi de lui. Le premier mauvais point, c'est que Papa m'a pardonné mon mariage et nous a acheté une maison. Dans Rim Road, tu vois, la belle baraque avec véranda à colonnes, mais on n'en voulait pas et ils se sont bien engueulés. J'ai tenté d'expliquer qu'on n'avait pas besoin de cette vieille baraque, que je serais heureuse de vivre avec Cletis à l'arrière d'un camion. Et j'ai dû répéter ça à Cletis je ne sais combien de fois, parce que même si j'avais refusé de déménager il s'était mis à bouder. Puis un jour, je suis allée acheter des fringues et des serviettes, juste quelques bricoles, avec l'argent du vieux compte bancaire que j'ai depuis toujours. Cletis a piqué sa crise, disant que j'avais claqué plus d'argent en deux heures qu'il n'en gagne en six mois. Alors, j'ai flanqué tout ça dehors, je l'ai arrosé d'essence et incendié et on s'est embrassés et réconciliés. Oh, ma Loulou, si tu savais comme je l'aime ! L'autre bêtise que j'ai faite – pourquoi je l'ai faite, je saurai jamais. Maman était venue me voir. Je devais me prendre pour une vraie dame, tu comprends ? Une adulte. J'ai fait du café et servi des biscuits sur une petite assiette. Et vas-y que je te cause S.E.X.E. Je devais me croire assez grande pour lui parler de ça. Quelle cruche ! Et comme je ne savais pas, je lui ai demandé si je pouvais tomber enceinte en avalant le sperme de Cletis. Elle s'est barrée en courant et a tout raconté à Papa. Ça a fait un de ces pétards ! Ce soir-là, Papa et Rex sont venus et ils l'ont tabassé sauvagement. Ils l'ont expédié à l'hosto avec une clavicule cassée et deux côtes fêlées. Disant que c'était un pervers, qu'il fallait le coller en prison pour sodomie et annuler le mariage. Tu vois ça : faire une gâterie à son époux légitime, ce serait illégal ? Bref, j'ai pas voulu rentrer à la maison avec Papa et je suis restée au chevet de Cletis en attendant de pouvoir le ramener. Et on a été heureux, de nouveau, heureux comme des poissons dans l'eau, même s'il s'est mis à boire pas mal, vu qu'il a pas pu retourner bosser pendant un moment. Mais la semaine dernière, je vois par la fenêtre cette Cadillac toute neuve garée dans l'allée, avec un gros Père Noël en peluche dedans et plein de rubans autour. J'ai ri, tu comprends, parce que c'était marrant, mais Cletis a dit : « Contente, hein ? Ben moi, j'arriverai jamais à te rendre heureuse comme ton précieux Papa. » Et il est parti. J'ai cru que ce n'était qu'un coup de tête. Oh, Lou ! Il reviendra plus. Il a disparu ! Il est allé travailler sur une plate-forme pétrolière en Louisiane. Et il a même pas appelé. C'est ce que sa pouffiasse de mère m'a dit quand elle est venue chercher ses fringues et sa selle.

Ben avait bel et bien englouti tout son burger et la plus grande partie du Banana Split. Il a tout vomi sur lui et sur la veste de Bella. Elle a jeté la veste à l'arrière, l'a débarbouillé avec des serviettes en papier imbibées d'eau tandis que je sortais des vêtements et une couche propres. Il n'a pas versé une seule larme. Il raffolait du rock et de la country, de la voix et des cheveux de Bella Lynn, et il ne la quittait pas des yeux.

J'enviais Bella et Cletis, d'être aussi amoureux. J'avais adoré Joe, mais j'avais toujours eu peur de lui, essayé de lui faire plaisir. Je ne crois pas qu'il m'ait jamais aimée à ce point. J'étais triste, pas spécialement parce qu'il me manquait mais à cause du sentiment d'échec et du fait que je m'accusais de tout.

Je lui ai raconté ma propre mésaventure. Joe était un merveilleux sculpteur. On lui avait décerné une bourse Guggenheim, trouvé un mécène, une villa et une fonderie en Italie, et il était parti. « L'Art est toute sa vie. » (J'avais pris l'habitude de dire cela, à tout le monde, sur un ton tragique.) Non, pas de pension alimentaire. Je ne connaissais même pas son adresse.

On a pleuré, dans les bras l'une de l'autre, puis elle a soupiré :

— Enfin, tu as son bébé.

— Ses bébés.

— Quoi ?

— Je suis enceinte de presque quatre mois. Pour lui, ç'a été le bouquet, cet autre enfant.

— Pour toi, plutôt, petite idiote ! Qu'est-ce que tu vas faire ? Personne ne t'aidera – ni ses parents ni les tiens. Quand elle apprendra la nouvelle, ta mère va encore se suicider.

— Je ne sais pas quoi faire. Autre problème stupide… je voulais absolument venir, mais on ne m'a même pas accordé un congé pour la veille de Noël à la société séquestre. Donc, j'ai démissionné et me voilà. Et maintenant, je vais devoir me chercher du boulot alors que je suis enceinte.

— Il faut avorter, Lou. C'est la seule chose à faire.

— Où ça ? De toute façon… ce sera aussi facile d'élever toute seule deux enfants qu'un seul.

— Aussi *dur*. D'ailleurs, c'est pas vrai. Si Ben est si mignon, c'est parce que tu étais auprès de lui quand il était tout petit. Il est assez grand maintenant pour être confié à quelqu'un pendant que tu travailles, même si c'est scandaleux de l'abandonner. Mais tu ne pourras pas laisser un nouveau-né.

— C'est pourtant la situation.

— Tu parles comme ton père. La situation, c'est que tu as dix-neuf ans et que tu es jolie. Tu dois te trouver un brave type, fort et correct, qui ne demandera qu'à aimer Ben comme si c'était le sien. Mais tu auras du mal à en trouver un qui en prendra deux. Ce serait une sorte de Bon Samaritain que tu épouserais par gratitude et ensuite, tu te sentirais coupable et tu le détesterais tellement que tu tomberais amoureuse d'un saxophoniste fuyant comme une anguille… Ce serait tragique, tragique, Lou ! Cogitons. C'est sérieux. Écoute-moi et laisse-moi faire. Je n'ai pas toujours été de bon conseil ?

Euh, loin de là, à vrai dire, mais j'étais si troublée que je n'ai pas protesté. Je regrettais d'avoir parlé. J'avais seulement voulu assister à cette réunion familiale et être heureuse, oublier tous mes soucis. Maintenant, c'était pire, avec ma mère suicidaire et Papa qui ne viendrait même pas.

— Attends-moi ici. Commande-nous du café pendant que je passe des coups de fil.

En allant vers la cabine téléphonique, elle souriait et faisait signe à des gens, surtout des hommes, qui l'interpellaient depuis d'autres voitures dans le drive-in. Elle est restée longtemps là-dedans, sortant à deux reprises, une fois pour emprunter un pull et prendre un café, et un peu plus tard pour se procurer d'autres pièces de monnaie. Ben joua avec les boutons de la radio pendant un moment, puis actionna les essuie-glaces. Le serveur me réchauffa un biberon ; Ben téta et s'endormit sur mes genoux.

Bella remonta la capote à son retour, me lança un sourire, et partit vers la Plaza en chantonnant : « Au sud de la frontière... jusqu'au Mexique ! »

— Bon, Lou. Tout est arrangé. J'ai vécu ça. C'est horrible, mais on ne risque rien et l'endroit est propre. Tu iras là-bas aujourd'hui, à quatre heures de l'après-midi et tu en seras sortie à dix heures, demain matin. On te donnera des antibiotiques, des antalgiques à rapporter chez toi, mais ça ne fait pas trop mal, c'est comme avoir ses règles. J'ai téléphoné à la maison pour dire qu'on allait faire des courses à Juarez, qu'on passerait la nuit au Camino Real. C'est là où Ben et moi, on fera connaissance, et tu pourras nous retrouver tout de suite après.

— Attends une minute, Bella. J'ai pas bien réfléchi à la question.

— Je sais. C'est pourquoi je le fais à ta place.

— Et si ça tourne mal ?

— On te conduira chez un médecin d'ici. On peut te sauver la vie et tout, au Texas. C'est juste les avortements qui sont interdits.

— Et si j'en meurs ? Qui prendra soin de Ben ?

— Moi ! Et je serai une supermère.

Cela me fit rire. Elle n'avait pas tort. En fait, c'était un gros poids qui m'était ôté. Ne pas avoir à se soucier d'un petit enfant en plus de Ben. Seigneur, quel soulagement. Elle avait raison. Avorter était la meilleure solution. Je fermai les yeux et me renversai contre le dossier en cuir.

— J'ai pas d'argent ! Combien ça coûte ?

— Cinq cents dollars. En espèces. Qui se trouvent, figure-toi, dans ma petite menotte. J'ai de l'argent à claquer. Chaque fois que je m'approche de Papa ou Maman... parfois je voudrais juste un câlin ou leur dire que je m'ennuie de Cletis ou demander si je n'aurais pas intérêt à suivre une formation de secrétaire, ils me balancent du fric – va t'acheter une jolie chose.

— Je sais, dis-je.

Je savais ce que c'était. Du moins avant d'être reniée par mes parents.

— Avant, je me disais que si jamais un vieux gros tigre me bouffait la main et que je me précipitais vers ma mère, elle se contenterait de me fourrer de l'argent sur le moignon. Ou de blaguer… « Mais qu'entends-je ? Le bruit d'une seule main qui applaudit ? »

On avait atteint le pont et les odeurs du Mexique. Pollution, chili et bière. Œillets, bougies, essence. Oranges, Delicados et urine. J'ai abaissé les vitres et passé la tête dehors, heureuse d'être chez moi. Cloches des églises, musique ranchera, be-bop, mambos. Chants de Noël, émanant des boutiques à touristes. Bruit de ferraille des pots d'échappement, klaxons, soldats américains ivres de Fort Bliss. Matrones d'El Paso, amateurs de shopping, trimbalant piñatas et pichets de rhum. Il y avait de nouvelles zones commerciales et un nouvel hôtel de luxe, où d'élégants jeunes gens ont pris qui la voiture, qui les bagages, tandis qu'un troisième enlevait Ben dans ses bras sans le réveiller. Notre chambre était raffinée, avec de belles étoffes tissées et de beaux tapis, des pseudo antiquités bien imitées et des objets folkloriques colorés. Les volets fermés donnaient sur un patio et sa fontaine dallée, des jardins luxuriants, et une piscine qui fumait en contrebas. Bella distribua des pourboires à tout le monde et joignit par téléphone le service en chambre. Pot de café, rhum, Coca, pâtisseries, fruits. J'ai pris du lait maternisé et des céréales, plein de bouteilles propres pour Ben, l'ai suppliée de ne pas le nourrir avec des bonbons et des glaces.

— Flan ? demanda-t-elle.

J'acquiesçai.

— Flan, dit-elle au téléphone.

Elle joignit la boutique cadeaux et commanda un maillot de bain taille 8, des pastels, tous les jouets en vente et des magazines de mode.

— Et si on restait là ? On zappe complètement Noël !

On s'est baladées dans l'enceinte de l'hôtel avec Ben entre nous. J'étais si détendue et heureuse que j'ai été surprise d'entendre Bella dire : « C'est l'heure d'y aller, ma grande. »

Elle m'a donné les 500 dollars. Il faudrait prendre un taxi pour revenir et l'appeler au pied de l'hôtel pour qu'elle vienne régler. « Tu ne peux pas prendre plus d'argent ni de pièce d'identité. Tu peux leur donner mon nom, et ce numéro. »

Elle et Ben m'ont fait des signes d'adieu après qu'elle m'eut fait monter dans un taxi, eut réglé la course et indiqué la destination au chauffeur.

Le taxi m'a emmenée au Nueva Poblana Restaurant, à l'entrée secondaire du parking, où je devais attendre deux hommes en noir, à lunettes noires.

Je n'étais là que depuis deux ou trois minutes quand ils sont apparus derrière moi. Rapide et silencieuse, une vieille berline arriva. Le premier ouvrit la portière et me fit signe de monter, le second s'empressa d'aller de l'autre côté. Le chauffeur, un jeune, regarda autour de lui, hocha la tête et fila. Les fenêtres à l'arrière étaient munies de rideaux, la banquette si basse que je ne pouvais pas voir à l'extérieur ; il me sembla qu'on tournait en rond au début, puis le whap-whap-whap d'une bande d'autoroute, encore des cercles, un stop. Le grincement d'un lourd portail en bois. On parcourut encore quelques mètres avant de s'arrêter ; le portail se referma derrière nous.

J'eus un aperçu de la cour au moment où une vieille femme en noir me conduisit à l'intérieur. Elle ne me regarda pas précisément avec mépris, mais ce mutisme et cette indifférence étaient si éloignés de la chaleur et de l'élégance mexicaines traditionnelles que cela me parut insultant.

Le bâtiment était de brique jaune, peut-être une ancienne fabrique, le sol était entièrement cimenté mais il y avait tout de même des canaris, des pourpiers et des belles-de-nuit en pot. Musique de boléro, rires, et bruits de vaisselle de l'autre côté de la cour. Poulet en train de cuire, odeur d'ail et d'oignons, d'épazote.

Une femme à l'air sérieux me fit un signe du menton depuis son bureau, et comme je m'asseyais elle me serra la main mais sans dire son nom. Elle demanda le mien et les 500 dollars, je vous prie. Nom et numéro de téléphone de la personne à prévenir en cas d'urgence. C'est tout ce qu'elle a demandé, et je n'ai rien signé. Elle parlait un peu l'anglais mais je n'ai pas parlé en espagnol, ni à elle ni à personne d'autre ; cela m'aurait paru trop familier.

— Le docteur vient à dix-sept heures. Vous examinée, on met cathéter in utero. La nuit, contractions mais avec les médicaments pour dormir, pas souffrir. Pas manger, eau après dîner. Demain tôt, avortement spontané en général. Six heures, vous dans salle opération on endort, dilatation et curetage. Vous réveiller dans votre lit. On donne Ampicilline contre infection, codéine pour douleur.

À dix heures, une voiture emmener vous Juarez ou aéroport El Paso ou gare routière.

La vieille femme me conduisit à mon lit, qui se trouvait dans une pièce sombre parmi six autres. Elle leva la main pour indiquer 17 heures, désigna le lit, puis un petit salon de l'autre côté du couloir.

Il y avait si peu de bruit que je fus étonnée de trouver vingt femmes là-bas, toutes américaines. Trois d'entre elles étaient des gamines, presque des enfants, accompagnées de leur mère. Les autres étaient manifestement venues seules ; elles lisaient des magazines, assises. Quatre d'entre elles avaient la quarantaine, voire la cinquantaine… grossesse en phase de préménopause, supposai-je, ce qui se vérifia. Le reste semblait avoir moins de vingt ans ou un peu plus. Toutes avaient l'air apeurées, gênées, mais surtout affreusement honteuses. Honteuses d'avoir commis une faute terrible. Quelle honte. Il n'y avait apparemment ni lien ni sympathie entre elles ; ma venue passa presque inaperçue. Une Mexicaine enceinte baladait une serpillière crasseuse, tout en nous dévisageant avec une curiosité et un mépris non dissimulés. Je ressentis une fureur disproportionnée à son égard. Que racontes-tu à ton curé, sale garce ? Tu as sept enfants et pas de mari… tu dois bosser dans ce mauvais lieu ou crever de faim ? Mon Dieu, c'était sans doute la vérité. J'éprouvais une lassitude, une immense tristesse pour elle, pour nous toutes dans cette pièce.

Nous étions, chacune d'entre nous, seules. Les plus jeunes surtout, car alors même que deux d'entre elles pleuraient, leurs mères semblaient détachées, avaient le regard vague, murées qu'elles étaient dans leur honte et leur colère. Seules. Mes yeux se mouillèrent de larmes parce que John était parti, que ma mère n'était pas là, jamais.

Je ne voulais pas avorter. Je n'avais pas besoin d'avorter. Les scénarios que j'imaginais pour toutes les autres étaient des histoires épouvantables, douloureuses, des situations impossibles. Viol, inceste, toutes sortes de cas sordides. Moi, je pouvais avoir cet enfant. On formerait une famille. Lui, Ben et moi. Une vraie famille. Je suis peut-être folle. Au moins, c'est ma propre décision. Bella Lynn me dicte toujours ma conduite.

Je suis allée dans le couloir. Je voulais l'appeler, m'en aller. Toutes les autres portes étaient fermées, sauf la cuisine mais on m'en chassa.

Une porte claqua. Le médecin était arrivé. Évidemment, c'était lui, même s'il ressemblait à une star argentine ou à un chanteur de Las Vegas. La vieille l'aida à enlever son manteau en poil de chameau et son foulard. Luxueux costume en soie, Rolex. C'était son arrogance et son autorité qui le désignaient comme médecin. Il était brun, onctueusement sexy ; il marchait doucement, comme un voleur.

Le médecin me prit le bras.

— Avec les autres, ma petite, c'est l'heure de l'examen.

— J'ai changé d'avis. Je veux m'en aller.

— Va dans ta chambre, ma belle. Certaines changent d'avis une dizaine de fois en l'espace d'une heure. On en parlera plus tard… Allez. *Andale* !

J'ai retrouvé mon lit. Les autres étaient assises au bord des leurs. Deux des gamines. La vieille nous fit déshabiller, enfiler des chemises de nuit. Celle qui était vraiment toute jeune tremblait, frisant l'hystérie tant elle avait peur. Il commença par elle, et je dois dire, se montra patient et rassurant, mais elle le frappa, chassa sa mère à coups de pied. Il lui fit une piqûre, la recouvrit d'un plaid.

— Je vais revenir. Détendez-vous, dit-il à la mère.

L'autre petite eut droit à un calmant, elle aussi, avant le début de l'examen superficiel. Il l'interrogea succinctement sur ses antécédents, ausculta son cœur au stéthoscope, prit sa température et sa tension. Pas de prélèvement urinaire ou sanguin pour personne. Chacune avait droit à un rapide examen pelvien, après quoi la vieille se mettait à lui enfourner dans l'utérus trois mètres de tubulure intraveineuse, laborieusement, comme on farcit une volaille. Elle n'avait pas de gants, allait de l'une à l'autre. Certaines criaient, comme si elles souffraient abominablement.

— Cela va être un peu inconfortable, nous dit-il. Et provoquera aussi des contractions et une saine et naturelle expulsion du fœtus.

Il examinait la femme plus âgée près de moi. Quand il lui demanda la date de ses dernières règles, elle répondit qu'elle ne savait pas... elle n'était plus réglée. L'examen dura longtemps.

— Désolé. Vous êtes au-delà du cinquième mois. Je ne peux pas courir ce risque.

À elle aussi, il donna un calmant. Elle avait les yeux fixés au plafond, malheureuse. Oh, Seigneur. Seigneur.

— Tiens, tiens ! Notre petite fugueuse...

Il me mit le thermomètre dans la bouche, le brassard du tensiomètre à un bras, m'immobilisant l'autre. Lorsqu'il me lâcha pour ausculter mon cœur, j'enlevai le thermomètre.

— Je veux m'en aller. J'ai changé d'avis.

Il ne pouvait pas entendre, à cause du stéthoscope. Il prit mon sein dans sa main en coupe, me souriant avec insolence tout en auscultant mes poumons. J'eus un mouvement de recul, furieuse. En espagnol, il dit à la vieille femme : « La petite traînée réagit comme si on ne lui avait jamais touché les nibards. » J'ai parlé alors en espagnol – grossièrement traduit, ça donnait : « Pas touche, connard. »

Il se marra.

— C'est poli, de me laisser baragouiner en anglais !

Puis il s'excusa et m'expliqua qu'avec quinze ou vingt cas par jour, on finissait par devenir cynique et amer. Une tragique mais combien nécessaire activité etc. À la fin, c'est moi qui avais pitié de lui, et – Dieu me pardonne – je regardais dans ses grands yeux charmeurs tandis qu'il me flattait le bras.

Mais reprenons.

— Écoutez, docteur, je ne veux pas faire ça et j'aimerais m'en aller maintenant.

— Vous savez qu'on ne vous remboursera pas ?

— Tant pis. Je ne veux pas faire ça.

— *Muy bien*. Malheureusement, vous allez devoir tout de même passer la nuit ici. Nous sommes loin de la ville et nos chauffeurs ne reviendront pas avant demain. Je vais vous donner un calmant pour dormir. Vous serez partie demain, à dix heures. Vous êtes sûre, *m'ija*, que c'est ce que vous voulez ? C'est votre dernière chance.

J'ai acquiescé. Il me tenait la main. C'était réconfortant. J'avais affreusement envie de pleurer, d'être embrassée. Que ne ferait-on pas pour un peu de réconfort.

— Vous pourriez me donner un coup de main. Cette petite dans l'angle est très traumatisée. Sa mère est dans un sale état et n'est d'aucun secours. Je soupçonne le père, ou une situation particulièrement difficile. C'est vraiment nécessaire qu'elle avorte. Vous voulez bien m'aider ? La calmer un peu, ce soir ?

Je l'ai accompagné au chevet de la petite, me suis présentée. Il m'a fait lui annoncer ce qu'il allait faire, à quoi s'attendre, expliquer que c'était simple et sans danger, que tout irait bien. Maintenant, il va ausculter ton cœur et tes poumons... Maintenant il doit palper à l'intérieur... (Il a dit que ça ne serait pas douloureux. J'ai dit que ça le serait.) C'est pour s'assurer que tout ira bien.

Elle résistait encore. « *A fuerzas* ! », dit-il. Par la force. La vieille et moi, on l'a maîtrisée. Ensuite, c'est le médecin et moi qui l'avons immobilisée, lui parlant, tâchant de la calmer, tandis que la vieille bourrait son corps gracile de tubulures, longueur après longueur. À la fin, je l'ai prise dans mes bras ; elle s'agrippait à moi, sanglotant. Sa mère était assise sur la chaise, au pied du lit, visage de marbre.

— État de choc ? ai-je demandé au médecin.

— Non, ronde comme une queue de pelle.

À ce moment précis, elle bascula par terre ; on l'a soulevée et couchée sur le lit d'à côté.

Puis le médecin et son assistante allèrent dans deux autres pièces pleines de patientes. Deux jeunes Indiennes apportaient des plateaux-repas.

J'ai demandé à la jeune fille :

— Tu veux qu'on mange ensemble ?

Elle a fait signe que oui. Elle s'appelait Sally, venait du Missouri. Je n'en sus pas plus, mais elle mangea, avec voracité. Elle n'avait jamais vu de tortillas, regrettait de ne pas avoir du bon vieux pain. Et ça, c'est quoi ? De l'avocat. C'est bon. Mets-en avec ta viande sur la tortilla. Comme ça, en faisant un rouleau.

— Ta mère, ça va aller ? lui demandai-je.

— Elle sera malade demain matin.

Sally souleva son matelas. Il y avait une demi-pinte de Jim Beam.

— Au cas où je serais pas là, c'est pour elle. Elle en a besoin pour pas être malade.

— Je sais. Ma mère aussi est alcoolique.

On emporta les plateaux et la vieille femme revint avec des comprimés de Seconal. Aux jeunes on fit des piqûres. La vieille hésita pour la mère de Sally qui dormait déjà, puis lui fit aussi une injection de barbituriques.

Je me suis allongée. Les draps étaient rêches, fleuraient bon l'odeur du linge séché au soleil, et la grossière couverture mexicaine empestait la laine brute. Cela me rappelait des étés à Nacogdoches.

Le médecin n'avait même pas pris congé. Peut-être que John rentrerait au bercail. Oh, je n'avais aucune jugeote. Peut-être fallait-il quand même avorter. Pas faite pour élever un enfant, alors deux… Mon Dieu… qu'est-ce que je… ? Je me suis endormie.

J'ai entendu des sanglots horribles, quelque part. La pièce était dans le noir, mais grâce à la lueur filtrant du couloir j'ai pu voir que le lit de Sally était vide. Je me suis précipitée. Tout d'abord, impossible de bouger la porte des toilettes. Elle gisait là, inconsciente, livide. Partout du sang. Elle faisait une grave hémorragie, entortillée dans des rouleaux et des rouleaux de tubulure tel un Laocoon devenu fou furieux. Il y avait des caillots de matière sanglante collés à cette tubulure. Ça se cabrait et se déformait, glissant autour d'elle comme quelque chose de vivant. Son pouls était perceptible, mais pas moyen de la ranimer.

J'ai couru dans le couloir, frappant aux portes, et fini par réveiller la vieille. Elle était encore en uniforme blanc ; elle s'est rechaussée et précipitée aux toilettes, n'a jeté qu'un bref coup d'œil avant de se ruer vers le secrétariat et le téléphone. J'attendais à l'extérieur, tendant l'oreille. Elle claqua la porte d'un coup de pied.

Je suis retournée auprès de Sally, lui lavant la figure et les bras.

— Le docteur arrive. Retournez dans votre chambre, m'a dit la vieille.

Les jeunes Indiennes étaient derrière elle. Elles m'empoignèrent et me mirent au lit ; la vieille me fit une piqûre.

Je me suis réveillée dans une pièce inondée de soleil. Il y avait six lits vides, faits au carré, avec des couvre-lits rose vif. Canaris et pinsons chantaient au-dehors et des bougainvillées fuchsias, remués par la brise, bruissaient contre les volets ouverts. Mes vêtements étaient au pied du lit. Je les ai emportés aux toilettes, désormais immaculées. Je me suis lavée et habillée, coiffée. Je vacillais, toujours sous sédatif. Quand je suis revenue, les autres commençaient à être ramenées sur des brancards ambulants. La femme qui n'avait pas avorté était figée sur sa chaise et regardait par la fenêtre. Les jeunes Indiennes arrivaient avec café con leche, churros, quartiers d'orange et tranches de pastèque sur des plateaux. Certaines déjeunaient, d'autres vomissaient dans une cuvette ou s'en allaient en titubant vers les toilettes. Tout le monde naviguait au radar.

— *Buenos días.*

Le médecin était en longue blouse verte, le masque autour du cou, ses longs cheveux noirs en désordre. Il souriait.

— J'espère que vous avez bien dormi. Vous partirez dans la première voiture, dans quelques minutes.

— Où est Sally ? Et sa mère ?

Ma langue était pâteuse. Difficile d'articuler.

— Sally a eu besoin d'une transfusion sanguine.

— Elle est ici ?

Vivante ? Le mot ne sortait pas.

Il m'a saisi le poignet.

— Sally va bien. Vous avez tout ? La voiture part tout de suite.

Cinq d'entre nous furent entraînées rapidement dans le couloir, poussées dehors et embarquées dans la voiture. On démarra et entendit le portail se refermer derrière nous. « Qui va à l'aéroport d'El Paso ? » C'est là qu'elles allaient toutes.

— Laissez-moi sur le pont, côté Juarez, dis-je.

La voiture roulait. Personne ne parlait. Je mourais d'envie de dire un truc idiot comme : « Belle journée, n'est-ce pas ? » C'était une belle journée, en effet, claire et limpide, avec un ciel d'un bleu mexicain bien cliché. Mais ce silence dans la voiture était impénétrable, lourd de honte, de douleur. Seule la peur était partie.

Le brouhaha et les odeurs du centre-ville de Juarez n'avaient pas changé depuis mon enfance. Je me sentais petite et d'humeur à musarder, mais j'ai hélé un taxi. L'hôtel était en réalité à deux pas. Le portier a réglé la course. Bella Lynn avait tout prévu. Elle était dans la chambre, me dit-il.

La chambre était une vraie pétaudière. Ben et Bella étaient au milieu du lit, en train de rire, de déchirer des magazines et d'en jeter les pages en l'air.

— C'est son jeu favori. Il veut devenir critique, quand il sera grand ?

Elle se leva et me serra dans ses bras, me regarda dans les yeux.

— Sapristi. Tu l'as pas fait. Petite sotte ! Sotte !

— Non, je l'ai pas fait !

Je tenais Ben contre moi, oh comme j'aimais son odeur. Ce petit être osseux. Il babillait. Je voyais qu'il s'était bien amusé.

— Non, je l'ai pas fait. J'ai quand même dû payer, mais je te rembourserai. Ne me fais pas la leçon. Il y avait cette jeune fille, Sally…

On dit que Bella Lynn est trop gâtée et frivole. Qu'elle ne voit que son nombril. Mais personne ne comprend mieux qu'elle… Elle avait tout deviné. Je n'avais pas eu à m'exprimer, même si je l'ai bien entendu fait quand même, plus tard. Je me suis contentée de pleurer, elle aussi, et Ben.

Nous, les Moynihan, on pleure ou on se fâche, et puis voilà. Ben s'est lassé le premier, il a commencé à sauter sur le lit.

— Voyons, Lou, pourquoi je te gronderais ? Tu peux n'en faire qu'à ta tête, ça m'ira toujours. Tout ce que je veux savoir, c'est : et maintenant ? Tequila Sunrise ? Resto ? Shopping ? J'ai la dalle, moi.

— Moi aussi. Allons-y. Et je voudrais acheter quelque chose pour ta grand-mère et Rex Kipp.

— Bon, alors Ben, qu'est-ce que t'en dis ? Tu sais dire « shopping » ? Inculquons nos valeurs à cet enfant. Shopping !

Le room-service rapporta sa veste à franges. On s'est changées et maquillées toutes les deux, on a habillé Ben.

J'avais cru qu'il avait une éruption, mais c'était seulement le rouge à lèvres de Bella qui avait déteint sur ses joues.

Le déjeuner eut lieu dans la magnifique salle à manger. Nous étions gaies, insouciantes. Jeunes, jolies et libres, avec toute la vie devant nous. On cancanait, rigolait et imaginait l'existence de tous les clients.

— Bon, il faudrait quand même aller assister à cette fiesta familiale, dis-je pour conclure, autour de notre troisième café-Kahlua.

On a acheté des cadeaux et un panier en paille pour y fourrer le tout, y compris les jouets dans la chambre. Au moment de partir, Bella Lynn soupira. « C'est si familial, les hôtels. Je déteste en partir... »

Derrière la lourde porte d'entrée du manoir de l'oncle Tyler, Roy Rogers et Dale Evans braillaient des chants de Noël. Une machine à bulles était installée contre la porte, si bien que la première vision du gigantesque sapin de Noël était à travers un brouillard de prismes savonneux.

— Sapristi, on se croirait dans un lave-auto ! Et regarde-moi ce tapis...

Elle débrancha la machine, éteignit la musique.

On a descendu les marches dallées qui menaient au living immense. Des rondins, des arbres tout entiers, brûlaient dans la cheminée. Vautrée sur des canapés en cuir ou des Relax, la famille de tante Tiny suivait du foot à la télé. Ben se planta tout de suite devant : il n'avait jamais vu de télévision. Ce mignon petit bébé qui n'avait jamais quitté la maison ne se laissait pas démonter.

Bella Lynn fit les présentations, mais la plupart se contentèrent d'acquiescer, sans détacher les yeux de leurs assiettes ou du match. Ils étaient tous bien sapés, comme pour un mariage ou un enterrement, mais on aurait quand même dit une bande d'ouvriers agricoles ou des rescapés d'une tornade.

On a remonté les marches.

— J'ai hâte de les voir à la soirée de Papa, demain. Le matin, on ira chercher oncle John, avant d'aller aider ta mère à s'évader. Ensuite, ce sera soirée portes ouvertes. Il y aura surtout de séduisants célibataires, donc pas le genre qui nous plaît, mais aussi un tas de vieux copains qui voudront te voir, toi et le bébé.

— Jésus Marie Joseph !

C'était la vieille Mme Veeder, la mère de Tiny. Elle avait kidnappé Ben, lâchant sa canne, et vacillait avec lui à travers la pièce. Il riait, croyant que c'était un jeu de se flanquer contre les buffets et les vitrines, le fracas du verre brisé. L'une des expressions préférées de ma mère, c'est : « La vie est semée d'embûches. » Mme Veeder tituba avec lui jusqu'à sa chambre, où il y avait un autre poste, branché sur des soap-opera, et assez de bric-à-brac sur le lit pour l'amuser pendant des mois. Salières en forme de toilettes de Texarkana, cache-papier hygiénique en forme de toutou, pochettes en tissu, bracelets où manquaient des pierres. Tout cela crasseux, en voie d'être recyclé en cadeaux de Noël. Mme Veeder et Ben tombèrent ensemble sur le lit. Ben resta là avec elle pendant des heures, à suçoter des statuettes du Christ qui luisaient dans l'obscurité tandis qu'elle emballait des cadeaux avec des bouts de papier froissé et du ruban emmêlé. Chantant « Jésus m'aime, oui je le sais ! Car la Bible me le dit ! ».

La table de la salle à manger ressemblait aux pubs pour les buffets des navires de croisière. Je contemplais fixement les plateaux de charcuterie, salades composées, côtelettes grillées, aspics, crevettes, fromages, gâteaux, tartes, me demandant où tout ça irait, quand ces victuailles se mirent à disparaître sous mes yeux : à tour de rôle, les membres de la famille venaient faire des incursions éclair avant de retourner dare-dare devant la télé.

Esther était dans la cuisine, en uniforme noir, penchée au-dessus d'une énorme bassine de masa pour tamales. Des tartelettes cuisaient dans le four. Bella Lynn serra Esther dans ses bras comme si elle avait été longtemps absente.

— Il a appelé ?

— Mais non, ma belle. Et il n'appellera pas.

Esther l'étreignit, la berçant. Elle s'était occupée de Bella Lynn depuis toujours. Mais elle ne l'avait pas gâtée, contrairement aux autres. Autrefois, je la trouvais vache. En fait, elle est vache. Elle m'accueillit par un : « Tiens, tiens… une autre écervelée ! » Et me serra aussi dans ses bras. C'était une toute petite femme aux attaches fines, mais elle vous enveloppait.

— Où est-il donc, ce pauvre petit ?

Elle alla voir Ben, revint et me serra de nouveau contre elle.

— Un enfant de l'amour. C'est une bénédiction, ce petit. Tu te rends compte de ta chance ?

J'ai confirmé, souriante.

— On peut t'aider à faire les tamales, dis-je. Je dois juste dire d'abord bonjour à Tyler et Rex. Et à tante Tiny. Elle est… ?

— Elle ne descendra pas. Elle a une couverture électrique, une radio et de la gnôle. Non, elle va rester là-haut pendant un bon moment.

— Dieu soit loué, dit Bella.

— Allez apporter à manger à ces grands enfants qui sont à l'atelier. Plein de crevettes pour Rex.

L'« atelier » de Tyler était en fait une vieille maison en pisé avec un grand salon faisant aussi office de chambre d'amis, et une immense salle pleine d'armes, neuves ou de collection. Dans le salon, une grosse cheminée, des trophées de chasse tapissant les murs, et des peaux d'ours sur le sol carrelé. La salle de bains était une moquette de seins, des seins en caoutchouc de toutes couleurs et tailles. C'était un cadeau fait à Tyler par Barry Goldwater, qui avait été candidat à la présidence des États-Unis.

Il faisait sombre à présent, c'était une nuit froide et limpide. Je suivais Bella Lynn sur le chemin.

— Dévergondées ! Racaille blanche !

J'en suis restée ahurie. Bella se marrait.

— C'est Maman... sur le toit !

Rex et oncle Tyler furent heureux de me voir. Lorsque Joe remettrait le pied sur le sol américain, disaient-ils, je n'aurais qu'à les prévenir, ils lui feraient la peau. Ils buvaient du bourbon et faisaient des listes. La pièce était bourrée de sacs en plastique. Tous les ans, ils allaient distribuer des cadeaux aux personnes âgées en maison de retraite, aux enfants dans les hôpitaux ou à l'orphelinat. Ils dépensaient des fortunes. Mais ils ne se contentaient pas de signer des chèques. Pour le plaisir, ils emportaient tout eux-mêmes et se rendaient sur place avec bouffe et Pères Noël.

Cette année-là, ils avaient une nouvelle idée, car Rex avait désormais un avion. Un Piper Club qu'il avait posé sur le pré de Tyler. Le soir de Noël, ils allaient larguer des sacs de jouets et de nourriture sur le bidonville de

Juarez. Les deux hommes riaient tout en peaufinant leur programme.

— Mais Papa, dit Bella. Qu'est-ce qu'on fait de Maman ? De tante Mary ? De Lou et moi ? Des tigres l'ont engrossée, ils se sont barrés avec mon mari.

— J'espère que vous avez des tenues renversantes pour la soirée de demain, toutes les deux. On a fait venir des extras, mais Esther aura quand même besoin d'aide. Rex, combien de cannes en sucre d'orge pour les petits estropiés, à ton avis ?

Notes prises aux urgences, 1977

Aux urgences, on n'entend jamais les sirènes – les chauffeurs éteignent dans Webster Street. Du coin de l'œil, je vois les feux de marche arrière des ambulances. En général, on les attend, alertés par la radio, tout comme à la télé. « City One : ici ACE, Code 2, homme de 42 ans, traumatisme crânien, PA supérieure à 190/110. Conscient. HAE 3 minutes ». « City One… 76542 Clair ».

Si c'est code Trois, ce qui veut dire qu'une vie est en danger critique, médecin et infirmières attendent au-dehors, en papotant. À l'intérieur, salle Six, la salle des traumatismes, c'est l'équipe du code Bleu. Technicien ECG, en radiologie, thérapeutes respiratoires, infirmières en soins cardiovasculaires. Dans la plupart des cas, cependant, les chauffeurs ou les sapeurs-pompiers sont trop occupés pour prévenir. La caserne des pompiers de Piedmont ne le fait jamais, et pourtant c'est eux qui ont les pires. Superbes infarctus, suicides de matrones au phénobarbital, enfants dans les piscines.

Toute la journée, les longues Cadillac genre corbillard de Care Ambulance reculent juste à gauche du parking des urgences. Toute la journée, sous ma fenêtre, leurs chariots filent vers la cobaltothérapie, la radiothérapie. Grises sont les ambulances, grises les tenues des chauffeurs, grises les couvertures ; les patients sont jaunes et grisâtres, sauf là où les médecins ont marqué leur crâne ou leur gorge d'une croix au stabilo rouge.

On m'a proposé de travailler là-bas. Merci bien. Je déteste les adieux qui traînent en longueur. Pourquoi est-ce que je fais toujours des blagues de mauvais goût sur la mort ? Aujourd'hui, je prends tout ça très au sérieux. Je l'étudie. Pas frontalement, mais par la bande. Je vois la mort comme une personne… parfois plusieurs personnes, faisant coucou. Mme Diane Adderly, l'aveugle, M. Gionotti, Mme Y, ma grand-mère.

Mme Y est la plus belle femme que j'aie jamais vue. Elle a l'air morte, à vrai dire, avec sa peau d'un blanc bleuâtre diaphane, son parfait visage d'Orientale serein et sans âge. Elle porte des pantalons noirs et des bottines, des vestes à col Mao coupées et passepoilées… en Asie ? En France ? Au Vatican, peut-être. C'est aussi lourd qu'une soutane d'évêque – ou une blouse plombée de radiologue. Le passepoil fuchsia, rose indien, orange, a été réalisé à la main.

Sa Bentley arrive à neuf heures, conduite par un désinvolte Philippin qui fume des Sherman's à la chaîne sur le parking. Ses deux fils, grands, en costumes made in Hongkong, l'escortent jusqu'à l'entrée du service de radiologie. À partir de là, il faut beaucoup marcher. C'est la seule patiente à y aller toute seule. Sur le seuil elle se retourne, leur sourit et s'incline. Les deux garçons s'inclinent aussi et la surveillent jusqu'à ce qu'elle soit au fond du couloir. Ensuite, ils vont boire un café et téléphoner.

Une heure et demie plus tard, tout le monde resurgit en même temps. Elle, avec deux taches violacées sur les pommettes, ses fils, la Bentley avec le Philippin, et ils repartent tous sans aucun bruit. Lustre et brillance du véhicule gris métallisé, de ses cheveux noirs, sa veste en soie. Tout ce rituel est aussi silencieux et fluide que la circulation sanguine.

Elle est morte aujourd'hui. Je ne sais pas très bien quand, un jour que j'étais en congé. Elle avait toujours eu l'air morte, de toute façon, mais gentiment, comme pour une illustration ou une publicité.

J'aime mon boulot aux urgences. Le sang, les os, les tendons semblent être des affirmations. Je suis épatée par le corps humain, son endurance. Et Dieu merci, parce qu'on peut attendre des heures avant les rayons X ou le Demerol. Peut-être suis-je morbide. Je suis fascinée par la vision de deux doigts dans un sac en plastique, un cran d'arrêt étincelant qui ressort du dos maigre d'un souteneur. J'aime l'idée qu'aux urgences, tout se répare – ou presque.

Code Bleu. Bon, tout le monde aime bien. C'est quand le patient va mourir – son cœur lâche, il cesse de respirer – mais l'équipe de réanimation arrive parfois – souvent – à le ressusciter. Même si c'est un octogénaire fatigué on ne peut manquer d'être captivé par le suspense, ne fût-ce que provisoirement. Bien des vies, des vies jeunes et utiles, sont sauvées.

La discipline et l'émotion de dix ou quinze personnes, en train d'exécuter leur numéro… c'est comme un soir de première au théâtre. Les patients, à condition qu'ils soient conscients, participent eux aussi, ne serait-ce qu'en faisant mine de s'intéresser à tous ces événements. Jamais ils ne paraissent effrayés.

Si la famille est là, mon boulot est d'en tirer des renseignements, de la mettre au courant. De la rassurer, surtout.

Tandis que les membres de l'équipe pensent en terme de bons ou mauvais codes – chacun a-t-il fait son devoir, le patient a-t-il réagi ou pas – moi c'est en terme de bonne ou mauvaise mort.

Les mauvaises morts, c'est quand le plus proche parent est le directeur de l'hôtel, ou la femme de ménage qui a trouvé la victime d'AVC deux semaines plus tard, se mourant de déshydratation. Les décès vraiment moches, c'est quand il y a plusieurs enfants et beaux-enfants que j'ai dérangés Dieu sait où et qui semblent ni se connaître ni connaître le mourant. Il n'y a rien à dire. Ils ne cessent de parler de dispositions – les dispositions à prendre, et par qui.

Les gitans ont de belles morts. C'est mon avis… pas celui des infirmières ni des vigiles. Il y en a toujours une flopée, qui exigent d'être avec le mourant afin de l'embrasser, l'étreindre, débrancher et bousiller les télés, moniteurs et autre équipement. Le plus beau, c'est qu'ils ne font jamais taire leurs gosses. Les adultes gémissent, pleurent et sanglotent, mais tous les enfants continuent à cavaler partout, jouer et rire, sans qu'on leur dise qu'ils devraient être tristes ou respectueux.

Les bonnes morts semblent coïncider avec les bons codes – le patient réagit miraculeusement à tout son traitement revivifiant, après quoi il décède paisiblement.

La mort de M. Gionotti fut belle… La famille avait consenti à rester à l'extérieur de la chambre, mais un par un ils allaient manifester leur présence auprès de lui et ressortaient pour assurer aux autres que tout était fait. Ils étaient nombreux, assis, debout, se touchant, fumant, rigolant parfois. J'avais l'impression d'assister à une fête, une réunion familiale.

Voici ce que je sais au sujet de la Mort : plus la personne fut bonne, aimante, heureuse et bienveillante, moins sa mort laisse un vide.

Lorsque M. Gionotti est mort, OK il était mort, et Mme Gionotti a pleuré, les autres aussi, mais ensemble, et avec lui, en fait.

J'ai vu M. Adderly, l'aveugle, dans le bus 51, l'autre soir. Son épouse Diane était arrivée morte à l'hôpital quelques mois plus tôt. C'est lui qui avait trouvé le corps au pied de l'escalier, avec le bout de sa canne. Cette punaise de McCoy n'arrêtait pas de lui dire de ne plus pleurer.

— Ça n'arrangera rien, monsieur Adderly.

— Rien n'arrangera rien. C'est tout ce que je peux faire. Foutez-moi la paix.

Quand il l'a entendue s'en aller pour prendre des dispositions, il m'a déclaré qu'il n'avait jamais pleuré jusque-là. Ça l'effrayait, à cause de ses yeux.

Je lui ai glissé l'alliance de sa femme à l'annulaire. Elle avait planqué plus de 1 000 dollars en billets sales dans son soutien-gorge, et je les ai mis dans son portefeuille. Je lui ai dit que c'étaient des coupures de 20, 50 et 100 dollars, et qu'il devrait trouver quelqu'un pour faire le tri.

Lorsque je l'ai vu dans le bus, il a dû se rappeler mon pas ou mon odeur. Moi je ne l'avais pas remarqué – j'avais grimpé à bord avant de m'avachir sur le premier siège venu. Il s'est levé même du siège à l'avant, près du chauffeur, pour s'asseoir auprès de moi.

— Bonjour, Lucia…

Avec beaucoup d'humour, il m'a décrit son nouveau et bordélique voisin de lit à la Maison pour les aveugles.

Je ne comprenais pas comment il pouvait savoir que son voisin était bordélique, mais j'ai fini par saisir et je lui ai raconté l'idée très Marx Brothers que je me fais de deux colocataires aveugles – mousse à raser sur les spaghettis, dérapage sur des cannelloni renversés, etc. On a ri, et on s'est tus, en se tenant par la main… depuis Pleasant Valley jusqu'à Alcatraz Avenue. Il pleurait, doucement. Mes larmes à moi concernaient ma propre solitude, mon propre aveuglement.

La première nuit où j'ai travaillé aux urgences, une ambulance nous a amené une inconnue. Comme on manquait de personnel ce soir-là, c'est moi et les ambulanciers qui l'avons déshabillée, tirant le collant en lambeaux sur ses varices, ses ongles rebiquant comme ceux d'un perroquet. On a décollé ses papiers, non pas de son grisâtre soutien-gorge couleur chair, mais de ses seins glacés. Une photo d'un jeune homme en uniforme de la Marine : George 1944. Trois coupons humides pour des boîtes de pâtée pour chat et une carte Medicare toute floue, rouge, blanc, bleu. Elle s'appelait Jane. Jane Daugherty. On a essayé le bottin. Pas de Jane, ni de George.

Si leur sac à main n'a pas déjà été volé, les vieilles dames semblent n'avoir jamais rien dedans, à part un dentier, un horaire d'autobus 51 et un carnet d'adresses sans nom de famille.

Les chauffeurs et moi-même, on a travaillé ensemble avec des bribes d'informations, contactant le California Hotel pour parler à Annie, souligné, la teinturerie Five-Spot. Parfois il suffit d'attendre qu'un membre de la famille appelle. Aux urgences, le téléphone sonne toute la journée. « Vous n'avez pas vu un… » Ah, les vieux. Je suis partagée à leur égard. Pratiquer une arthroplastie totale de la hanche ou un pontage coronarien sur une personne de quatre-vingt-quinze ans qui vous souffle : « Par pitié, laissez-moi mourir », ça peut sembler regrettable.

C'est agaçant cette manie de se casser la figure, de prendre autant de bains. Mais peut-être est-ce important pour eux de marcher tout seuls, de se tenir sur leurs deux jambes. Parfois, on dirait qu'ils tombent exprès, comme cette femme qui avait avalé plein de laxatifs – pour s'évader de sa maison de retraite.

Ça drague pas mal entre infirmières et ambulanciers. « Salut… au prochain AVC. » Autrefois ça me choquait, toutes ces blagues au beau milieu d'une trachéotomie ou tandis qu'on rase la peau d'un patient afin de pouvoir le brancher aux moniteurs. Une octogénaire, fracture du bassin, sanglotait : « Tenez-moi la main ! Mais tenez-moi la main ! » Et les ambulanciers de papoter de plus belle sur les Oakland Stompers.

— Tu vas lui tenir la main, oui ou merde ?

Le type m'a regardée comme si j'étais dingue. Je ne tiens plus tellement de mains, désormais, et je plaisante pas mal aussi, même si ce n'est pas sous le nez des patients. Il y a beaucoup de stress, de pression. C'est usant – être en permanence confronté à ces situations extrêmes.

Encore plus usant, et source véritable du stress et du cynisme, c'est que beaucoup de patients aux urgences non seulement n'en sont pas – des urgences – mais n'ont rien. C'est à vous faire souhaiter un coup de poignard clair et net, une blessure par balle. À longueur de journée, à longueur de nuit, des gens arrivent qui n'ont plus d'appétit, des selles irrégulières, une raideur cervicale, des urines rouges ou vertes (ce qui invariablement signifie qu'ils ont mangé des betteraves ou des épinards à midi).

Entendez-vous toutes ces sirènes au loin, en pleine nuit ? Plus d'une ambulance s'en va chercher un vieux en manque de bibine.

Dossier après dossier. Anxiété. Céphalées. Hyperventilation. Intoxication. Dépression. (Tels sont les diagnostics – les patients, eux, parlent cancer, crise cardiaque, caillot sanguin, asphyxie.) Chacun coûte des centaines de dollars, en comptant l'ambulance, les radios, les tests en laboratoire, les électrocardiogrammes. Les ambulances ont un autocollant Medi-Cal, nous avons un autocollant Medi-Cal, le médecin a un autocollant Medi-Cal, et le patient roupille jusqu'à ce qu'un taxi vienne pour le ramener chez lui, payé d'avance avec un bon. Suis-je donc devenue aussi inhumaine que l'infirmière McCoy ? Peur, pauvreté, alcoolisme, solitude, ce sont autant de maladies mortelles. Des urgences, en fait.

On nous amène bien des victimes de trauma ou des cardiaques, et ils sont soignés et stabilisés avec compétence et efficacité en quelques minutes avant d'être conduits dare-dare au bloc ou à l'unité de soins intensifs, celui des soins coronariens.

Ivresses et suicides mobilisent pendant des heures chambres et infirmières. Quatre ou cinq personnes attendent à mon guichet d'être prises en charge. Fractures de la hanche, angine streptococcique, coup du lapin, etc.

Maude, beurrée et larmoyante, est affalée sur une civière, à me pétrir le bras comme un chat névrosé.

— Vous êtes si gentille… si charmante… c'est ce vertige, ma belle.

— Nom de famille et adresse ? Où est passée votre carte d'assurée ?

— Disparue ! Tout a disparu… Je suis si malheureuse et si seule. Ils vont me garder ici ? Ce doit être l'oreille interne. Mon fils Willie n'appelle jamais. C'est vrai que c'est Daly City et un appel longue distance. Vous avez des enfants ?

— Signez ici.

J'ai trouvé un minimum de renseignements parmi le bazar dans son sac. Elle se sert de papier à cigarette pour absorber le surplus de rouge à lèvres. Gros baisers baveux, qui gonflent comme du pop-corn un peu partout dans son sac.

— Quel est le nom de famille et le numéro de téléphone de Willie ?

Elle se met à pleurer, tend ses deux bras pour se pendre à mon cou.

— Ne l'appelez pas ! Il dit que je le dégoûte. Vous aussi, je vous dégoûte ! Embrassez-moi !

— À plus tard, Maude. Lâchez mon cou et signez ce papier. Lâchez-moi.

Les ivrognes sont invariablement seuls. Les suicidés arrivent avec au moins une autre personne, en général beaucoup plus. Ce qui est sans doute l'idée initiale. Au moins deux officiers de la police d'Oakland. J'ai fini par comprendre pourquoi le suicide est considéré comme un crime.

Le pire, c'est les overdoses. Chronophage, là aussi. Les infirmières sont en général trop occupées. Elles leur donnent des médicaments mais ensuite le patient doit boire dix verres d'eau (je ne parle pas des overdoses gravissimes avec pompe stomacale). Moi, j'ai bien envie de leur fourrer le doigt au fond de la gorge. Hoquets et larmes. « Allez, encore un gobelet. »

Il y a les « bons suicides ». « De bonnes raisons » souvent comme une maladie mortelle, la souffrance. Mais je suis surtout épatée par les bonnes techniques. Balle au cerveau, veines correctement tailladées, barbituriques bien choisis. De ces individus, même s'ils n'ont pas réussi, semble émaner une paix, une force, qui est peut-être le fruit d'une décision mûrement réfléchie.

C'est la répétition qui me tue – les quarante capsules de pénicilline, les vingt Valium et la bouteille de Dristan. Oui, je sais bien que – selon les statistiques – ceux qui menacent de se suicider ou font une tentative finissent par y arriver. Mais je suis convaincue que c'est toujours un accident. John, qui rentre en général à la maison vers dix-sept heures, avait crevé sur la route et n'a donc pas pu secourir son épouse à temps. Je flaire une sorte d'homicide par imprudence, parfois, le mari ou quelque autre sauveur attitré s'étant finalement lassé de débarquer in extremis.

— Où est Marvin ? Il doit se faire un sang d'encre.

— Il téléphone.

Je n'ai pas envie de lui dire qu'il est à la cafétéria, qu'il a pris goût à nos sandwiches Reuben.

Semaine d'examens à la fac. Beaucoup de suicides, certains réussis, surtout d'Orientaux. Le suicide le plus con de la semaine, c'est Otis.

Son épouse, Lou-Bertha, l'avait quitté pour un autre. Il avait descendu deux bouteilles de Sominex, mais était bien lucide. Plein d'entrain, même.

— Appelez Lou-Bertha avant qu'il soit trop tard !

Il n'arrêtait pas de me brailler ses instructions depuis la salle de traumatologie. « Ma mère… Mary Brochard 849-0917… Essayez l'Adam et Eve Bar pour Lou-Bertha. »

Lou-Bertha venait de quitter l'Adam et Eve pour le Shalimar. La ligne est longtemps occupée, puis quelqu'un décroche, et c'est Stevie Wonder pendant tout « Don't You Worry 'Bout A Thing ».

— Quoi quoi quoi… ? Une overdose de *quoi* ?

Je le lui dis.

— Ah, ouais ! Allez dire à cet enfoiré de Nègre édenté qu'il a intérêt à forcer sur un truc bien plus costaud s'il veut que je décolle d'ici !

Je suis allée lui dire… quoi ? Qu'elle était contente de le savoir en vie, peut-être. Mais il était au téléphone dans la chambre Six. En pantalon, avec encore la blouse à pois par-dessus. Il avait repéré la demi-pinte de Royal Gate dans la poche de sa veste. Et prenait ses aises, façon cadre supérieur.

— Johnnie ? Oui. C'est Otis. Je suis aux urgences de l'hosto. Tu sais, près de Broadway. Qu'est-ce qui se passe ? Bien, bien. Cette salope de Lou-Bertha se fait Darryl… (Silence.) Tu m'étonnes.

L'infirmière en chef a débarqué.

— Il est encore là ? Virez-le ! On a quatre codes qui arrivent. Accident de la route, que des codes Trois. HAE dix minutes.

Je m'efforce d'admettre le plus de patients possible avant l'arrivée des ambulances. Ils devront attendre encore, la moitié s'en ira, mais pour le moment ils se montrent tous agités et agressifs.

Oh, non… il y en a trois avant celle-ci, mais mieux vaut l'admettre tout de suite. Marlène la Migraine, une habituée des urgences. Elle est ravissante, jeune. Elle cesse de parler avec deux joueurs de basket du Laney College, dont l'un s'est blessé au genou droit, et titube jusqu'à mon guichet pour faire son cinéma.

Ses ululements sont comme du Ornette Coleman, période « Lonely Woman ». En principe, elle commence par se taper la tête contre le mur près de la réception, et envoie valdinguer tout ce qui se trouvait sur mon guichet.

Puis elle se met à pleurer. Glapissements paroxystiques, aigus, qui rappellent les corridas mexicaines, les chansons d'amour texanes. « Aiee, Vi, Yi ! »

— Ah ha, San Antone !

Elle s'est écroulée par terre, et je ne vois plus qu'une main élégamment manucurée qui dépose sa carte d'assurée sur le guichet.

— Vous voyez pas que je vais mourir ? Je perds la vue, putain !

— Allons, Marlène. Et tes faux cils, tu les mets comment ?

— Pétasse.

— Marlène, relève-toi et signe ici. Des ambulances arrivent, tu vas devoir attendre. Debout !

Elle se relève, fait mine d'allumer une Kool.

— C'est interdit de fumer. Signe ici.

Elle signe et Zeff vient l'emmener dans une chambre.

— Tiens, tiens, notre vieille copine la furie…

— Fous-toi de ma gueule, la débile…

Les ambulances arrivent, et là c'est bien des urgences. Deux succombent. Une heure durant, tout le personnel infirmier, les médecins, les médecins de garde, chirurgiens, *tout le monde* est à la manœuvre chambre Six, auprès des deux jeunes patients qui ont survécu.

L'une des mains de Marlène bataille pour enfiler une manche de manteau en velours, l'autre applique un rouge à lèvres rose vif.

— Oh là là – je vais pas croupir *dans ce rade* toute la nuit, quand même ! À la prochaine, ma cocotte !

— À la prochaine, Marlène.

Temps Perdu

Je travaille dans des hôpitaux depuis des années à présent, et s'il est une chose que j'ai apprise, c'est que plus les patients sont mal en point, moins ils font de bruit. Voilà pourquoi j'ignore l'appel-malade. Je suis secrétaire médicale, mes priorités sont de commander des médicaments et des perfusions, d'amener des patients au bloc ou en radiologie. Bien entendu, je finis par répondre, en général pour dire : « Votre infirmière va arriver ! » Car tôt ou tard, elles se pointent. Mon attitude à leur égard a beaucoup changé. Avant, elles me semblaient strictes et sans cœur. Mais c'est la maladie qui est critiquable. Aujourd'hui, je vois combien cette indifférence est une arme contre la maladie. Combats-la, piétine-la. Ignore-la, si tu veux. Satisfaire le moindre caprice du patient ne fait que l'encourager à être malade, c'est la pure et simple vérité.

Au début, quand une voix à l'interphone disait : « Infirmière ! Vite ! », je répondais : « Qu'y a-t-il ? » Ça prenait trop de temps ; d'ailleurs, neuf fois sur dix, c'est juste la télé qui n'est plus en couleur.

Les seuls qui retiennent mon attention, ce sont ceux qui ne peuvent pas parler. Le témoin s'allume et j'appuie sur la touche. Silence. De toute évidence, ils ont un truc à dire. En général, il y a un vrai problème, par exemple une poche de stomie pleine. C'est l'une des rares autres choses dont je suis sûre, maintenant. La poche fascine. Pas seulement les déments ou les séniles, qui jouent avec, mais tout individu qui en a une est forcément sidéré par la visibilité du processus. Et si notre corps était transparent, comme un lave-linge à hublot ? Quel pied de pouvoir s'observer. Les coureurs iraient encore plus vite, rien que pour voir le sang pulser. Les amants seraient plus amoureux. T'as vu la vitesse de mon sperme ? Les régimes en profiteraient – kiwi et fraises, bortsch à la crème aigre.

Bref, quand le témoin de la 4420, Lit 2, s'est allumé, je suis allée dans sa chambre. M. Brugger, un vieux diabétique qui avait subi un grave AVC. J'ai vu d'abord la poche pleine, comme de bien entendu, et j'ai dit : « Je vais prévenir votre infirmière », avant de lui adresser un grand sourire affectueux. Oh, quel choc, comme si je m'étais écrasée sur un guidon de vélo, la sonate de Vinteuil, ici même, dans notre aile. Ces petits yeux noirs, rieurs, entre des bourrelets épicanthiques blanchâtres. Plus forts que ceux du Bouddha, ces yeux… bridés, rêveurs, presque mongoloïdes. Les yeux de Kentshereve, qui se foutaient de moi… J'ai été submergée par le souvenir de l'amour, non par l'amour proprement dit. M. Brugger a dû le sentir, puisque désormais il la presse à longueur de nuit, sa chère sonnette.

Il a fait non de la tête, pour me railler d'avoir cru que c'était sa poche. J'ai regardé. *Le Couple improbable*[1] tournoyait vertigineusement là-haut, sur l'écran. J'ai réglé

1. *The Odd Couple* : série télévisée comique des années 70.

ça avant de regagner en vitesse mon poste, et le doux déferlement des souvenirs.

Mullan, Idaho, 1940, à la mine Morning Glory. J'avais cinq ans, je faisais des ombres chinoises avec mon gros orteil grâce au précoce soleil de printemps. D'abord, ce fut sonore. Un bruit de pommes. Céleri ? Non, c'était Kentshereve, sous ma fenêtre, qui croquait des bulbes de jacinthe. Il avait de la terre aux commissures des lèvres, des lèvres charnues, violacées, humides comme celles de M. Brugger.

Je me suis jetée à son cou (Kentshereve), sans un regard en arrière, sans une hésitation. En tout cas, je me revois ensuite mordre moi-même dans ces bulbes froids et croquants. Il me souriait, ses yeux en raisins secs brillant entre des plis charnus, m'encourageant à savourer. Il n'a pas employé ce terme – c'est mon premier mari qui m'a montré les subtilités des poireaux et des échalotes (dans notre cuisine en pisé à Santa Fe, poutres et tomettes mexicaines). On a vomi, un peu plus tard (Kentshereve et moi).

Je travaillais machinalement à mon poste, répondant au téléphone, demandant oxygène et techniciens de labo, portée par des vagues chaleureuses de saules discolores, pois de senteur et parcs à truites. Les poulies et gréements de la mine la nuit, après la première neige. Fleurs de carottes sauvages contre le ciel étoilé.

« Il connaissait mon corps sur le bout de ses doigts. » Ai-je lu cela quelque part ? Personne n'oserait dire une chose pareille. Plus tard, au cours de ce même printemps, nus dans les bois, on se comptait mutuellement nos grains de beauté, marquant l'endroit où on en était resté chaque jour à l'encre de Chine. Kentshereve me fit remarquer que l'embout en mousse du flacon était comme une bite de chat.

Il savait lire. Son nom était Kent Shereve, mais quand il me l'avait dit j'avais cru que c'était son prénom et ce soir-là je l'ai répété Dieu sait combien de fois, me le fredonnant à moi-même comme je l'ai fait depuis avec les Jeremy et les Christopher. Kentshereve Kentshereve. Il était même capable de lire les avis de recherche affichés au bureau de poste. Il prétendait que, quand on serait grands, il en verrait sans doute un me concernant. Bien entendu, j'aurais pris un pseudo, mais il ne serait pas dupe parce qu'on signalerait un gros grain de beauté sur la plante du pied gauche, une marque au genou droit, un grain de beauté à la raie des fesses. Au cas où l'un de mes anciens amants lirait ceci – je parie que tu ne te souvenais pas de ça ? Kentshereve, si. Mon troisième fils est né avec ce même grain de beauté, juste à la raie des fesses. Le jour où il est né, je l'ai embrassé là, contente de me dire qu'un jour, sans doute, une autre en ferait autant, ou le compterait. Kentshereve était plus méticuleux que moi, car il avait aussi des taches de rousseur et la différence est minime. Il ne m'a pas crue quand je suis passée à son derrière, m'accusant d'exagérer.

J'ai été contrariée quand sont arrivées deux patientes qui venaient d'être opérées – pages de commandes, au moment même où j'avais toutes ces réminiscences. Cette bouffée d'amour que j'avais reçue, dans la chambre 4420, Lit 2, était indiscernable de toutes les autres. Kentshereve, mon palimpseste. Un intellectuel plus âgé que moi à l'esprit sardonique, obsédé par la bouffe et le sexe. Il entama une vie de barbecues depuis Zihuatanejo jusqu'au nord de l'État de New York. Hamburgers sur une sépulture zuni avec Harrison, cet escroc.

Rien d'aussi délicieux et angoissant. Comme il savait lire, il savait que ce feu qu'on était en train d'allumer pouvait coûter une amende de 1 000 dollars ou la prison. Pas à nous, à nos parents, gloussait-il, en y jetant d'autres pommes de pin. Crème pour mamelons, lampes infrarouge pour le périnée, spray hémorroïdes, bains de siège. J'allais à toute allure pour pouvoir retrouver l'odeur des pins, le goût de ses fines tranches de bœuf fumé sur du pain blanc. La sauce était un flacon de lotion Jergen pour les mains – miel et citron – qu'aucune sauce à l'aigre-doux n'a jamais égalée depuis. Il était capable de faire des pancakes ayant la forme du Texas, de l'Idaho ou de la Californie. Teintées par la réglisse le samedi, ses dents restaient noires jusqu'au mercredi, et bleu myrtille tout au long de l'été.

On a tenté de reproduire l'acte sexuel et abandonné pour nous concentrer sur la tâche de pisser sur des objectifs. Certes, il était le meilleur, mais ce n'est pas une mince affaire pour une fille de viser. Il m'a rendu justice, d'un simple acquiescement, une lueur dans ses yeux plissés.

C'est lui qui m'a amenée à mon premier parc à truites. Sans truites. Le parc vide, je veux dire, à l'écloserie. On ne vidangeait ces bassins peu profonds que rarement dans l'année mais il savait à quels moments y aller. Il voyait tout, même quand ses yeux semblaient clos façon lunettes de soleil eskimo. Le truc, c'était de s'y rendre par une belle journée avant qu'on ne cure l'endroit. Le fond était tapissé d'une couche de vase gélatineuse, genre mucus et sperme de truite, d'environ huit centimètres d'épaisseur. Je lui donnais la première poussée, le propulsant jusqu'à l'autre bout d'où il me revenait par ricochets, un crapaud à réaction, et là on se mettait à rebondir contre les murets comme de grosses bouées huileuses, couverts d'écailles de truite chatoyantes.

On se lavait les cheveux avec du jus de tomate pour chasser l'odeur, mais rien n'y faisait. Quelques jours plus tard, alors qu'il était à l'école et moi allongée sur le dos, à faire des ombres chinoises sur le mur avec mon gros orteil, une vague odeur de poisson mort me faisait me languir de lui, de ce moment où je l'entendrais monter la côte, sa gamelle cognant contre sa jambe.

On se cachait dans la remise attenante à la cuisine de J.R., pour les regarder, lui et son épouse maigrichonne, faire l'amour, un truc si désopilant qu'il a depuis lors gâché bien des moments divins de ma vie, quand j'étais prise de fou rire. Ils étaient prostrés autour de la table à toile cirée, maussades, à fumer et boire, sans dire un mot, et tout à coup il arrachait son casque de mineur à lampe frontale, hurlait « Levrette ! » et la retournait sur le tabouret de la cuisine.

La plupart des mineurs étaient finlandais et après le travail ils passaient par la douche et le sauna. Il y avait une palissade en bois à l'extérieur de ce sauna et en hiver ils sortaient en courant se jeter dans la neige. Les grands, les petits, les gros, les maigres, tout roses, se roulaient dans la neige je ne sais combien de fois. Au début, quand on les espionnait par le trou qu'on avait fait dans cette palissade, on ricanait devant tous ces zizis bleus, mais on a fini par rire nous aussi, tout comme eux, rire de joie, au milieu de cette neige et ce ciel bleu, bleu, bleu.

Cette nuit, ça s'est calmé au boulot. Wendy, l'infirmière en chef, et sa meilleure amie Sally griffonnaient près de moi. Elles griffonnaient, oui, elles s'exerçaient à écrire 1982 et leurs noms si jamais elles épousaient l'élu du moment. Des femmes adultes, à notre époque. Elles me faisaient pitié, ces jeunes et jolies infirmières qui n'avaient pas encore connu la passion.

— À quoi tu rêves ? m'a demandé Wendy.

— À une vieille flamme, ai-je soupiré.

— C'est chouette… de penser encore à l'amour à ton âge.

Je n'ai même pas réagi. Cette andouille ne se doutait pas que la passion venait d'éclore entre moi et la 4420, Lit 2.

D'ailleurs, il était en train d'appeler. J'ai répondu. « Votre infirmière va arriver. » J'ai dit à Sally qu'il voulait qu'on le recouche. Car je le connaissais désormais, depuis que j'avais plongé dans ces yeux Kentshereviens. Sandy m'a fait biper le garçon de salle pour l'aider. Poids mort.

J'ai toujours su écouter. Ça, c'est ma qualité principale. Kentshereve avait peut-être toutes les idées, mais ça ne tombait pas dans l'oreille d'une sourde. Nous étions un couple classique, comme Zelda et Scott, Paul et Virginie. On s'est retrouvés dans le *Wallace*, l'hebdo de l'Idaho, trois fois. La fois où on s'est perdus. On ne s'était pas perdus du tout, on était juste allés dans les bois après le couvre-feu, mais ils avaient néanmoins fouillé dans les fossés. Puis celle où on a trouvé un SDF dans la forêt. On avait d'abord entendu sa mort de loin dans la clairière, le bourdonnement des mouches. La troisième fois, c'est quand l'échelle a basculé sur Sextus. Au moins le journal a apprécié ; nos parents, pas du tout. Kentshereve devait garder Sextus (le sixième enfant, qui n'avait qu'un mois). Un petit bout baveux qui dormait tout le temps, alors pourquoi ne pas l'amener à la remise ? Décidant de nous balancer depuis les chevrons, on avait laissé ce petit paquet par terre pour grimper à l'échelle. Kentshereve ne m'a jamais accusée d'avoir fait tomber l'échelle d'un coup de pied. Il prenait ces choses-là comme elles arrivaient. Et ce qui est arrivé, c'est que l'échelle est tombée par-dessus le bébé, l'encadrant de justesse, et sans qu'il se réveille. Un miracle, même si ce mot ne devait pas encore faire partie de notre vocabulaire. Pendant des heures, on est restés suspendus à cette poutre étroite, tête en bas, au-dessus du vide, car c'était trop angoissant de se redresser. La figure toute congestionnée, parlant drôlement à l'envers. Personne pour nous entendre beugler. Nos familles respectives étaient allées à Spokane et il n'y avait pas d'autre cabane en rondins à proximité. Il faisait de plus en plus sombre. On a réussi à se redresser et à se rapprocher petit à petit du bord, nous adossant au mur à tour de rôle. On jouait à la chouette et crachait, en visant des trucs. J'ai mouillé ma culotte. Sextus s'est réveillé et s'est mis à brailler, brailler. Donnant de la voix, pour couvrir les cris du bébé, on a énuméré tout ce qu'on avait envie de manger. Pain beurré avec du sucre en poudre. C'est ce que Kentshereve boulottait à longueur de journée. Je sais qu'il est diabétique aujourd'hui – il a piqué la lotion Jergen et est tombé en état de choc. Il soufflait tout le temps, le sucre étincelait sur ses chemises à carreaux au soleil.

Comme il avait envie de faire pipi, il s'est dit que s'il visait juste à côté de Sextus, ça le réchaufferait et le dériderait. C'est ce qu'il faisait quand mon père a surgi en hurlant. De trouille, j'en ai dégringolé. C'est ainsi que je me suis cassé le bras pour la première fois. Puis Red, le père de Kentshereve, est arrivé pour s'emparer du bébé. Personne n'a fait descendre Kentshereve ni même remarqué le miracle de cette échelle qui avait épargné l'enfant. De la voiture, frissonnante de douleur, j'ai vu Kentshereve prendre sa raclée. Il ne pleurait pas. Il m'a fait signe de loin et son regard disait que ça en valait la peine.

Je n'ai passé qu'une seule nuit avec lui, quand ma sœur s'était fait opérer des amygdales. Red m'avait envoyée, moi et mes couvertures, dans le fenil où les cinq enfants plus âgés dormaient sur la paille. Il n'y avait pas de fenêtre, juste une ouverture dans le toit recouverte de toile cirée noire. Kentshereve y a fait un trou avec un pic à glace, produisant un flux d'air comme dans les avions mais glacé. Si on y collait son oreille, on pouvait entendre des cristaux de glace dans les pins, des lustres, les grincements du puits de mine, les chariots de minerai. Ça sentait le froid et le feu de bois. Quand j'ai mis mon œil contre ce trou minuscule, j'ai vu les étoiles comme pour la première fois, magnifiées, et le ciel, vaste et éblouissant. Mais si je clignais de l'œil, alors tout disparaissait.

On était restés éveillés, guettant le moment où ses parents feraient l'amour, mais en vain. Je lui ai demandé comment il pensait que c'était. Il a appliqué sa main contre la mienne pour que nos doigts soient complètement en contact, a fait passer mon pouce et mon index par-dessus. On ne pouvait plus faire la différence entre les siens et les miens. Ça devait être un truc comme ça, selon lui.

Je ne suis pas allée à la cafétéria pour profiter de ma pause, mais dehors, sur la terrasse. Froide journée de janvier, pourtant il y avait déjà des pruniers japonais en fleur, éclairés par les réverbères. Pour défendre leurs saisons, les Californiens disent qu'elles sont subtiles. Qui veut d'un printemps subtil ? Ô, donnez-moi un bon dégel dans l'Idaho, quand Kentshereve et moi on dévalait les collines boueuses sur des boîtes en carton aplaties. Ô, donnez-moi le parfum éhonté du lilas, d'une jacinthe rescapée. J'ai fumé dehors, la chaise métallique formait des bandes froides sous mes cuisses. J'avais soif d'amour, de paroles susurrées par une belle nuit d'hiver.

On ne se disputait qu'au cinéma, le samedi, à Wallace. Lui, il était capable de lire le générique mais ne me disait rien. J'étais jalouse, comme je devais l'être plus tard de la musique d'un de mes maris, la came d'un autre. La dame du lac. Lorsque le titre est apparu, il a chuchoté : « Stop ! Tais-toi ! » Les lignes défilaient à l'écran tandis qu'il plissait les yeux, hochant la tête. Parfois il semblait choqué ou gloussait, faisait « Hum ! ». Aujourd'hui, je sais que ce qu'il y a de plus ahurissant dans un générique n'est jamais que de nature cinématographique, n'empêche que j'ai toujours peur de rater quelque chose. Alors, je me trémoussais, frénétique, lui secouais le bras. Allez, ça dit quoi ? Chut ! Il se dégageait sèchement et se penchait en avant, se bouchant les oreilles, remuant les lèvres. J'avais hâte d'aller à l'école, en C1 (il affirmait qu'au CP, on perd son temps). Tout alors, entre nous, serait partagé.

La sonnette de la 4420, Lit 2, a sonné. Je suis allée dans sa chambre. En partant, les visiteurs de son voisin de lit avaient par mégarde rabattu le rideau par-dessus sa télé. J'ai arrangé cela et il m'a remerciée d'un signe de tête. Autre chose ? ai-je demandé, et il a fait non. Le générique de *Dallas* flottait à l'écran.

— Tu sais, j'ai finalement appris à lire, mon salaud, ai-je dit, et ses petits yeux étincelèrent tandis qu'il se marrait.

Bon, ce n'était pas si clair – juste un sifflement de tuyau rouillé qui ébranlait son lit, mais moi je le reconnaîtrais entre tous, ce rire.

Carpe Diem

La plupart du temps ça ne m'embête pas de vieillir. Certains trucs me serrent le cœur, comme les types à skate-board. Comme ils semblent libres, avec leurs longues jambes qui filent, leurs cheveux qui flottent. D'autres choses m'angoissent, comme le BART[1]. Cette longue attente avant l'ouverture des portes, alors que la rame est à l'arrêt. Pas très longue, mais trop longue. Du temps perdu.

Et les laveries automatiques. Mais c'était un problème même quand j'étais jeune. Trop long, même les Speed Queen. Toute votre existence a le temps de défiler devant vos yeux tandis que vous êtes là, à vous noyer. Bien sûr, si j'avais une voiture je pourrais aller à la quincaillerie ou au bureau de poste et revenir pour mettre mon linge dans le séchoir.

Les laveries laissées sans surveillance, c'est encore pire. Là, j'ai vraiment l'impression d'être la seule à venir. Et pourtant tous les lave-linge et sèche-linge fonctionnent… ils sont tous à la quincaillerie.

---

1. Bay Area Rapid Transit : système de transport public de la baie de San Francisco.

J'en ai connu, des employés de laverie, ces Charons qui rôdent, qui font la monnaie ou qui n'ont jamais la monnaie. Aujourd'hui c'est la grosse Ophélie qui prononce « sans souci » : « Chan Chouchi. » Elle a cassé son bridge sur du bœuf séché. Ses seins sont si volumineux qu'elle doit se mettre de profil et passer les portes en diagonale, c'est un peu comme trimbaler une table de cuisine. Quand elle descend l'allée avec sa serpillière, tout le monde se déplace et déplace aussi les paniers. C'est une zappeuse. Juste au moment où on s'apprête à voir *Le Jeu des Mariés*, elle change pour *Ryan's Hope*.

Une fois, par politesse, je lui ai dit que j'avais des bouffées de chaleur aussi, et c'est à cela qu'elle m'associe… Le Retour d'Âge. « Alors, ce retour d'âge, comment ça se passe ? », dit-elle, bien fort, au lieu de bonjour. Ce qui ne fait qu'aggraver les choses, quand je suis assise là, à réfléchir, à vieillir. Comme mes fils sont tous adultes aujourd'hui, ça ne me fait plus qu'une machine au lieu de cinq, mais c'est tout aussi long.

J'ai déménagé la semaine dernière, pour la deux centième fois peut-être. J'ai apporté tous mes draps, rideaux et serviettes, mon Caddie débordait. Le lavomatic était bondé ; il n'y avait pas de lave-linge côte à côte. J'ai mis toutes mes affaires dans trois machines, avant d'aller demander de la monnaie à Ophélie. Ensuite j'ai mis les pièces et le détergent, et lancé le cycle. Sauf que ce n'était pas mes machines à moi. Celles-ci venaient de laver le linge d'un autre client.

Je me suis retrouvée acculée contre les machines. Ophélie et le type se dressaient devant moi. Je suis une grande fille, qui porte des collants Big Mama à présent, mais eux ils étaient balèzes. Ophélie avait un spray de prélavage en main. L'homme portait un jean coupé, ses grosses cuisses étaient tapissées de poils roux. Sa barbe épaisse ne ressemblait pas du tout à des poils, mais à un protège pare-chocs capitonné. Il avait une casquette de base-ball avec un gorille dessus. Cette casquette n'était pas trop petite mais ses cheveux étaient si broussailleux qu'ils la repoussaient en hauteur, donnant l'impression qu'il mesurait deux mètres dix. Il se frappait la paume de son gros poing. « Nom de Dieu. De nom de Dieu. » Ophélie ne me menaçait pas ; elle me protégeait, prête à s'interposer entre lui et moi, ou lui et les machines. Elle qui dit toujours que tout ce qui concerne la laverie, elle peut gérer.

— Mon*ch*ieur, je vous conseille d'aller vous a*ch*eoir et de vous détendre. On ne peut pas arrêter ces machines une fois que le programme est entamé. Regardez la télé, buvez un Pepsi.

J'ai mis des pièces dans les bonnes machines que j'ai fait démarrer. Puis je me suis rappelé que j'étais fauchée, que je n'avais plus de détergent et que ces pièces-là étaient destinées à l'origine aux sèche-linge.

— Qu'est-ce qu'elle a à chialer, maintenant ? Elle est pas contente d'avoir gâché mon samedi, cette gourde ? Crénom d'un chien.

J'ai proposé de mettre ses affaires dans les sèche-linge, au cas où il voudrait aller quelque part.

— Touchez pas à mes fringues. N'y touchez pas, compris ?

Tous les sièges étant occupés, il a été obligé de s'asseoir à côté de moi. On regardait les machines. J'aurais préféré qu'il sorte, mais il restait là, tout près de moi. Sa grosse jambe droite vibrait telle une essoreuse. Six petits témoins rouges luisaient sous nos yeux.

— C'est une habitude chez vous, de foutre la merde ?

— Écoutez, je vous présente mes excuses. J'étais fatiguée. J'étais pressée.

Je me suis mise à pouffer, nerveusement.

— Figurez-vous que moi aussi. Je conduis un semi-remorque. Six jours sur sept. Douze heures par jour. Et voilà. Mon jour de congé.

— Pourquoi vous étiez pressé ?

J'avais voulu être aimable, mais il a cru que c'était sarcastique.

— Pauvre dinde. Si vous étiez un mec, je vous ferais votre fête. Je vous fourre la tête dans un séchoir et je mets sur bouillant.

— Je me suis excusée.

— C'est ça. Ça coûte pas cher. J'avais bien vu que vous étiez une paumée avant même que vous me fassiez ce coup-là. J'y crois pas. Et allez les grandes eaux. Crénom d'un chien.

Ophélie s'est dressée au-dessus de lui.

— L'embêtez pas, vous ! Il se trouve que je *chais* qu'elle est dans une mauvai*che* pa*che*.

Comment le savait-elle ? J'étais sciée. Elle sait tout, cette gigantesque Sibylle noire, cette Sphinge. Oh, elle pensait au Retour d'Âge.

— Je peux plier vos affaires, si vous voulez.

— Allons, allons, ma petite, dit-elle. Et puis après, quelle importance ? Dans *ch*ent ans, qui *chen chouchiera* ?

— *Chent* ans, murmura-t-il. *Chent* ans.

Et c'est à ça que j'étais en train de penser, moi aussi. Dans cent ans. Nos machines se trémoussaient, et toutes ces petites loupiotes d'essorage étaient allumées.

— Au moins, les vôtres sont propres. Moi, j'ai plus de détergent.

— Je vais vous en payer – ah, je vous jure…

— Trop tard. Merci quand même.

— Elle a pas gâché ma journée. Elle a gâché ma semaine. Plus de détergent…

Ophélie est revenue, se penchant pour me souffler à l'oreille :

— J'ai des pertes. Les problèmes féminins, on n'en a jamais fini. C'est pour toute la vie. J'enfle. Vous enflez, vous ?

— C'est sa tête qui enfle ! a lancé le type. Écoutez, je vais chercher une bière dans ma caisse. Vous, promettez de ne pas approcher de mes machines. Les vôtres, c'est 34, 39, 43. Pigé ?

— Oui. 32, 40, 42.

Il ne trouvait pas ça drôle.

C'était le dernier cycle d'essorage. Je devrais mettre tout à sécher dehors. Quand j'aurais touché ma paie, je reviendrais avec du détergent.

— Jackie Onassis change *ches* draps tous les jours, déclarait Ophélie. Faut pas être normal, je trouve.

— Non, faut pas être normal.

J'ai laissé l'homme mettre ses affaires dans un panier et aller aux séchoirs avant de sortir les miennes. Certains clients avaient le sourire mais je me suis contentée de les ignorer. J'ai flanqué draps et serviettes trempés dans mon Caddie. Il était si lourd que j'avais du mal à le faire rouler et, à cause de l'humidité, tout ne rentrait pas. J'ai balancé les rideaux rose vif par-dessus mon épaule. Du fond de la salle l'homme a commencé à dire quelque chose, avant de détourner les yeux.

J'ai mis du temps à rentrer chez moi. Encore plus longtemps à tout suspendre, bien qu'ayant quand même dégoté une corde. La brume montait.

Je me suis fait un café avant de m'asseoir sur les marches du porche. J'étais heureuse, calme, pas pressée. La prochaine fois que je serai dans le BART, je ne songerai même pas à descendre avant que la rame soit à l'arrêt. Et quand la rame sera à l'arrêt, alors là je sortirai – au dernier moment.

Toda Luna, Todo Año

Toda luna, todo año
Todo día, todo viento
Camina, y pasa también.
También, toda sangre llega
Al lugar de su quietud.

(LIVRES DE CHILAM-BALAM)

Machinalement, Eloise Gore se mit à traduire le poème dans sa tête. « Chaque lune, chaque année ». Non, pas assez musical. *Camina ?* « Chemine ». Dommage que ça ne donne rien en traduction. En espagnol, l'heure ne tourne pas, elle marche. *Passe et s'écoule.*

Elle referma son livre. On ne lit pas dans une station balnéaire. Elle sirota sa margarita, s'astreignit à embrasser la vue depuis la terrasse du restaurant. Les nuages pommelés, corail, avaient pris une teinte étain fluorescent, les crêtes des vagues se fracassaient, argentées, sur la plage grisâtre en contrebas. Tout au long de cette plage, depuis la ville de Zihuatanejo, il y avait des petits points verts et dansants. Lucioles, vert fluo. Les jeunes villageoises s'en mettaient dans les cheveux quand elles se promenaient au crépuscule, par groupes de deux ou trois. Certaines les éparpillaient, d'autres s'en faisaient des tiares émeraude.

C'était son premier soir et elle était seule dans la salle à manger. Des serveurs en veste blanche se tenaient près des marches menant à la piscine et au bar où la plupart des clients dansaient et buvaient toujours. *Mambo ! Que rico el Mambo !* Glaçons et maracas. Des aides-serveurs allumaient des bougies vacillantes. Pas de lune ; c'était semblait-il les étoiles qui donnaient cet éclat métallique à la mer.

Des gens bronzés et vêtus de façon extravagante commençaient à arriver dans la salle. Texans ou Californiens, se disait-elle, plus décomplexés, plus gais que les gens du Colorado. Ils s'interpellaient entre les tables : « Vas-y, Willy ! », « C'est super ! ».

Qu'est-ce que je fous là ? C'était son premier voyage depuis la mort de son mari, trois ans plus tôt. Tous deux professeurs d'espagnol, ils se rendaient chaque été au Mexique ou en Amérique latine. Après son décès, elle n'avait plus voulu aller nulle part sans lui, s'inscrivant chaque année en juin pour enseigner à l'université d'été. Cette fois, elle avait été trop fatiguée. À l'agence de voyage on lui avait demandé quand elle devait rentrer. Elle avait observé un silence, glacée. Rien ne l'obligeait à rentrer, elle n'avait plus du tout besoin d'enseigner. D'être quelque part. Plus de compte à rendre à personne.

Elle se mit à manger son ceviche, douloureusement consciente de détonner. Son tailleur gris en crêpe de coton, approprié en classe, à Mexico… c'était démodé, ridiculement déplacé. Ses bas étaient poisseux, trop chauds. Il y aurait même sans doute une trace de sueur quand elle se lèverait.

Elle s'efforça de se détendre, de savourer les langostinos grillées à l'ail. Des mariachis se déplaçaient de table en table, passèrent sans s'arrêter devant la sienne en voyant son expression figée. *Sabor a ti.* Le goût de toi. Imagine-t-on une chanson américaine sur le goût de quelqu'un ? Tout au Mexique avait du goût. Ail frais, coriandre, citron vert. Les odeurs étaient saisissantes. Pas les fleurs, elles ne sentaient rien du tout. Mais l'océan, l'odeur plaisante de la jungle pourrissante. Odeur rance des fauteuils en cuir de porc, des tomettes traitées à la térébenthine, des bougies.

La plage était dans l'obscurité et des lucioles jouaient dans les vaporeux tourbillons verts, livrées à elles-mêmes désormais. Au large, il y avait des signaux rouges pour leurrer les poissons.

— *Pues, cómo estuvo* ? s'enquit le serveur.

— *Esquisito, gracias.*

La boutique de l'hôtel était encore ouverte. Elle trouva deux robes toutes simples tissées à la main, une blanche et une rose. Souples et amples, comme elle n'en avait jamais porté. Elle acheta un sac en paille et plusieurs peignes avec des lucioles en jade, pour offrir à ses étudiantes.

Un dernier verre ? suggéra le directeur quand elle traversa le hall. Et pourquoi pas ? se dit-elle, et elle pénétra dans le bar désormais désert à côté de la piscine. Elle commanda du brandy Madero avec du Kahlua, la boisson favorite de Mel. Il lui manquait énormément, elle aurait voulu sentir sa main sur ses cheveux. Elle ferma les yeux au son des palmes ondulantes, des glaçons passés au mixer, des grincements de rames.

Dans sa chambre elle relut le poème. « Ainsi toute vie arrive/Au lieu de sa quiétude ». Non. Et en tout cas, pas « vie », le mot est *sangre*, sang, tout ce qui pulse et s'écoule. La lumière de la lampe était trop vague, des bestioles trottinaient dans les coins. Comme elle éteignait, la musique reprit au bar. Pulsation insistante de la basse. Son cœur, il battait. *Sangre*.

Elle regrettait la fermeté de son propre lit, l'active rumeur de l'autoroute au loin. Ce qui me manque le plus, ce sont mes mots croisés, le matin. Oh, Mel, que faire ? Abandonner l'enseignement ? Voyager ? Passer un doctorat ? Me suicider ? D'où me vient cette idée ? Mais l'enseignement, c'est toute ma vie. Et c'est cela qui est pitoyable. Mme Gore nous Gave. Chaque année, un nouvel étudiant inventait cela, avec jubilation. Eloise était une bonne enseignante, froide, objective, le genre que les étudiants apprécient des années plus tard.

Cuando calienta el sol, aquí en la playa. Chaque fois que la musique marquait une pause, des bruits d'autres chambres filtraient par les volets. Rires, rapports sexuels.

— Monsieur le Globe-Trotter ! Monsieur Je-Sais-Tout ! Le Globe-Trotter !

— Chérie, mais si…

L'accent texan. Un fracas, puis le silence. Il avait dû tomber, tourner de l'œil. La femme riait à gorge déployée : « Voyez-vous ça ! »

Eloise regrettait de ne pas avoir de polar. Elle se leva et alla dans la salle de bains, cafards et crabes de terre détalant sur son passage. Elle se doucha avec du gel à la noix de coco, se sécha avec des serviettes humides. Elle essuya le miroir afin de pouvoir se regarder. Médiocre et triste, songea-t-elle. Pas médiocre, son visage, avec ses grands yeux gris, son nez et son sourire fins, mais triste. Un corps satisfaisant, mais négligé depuis si longtemps que lui aussi paraissait triste.

L'orchestre cessa de jouer à deux heures et demie. Bruits de pas et chuchotements, un verre qui se brise. *Dis-moi que tu aimes ça, chérie, dis-le-moi !* Un gémissement. Des ronflements.

Eloise se réveilla à six heures du matin, comme à son habitude. Elle ouvrit les volets, regarda le ciel passer d'argent laiteux à gris lavande. Des branches de palmiers glissaient sous la brise comme des cartes qu'on bat. Elle enfila son maillot de bain et sa nouvelle robe rose. Personne n'était debout, pas même à la cuisine. Des coqs chantaient et des vautours s'agitaient autour des ordures. Quatre cochons. Au fond du jardin, aides-serveurs et jardiniers indiens dormaient, sans couvertures, pelotonnés sur les briques.

Elle resta sur le sentier de la jungle à l'écart de la plage. Sombre silence ruisselant. Orchidées. Vol de perroquets verts. Un iguane cambré sur une pierre, attendant qu'elle passe. Des branches lui giflaient la face, tièdes et collantes.

Le soleil était levé quand elle gravit une colline, puis descendit jusqu'à une hauteur surplombant une plage blanche. De là, on voyait la paisible crique de Las Gatas. Sous l'eau, il y avait une barrière de rochers édifiée par les Tarasques pour préserver l'anse des requins. Un banc de sardines tourbillonna dans l'eau transparente, disparut comme une tornade vers la pleine mer. Des grappes de paillotes s'étalaient le long de la plage. De la fumée s'élevait de la plus éloignée, mais il n'y avait personne en vue. Une pancarte : PLONGÉE SOUS-MARINE BERNARDO.

Elle laissa tomber sa robe et son sac sur le sable, alla d'un crawl sûr jusqu'à la barrière. Puis elle revint en flottant et nageant. Elle pataugea, rit tout haut, s'allongea pour finir dans l'eau près du rivage, bercée par les vaguelettes et le silence, les yeux ouverts sur le bleu ahurissant du ciel.

Passant devant chez Bernardo, elle s'avança en direction de la fumée. Une pièce mi-ouverte, avec un toit de chaume et au sol de sable ratissé. Une grande table en bois, des bancs. Au-delà, une longue rangée d'alcôves en bambou, chacune avec un hamac et une moustiquaire. Dans la cuisine rustique une enfant lavait la vaisselle à la pila ; une vieille femme attisait le feu. Des poules couraient autour d'elles, picorant dans le sable.

— Bonjour. C'est toujours aussi calme, ici ?

— Les plongeurs sont en mer. Vous voulez déjeuner ?

— Oui, merci.

Eloise lui tendit la main.

— Eloise Gore…

Mais la vieille femme se contenta d'acquiescer.

— *Sientese*.

Eloise mangea des haricots, du poisson, des tortillas, tout en regardant distraitement les collines dans la brume, sur le rivage d'en face. Son hôtel avait l'air débraillé et blasé, planté de travers sur son coteau. Des bougainvillées se répandaient par-dessus ses murs comme les châles d'une poivrote.

— Je pourrais dormir ici ?

— Ce n'est pas un hôtel. Des plongeurs habitent ici.

Mais quand elle revint avec du café brûlant, la vieille déclara :

— Il y a bien une chambre. Les plongeurs étrangers y dorment, quelquefois.

C'était une hutte derrière la clairière. Un lit et une table avec une chandelle dessus. Un matelas moisi, des draps propres, une moustiquaire. « Pas de scorpions », déclara la femme. Le prix demandé pour le gîte et le couvert était dérisoire. Petit déjeuner et dîner à quatre heures, quand les plongeurs étaient de retour.

Il faisait très chaud quand Eloise revint à travers la jungle, mais elle se surprit à sautiller tout au long du chemin, comme une gamine, parlant à Mel dans sa tête. Elle essaya de se rappeler quand elle avait été heureuse pour la dernière fois. Un soir, après sa mort, elle avait regardé les Marx Brothers à la télé. *Une Nuit à l'Opéra.* Elle avait dû éteindre, ne pouvant supporter de rire toute seule.

Le directeur de l'hôtel fut amusé d'apprendre qu'elle allait à Las Gatas. « *Muy tipico.* » Couleur locale : un euphémisme pour rudimentaire ou sale. Il prit ses dispositions pour qu'un canoë l'emmène, elle et ses affaires, de l'autre côté de la baie, cet après-midi-là.

Elle fut contrariée en approchant de sa paisible plage. Un gros bateau en bois, *La Ida*, était ancré en face de la paillote. Canoës multicolores et pangas motorisés venus de la petite ville s'y succédaient pour prendre leur chargement. Homards, anguilles, poulpes, sacs de clams. Une douzaine d'hommes étaient sur le rivage ou sortaient des bouteilles de plongée et des détendeurs du bateau, riant et criant. Un jeune garçon attacha une énorme tortue verte à la ligne d'ancrage.

Eloise déposa ses affaires dans sa chambre ; elle aurait bien voulu s'allonger mais il n'y avait aucune intimité. De son lit, elle avait vue sur la cuisine, les plongeurs attablés, l'océan bleu-vert.

— À table, lui lança la femme.

Elle et l'enfant apportaient les plats.

— Je peux vous aider ?

— *Sientese.*

Une fois devant la table, Eloise hésita. L'un des hommes se leva et lui serra la main. Râblé, musclé, telle une statue olmèque. Il était très brun de peau, avec des paupières lourdes et des lèvres sensuelles.

— *Soy César. El maestro.*

Il lui fit de la place, la présenta aux autres plongeurs, qui hochèrent la tête à son adresse et continuèrent à manger. Trois vieillards. Flaco, Ramon et Raul. Les fils de César, Luis et Cheyo. Madaleno, le boat-boy. Beto, « un nouveau plongeur… excellent ». L'épouse de Beto, Carmen, était assise à l'écart, donnant le sein à leur enfant.

Saladiers de clams fumants. Les hommes parlaient d'El Peine. Le vieux Flaco l'avait enfin vu, au bout de toutes ces années. Le peigne ? Plus tard, grâce à un dictionnaire, elle découvrit qu'ils parlaient d'un gigantesque poisson-scie.

— *Gigante.* Gros comme une baleine. Encore plus gros !

— *Mentira !* Tu as halluciné. Trop d'oxygène.

— Attends un peu. Quand les Italiens viendront avec leurs appareils photo, je les emmènerai, pas vous.

— Je suis sûr que tu ne sais plus où il était.

Flaco rigola.

— *Pues…* pas exactement.

Homard, vivaneau grillé, poulpe. Riz, haricots et tortillas. L'enfant alla déposer une assiette de miel sur une table à distance pour éloigner les mouches. Un long repas animé. Après, tout le monde sauf César et Eloise alla faire la sieste dans son hamac. La chambre de Beto et Carmen avait un rideau, les autres étaient ouvertes à tous vents.

— *Acércate a mi*, dit César à Eloise.

Elle se rapprocha de lui. La femme apporta de la papaye et du café. C'était la sœur de César, Isabel ; Flora était sa fille. Elles étaient venues deux ans plus tôt, quand l'épouse de César était morte. Oui, Eloise était veuve, elle aussi. Trois ans.

— Qu'attends-tu de Las Gatas ? lui demanda-t-il.

Elle n'en savait rien.

— Le calme.

Il rit.

— Mais tu es toujours calme, non ? Tu n'as qu'à plonger avec nous, il n'y a pas de bruit au fond. Et maintenant, va te reposer.

C'était le crépuscule quand elle se réveilla. Une lanterne luisait dans la salle à manger. César et les trois vieux jouaient aux dominos. Ils étaient son père et sa mère, lui apprit-il. Ses parents étaient morts alors qu'il avait cinq ans et ils l'avaient pris sous leur aile, l'initiant à la plongée. C'étaient les seuls plongeurs à l'époque, des plongeurs indépendants qui ramassaient des huîtres et des clams, bien avant les bouteilles d'oxygène et les arbalètes de chasse.

À l'autre bout du palapa, Beto et Carmen parlaient, son petit pied à elle repoussant leur hamac. Cheyo et un autre homme aiguisaient des pointes d'arbalète. À l'écart, Luis écoutait un transistor. Rock and roll. Tu peux m'apprendre l'anglais ! Il l'invita à s'asseoir près de lui. Les paroles des chansons n'étaient pas du tout ce qu'il avait imaginé. *Can't get no satisfaction.*

Le petit garçon de Beto était couché, tout nu, sur la table, sa tête nichée dans la paume de César. Le bébé fit pipi et César balaya l'urine de sa main, qu'il essuya dans ses cheveux.

Brume. Deux grues blanches. Ondulations de la tortue attachée près du bateau. Le vent chahuta la lanterne, la foudre illumina l'océan vert pâle. Les grues s'envolèrent et il se mit à pleuvoir.

Un jeune Américain chevelu arriva, mouillé, titubant, grelottant, hors d'haleine. Oh non, oh non. Il n'arrêtait pas de glousser. Personne ne bougea. Il déposa son sac à dos et un bloc à dessins détrempé sur la table, toujours hilare.

— *Drogas ?* demanda Flaco.

César haussa les épaules et s'absenta, revint avec des serviettes et vêtements en coton. Le jeune homme se tenait là, docile, tandis que César le déshabillait et l'essuyait, l'habillait. Madaleno lui apporta de la soupe et des tortillas ; ensuite, César le conduisit à un hamac et le couvrit. Le jeune homme s'endormit, tout en se balançant.

Le compresseur pour les bouteilles de plongée fit du boucan bien avant l'aurore. Des coqs chantaient, le perroquet poussait des cris rauques sur la pila extérieure, des vautours battaient des ailes aux abords de la clairière. César et Raul remplirent les bouteilles de plongée ; Madaleno ratissa le sable. Eloise fit sa toilette à la pila, démêla ses cheveux dans le reflet de l'eau, argentée à présent. Il n'y avait qu'un débris de miroir, cloué à un palmier où Luis était en train de se raser, tout en chantonnant. Guantanamera ! Il fit signe à Eloise. « Bonjour, *professor* ! »

— Bonjour. C'est professeur...

— Professeur.

Dans sa chambre, elle commença par enfiler sa robe rose par-dessus son maillot de bain.

— Non, ne t'habille pas – on va aux clams.

César transporta les lourdes bouteilles et lests de plongée. Elle, elle avait les masques et les palmes, un filet en corde.

— Je n'ai jamais plongé.

— Tu sais nager, non ?

— Je suis bonne nageuse.

— Tu es solide, dit-il, en regardant son corps.

Elle rougit. Solide. Ses étudiants la jugeaient froide et méchante. Il sangla les lests autour de sa taille, la bouteille sur son dos. Elle rougit encore quand il frôla ses seins, pour serrer la boucle. Il lui apprit les règles élémentaires, comment remonter lentement, passer au réservoir de secours. Il lui montra comment nettoyer son masque avec de la salive, ajuster le détendeur. La bouteille dans son dos était horriblement lourde.

— Stop ! Je ne peux pas porter ça.

— Mais si…

Il lui mit l'embout dans la bouche et l'entraîna sous l'eau.

Le poids s'évanouit. Pas seulement celui de la bouteille, mais le sien. Elle était invisible. Elle battit des jambes, utilisant des palmes pour la première fois, se propulsa en avant. À cause de l'embout buccal elle ne pouvait ni rire ni crier. Mel, c'est fantastique ! Elle volait, César à ses côtés.

Le soleil apparut à travers la surface dépolie de l'eau, pâle halo métallique. Alors, lentement, comme on éclaire une scène, le monde sous-marin se matérialisa. Anémones fuchsias, bancs d'anges de mer, néons bleu et rouge, une raie pastenague. César lui montra comment soulager la pression à mesure qu'ils allaient plus profond, plus au large. Près de la barrière de rochers, il nagea jusqu'au fond ensoleillé et se mit à piquer le sable avec une pointe. Lorsqu'une bulle apparaissait, il déterrait le clam et le mettait dans le filet. Elle lui fit signe de lui confier la pointe, le remplaça tandis qu'il assurait la collecte jusqu'au moment où le sac fut rempli. Ils retournèrent au rivage à travers des myriades de poissons et de plantes. Tout était absolument neuf pour Eloise, chaque créature, chaque sensation. Un banc de sardines se fragmenta contre elle comme des jets d'eau vive. Soudain, plus d'oxygène ; elle en oublia ce qu'il fallait faire avec le réservoir de secours, paniqua, se débattit. César la rattrapa, lui tint la tête, tira sur le cordon.

Ils refirent surface. Les eaux vertes ne laissaient rien paraître. D'après la position du soleil ils n'avaient même pas passé une heure au fond. En apesanteur on perd sa propre personne comme point de référence, sa place dans le temps.

— Merci, dit-elle.

— Merci à toi – on a plein de clams.

— C'est combien la leçon ?

— Je ne suis pas moniteur de plongée.

Elle désigna la pancarte de Bernardo. « LEÇON 500 PESOS. »

— T'es pas chez Bernardo. Tu t'es pointée chez nous.

Et voilà, se dit-elle un peu plus tard, à la table du petit déjeuner. Cette impression d'être acceptée, ce n'était pas parce qu'on l'appréciait ni parce qu'elle s'intégrait. Elle avait tout simplement débarqué, comme le jeune homme, qui avait depuis disparu. Peut-être était-ce parce que ces plongeurs étaient si souvent sous l'eau, parmi cette immensité. On pouvait s'attendre à n'importe quoi, et tout avait aussi peu d'importance.

Des bouteilles de plongée jaunes roulaient et cliquetaient au fond du bateau. *La Ida.* Pas un prénom mais « L'Aller ».

Les pêcheurs riaient, tout en nouant et renouant les caoutchoucs de leurs arbalètes, attachant des couteaux à des jambes brunes marquées de cicatrices. Chuintement des bouteilles que César testait.

Ils se racontèrent des histoires. Le Peigne. L'orque. Le plongeur italien et les requins. Quand Mario s'était noyé, quand le flexible de César s'était coupé. Même Eloise allait les entendre *ad libitum*, la litanie avant chaque plongée.

Une raie manta joua avec le gros bateau. Madaleno vira sèchement, se tenant de justesse hors de sa trajectoire. Elle jaillit de l'eau et se retourna très haut dans le ciel, son ventre blanc luisant. Ce fut une explosion de poissons parasites qui criblèrent le bateau. Plus au large, deux tortues d'un vert profond s'accouplaient dans les vagues. Elles restaient soudées, se balançant rêveusement sans discontinuer, clignant parfois les yeux au soleil.

Madaleno ancra le bateau dans la partie nord de la baie, loin des rochers. Palmes, masques, lests, bouteilles. Ils s'assirent en rond sur le plat-bord. Flaco et Ramon partirent à la renverse les premiers. Ils basculèrent tout simplement en arrière et disparurent. Puis Raul et Cheyo, Beto et Luis. César vit qu'elle avait peur. Les vagues étaient hautes, bleu marine. Avec un petit sourire, il la poussa par-dessus bord. Froid. Un flash de ciel bleu, puis un tout nouveau ciel translucide. Réalité du bateau et de la ligne d'amarre. Plus profond, plus froid. Va lentement, lui fit-il comprendre par signes.

Temps suspendu. Une multiplicité de temps à cause des gradations de clair et de sombre, de froid et de chaud.

Traversée de couches, de strates, chacune avec sa hiérarchie distincte de plantes et poissons qui coexistaient. Nuits et jours, hivers et étés. Près du fond, c'est chaud, ensoleillé, une prairie du Montana d'autrefois. Des murènes montrèrent les dents. Flaco lui montra quoi rechercher. Une pince de homard bleu. Attends – gare aux murènes. Les plongeurs entraient et sortaient des crevasses comme des danseurs dans un rêve. Eloise fit signe aux plus proches de ses compagnons quand elle repéra un homard. De temps en temps, un énorme lora ou pargo passait et quelqu'un tirait. Un flash de sang. Miroitement d'argent tandis qu'il glissait sur la drisse.

La sortie suivante fut en pleine mer. Eloise attendit dans le bateau avec Madaleno. Il chantait, elle contemplait les frégates, somnolait, allongée contre le poisson gluant. Ses rêves se dissolvèrent avec des éclats d'écume, le cri d'un plongeur refaisant surface avec sa prise.

Les hommes jubilaient au retour, à l'exception de Luis. Oui, c'était une bonne pêche, mais il en faudrait deux fois comme cela par jour pour conserver *La Ida*. Ils avaient deux traites de retard, devaient toujours 20 000 pesos. Leur vieux bateau n'avait transporté que quatre plongeurs, des bouteilles pour une seule plongée. *La Ida* était une bonne idée, à condition que son père accepte de se défaire des trois vieillards. Les *viejos* attrapaient deux poissons quand eux en prenaient dix. Avec trois bons plongeurs, le bateau serait remboursé en quelques mois.

— Luis voudrait acheter un hors-bord, déclara César, pour emmener les *gringas* faire du ski nautique. *Que se vaya a Acapulco.* Moi, je ne leur dirai jamais qu'ils ne peuvent plus plonger. Et ne me le dis pas à moi…

Eloise allait tous les matins avec César à la pêche aux clams et à la première sortie en mer chaque jour. On ne la laissait toujours pas participer à la seconde, même si elle devenait plus forte et assurée, et commençait à tuer sa part non négligeable de poissons. Le soir, elle s'installait avec les vieux. Luis et César faisaient les comptes, se disputaient. Parfois les fils allaient en ville. Il y avait des conciliabules entre Luis et elle à propos des tenues de ce dernier. Crois-moi, ce pantalon de coton blanc est plus sympa que celui-là, le vert en dacron. Bien sûr que tu peux garder ton collier en dents de requin.

Un soir, César coupa les cheveux de tout le monde, y compris les siens. Elle aurait bien aimé avoir un miroir, mais c'était agréablement léger et bouclé.

— Très joli, déclara Luis.

Elle corrigea son accent, tout en devinant qu'il avait compris que c'était un atout.

En général, ils restaient là sans rien dire tandis que le soleil se couchait, que la nuit tombait. Elle entendait cliqueter les dominos, grincer la ligne d'amarrage. À plusieurs reprises, elle tenta de lire ou de travailler à un poème, mais renonça. Je ne lirai peut-être plus jamais. Que ferait-elle, une fois de retour à la maison ? Qui sait – Denver sera peut-être complètement sous les flots. Cette idée la fit rire aux éclats.

— *Estas contenta,* dit César.

Le lendemain, elle lui cria, pour couvrir le bruit du générateur :

— Je peux faire une plongée profonde avant de partir ?

— Fais d'abord une mauvaise plongée.

— Comment je m'y prends ?

— Pas besoin de chercher. Ça sera peut-être pour aujourd'hui. La mer est houleuse. Il a plu toute la nuit.

Le premier essai eut lieu dans un coin rocheux, avec beaucoup d'oursins et de murènes. L'eau était trouble ; à cause des courants froids il était difficile d'y voir et de nager. Une aiguillette de mer la piqua au bras. Ramon et Raul refirent surface avec elle, bandèrent solidement la coupure avec des chiffons pour que le sang n'attire pas les requins. Ensuite, elle les perdit de vue ; elle n'avait pas vu César du tout. J'espère que c'est bien ce qu'on appelle une « mauvaise plongée », se dit-elle pour rire, mais elle était terrifiée. Elle ne voyait plus personne, plus rien. Elle faisait du sur-place, c'était comme s'être perdue dans les bois. Son oxygène s'épuisa. Elle tira sur le cordon du réservoir de secours, mais rien ne se produisit. Pas de panique. Remonte doucement. Lentement. Mais elle était paniquée, ses poumons étaient sur le point d'éclater. Elle remonta lentement, tirant frénétiquement sur le cordon. Rien. César apparut, en face d'elle. Elle lui arracha l'embout buccal et le mit dans sa propre bouche.

Avec un sanglot de soulagement, elle aspira goulûment. Il attendit, puis reprit calmement l'embout, respira lui-même. Il la mena jusqu'à la surface, lui passant le flexible régulièrement.

Ils crevèrent la surface. Air, lumière. Elle tremblait ; Madaleno l'aida à grimper à bord.

— J'ai honte. Pardonne-moi.

César lui prit la tête entre ses mains.

— J'avais bloqué l'arrivée d'air. Tu as fait exactement ce qu'il fallait.

Les plongeurs la taquinèrent au retour mais tous s'accordèrent pour dire qu'elle pourrait aller à Los Morros le lendemain. « *Pues, es brava* », déclara Raul. « *Si*, fit César en souriant. *Ella podria ir sola.* » Elle pouvait y aller seule. Il doit me prendre pour l'une de ces Américaines agressivement compétentes. Oui, je suis compétente, se dit-elle, sa tête reposant sur le plat-bord, ses larmes balayées par les hautes vagues. Elle ferma les yeux et réfléchit au poème, trouvant la chute. *Et ainsi tout sang arrive/Au lieu de sa quiétude.*

Le lendemain matin, la luminosité était éblouissante. Los Morros était un austère monolithe au large, presque invisible depuis la côte. Couverte de guano blanc, l'île n'était qu'un immense palpitement d'oiseaux. *La Ida* fut amarrée au large mais encore plus forts que le fracas des vagues, les cris perçants des oiseaux, il y avait ces fantastiques claquements d'ailes. L'odeur d'urine et de guano soulevait le cœur, aussi entêtante que l'éther.

Descente interminable. 15 mètres. 23. 30. 36. C'était comme si les montagnes du Colorado étaient sous l'eau. Rochers escarpés et ravins, canyons et vallées. Poissons et plantes qu'Eloise n'avait jamais vus ; les poissons qu'elle connaissait étaient énormes ici, hardis. Elle visa un garlopa, le manqua, visa de nouveau et le tua net. Il était si gros que Juan l'aida à le charger sur son accroche-poisson ; la corde lui brûla les doigts. Ça n'arrêtait pas d'armer et de tirer tout autour d'elle. Loras, pargos, medregals. *Sangre.* Elle toucha un mérou et un autre garlopa, heureuse de n'avoir pas vu César, d'être livrée à elle-même. Effrayée ensuite, mais elle le repéra au loin, survola rapidement les pics dentelés dans sa direction. Il agita ses palmes, l'attendit dans le noir, puis l'attira contre lui. Ils s'étreignirent, leurs détendeurs s'entrechoquant. Elle réalisa alors qu'il avait son sexe en elle ; elle l'enlaça avec ses jambes tandis qu'ils tournoyaient et ondoyaient dans les ténèbres. Lorsqu'il se retira, son sperme monta, flottant entre eux telle l'encre pâle d'une pieuvre. Lorsque Eloise y repenserait, ce ne serait pas comme à un acte sexuel mais comme à un phénomène naturel, un léger séisme, un coup de vent en été.

Il lui tendit son accroche-poisson quand il aperçut un pintillo géant, le tua, l'accrocha. Il y avait un pargo audessus d'eux, loin, et ils le pourchassèrent, le rattrapant à l'entrée d'une grotte. Il avait disparu. César lui fit signe d'attendre, la retint dans les froides ténèbres. Des atomes de poussière dorée filtraient dans le bleu trouble. Un poisson perroquet bleu. Silence. Et c'est là qu'ils surgirent. Un banc de barracudas. Il n'y avait rien d'autre dans la mer. Interminable, subliminal – par centaines. La lumière diffuse transforma leur vive brillance en argent fondu. César tira, les fragmentant en une nappe de mercure qui se reforma rapidement et disparut.

La Ida était enfoncée dans d'eau, trempée par les embruns. Les plongeurs étaient vautrés, épuisés, sur les poissons encore palpitants. Beto avait attrapé une tortue et les hommes cherchèrent en elle ses œufs, qu'ils mangèrent avec du sel et du citron vert. Tout d'abord, Eloise refusa sa part, vertueusement, ce n'était pas la saison, mais, affamée, elle finit par céder. Le bateau tournait et retournait tout autour de l'île. Personne n'avait rien dit ; au début Eloise n'avait pas remarqué que Flaco n'avait pas refait surface, elle ne perçut aucune peur avant au moins une heure. Même lorsque le soleil se coucha, personne ne déclara qu'il devait s'être noyé, être mort. Finalement, César dit à Madaleno de repartir.

Ils mangèrent à la lueur d'une seule lanterne. Nul ne parlait. Ensuite, César, Raul et Ramon retournèrent en mer avec des lanternes et une bouteille de raicilla.

— Ils n'espèrent quand même pas le retrouver dans le noir ! dit-elle.

— Non, répondit Luis.

Elle alla dans sa chambre faire ses bagages, suspendit son tailleur en crêpe de coton. Elle partirait dans la matinée, un panga devait l'emmener. Elle s'allongea sur le lit moite, contemplant la nuit couleur d'étain à travers la moustiquaire. César vint la rejoindre, la prenant dans ses bras, la caressant de ses fortes mains marquées de cicatrices. Sa bouche et son corps avaient un goût de sel. Leurs corps avaient la pesanteur de la terre ferme, ils étaient brûlants, se balançaient. Pulsation de la mer. Ils souriaient dans la pâle clarté et s'endormirent, soudés comme des tortues.

Quand elle se réveilla, il était assis au bord du lit, vêtu d'un bermuda et d'une chemise.

— Eloise, tu peux me donner vingt mille pour le bateau ?

Elle hésita. En pesos, ça semblait beaucoup. C'était beaucoup. « Oui, dit-elle. Je peux te faire un chèque ? » Il acquiesça. Elle signa le chèque et il l'empocha. *Gracias*, dit-il, et il baisa ses paupières avant de s'en aller.

Le soleil était levé. César était près du générateur, le bras dégoulinant d'huile noire. Eloise se mit du rouge à lèvres devant le débris de miroir. Cochons et poules fouillaient la courette, dispersant des vautours. Madaleno ratissait le sable. Isabel sortit de la cuisine.

— *Pues ya se va ?*

Eloise acquiesça, lui tendit la main, mais la vieille femme lui ouvrit les bras. Toutes deux oscillèrent sur place, enlacées ; le contact de ces mains savonneuses dans son dos était chaud.

Le canot à moteur arriva juste au moment où *La Ida* franchissait la barrière de rochers, gagnant le large. Les hommes lui firent signe de loin, pas longtemps. Ils vérifiaient leurs détendeurs, s'équipaient de leurs lests et couteaux. César contrôlait les bouteilles d'oxygène.

Bonne et mauvaise

Les sœurs s'en sont donné du mal pour m'apprendre à être bonne. Dans le secondaire, ce fut Miss Dawson. Santiago College, 1952. Comme six d'entre nous poursuivraient leurs études dans des universités américaines, il fallait prendre des cours d'Histoire et Civilisation des États-Unis auprès de notre nouveau professeur, Ethel Dawson. C'était la seule enseignante américaine, les autres étaient chiliennes ou européennes.

Nous étions toutes méchantes avec elle. Moi, j'étais la pire. Si un contrôle était prévu et qu'aucune de nous n'avait révisé, je pouvais la distraire par des questions sur l'achat Gadsden pendant toute la séance, ou la lancer sur la ségrégation raciale ou l'impérialisme américain si on était vraiment en difficulté.

On se moquait d'elle, on imitait son ton nasillard de Bostonienne. À cause de la polio, elle avait une épaisse talonnette dans l'une de ses chaussures, portait de grosses lunettes à monture métallique. Les dents du bonheur, une voix horrible. Elle donnait l'impression d'aggraver délibérément le tableau en arborant des couleurs masculines, mal assorties, des pantalons fripés avec des taches de soupe, des foulards voyants sur ses cheveux mal coupés.

Elle devenait toute rouge quand elle nous faisait la leçon et sentait la sueur. Ce n'était pas seulement qu'elle étalait sa pauvreté… Madame Tournier portait les mêmes jupe et blouse noires miteuses jour après jour, mais la jupe était coupée dans le biais, la blouse noire, devenue verdâtre et élimée par le temps, était de soie fine. Style, cachet, c'était capital pour nous.

Elle nous montrait des films et des diapositives illustrant la condition des mineurs et dockers chiliens, tout ça par la faute des USA. La fille de l'ambassadeur était dans cette classe, il y avait quelques filles d'amiraux. Mon père était ingénieur des mines, il travaillait avec la CIA. Je sais qu'il croyait sincèrement que le Chili avait besoin des États-Unis. Miss Dawson pensait toucher de jeunes esprits impressionnables, alors qu'elle s'adressait à des petites chipies américaines. Chacune d'entre nous avait un riche, beau et puissant papa. À cet âge-là, les filles éprouvent les mêmes sentiments pour leur père que pour les chevaux. C'est passionnel. Elle, elle laissait entendre qu'ils étaient des scélérats.

Comme c'était moi qui tenais le crachoir, c'est sur moi qu'elle jeta son dévolu, me gardant après la classe, et un jour elle se promena même avec moi dans la roseraie, se plaignant de l'élitisme de l'école. Je perdis patience.

— Dans ce cas, qu'est-ce que vous faites ici ? Pourquoi ne pas aller enseigner aux pauvres, si vous vous souciez tellement d'eux ? Pourquoi fréquenter les snobs que nous sommes ?

Elle me répondit que c'était ici qu'on lui avait donné du travail, parce qu'elle enseignait l'Histoire américaine. Elle ne parlait pas encore l'espagnol, mais consacrait tout son temps libre à travailler avec les pauvres et à participer bénévolement à des groupes révolutionnaires. Ce n'était pas perdre son temps que de travailler avec nous… Si elle pouvait changer la façon de penser d'un seul esprit, cela en vaudrait la peine.

— C'est peut-être toi, cet esprit, dit-elle.

On s'était assises sur un banc de pierre. C'était presque la fin de la récréation. Odeurs de roses et de pull moisi.

— Dis-moi, que fais-tu de tes week-ends ?

Ce n'était pas difficile de paraître frivole, mais j'ai forcé tout de même la note. Coiffeur, manucure, couturière. Déjeuner au Charles, polo, rugby ou cricket, *thés dansants*, dîners, fêtes jusqu'à l'aube. La messe à El Bosque à sept heures du matin, le dimanche, toujours en toilette de soirée. Ensuite le Country Club pour le petit déjeuner, golf ou baignade, ou peut-être la journée à Algarrobo au bord de la mer, le ski en hiver. Le cinéma, bien sûr, mais surtout on dansait toute la nuit.

— Et cette existence te satisfait ?

— Oui, absolument.

— Et si je te demandais de me consacrer tes samedis, pendant un mois, le ferais-tu ? Pour voir une facette de Santiago que tu ignores ?

— Pourquoi moi ?

— Parce qu'au fond, je pense que tu es quelqu'un de bien. Je crois que tu pourrais en retenir quelque chose.

Elle me prit les mains.

— Essaie !

Quelqu'un de bien. Mais elle m'avait séduite un peu plus tôt grâce au mot « révolutionnaire ». Oui, je voulais rencontrer des révolutionnaires, parce qu'ils étaient mauvais.

Tout le monde parut bien plus contrarié que nécessaire au sujet de mes samedis avec Miss Dawson, ce qui renforça mon envie de le faire. Je déclarai à ma mère que j'allais aider les pauvres. Elle en fut écœurée, redoutant les maladies, les lunettes des w.-c. Je savais même que les pauvres au Chili n'avaient pas de lunettes de w.-c. Ce qui choqua mes amies, ce fut le simple fait que je sorte avec Miss Dawson. C'était une cinglée, une fanatique, et une lesbienne – j'étais folle ou quoi ?

Notre première journée fut horrible, mais je me suis obstinée par esprit de rébellion.

Tous les samedis matin, nous allions à la décharge municipale, dans une camionnette chargée d'énormes gamelles de nourriture. Haricots, porridge, biscuits, lait. On dressait une grande table dans un champ, juste à côté de cabanes en fer-blanc alignées à perte de vue. Un robinet tordu à environ trois rues de là alimentait en eau tout le bidonville. Il y avait des feux à ciel ouvert devant les sordides appentis, avec des morceaux de bois, de carton, des chaussures qui brûlaient, pour faire la cuisine.

Au début, l'endroit paraissait déserté, des kilomètres et des kilomètres de dunes. Des dunes d'ordures puantes, fumantes. Au bout d'un moment, à travers la poussière et la fumée, on s'apercevait qu'elles étaient couvertes de gens. Mais ils avaient la couleur des excréments, leurs haillons étaient semblables aux déchets où ils rampaient. Personne ne se redressait, ils couraient à quatre pattes comme des rats mouillés, jetant des choses dans des sacs de jute qui leur donnaient cette bosse animale, tournant en rond, détalant, se rencontrant, nez à nez, s'enfuyant, disparaissant tels des iguanes derrière les crêtes. Mais une fois que la nourriture était présentée, des foules de femmes et d'enfants apparaissaient, noirs de suie et mouillés, sentant le pourri et la nourriture avariée. Ils étaient ravis de ce petit déjeuner, s'accroupissaient, mangeaient en écartant leurs coudes osseux comme des mantes religieuses sur ces collines d'ordures. Ensuite, les enfants se pressaient autour de moi, toujours à quatre pattes ou vautrés dans la poussière, ils palpaient mes chaussures, passaient leurs mains le long de mes bas.

— Tu vois, ils t'aiment bien, disait Miss Dawson. Tu n'as pas la sensation d'être bonne ?

Moi, je voyais qu'ils aimaient bien mes chaussures et mes bas, ma veste Chanel rouge.

Miss Dawson et ses amis étaient euphoriques en repartant, ils bavardaient gaiement. Pour ma part, j'étais dégoûtée et déprimée.

— À quoi bon les nourrir une fois par semaine ? Quelle différence dans leur vie ? Il leur faut plus que des biscuits une fois par semaine, enfin !

Oui. Mais en attendant la révolution où tout serait partagé, il fallait se rendre utile.

— Il faut leur montrer qu'on sait qu'ils vivent ici. Leur dire que bientôt tout changera. L'espoir. C'est l'espoir qui fait vivre, disait Miss Dawson.

On a déjeuné dans un logement au sud de la ville. Six étages. Une seule fenêtre qui donnait sur un puits d'aération. Une plaque chauffante, pas d'eau courante. Celle qu'ils utilisaient devait être amenée par l'escalier. La table était mise avec quatre assiettes creuses et quatre cuillères, un tas de morceaux de pain au milieu. Il y avait beaucoup de gens, discutant par petits groupes. Je parlais espagnol, mais eux s'exprimaient dans un *calo* rustique, avec presque pas de consonnes, difficile à comprendre pour moi. Ils nous ignoraient, nous regardaient avec une tolérance amusée ou un parfait dédain. Je n'entendais rien de révolutionnaire, mais des propos sur le travail, l'argent, des blagues douteuses. On mangeait à tour de rôle des lentilles, buvait de la *chicha*, un vin râpeux, utilisant les mêmes couverts que la personne précédente.

— Heureusement que tu n'es pas rebutée par la poussière, déclara Miss Dawson, radieuse.

— J'ai grandi dans des villes minières. La poussière, on connaît.

Mais les cabanes en rondins des mineurs basques et finlandais étaient coquettes, avec des fleurs et des bougies, d'aimables madones. Ici, c'était un endroit laid, crasseux, avec des slogans mal orthographiés aux murs, des prospectus communistes collés avec du chewing-gum. Il y avait une photo de mon père en compagnie du ministre des Mines découpée dans un journal et aspergée de sang.

— Hé ! dis-je.

Miss Dawson prit ma main, la caressa.

— Chut ! dit-elle en anglais. On ne s'appelle que par les prénoms, ici. Ne dis surtout pas qui tu es. Mais ne sois pas mal à l'aise, Adèle. Pour grandir, tu dois faire face aux réalités de la personnalité de ton père.

— Pas avec ce sang…

— Au contraire. Cela pourrait très bien arriver et tu devrais en être consciente.

Et elle me serra les deux mains.

Après ce déjeuner, elle m'emmena au El Niño Perdido, un orphelinat dans un vieux bâtiment de pierre couvert de lierre au pied des Andes. Il était dirigé par des religieuses françaises, d'adorables vieilles nonnes avec des cornettes comme des fleurs de lis et des habits bleu-gris. Elles flottaient à travers les pièces sombres, au-dessus des sols en pierre, volaient le long des galeries bordant le cloître fleuri, ouvraient vivement les volets en bois, appelaient avec des voix d'oiseaux. Elles écartaient les enfants fous qui leur mordaient les jambes, les traînaient par leurs petits pieds. Elles débarbouillaient dix visages d'affilée, tous aveugles. Elles faisaient manger six mongoliens géants, se dressant sur la pointe des pieds pour leur donner de la bouillie d'avoine à la petite cuillère.

Ces orphelins avaient tous un problème. Certains étaient débiles, d'autres n'avaient pas de jambes ou étaient muets, certains encore avaient été brûlés sur tout le corps. Pas de nez ou pas d'oreilles. Bébés syphilitiques et adolescents mongoliens. Leurs malheurs assortis se déversaient ensemble de chambre en chambre, jusque dans le joli jardin non entretenu.

— Il y a beaucoup à faire, déclara Miss Dawson. Moi, j'aime bien nourrir et changer les bébés. Toi, tu pourrais faire la lecture aux enfants aveugles… Ils ont tous l'air particulièrement intelligents et désœuvrés.

Il y avait peu de livres. La Fontaine en espagnol. Ils s'asseyaient en cercle, m'observant fixement, le regard littéralement vide. Nerveuse, j'ai commencé un jeu, où l'on frappait des pieds et des mains, comme aux chaises musicales. Ils ont apprécié, ainsi que d'autres enfants.

Je détestais la décharge le samedi mais j'aimais bien aller à l'orphelinat. J'aimais même Miss Dawson quand on était là-bas. Elle passait son temps à baigner et bercer les bébés, à leur chanter des chansons, tandis que j'inventais des jeux pour les plus grands. Certaines choses marchaient et d'autres pas. Les courses de relais, non, parce que personne ne voulait lâcher le bâton. La corde à sauter, c'était très bien parce que deux petits mongoliens tournaient la corde pendant des heures sans s'arrêter, tandis que tout le monde, en particulier les petites aveugles, venaient sauter. Même les religieuses s'y mettaient, sautent sautent, elles flottaient, toutes bleues, dans le ciel. Le jeu du Bouton. À la Claire Fontaine. Cache-Cache, ça ne marchait pas, parce que personne ne revenait. Les orphelins étaient contents de me voir, j'adorais y aller, non parce que j'étais bonne mais parce que j'aimais bien jouer.

Le samedi soir, on allait au théâtre révolutionnaire ou à des lectures poétiques. On entendait les plus grands poètes de l'Amérique latine de notre siècle. C'étaient des auteurs dont j'aimerais plus tard l'œuvre, que j'allais étudier et enseigner. Mais à l'époque je n'écoutais pas. J'étais affreusement complexée et paumée. Nous étions les seules Américaines là-bas et je n'entendais parler que des agressions contre les États-Unis. Beaucoup de gens posaient des questions sur la politique américaine auxquelles je ne savais pas répondre, je les aiguillais vers Miss Dawson et traduisais ses réponses, honteuse et abasourdie par ce que je leur disais au sujet de la ségrégation, de la compagnie Anaconda. Elle ne voyait pas à quel point les gens nous méprisaient, combien ils raillaient ses clichés communistes sur leur réalité. Ils se moquaient de moi, de mes ongles et de ma coupe de cheveux, de mes luxueux vêtements décontractés. À un groupe de théâtre on m'a fait monter sur scène et le directeur a braillé : « OK, *gringa*, dis-moi pourquoi tu es dans mon pays ! » Je me suis rembrunie avant de redescendre sous les quolibets et les rires. Finalement j'ai dit à Miss Dawson que je n'avais plus le droit de sortir le samedi soir.

Dîner et danse chez Marcelo Errazuriz. Velouté de tomates dans des petites coupes sur la terrasse, jardins parfumés au-delà de nous. Un dîner à six plats qui commençait à onze heures du soir. Chacun me taquinait sur mes journées avec Miss Dawson, me suppliait de lui dire où j'étais allée. Je ne pouvais pas en parler, pas avec mes amis ni mes parents. Je me souviens que quelqu'un a fait une blague sur moi et mes *rotos* – les « cassés » signifiait alors les pauvres gens. J'ai ressenti de la honte, consciente qu'il y avait presque autant de domestiques que d'invités dans la pièce.

Je rejoignis Miss Dawson à une manifestation de travailleurs devant l'ambassade des États-Unis. Je n'avais parcouru qu'une longueur de pâté de maisons quand un ami de mon père, Frank Wise, m'arracha de la foule et m'emmena à l'hôtel Crillon.

Il était furieux. « Au nom du ciel, mais qu'est-ce que tu fabriques, à ton avis ? » Il eut tôt fait de comprendre ce que Miss Dawson n'avait pas compris… que j'ignorais tout de la politique, de l'objet de cette manifestation. Il m'a dit que ce serait terrible pour mon père si jamais la presse découvrait ce que je faisais. Ça, j'ai compris.

Un autre samedi après-midi, j'avais accepté d'aller en centre-ville faire la quête pour l'orphelinat. Je me tenais à un coin et Miss Dawson à l'autre. Au bout de quelques minutes seulement des dizaines de gens m'avaient insultée et maudite. N'y comprenant rien, j'arrangeai ma pancarte « DONNEZ POUR EL NIÑO PERDIDO » et agitai ma sébile. Tito et Pepe, deux amis, se rendaient au Waldorf pour y prendre un café. Ils me kidnappèrent, me forcèrent à les accompagner.

— Ça ne se fait pas ici. Ce sont les pauvres qui mendient. Tu les insultes. Qu'une femme sollicite quoi que ce soit, c'est une image choquante. Tu vas te déshonorer. Et puis, personne ne croira que tu n'as pas l'intention de garder l'argent. Une jeune fille ne peut pas rester dans la rue sans être accompagnée. Tu peux aller à des bals ou des déjeuners de bienfaisance, mais tout contact direct avec d'autres classes est tout simplement vulgaire, et c'est du paternalisme. Et aussi, tu ne peux absolument pas te permettre d'être vue en compagnie de quelqu'un avec cette orientation sexuelle en public. Ma chère, tu ne comprends pas, tu es trop jeune…

On buvait du café jamaïcain et je les écoutais. J'ai dit que je comprenais bien mais que je ne pouvais pas laisser Miss Dawson toute seule au coin de la rue. Ils ont dit qu'ils allaient lui parler. Nous avons descendu ensemble la rue jusqu'à l'endroit où elle se trouvait, fièrement, tandis que les passants grommelaient « *Gringa loca* » ou « *Puta coja* », « pute éclopée », à son adresse.

— À Santiago, une jeune fille ne fait pas cela, et nous la ramenons à la maison, voilà tout ce que Tito lui dit.

Elle le toisa avec dédain, et plus tard cette semaine-là, dans le couloir de l'école, elle me déclara que j'avais tort de laisser des hommes me dicter ma conduite. Je répondis qu'il me semblait que tout le monde me dictait ma conduite, que nos sorties du samedi avaient duré un mois de plus que je ne l'avais promis à l'origine. Que je ne viendrais plus.

— Tu as tort de retourner à une existence purement égoïste. Lutter pour un monde meilleur, c'est la seule chose qui vaille. N'as-tu rien appris ?

— Si, beaucoup. Je vois que beaucoup de choses doivent changer. Mais c'est leur combat, pas le mien.

— Je n'en crois pas mes oreilles. Tu ne vois pas que c'est justement ça, le problème dans le monde – cette mentalité !

Elle partit en claudiquant vers les toilettes, en pleurs, arriva en retard en classe où elle nous annonça qu'on avait la journée de libre. On alla toutes les six nous allonger sur l'herbe, dans les jardins, loin des fenêtres pour que personne ne voie qu'on n'était pas en classe. Les filles me taquinaient, disant que je lui avais brisé le cœur. Elle était de toute évidence amoureuse de moi. Avait-elle tenté de m'embrasser ? Ça m'a vraiment troublée et fâchée. Malgré tout, je commençais à l'apprécier, elle et son engagement naïf et acharné, son optimisme. Elle était comme un petit enfant, l'un de ces enfants aveugles qui soupiraient d'aise en jouant sous le jet de l'asperseur. Miss Dawson ne flirtait jamais ni n'essayait de me toucher tout le temps, comme les garçons. Mais elle me poussait à faire des choses que je ne voulais pas faire et j'avais mauvaise conscience de ne pas le vouloir, de ne pas me soucier davantage des injustices en ce monde. Les filles se fâchèrent contre moi parce que je ne leur faisais pas de confidences. Elles m'appelaient « la maîtresse » de Miss Dawson. Je n'avais personne à qui en parler, personne à qui demander ce qui était juste ou pas, et je me sentais ainsi tout simplement dans mon tort.

Pour mon dernier jour à la décharge publique, il y avait du vent. Le sable se mêlait au porridge par vagues scintillantes. Lorsque les silhouettes se dressèrent sur les collines, ce fut dans un tourbillon de sable, de sorte qu'on aurait dit des spectres argentés, des derviches. Aucun n'avait de chaussures et leurs pieds foulaient en silence les monticules détrempés. Ils ne parlaient pas, ne s'interpellaient pas, comme la plupart des gens qui travaillent ensemble, et jamais ne s'adressaient à nous. Au-delà des montagnes d'excréments fumants, il y avait la grande ville, et au-dessus de nous tous, les Andes toutes blanches. Ils mangèrent. Miss Dawson ne disait pas un mot, elle rassemblait les gamelles et ustensiles dans le soupir du vent.

Il était convenu qu'on irait à un meeting d'ouvriers agricoles en dehors de la ville, cet après-midi-là. On mangea des *churrascos* dans la rue, et on s'arrêta à son appartement pour qu'elle se change.

C'était un endroit miteux et étouffant. Voir sa plaque chauffante pour la cuisine posée sur le réservoir des W.-C. me souleva le cœur, tout comme l'odeur de vieille laine, de sueur et de cheveux. Elle se changea devant moi, ce qui me parut choquant et effrayant, ce corps bleuâtre et déformé. Elle enfila une robe bain de soleil sans manches, sans mettre de soutien-gorge.

— Miss Dawson, ça passerait un soir, chez quelqu'un, ou à la plage, mais vous ne pouvez pas vous balader ainsi, toute nue, au Chili.

— Tu me fais pitié. Toute ta vie tu vas être paralysée par le qu'en-dira-t-on, la bienséance. Je ne m'habille pas pour plaire aux autres. Il fait très chaud et je me sens à l'aise dans cette robe.

— Ben moi… ça ne me met pas à l'aise. On va vous lancer des grossièretés. C'est différent, ici, on n'est pas aux États-Unis.

— Ce qui pourrait t'arriver de mieux, c'est d'être mal à l'aise de temps en temps.

On prit plusieurs bus bondés pour arriver au *fundo* où se tenait le meeting, attendant sous un soleil de plomb et voyageant debout dans les bus. Ensuite on emprunta une jolie allée bordée d'eucalyptus, prenant le temps de nous rafraîchir dans le ruisseau tout proche.

C'était trop tard pour le discours. Il y avait une estrade vide, une banderole avec « LA TERRE AU PEUPLE » accrochée de guingois derrière le micro. Un petit groupe d'hommes en costume, à l'évidence les organisateurs, mais la plupart des gens étaient des ouvriers agricoles. Des guitares se faisaient entendre et une foule s'était massée autour d'un couple qui dansait *La Cueca* de façon décousue, agitant de manière languissante des mouchoirs tout en se tournant autour. Les gens se servaient généreusement du vin à d'énormes barriques ou faisaient la queue pour du bœuf rôti à la broche et des haricots. Miss Dawson me chargea de nous trouver de la place à une table, disant qu'elle apporterait les assiettes.

Je m'immisçai au bout d'une table prise d'assaut par des familles. Personne ne parlait politique, c'était juste des gens de la campagne venus profiter d'un barbecue gratuit. Tout le monde était très, très soûl. Je voyais Miss Dawson, qui jacassait dans la file. Elle aussi, elle buvait du vin, gesticulait et parlait très fort pour se faire comprendre.

— N'est-ce pas merveilleux ? dit-elle en apportant deux énormes plâtrées. Présentons-nous. Essayons de parler davantage au peuple, c'est ainsi qu'on apprend, qu'on peut aider.

Deux travailleurs agricoles qui étaient nos voisins jugèrent avec des éclats de rire que nous venions d'une autre planète. Comme je l'avais redouté, ils étaient sidérés par ses épaules nues et ses tétons visibles, ne parvenaient pas à comprendre ce qu'elle était. Je m'aperçus que non seulement elle ne parlait pas espagnol, mais qu'elle était presque aveugle. Elle plissait les yeux derrière ses verres en cul de bouteille, tout sourire, mais ne voyait pas qu'ils se moquaient de nous, n'appréciaient pas ce que nous pouvions être. Qu'est-ce qu'on fichait là ? Elle essaya d'expliquer qu'elle était du parti communiste, mais au lieu de *partido*, elle ne cessait de boire à la santé de la « *fiesta* », et ils levaient leur verre à leur tour en répondant « *La Fiesta* ! ».

— Il faut partir, dis-je, mais elle se contenta de me regarder, bouche bée.

Mon voisin me draguait sans grande conviction, mais j'étais davantage préoccupée par le grand type ivre à côté de Miss Dawson. Il lui caressait les épaules d'une main tout en dévorant sa côte de bœuf. Elle en riait, jusqu'au moment où il l'empoigna pour l'embrasser, et là elle se mit à hurler.

Miss Dawson se retrouva par terre, sanglotant de façon incontrôlable. Tout le monde s'était précipité tout d'abord, avant de se retirer, en marmonnant : « Juste une *gringa* soûle. » Nos voisins nous ignoraient totalement, désormais. Elle se releva et se mit à courir vers la route ; je la suivis. Une fois au cours d'eau, elle essaya de se débarbouiller la bouche et le buste. Mais elle ne réussit qu'à se mouiller et à se maculer de boue. Elle s'assit sur la berge, en pleurs, la morve au nez. Je lui passai mon mouchoir.

— La jeune fille modèle ! ricana-t-elle. Un mouchoir en lin bien repassé !

— Oui, dis-je, très agacée et ne songeant plus qu'à rentrer à la maison.

Toujours en larmes, elle chancela sur le chemin en direction de la route principale, où elle entreprit de faire du stop. Je la repoussai entre les arbres.

— Voyons, Miss Dawson. On ne fait pas de stop par ici. Ils ne comprennent pas… ça pourrait nous valoir des ennuis, deux femmes qui font du stop. Écoutez-moi !

Mais un paysan au volant d'une vieille camionnette s'était arrêté, moteur tournant, sur la route poudreuse. Je lui offris de l'argent pour nous déposer aux abords de la ville. Il allait jusque dans le centre-ville, pouvait nous ramener chez elle facilement pour vingt pesos. On grimpa sur la plate-forme à l'arrière.

Elle m'entoura de ses bras dans le vent. Je sentais sa robe mouillée, ses aisselles poisseuses tandis qu'elle s'agrippait à moi.

— Tu ne peux pas retourner à ton existence frivole ! Ne t'en va pas ! Ne me quitte pas ! ne cessa-t-elle de répéter jusqu'à son domicile.

— Au revoir, dis-je, merci pour tout – ou une stupidité du même genre.

Je l'ai laissée sur le trottoir, à suivre mon taxi d'un regard hébété.

Comme les domestiques étaient appuyées au portail, parlant au *carabinero* du quartier, j'avais cru qu'il n'y avait personne à la maison. Mais mon père était là, en train de se changer pour le golf.

— Tu rentres de bonne heure. Où étais-tu passée ?

— À un pique-nique, avec ma prof d'histoire.

— Ah, oui. Comment est-elle ?

— Pas mal. Elle est communiste.

Ça m'avait échappé. La journée avait été épouvantable. J'en avais marre de Miss Dawson. Mais il n'en fallut pas davantage. Trois mots à mon père. Elle fut virée au cours du week-end et on ne l'a plus jamais revue.

Personne n'a su ce qui s'était passé. Les autres filles étaient contentes qu'elle soit partie. On avait permanence désormais, même s'il faudrait rattraper les cours d'Histoire américaine une fois à l'université. Il n'y avait personne à qui parler. À qui demander pardon.

Melina

À Albuquerque, le soir, Rex, mon mari, allait aux cours à la fac ou à son atelier de sculpture. Moi j'emmenais Ben, le bébé, faire de longues balades en poussette. En haut de la colline, dans une rue bordée d'ormes, il y avait la maison de Clyde Tingley. On passait toujours devant. Clyde Tingley était un millionnaire qui donnait tout son argent aux hôpitaux pour enfants de l'État. Si on passait par là, c'était que, pas seulement à Noël mais tout le temps, il y avait des guirlandes lumineuses suspendues un peu partout sur la véranda et les arbres. Il les allumait quand c'était le crépuscule, au moment où on rentrait chez nous. Parfois il était installé sur la véranda, dans son fauteuil roulant, vieillard tout maigre qui nous lançait « Bonsoir » ou « Quelle belle soirée », au passage. Un soir, cependant, il me hurla : « Stop ! Stop ! Cet enfant a un problème aux pieds. Il faut s'en occuper. »

J'ai regardé les pieds de Ben, qui n'avaient rien.

— Non, c'est qu'il est trop grand pour cette poussette, maintenant. S'il les tient drôlement, c'est pour qu'ils ne traînent pas par terre.

Ben était si futé. Il ne parlait même pas encore et pourtant il parut comprendre. Il posa ses pieds carrément par terre, comme pour montrer au vieux monsieur que tout allait bien.

— Les mères ne veulent jamais admettre qu'il y a le moindre problème. Emmenez-le chez le docteur sans tarder.

C'est alors qu'arriva un type tout en noir. Même en ce temps-là, on voyait rarement des gens se promener dehors, donc ce fut une surprise. Accroupi sur le trottoir, il tenait les pieds de Ben dans ses mains. Un harnais de saxophone pendouillait de son cou et Ben s'y agrippa.

— Non. Cet enfant n'a rien aux pieds, dit-il.

— Ah, content de l'apprendre ! lança Clyde Tingley.

— Merci quand même ! dis-je.

On a parlé ensemble, l'homme et moi, et puis on a marché jusqu'à la maison. Cela se passait en 1956. C'était mon premier beatnik. Il n'y avait personne de ce genre à Albuquerque. Juif, avec l'accent de Brooklyn. Cheveux longs et barbe, lunettes noires. Mais il n'avait pas l'air sinistre. Ben l'apprécia tout de suite. Son nom était Beau. C'était un poète et un musicien, il jouait du saxo. C'est par la suite que j'ai compris que c'était un harnais de saxo qui lui pendait au cou.

On a tout de suite sympathisé. Il jouait avec le bébé tandis que je préparais du thé glacé. Une fois Ben au lit, on s'est installés sur les marches de la véranda, à bavarder jusqu'au retour de Rex. Les deux hommes se sont montrés polis l'un envers l'autre, mais ça n'accrochait pas, je l'ai vu tout de suite. Rex était un étudiant de troisième cycle. On était vraiment pauvres, mais Rex passait pour quelqu'un de plus âgé et de plus puissant. Un air de succès, peut-être un brin de vanité. Beau agissait comme s'il se fichait de quasiment tout, mais je savais déjà que ce n'était pas vrai. Quand il est parti, Rex a déclaré qu'il n'aimait pas l'idée que je ramène des zazous à la maison.

Beau rentrait chez lui à New York en stop… La Grande Pomme… après six mois passés à San Francisco. Il habitait chez des amis, mais comme ils travaillaient toute la journée, il vint nous voir, Ben et moi, tous les jours, pendant les quatre qu'il passa là-bas.

Beau avait un gros besoin de parler. C'était merveilleux pour moi d'entendre parler quelqu'un en dehors des rares paroles de Ben, et j'étais donc heureuse de le voir. De plus, il parlait d'amour. Il était tombé amoureux. Certes, je savais que Rex m'aimait, et nous étions heureux, la vie serait belle avec lui, mais il n'était pas follement amoureux de moi comme Beau l'était de Melina.

Beau avait été livreur de sandwiches à San Francisco. Il avait un petit chariot avec des brioches roulées et du café, des boissons non alcoolisées et des sandwiches. Il arpentait les étages d'un gigantesque immeuble de bureaux. Un jour, il avait poussé son chariot dans le bureau d'une compagnie d'assurances et l'avait vue. Melina. Elle était censée classer des dossiers, mais regardait par la fenêtre avec un sourire rêveur. Elle avait de longs cheveux teints en blond et portait une robe noire. Elle était toute petite et menue. Mais c'était sa peau, disait-il. C'était comme si ce n'était pas vraiment une personne, mais un être fait de soie blanche, d'un verre de lait.

Beau ne savait pas ce qui l'avait pris. Il avait laissé son chariot et ses clients, enjambé le portillon derrière lequel elle se trouvait. Il lui avait déclaré son amour. J'ai envie de toi, avait-il déclaré. Je vais chercher la clé des toilettes. Viens. C'est l'affaire de cinq minutes. Melina le regarda et dit : « J'y serai. »

J'étais très jeune alors. Je n'avais jamais entendu rien d'aussi romantique.

Melina était mariée et avait un bébé d'environ un an. L'âge de Ben. Son mari était trompettiste. Il était en tournée pendant les deux mois que Beau passa avec Melina. Ce fut une liaison passionnée et lorsque son mari revint, elle dit à Beau : « Il est temps de reprendre la route. » Et il s'exécuta.

Beau disait qu'on était obligé de faire tout ce qu'elle disait, qu'elle l'avait ensorcelé, comme elle avait ensorcelé son mari, tous les hommes qui la rencontraient. Et on ne pouvait pas être jaloux, parce que cela semblait tout naturel, qu'un autre homme s'éprenne d'elle.

Par exemple… le bébé n'était même pas de son mari. Pendant quelque temps, ils avaient vécu à El Paso. Melina travaillait au Piggly Wiggly, à emballer de la viande et des découpes de poulet, les scellant sous plastique. Derrière une fenêtre vitrée, avec un drôle de chapeau en papier. Et pourtant, ce torero mexicain qui achetait des steaks l'avait vue. Il avait frappé du poing sur le comptoir, sonné, insisté auprès du boucher pour voir cette emballeuse. Il lui avait fait quitter le boulot. Voilà l'effet qu'elle vous faisait, disait Beau. On avait besoin d'être auprès d'elle tout de suite.

Quelques mois plus tard, Melina avait constaté qu'elle était enceinte. Elle était toute contente, et l'avait annoncé à son mari. Il avait été furieux. Impossible, j'ai eu une vasectomie. Quoi ? Melina était indignée. Et tu m'épouses sans m'en parler ? Elle l'avait flanqué dehors, changeant les serrures. Il avait envoyé des fleurs, des lettres enflammées. Il avait campé devant sa porte jusqu'à ce qu'elle finisse par lui pardonner.

Elle cousait tous ses vêtements. Elle avait recouvert toutes les pièces de l'appartement avec du tissu. Il y avait des matelas et des oreillers par terre, si bien qu'on rampait, comme un bébé, de tente en tente. Comme c'était éclairé à la bougie de jour comme de nuit, on ne savait jamais quelle heure il était.

Beau me raconta tout sur elle. Son enfance dans des familles d'accueil, comment elle s'était enfuie à treize ans. Elle avait été entraîneuse dans un bar (je ne sais pas trop ce que c'est) et son mari l'avait tirée d'une situation très moche. Elle est coriace, disait Beau, elle jure comme un charretier. Mais ses yeux, son contact, sont ceux d'un petit ange. Elle est cet ange qui est venu dans ma vie pour la gâcher à jamais... Il devenait très mélodramatique à son propos, allant jusqu'à pleurer et pleurer, parfois, mais j'aimais entendre tout cela sur elle, j'aurais aimé être comme elle. Coriace, mystérieuse, magnifique.

Je l'ai regretté quand il est parti. Il était comme un ange dans ma vie, lui aussi. Quand il a disparu, j'ai réalisé combien Rex nous parlait peu, à Ben et à moi. Je me sentais si seule que j'ai même songé à transformer nos chambres en tentes.

Quelques années plus tard, j'étais mariée à un autre homme ; un pianiste de jazz prénommé David. Quelqu'un de bien, mais taciturne, lui aussi. J'ignore pourquoi j'ai épousé ces types taciturnes, alors que mon plus grand plaisir dans la vie, c'est de parler. Mais on avait un tas de copains. Des musiciens qui venaient en ville logeaient chez nous et, tandis que les hommes jouaient, les femmes cuisinaient, bavardaient et s'allongeaient dans l'herbe pour jouer avec les enfants.

Autant arracher une dent à David que de lui faire dire comment il était en CP, ou de lui faire décrire sa première petite amie, par exemple. Je savais qu'il avait vécu avec une femme, une très belle femme peintre, pendant cinq ans, mais il ne voulait pas en parler. Oh, je t'ai bien raconté ma vie, moi, dis-moi quelque chose sur toi, raconte-moi la première fois où tu es tombé amoureux… Il s'est marré, mais il m'a bel et bien raconté. C'est facile, dit-il.

C'était une femme qui vivait avec son meilleur ami, un bassiste, Ernie Jones. Dans South Valley, près du fossé d'irrigation. Un jour, il était venu voir Ernie et, ne le trouvant pas à la maison, il était allé du côté du fossé.

Elle prenait un bain de soleil, nue et blanche sur l'herbe verte. En guise de lunettes de soleil, elle avait sur les yeux ces napperons en papier qu'on met sous les crèmes glacées.

— Ah. C'est tout ?

— Ben, ouais. C'est tout. J'en suis tombé amoureux.

— Mais à quoi ressemblait-elle ?

— Elle ne ressemblait à personne ici-bas. Un jour, Ernie et moi nous étions étendus près du fossé, à parler, à fumer des joints. Super déprimés, parce qu'on n'avait pas de boulot. C'est elle qui nous entretenait en faisant la serveuse. Ce jour-là, elle avait travaillé pour un banquet et rapporté toutes les fleurs, de quoi fleurir toute une salle. Mais elle les a apportées en amont du courant et flanquées dans le fossé. Donc, Ernie et moi on était en train de faire la gueule, assis sur la berge, à contempler l'eau trouble, quand un million de fleurs est passé. Elle avait rapporté de la bouffe et du vin, même des couverts et des nappes qu'elle avait disposés sur l'herbe.

— Et tu as couché avec elle ?

— Non. Je ne lui ai même jamais parlé, en tête à tête, en tout cas. Je me souviens juste d'elle – couchée dans l'herbe.

— Hum, dis-je, ravie de toutes ces infos et de cet air couillon sur son visage.

J'aimais l'amour sous toutes ses formes.

On a déménagé à Santa Fe, où David jouait du piano au Claude's. Plein de bons musiciens passaient par cette ville en ce temps-là et ils se joignaient au trio de David pour une ou deux soirées. Un jour, ce fut un excellent trompettiste, Paco Duran. David aimait jouer avec lui et il me demanda si j'accepterais qu'il loge chez nous avec sa femme et leur enfant pendant une semaine. Bien sûr, dis-je, ce sera sympa.

Et ce fut sympa. Paco jouait formidablement bien. Lui et David jouèrent toute la nuit au club et ensemble toute la journée, à la maison. L'épouse, Melina, était exotique et amusante. Tous deux s'exprimaient et se comportaient comme des musiciens de jazz de L. A. Ils appelaient notre maison une « piaule » et disaient « les condés » et « la frangine ». Leur fillette et Ben s'entendaient très bien mais ils étaient tous deux à cet âge où on touche à tout. Nous avions bien tenté de les mettre dans le parc mais ni l'un ni l'autre ne voulait. Melina eut l'idée de les laisser faire, tandis que nous-mêmes, nous irions dans le parc où les cafés et le cendrier seraient à l'abri. On s'est donc installées là-dedans tandis que les gamins sortaient des livres de la bibliothèque. Elle m'a parlé de Las Vegas, donnant l'impression que c'était une autre planète. Et j'ai réalisé, en l'écoutant, pas juste en la regardant mais en étant au contact de sa surnaturelle beauté, que c'était la Melina de Beau.

Je ne sais pas pourquoi, mais je n'ai pas pu en parler. Je ne pouvais pas lui dire : Au fait, tu es si belle et si barjo que tu dois être la folle passion de Beau. Mais j'ai songé à lui, avec nostalgie, en espérant qu'il s'en sortait.

À nous deux, on a préparé le repas et les hommes sont allés au boulot. On a donné le bain aux enfants, avant d'aller derrière la maison, sur la véranda, pour fumer, boire du café et parler chaussures. On a parlé de toutes les chaussures importantes de notre vie. Nos premiers mocassins, nos premiers hauts talons. Les compensées argent. Les boots qu'on avait eues. Les escarpins parfaits. Les sandales faites à la main. Huaraches. Talons aiguilles. Pendant que nous parlions nos pieds nus gigotaient dans l'herbe verte et mouillée, au bord de la véranda. Ses ongles d'orteils étaient vernis de noir.

Elle m'a demandé quel était mon signe. D'habitude, ça m'indispose, mais je l'ai laissée me dire tout sur mon Moi Scorpion et j'ai cru la moindre de ses paroles. Je lui ai dit que je lisais dans les lignes de la main, un peu, et j'ai regardé les siennes. Comme il faisait trop sombre, je suis allée chercher une lampe à pétrole que j'ai posée entre nous, sur les marches. Tenant ses deux mains blanches tout près de la lanterne et du clair de lune, je me suis rappelé ce que Beau avait dit au sujet de sa peau. C'était comme tenir du verre froid, de l'argent.

Je connais le livre de chiromancie de Cheiro par cœur. J'ai déchiffré des centaines de paumes. Si je le précise, c'est pour que vous sachiez que je lui ai dit des choses que je voyais dans les lignes et les monts de sa main

– mais principalement, je lui ai rapporté tout ce que Beau m'avait dit sur elle.

J'ai honte de moi. J'étais jalouse d'elle. Elle était si éblouissante. Elle ne faisait vraiment rien de spécial – sa présence étourdissait. Je voulais l'impressionner.

Je lui ai raconté l'histoire de sa vie. Les horribles familles d'accueil, comment Paco l'avait protégée. Je disais des trucs comme : « Je vois un homme. Un bel homme. Du danger. Toi, tu n'es pas en danger, c'est lui. Pilote de course, torero, peut-être ? » Punaise, dit-elle, personne ne savait rien pour le torero.

Beau m'avait raconté qu'un jour il avait mis la main sur sa tête en disant : « Tout se passera bien... » et elle avait pleuré. Je lui ai dit qu'elle ne pleurait jamais, même quand elle était triste ou en colère, sauf si quelqu'un était vraiment gentil et lui mettait la main sur la tête en lui disant de ne pas s'en faire...

Je ne vous en dirai pas plus. J'ai trop honte. Mais cela produisit exactement l'effet recherché. Elle contempla ses mains magnifiques et murmura : « Tu es une sorcière. Tu es magique. »

On a passé une semaine formidable. On est tous allés à des danses indiennes, et on est montés au Bandelier National Monument et à Pueblo Acoma. On s'est assis dans la caverne où a vécu l'Homme Sandia. On s'est baignés dans des sources chaudes près de Taos et on est allés à l'église de Santo Nino. À deux reprises on avait même fait venir une baby-sitter pour que Melina et moi on puisse aller au club. La musique était super. « J'ai passé de très bons moments », ai-je dit. « Je passe toujours de très bons moments », répondit-elle, en toute simplicité.

La maison était très calme après leur départ. Je me suis réveillée, comme d'habitude, quand David est rentré. Je crois que j'aurais voulu lui parler de la séance de chiromancie, mais je suis contente de ne pas l'avoir fait. Nous étions au lit, ensemble, dans le noir, quand il m'a dit :

— C'était elle.

— Elle qui ?

— Melina. La fille dans l'herbe.

Amis

Loretta les rencontra le jour où elle sauva la vie de Sam.

Anna et Sam étaient vieux. Elle avait quatre-vingts ans et lui quatre-vingt-neuf. Loretta voyait Anna de temps en temps, quand elle allait nager dans la piscine de sa voisine, Elaine. Un jour, elle était passée dire bonjour alors que les deux femmes étaient en train de convaincre le vieillard de se baigner. Enfin il entra dans l'eau, faisait le petit chien avec un grand sourire réjoui quand il fut pris de convulsions. Les deux autres étaient dans le petit bassin et ne s'étaient aperçues de rien. Loretta se jeta à l'eau, avec ses chaussures et tout, le tira vers les marches et hors de la piscine. Il n'eut pas besoin d'être réanimé mais il était déboussolé et effrayé. Il avait des médicaments à prendre, pour l'épilepsie, et elles l'aidèrent à se sécher et se rhabiller. Tout le monde resta sur place pendant un moment, pour être sûr qu'il était capable de rentrer chez lui, juste à côté. Anna et Sam n'arrêtaient pas de remercier Loretta de lui avoir sauvé la vie, et insistèrent pour l'inviter à déjeuner le lendemain.

Le hasard voulut qu'elle ne travaillerait pas pendant quelques jours. Elle avait pris trois jours de congé sans solde parce qu'elle avait plein de trucs à faire. Déjeuner avec eux signifiait refaire tout le trajet pour aller à Berkeley alors qu'elle serait en ville, et ne pas finir tout en une seule journée, comme prévu.

Dans ce genre de situation, elle se sentait souvent impuissante. Le genre où on se dit : Mon Dieu, c'est le moins que je puisse faire, ils sont si gentils. Si on n'y va pas, on se sent coupable, et si on y va, on a l'impression de s'être fait avoir.

Elle cessa d'être de mauvaise humeur à l'instant où elle se retrouva dans leur appartement. C'était ensoleillé et accueillant, comme une vieille maison au Mexique, où ils avaient passé la plus grande partie de leur vie. Anna avait été archéologue et Sam, ingénieur. Ils avaient travaillé ensemble tous les jours à Teotihuacán ou sur d'autres sites. L'appartement était rempli de belles poteries et de photos, il y avait une bibliothèque fantastique. Au rez-de-chaussée, derrière, un grand potager, beaucoup d'arbres fruitiers, des baies. Loretta fut épatée d'apprendre que ces deux êtres frêles, fragiles comme des oiseaux, faisaient tout eux-mêmes. Chacun avait une canne, et marchait avec beaucoup de difficulté.

Le déjeuner se composa de sandwiches au fromage toastés, soupe de chayote et salade de leur jardin. Anna et Sam préparèrent le repas ensemble, dressèrent la table et firent le service ensemble.

Ils avaient tout fait ensemble pendant cinquante ans. Tels des jumeaux, chacun faisait écho à l'autre ou terminait les phrases commencées par l'autre. Le repas se déroula agréablement alors qu'ils lui racontaient, en stéréo, certaines de leurs expériences quand ils travaillaient sur la pyramide au Mexique, et d'autres fouilles auxquelles ils avaient participé. Loretta était impressionnée par ces vieillards, leur passion commune pour la musique et le jardinage, leur plaisir à être ensemble. Elle fut étonnée d'apprendre combien ils étaient impliqués dans la politique locale et nationale, participant à des manifs et défilés, écrivant à des députés et des rédacteurs en chef, passant des coups de fil. Ils lisaient trois ou quatre journaux tous les jours, se faisaient la lecture de romans ou de livres d'histoire, le soir.

Tandis que Sam débarrassait la table avec des mains tremblantes, Loretta dit à Anna combien il était enviable d'être aussi proche du compagnon de toute une vie. Oui, mais bientôt l'un de nous partira..., répondit Anna.

Loretta allait se souvenir de cette déclaration bien plus tard, et elle se demanda si Anna n'avait pas commencé à cultiver son amitié comme une sorte de garantie pour le temps où l'un d'entre eux mourrait. Mais non, se dit-elle, c'était bien plus simple. Leur couple était si autonome, ils s'étaient suffi l'un à l'autre toute leur vie, mais aujourd'hui Sam devenait rêveur et souvent incohérent. Il répétait sans cesse les mêmes histoires, et même si Anna était toujours patiente avec lui, Loretta la sentait heureuse d'avoir quelqu'un d'autre à qui parler.

Quoi qu'il en soit, elle se trouva de plus en plus impliquée dans leur vie. Ils ne conduisaient plus. Souvent, Anna appelait Loretta au travail pour lui demander de lui rapporter de la terre de bruyère, ou d'emmener Sam chez l'ophtalmologue. Parfois, tous deux se sentaient trop patraques pour aller faire des courses, et c'était Loretta qui s'en chargeait. Elle les aimait tous les deux, les admirait. Comme ils appréciaient sa compagnie, elle finit par dîner avec eux une fois par semaine, ou au minimum une fois tous les quinze jours. À plusieurs reprises, elle les invita à dîner chez elle, mais il y avait beaucoup de marches à gravir et ils étaient si épuisés en arrivant qu'elle y renonça. Ainsi, elle apportait du poisson, un poulet ou un plat de pâtes chez eux. Ils faisaient une salade, servaient des baies du jardin au dessert.

Après dîner, savourant une tasse de menthe ou une infusion de fleurs d'hibiscus, ils s'installaient autour de la table et Sam racontait des histoires. La fois où Anna avait contracté la polio, dans un étang, au fin fond de la jungle du Yucatan, leur périple pour l'amener à un hôpital, la bonté des gens. Beaucoup d'histoires sur la maison qu'ils avaient construite à Xalapa. La femme du maire, le jour où elle s'était cassé la jambe en sortant par la fenêtre pour éviter un importun. Les histoires de Sam commençaient toujours par : « Ça me rappelle la fois où… »

Peu à peu, Loretta apprit les détails de leur histoire. Quand il lui faisait la cour à Mount Tam. Leur idylle à New York, du temps où ils étaient communistes. Vivant dans le péché. Ils ne s'étaient jamais mariés, se félicitaient encore de cet anticonformisme. Ils avaient deux enfants ; tous deux vivaient dans des villes lointaines. Il y avait des histoires sur le ranch près de Big Sur, quand les enfants étaient petits. Lorsqu'une anecdote s'achevait, Loretta disait : « Ce n'est pas que je m'ennuie, mais je dois me lever très tôt demain. » Souvent, elle les quittait, alors. Mais d'ordinaire, Sam disait : « Que je vous raconte ce qui est arrivé au phonographe à manivelle… » Des heures plus tard, épuisée, elle rentrait en voiture à Oakland, se disant qu'elle ne pouvait pas continuer ainsi. Ou qu'elle continuerait, mais en fixant une limite horaire bien précise.

Ce n'était pas qu'ils étaient ennuyeux ou inintéressants. Au contraire, ce couple avait eu une vie pleine et enrichissante, était actif et perspicace. Ils s'intéressaient énormément au monde extérieur, à leur propre histoire. Ils passaient un si bon moment, chacun ajoutant sa remarque, se chamaillant sur des dates ou détails, que Loretta n'avait pas le cœur de les interrompre pour s'en aller. Et cela lui faisait du bien d'aller là-bas, de voir à quel point ses visites les réjouissaient. Mais parfois, elle n'avait plus aucune envie d'y aller, quand elle était trop fatiguée ou avait autre chose à faire. Finalement, elle déclara qu'elle ne pouvait pas rester aussi tard, qu'il était difficile de se lever le lendemain. Venez prendre un brunch dimanche, dit Anna.

Par beau temps, ils s'attablaient sur la véranda, parmi les fleurs et les plantes. Des centaines d'oiseaux approchaient des mangeoires juste à côté d'eux. Quand il faisait plus frais, ils mangeaient à l'intérieur près du poêle en fonte. Sam l'alimentait avec des bûches qu'il avait fendues lui-même. Ils faisaient des gaufres ou l'omelette spéciale Sam, parfois Loretta apportait bagels et saumon fumé. Les heures passaient, la journée s'écoulait tandis que Sam narrait ses anecdotes et qu'Anna corrigeait ou ajoutait ses commentaires. Parfois, quand on était au soleil sur la véranda, ou dans la chaleur du poêle, c'était dur de rester éveillée.

Leur maison au Mexique était en parpaings, mais les poutres, les plans de travail et les placards étaient en bois de cèdre. D'abord la grande pièce – la cuisine et living – avait été construite. Ils avaient planté des arbres, bien entendu, avant même de commencer la maison. Bananiers et pruniers, jacarandas. L'année suivante ils avaient ajouté une chambre, quelques années plus tard une autre chambre et un atelier pour Anna. Les lits, les paillasses et les tables étaient en cèdre. Ils retournaient à leur petite maison après avoir travaillé sur le terrain, dans un autre État du Mexique. La maison était toujours fraîche et sentait le cèdre – comme une grande armoire en bois de cèdre.

Anna contracta une pneumonie et dut aller à l'hôpital. Toute malade qu'elle était, elle ne pensait qu'à Sam, comment allait-il se débrouiller sans elle ? Loretta lui promit d'y aller avant le travail, de veiller à ce qu'il prenne ses médicaments et son petit déjeuner, de lui faire la cuisine le soir après le travail, de l'emmener la voir à l'hôpital.

Le plus terrible, c'était que Sam ne parlait pas. Il s'asseyait en frissonnant au bord du lit tandis qu'elle l'aidait à s'habiller. Machinalement il prenait ses cachets et buvait son jus d'ananas, s'essuyait soigneusement le menton après le petit déjeuner. Le soir, quand elle arrivait, il l'attendait, debout sur la véranda. Il voulait aller voir Anna d'abord, et ensuite dîner. À l'hôpital, Anna était allongée, pâle, ses longues tresses blanches pendouillant comme celles d'une fillette. Elle était sous perfusion et portait un masque à oxygène. Elle ne parlait pas, mais souriait et tenait la main de Sam tandis qu'il lui racontait qu'il avait fait une machine de linge, arrosé les tomates, paillé les haricots, fait la vaisselle, de la citronnade. Il parlait sans arrêt, hors d'haleine, lui racontait chaque heure de sa journée. Quand ils repartaient, Loretta devait le tenir fermement, il trébuchait et vacillait. Sur le trajet du retour, il pleurait, dévoré d'inquiétude. Mais Anna était rentrée, guérie – cependant il y avait tant à faire dans le jardin. Le dimanche suivant, après le brunch, Loretta les aida à désherber, à élaguer les mûriers. Loretta était soucieuse – et si Anna tombait gravement malade ? Dans quoi s'était-elle embarquée au nom de l'amitié ? L'interdépendance de ce couple, cette vulnérabilité l'attristaient et l'émouvaient. Ces pensées traversaient son esprit pendant qu'elle s'activait, mais c'était agréable, cette fraîche terre noire, le soleil dans son dos. Sam racontait des histoires tout en désherbant dans la rangée adjacente.

Le dimanche d'après, elle était en retard. Elle s'était levée tôt, il y avait tellement à faire. Elle aurait préféré rester à la maison, mais n'avait pas eu le cœur de téléphoner pour annuler.

La porte d'entrée n'était pas déverrouillée, pour une fois, aussi passa-t-elle par le jardin afin de monter les marches de derrière. Elle s'y promena pour y jeter un coup d'œil ; c'était plein de tomates, courges, pois mange-tout. Abeilles ronronnantes. Anna et Sam étaient dehors, sur la véranda à l'étage. Loretta allait les appeler mais ils étaient absorbés dans leur conversation.

— Elle n'a jamais été en retard. Elle ne viendra peut-être plus.

— Mais si… Elle tient tellement à ces moments.

— La pauvre. Elle est si seule. Elle a besoin de nous. On est sa seule famille.

— Tu as vu comme elle aime mes histoires ? Mince, je ne vois vraiment pas quoi lui raconter, aujourd'hui…

— Tu auras bien une idée…

— Hello ! lança Loretta. Y a quelqu'un ?

Ingérable

Dans la nuit obscure de l'âme les bars et magasins de vins et spiritueux sont fermés. Sa main tâtonna sous le matelas ; la pinte de vodka était vide. Elle quitta son lit, se leva. Elle tremblait si fort qu'elle dut s'asseoir par terre. Hyperventilation. Si elle ne buvait pas, ce serait la crise de delirium tremens ou les convulsions.

L'astuce, c'est de ralentir sa respiration et ses pulsations cardiaques. S'efforcer au calme en attendant de pouvoir se procurer une bouteille. Sucre. Thé sucré, c'est ce qu'on vous donne en cure de désintoxication. Mais elle tremblait trop pour tenir debout. S'allongeant sur le sol, elle pratiqua la respiration profonde des yogis. Ne réfléchis pas, mon Dieu, ne réfléchis pas à ton état, sinon tu vas mourir, de honte, d'une attaque. Sa respiration ralentit. Elle entreprit de lire des titres d'ouvrages dans la bibliothèque. Concentre-toi, lis à haute voix. Edward Abbey, Chinua Achebe, Sherwood Anderson, Jane Austen, Paul Auster, ne papillonne pas, ralentis. Arrivée au bout de cette paroi de livres, elle se sentit mieux. Elle se releva. Se tenant au mur, tremblant au point qu'elle avait de la peine à bouger les pieds, elle parvint jusqu'à la cuisine. Pas de vanille. Extrait de citron. Ça lui déchira le gosier et elle eut un haut-le-cœur, se tint la bouche pour réingurgiter. Elle se fit du thé, avec plein de miel, le sirota lentement dans le noir. À six heures du matin, c'est-à-dire dans deux heures, l'Uptown Liquor Store à Oakland lui vendrait un peu de vodka. À Berkeley, il fallait attendre jusqu'à sept heures. Seigneur, avait-elle de l'argent sur elle ? Elle retourna à pas de loup dans sa chambre pour inspecter son sac sur le bureau. Son fils Nick avait dû lui confisquer son portefeuille et ses clés de voiture. Impossible d'aller les chercher dans la chambre des enfants sans les réveiller.

Il y avait un dollar et trente cents dans le vide-poche sur son bureau. Elle fouilla plusieurs sacs dans le placard, les poches du manteau, un tiroir de cuisine, avant de réunir les quatre dollars que ce sale métèque vous taxait pour une demi-pinte à cette heure-là. Tous les ivrognes en manque allongeaient la monnaie. Même si la plupart achetaient du vin cuit, ça allait plus vite.

À pied, c'était loin. Trois quarts d'heure ; il faudrait se dépêcher pour être rentrée avant le réveil des enfants. En serait-elle capable ? À peine si elle réussissait à se traîner d'une pièce à l'autre. En espérant qu'une voiture de patrouille ne passerait pas. Si seulement elle avait eu un chien à balader. Ah, je sais, se dit-elle en riant, je vais demander aux voisins si je peux emprunter leur toutou. Ben voyons. Plus aucun voisin ne lui adressait la parole.

Cela l'aida à maintenir le cap, de se concentrer sur les lézardes du trottoir, de les compter, un deux trois. Se tractant à des buissons, des troncs d'arbre, comme escalader une montagne de biais. Traverser les rues était terrifiant, elles étaient si larges, avec leurs feux clignotants rouge rouge, jaune jaune. De temps en temps un camion de l'*Examiner*, un taxi libre. Une voiture de police lancée à toute allure, feux éteints. Ils ne l'avaient pas vue. Une sueur froide coulait dans son dos, ses dents claquaient très fort dans l'obscurité du petit matin.

Elle était tout essoufflée et défaillante en arrivant au Uptown sur Shattuck. Pas encore ouvert. Sept Noirs, tous vieux à l'exception d'un jeune homme, se tenaient sur le trottoir. Indifférent à eux, le Pakistanais dégustait son café derrière la vitre. Dehors, deux types partageaient un flacon de sirop pour la toux. La mort bleue, ça pouvait s'acheter toute la nuit.

Un vieillard qu'on appelait Champ lui sourit. « Dis, maman, t'es malade ? Mal aux cheveux ? » Elle acquiesça. C'était bien ce qu'on ressentait, aux cheveux, aux globes oculaires, dans les os. « Tiens, prends. » Il grignotait des biscuits salés, lui en passa deux. « Faut se forcer à manger. » « Dis, Champ, file-m'en », dit le jeune.

On la laissa aller la première au comptoir. Elle demanda de la vodka et déversa son tas de piécettes sur le comptoir.

— Tout y est, dit-elle.

Il sourit.

— Comptez-moi ça.

— Non, c'est pas vrai, fit le jeune alors qu'elle comptait ses sous, les mains agitées de spasmes.

Elle glissa la bouteille dans son sac, trébucha vers la sortie. Dehors, elle se tint à un poteau téléphonique, craignant de traverser la rue.

Champ buvait son Night Train au goulot.

— Trop grande dame pour boire dans la rue ?

Elle fit non de la tête.

— J'ai peur de lâcher la bouteille.

— Tiens. Ouvre le bec. Faut un remontant si tu veux rentrer chez toi.

Il fit couler du vin dans sa bouche. L'alcool circula en elle, tiède.

— Merci.

Elle traversa rapidement la rue, trottina lourdement en direction de la maison, quatre-vingt-dix, quatre-vingt-onze, comptant les lézardes. Il faisait encore nuit noire quand elle arriva à sa porte.

Asphyxiée. Sans allumer, elle versa du jus d'airelles dans un verre avec le tiers de la bouteille. Elle s'installa à la table et sirota lentement ; le soulagement de l'alcool s'infiltrait par toutes les fibres de son corps. Elle en pleurait, soulagée de ne pas être morte. Elle se servit un autre tiers et un peu de jus de fruits, posa la tête sur la table entre deux gorgées.

Après, elle se sentit mieux et alla dans la buanderie démarrer une machine. Emportant la bouteille, elle se rendit ensuite à la salle de bains. Elle se doucha, se coiffa, enfila des vêtements propres. Plus que dix minutes. Elle vérifia que la porte était fermée à clé, s'assit sur les W.-C. et finit la vodka. Cette dernière dose ne lui réussit guère mais la rendit légèrement ivre.

Elle transvasa le linge propre dans le sèche-linge. Elle était en train de diluer du concentré de jus d'orange surgelé quand Joel arriva dans la cuisine en se frottant les yeux.

— Pas de chaussettes, pas de chemise…

— Bonjour, chéri. Sers-toi des céréales. Tes vêtements seront secs lorsque tu auras fini ton petit déjeuner et pris ta douche.

Elle lui remplit un verre de jus d'orange, en remplit un autre pour Nicholas qui se tenait, muet, dans l'embrasure.

— Comment t'as fait pour picoler ?

Il la bouscula en allant se chercher des céréales. Treize ans. Il était plus grand qu'elle.

— Je peux récupérer mon portefeuille et mes clés ? dit-elle.

— Le portefeuille, oui. Je te donnerai tes clés quand je serai sûr que ça va.

— Ça va. Je reprends le travail demain.

— Tu ne peux plus arrêter sans te faire hospitaliser, m'man.

— Ça ira. Te casse pas la tête. J'aurai toute la journée pour aller bien.

Elle alla constater l'état des vêtements dans le sèche-linge.

— Les chemises sont sèches, dit-elle à Joel. Pour les chaussettes, c'est dans dix minutes.

— Je ne peux pas attendre. Je vais les mettre mouillées.

Ses fils prirent leurs livres et leurs sacs, l'embrassèrent et quittèrent la maison. Postée à la fenêtre, elle les regarda descendre la rue jusqu'à l'arrêt du bus. Elle attendit qu'ils montent à bord et que le véhicule reparte en direction de Telegraph Avenue. Alors, elle s'en alla, vers le caviste au coin de la rue. C'était ouvert maintenant.

Voiture électrique, El Paso

Mme Snowden attendit que ma grand-mère et moi, on monte dans sa voiture électrique. Celle-ci ressemblait à n'importe quelle autre voiture, sauf qu'elle était très haute et courte, comme une voiture de BD qui serait rentrée dans un mur. Une voiture aux cheveux dressés sur la tête. Mamie s'installa à l'avant et moi à l'arrière.

C'était la zone des ongles qui crissent sur un tableau noir. Les vitres étaient couvertes d'une pellicule de poussière jaune. L'habitacle et les sièges, d'un velours poussiéreux et moisi. Taupe. À l'époque je me rongeais souvent les ongles et le contact de ce velours poudreux et abîmé contre les extrémités à vif de mes doigts, mes coudes et genoux égratignés… c'était l'angoisse. J'avais mal aux dents, mal aux cheveux. Je frissonnais comme si j'avais touché par inadvertance un chat mort au pelage feutré. Accroupie, je levais les bras pour m'accrocher aux pots de fleurs sculptés et dorés au-dessus des vitres sales. Les sangles pour se cramponner étaient pourries et racornies, elles pendouillaient sous les pots de fleurs comme de vieilles perruques. Ainsi accrochée, j'étais suspendue en hauteur, oscillant au-dessus des banquettes arrière des autres voitures où on pouvait voir des sacs de provisions, des bébés jouant dans des cendriers, des boîtes de Kleenex.

La voiture produisait un ronronnement si doux qu'on n'avait pas l'impression d'être en mouvement. La voiture se déplaçait-elle vraiment ? Mme Snowden ne voulait pas, ou ne pouvait pas, rouler à plus de 20 kilomètres-heure. On allait si lentement que je voyais des choses comme jamais auparavant. Dans la continuité temporelle, comme regarder quelqu'un dormir, toute la nuit. Un homme sur le trottoir décidait d'aller dans tel café, il changeait d'avis, marchait jusqu'au coin de la rue, revenait sur ses pas et entrait dans l'établissement, mettait la serviette sur ses genoux et attendait la carte avant qu'on ait atteint le prochain croisement.

Si je rentrais la tête, comme un siège de balançoire entre mes bras en l'air, quand je regardais vers le haut, tout ce que je pouvais voir de Mamie et Mme Snowden, qui étaient toutes petites, c'était leurs chapeaux de paille, comme si elles avaient été seulement deux chapeaux de paille posés sur le tableau de bord. J'avais le fou rire à chaque fois. Mamie se retournait pour me sourire comme si elle ne remarquait rien. On n'était même pas encore en ville, même pas à la Plaza.

Elle et Mme Snowden parlaient d'amies qui étaient mortes ou malades ou qui avaient perdu un mari. Toutes leurs phrases s'achevaient sur une citation de la Bible.

— Eh bien, je trouve que c'était *très* imprudent de sa part de…

— Oh, Sainte Vierge oui. « Ne le regardez pas comme un ennemi, mais avertissez-le comme un frère. »

— Thessaloniciens III ! disait Mamie.

C'était une sorte de jeu. Finalement, ne pouvant plus me suspendre plus longtemps aux pots de fleurs, je m'allongeai par terre. Caoutchouc moisi. Poussière. Mamie se retourna pour sourire. Sainte Vierge ! Mme Snowden se rangea sur le bas-côté de la route. Elles croyaient que j'avais perdu connaissance. Bien plus tard, quelques heures plus tard, j'eus envie de faire pipi. Toutes les toilettes propres étaient de l'autre côté de la route, du côté gauche. Mme Snowden ne pouvait pas tourner à gauche. Il nous fallut un bon paquet de virages à droite et de rues en sens unique avant d'atteindre des toilettes. J'avais déjà fait dans ma culotte à ce moment-là mais je ne dis rien, bus au frais frais robinet Texaco. On mit encore plus de temps pour revenir du côté droit parce qu'il fallut rebrousser chemin jusqu'au pont autoroutier sur Wyoming Avenue.

Il faisait sec à l'aéroport, les voitures dans leurs allées et venues broyaient du gravier. Des broussailles se prenaient dans la clôture. Asphalte, métal, une brume de poussiéreux atomes dansants qui reflétaient des éblouissements d'ailes et de hublots d'avions. Tout autour de nous des gens dans les voitures mangeaient des trucs salissants. Pastèques, grenades, ananas talés. Des bouteilles giclaient au plafond, la mousse ruisselait sur les carrosseries. J'avais envie de sucer une orange. J'ai faim, pleurnichai-je.

Mme Snowden avait prévu le coup. Sa main gantée me passa des biscuits à la figue enveloppés de Kleenex poudreux. Les gâteaux se dilatèrent en moi telles des fleurs japonaises, un oreiller qui crève. Je suffoquai, les larmes aux yeux. Mamie sourit et me tendit un mouchoir sous étui poussiéreux, chuchota à Mme Snowden, qui secouait la tête :

— Faites pas attention… elle fait son intéressante.

— Car l'Éternel châtie celui qu'Il aime.

— Jean ?

— Hébreux. XI.

Quelques avions décollèrent et il en atterrit un. Bon. Autant rentrer maintenant. Comme elle n'y voyait pas très bien la nuit, avec les phares et tout ça, elle ralentissait sur le chemin de la maison, s'écartant des voitures garées contre le trottoir. Tous les conducteurs du dimanche nous klaxonnaient. Je m'étais juchée sur la banquette de velours et appuyée à la lunette arrière pour contempler la ribambelle de phares qui nous collaient au train depuis l'aéroport.

— Les flics ! hurlai-je.

Lumière rouge, sirène. Mme Snowden mit son clignotant, se rangea lentement sur le côté pour le laisser passer, mais il s'arrêta à notre hauteur. Elle abaissa à moitié sa vitre pour l'écouter.

— Madame, les feux sont synchronisés en fonction d'une vitesse de soixante kilomètres-heure. De plus, vous roulez au milieu de la chaussée.

— Soixante, c'est bien trop rapide.

— Accélérez, ou je vais devoir vous coller une contravention.

— Ils n'ont qu'à me contourner.

— Ma p'tite dame, ils n'oseraient pas !

— Ah !

Elle lui remonta la vitre au ras du nez. Il cogna dessus, tout rouge. Ça klaxonnait derrière et les gens qui étaient juste dans notre dos rigolaient. Furax, le policier tourna les talons, monta dans sa voiture de patrouille, fit ronfler le moteur et partit sur les chapeaux de roues, sirène hurlante, grillant le feu rouge et rentrant dans le cul d'une Oldsmobile puis s'écrasant de nouveau, cette fois contre l'avant d'un pick-up. Du verre tinta. Mme Snowden abaissa sa vitre. Elle évita prudemment l'arrière de la camionnette accidentée.

— Que celui qui croit être debout prenne garde de tomber.

— Corinthiens ! s'exclama Mamie.

Sex-appeal

Bella Lynn était ma cousine, et pour ainsi dire la plus jolie fille de l'ouest du Texas. Elle avait été majorette au lycée d'El Paso et Miss Sun Bowl en 1946 et 1947. Par la suite, elle alla à Hollywood pour devenir starlette. Ça n'a pas marché. Le voyage avait mal commencé à cause du soutien-gorge. Il n'était pas rembourré mais se gonflait, comme une baudruche. Deux baudruches.

Oncle Tyler, tante Tiny et moi-même, on était venus assister au départ. Dans un DC-6 quadrimoteur. Aucun d'entre nous n'avait jamais pris l'avion. Elle prétendait avoir les nerfs en pelote, mais n'en avait pas l'air. Elle était tout simplement adorable dans son pull rose en angora. Ses seins étaient très gros.

Nous avons suivi l'avion du regard, agitant la main jusqu'à ce qu'il décolle pour la Californie et Hollywood, et puis il disparut. Apparemment, c'est à ce moment-là qu'il atteignit aussi une certaine altitude, et à cause de la pressurisation dans la cabine le soutien-gorge de Bella Lynn claqua. Éclata, je veux dire. Heureusement, personne à El Paso n'en entendit parler. Elle ne me l'a d'ailleurs avoué que vingt ans plus tard. Mais je ne crois pas que ce soit pour cette raison qu'elle n'est jamais devenue une starlette.

Sa photo paraissait toujours dans le journal d'El Paso. À un moment, ce fut tous les jours pendant une semaine… quand elle sortait avec Rickie Evers. Rickie Evers venait de divorcer d'une célèbre vedette de cinéma. Son papa était un hôtelier millionnaire et il vivait au dernier étage de l'hôtel Del Norte à El Paso.

Rickie Evers était en ville pour le National Golf Open, et Bella Lynn était bien décidée à sortir avec lui. Elle avait réservé une table au restaurant de l'hôtel. Elle avait dit que je pouvais venir, que onze ans, ce n'était pas trop jeune pour prendre quelques leçons de sex-appeal.

À vrai dire, je n'y connaissais rien. Déjà que le sexe, en soi, semblait avoir quelque parenté avec la folie… Les chats en devenaient complètement mabouls, et toutes les vedettes de cinéma semblaient ravagées. Bette Davis et Barbara Stanwyck étaient de redoutables vamps. Avachies au Court Café sous leurs chignons banane, Bella Lynn et ses copines soufflaient de la fumée par les narines comme des dragons en colère.

Elles étaient toutes excitées par ce tournoi de golf : « Une mine d'or ! Un puits de pétrole à deux pas de chez nous ! »

Wilma, la meilleure amie de Bella Lynn, voulait nous accompagner au Del Norte mais niet, répondit celle-ci. Une règle élémentaire du sex-appeal, selon elle, c'était qu'on opère toujours seule. Peu importe que l'autre femme soit belle ou moche… cela ne faisait que retarder et compliquer toute l'opération.

J'ai revêtu ce qui me semblait être la plus belle robe du monde. Mousseline bleu lavande à pois avec manches bouffantes et crinoline. Tante Tiny me fit une tresse française. Je n'avais pas encore droit au rouge à lèvres, alors j'ai mis du mercurochrome. Tante Tiny m'a fait effacer ça tout de suite, mais elle m'a pincé les joues. Bella Lynn portait une robe de vamp, en crêpe brun, très épaulée, un maquillage ténébreux de vamp et des hauts talons noirs. On est arrivées tôt à l'hôtel. Elle s'est installée dans un fauteuil enveloppant, dans le hall, avec ses lunettes noires. Elle croisait les jambes. Bas de soie noire. J'ai dit que les coutures étaient de travers, mais elle a répondu que des coutures légèrement de travers ajoutaient au sex-appeal. Elle m'a donné une pièce pour m'acheter un soda, mais je suis juste allée monter et descendre les marches. Un majestueux escalier arrondi tapissé de velours rouge, avec une rampe galbée. Je montais les marches en courant et me tenais sous le lustre, arborant un sourire royal. Puis je redescendais avec lenteur et grâce, ma main effleurant légèrement la rampe en acajou. Ensuite, je remontais en vitesse. J'ai fait cela je ne sais combien de fois avant de me dire qu'il était sûrement temps de passer à table. Mais elle avait reporté la réservation parce que les Evers n'étaient pas encore là. J'ai acheté un Mars et je suis allée m'asseoir un peu plus loin. Elle m'a dit à voix basse de ne plus bourrer le fauteuil de coups de pied. Elle fumait des Pall Mall, sauf qu'elle disait Pell Mell.

J'ai reconnu le fameux Evers et son millionnaire de père à la minute où ils sont arrivés. Ils allaient dans la salle de restaurant avec d'autres hommes. Tous avec Stetson et bottes, à l'exception d'Evers, qui portait un costume à fines rayures et pas de chapeau. Mais je les aurais identifiés tout de suite rien qu'à voir l'air sexy que se donnait Bella Lynn, qui maniait un fume-cigarette à présent. Elle ôta ses lunettes noires et on y est allées. Bella Lynn déclara au serveur que son cavalier avait eu un contretemps fâcheux, on ne serait que deux à dîner.

J'aurais voulu le steak pané, mais elle décréta que c'était trop vulgaire et commanda deux côtes de bœuf. Un Manhattan pour elle et un Shirley Temple pour moi. Mais elle se retrouva avec un Shirley Temple aussi, parce qu'elle n'avait que dix-huit ans. Elle déclara au serveur qu'elle devait avoir égaré son permis de conduire. Quelle tuile !

Les hommes avaient une bouteille de bourbon sur la table et, excepté Rickie, ils fumaient tous le cigare.

— Comment vas-tu faire pour le rencontrer ?

— Je te l'ai dit : le sex-appeal. Dès que j'aurai croisé son regard il viendra ici et nous paiera notre petit dîner.

— Jusqu'à présent, il n'a même pas regardé de notre côté.

— Si, mais il ne le montre pas… c'est son sex-appeal à lui. Mais il va recommencer, et là je le regarderai comme le dernier des chiens galeux.

À ce moment-là, Rickie Evers regarda bien dans notre direction, et c'est exactement ainsi qu'elle le regarda, l'air de dire comment a-t-on pu laisser entrer *ça* ? En moins de deux il se retrouva planté derrière le siège vacant.

— Puis-je me joindre à vous ?

— Ma foi, mon cavalier a eu un contretemps fâcheux. Peut-être pour quelques minutes…

— Qu'est-ce que vous buvez ?

— Des Shirley Temple, dis-je, mais elle répondit des Manhattan.

Il demanda au serveur de m'apporter un Shirley Temple. Un Manhattan pour lui et la dame. Le serveur ne dit rien au sujet de sa pièce d'identité.

— Moi, c'est Bella Lynn, et voici Little Lou, ma cousine. Désolée, je n'ai pas saisi votre nom, dit-elle, alors qu'elle savait fort bien qui c'était.

Il se présenta et elle déclara :

— Nos pères jouent ensemble au golf.

— Vous irez au tournoi demain ?

— Je me le demande. C'est si pénible, ces foules. Mais Little Lou y tient tellement…

Ils finirent par décider d'y aller, pour m'épargner une déception. Je n'y tenais pas du tout, mais le lendemain ils avaient oublié combien j'étais censée avoir envie d'y assister, de toute façon.

Ils burent leurs Manhattan et ensuite ce fut cocktails de crevettes avant nos côtes de bœuf. Une omelette norvégienne en dessert, qui me parut extraordinaire.

Ensuite, ils allaient faire les night-clubs à Juarez et la question se posa, autour d'une crème de menthe, de savoir comment je rentrerais à la maison. En taxi, dit Bella Lynn, mais il insista pour me déposer avant de passer la frontière.

Bella Lynn alla se repoudrer le nez. Moi pas, je ne savais pas encore qu'on est censé en faire autant, pour analyser la situation.

En son absence, Rickie Evers laissa tomber par terre son briquet en or et comme il se penchait pour le ramasser il passa la main sur ma jambe, me caressant l'intérieur du genou.

J'ai pris une bouchée d'omelette norvégienne et me suis demandé à haute voix comment c'était fait. Il ramassa son briquet et dit que j'en avais sur le menton. Lorsqu'il essuya cela avec la grande serviette en lin, son bras me frôla le sein. Ça m'a gênée, je ne mettais même pas encore de soutien-gorge.

Bella Lynn est revenue des toilettes en se déhanchant avec ses bas aux coutures de travers, faisant mine de ne pas voir tous ces hommes qui la reluquaient. Toute la salle n'avait eu d'yeux que pour eux tout au long du repas. Je crois que le serveur mexicain avait vu ce que Rickie Evers avait fait, quand il avait lâché son briquet.

J'étais placée entre eux dans la grosse Lincoln noire. Les vitres montèrent et descendirent quand il appuya sur un bouton, même celles à l'arrière. Il y avait un allume-cigare, et il frôla ma jambe en l'utilisant, et de nouveau mes seins quand il tendit la main pour allumer les Pell Mell de Bella Lynn.

On est arrivés devant la maison.

— Tu ne m'embrasses pas, Little Lou ? dit-il.

Bella Lynn gloussa.

— Voyons, elle n'a même pas seize ans !

Au moment où elle descendait, il me mordit au cou. Bella Lynn rentra avec moi pour aller chercher son châle et son atomiseur de Tabu.

— Qu'est-ce que je te disais, Lou, à propos du Sex-Appeal ? Les doigts dans le nez !

Je suis allée écouter *Les mystères d'Inner Sanctum* avec oncle Tyler et tante Tiny. Ils étaient tout contents que Bella Lynn sorte avec l'ex-mari de la plus belle vedette de cinéma du monde.

— Comment a-t-elle fait ? s'interrogeait oncle Tyler.

— Voyons, Tyler… tu sais que notre Bella Lynn est la plus jolie fille à l'ouest du Mississippi !

— Non. C'est le Sex-Appeal, dis-je.

Ils me jetèrent un regard noir.

— Ma petite, que je ne t'entende plus *jamais* prononcer ce mot-là ! déclara tante Tiny, très vamp.

On aurait dit Mildred Pierce.

Petit con

Dans les années 60, Jesse venait souvent voir Ben. C'étaient des gamins à l'époque, cheveux longs, lumière stroboscopique, herbe et LSD. Jesse avait déjà abandonné l'école, il avait déjà un agent de probation. Les Rolling Stones étaient venus au Nouveau-Mexique. Les Doors. Ben et Jesse avaient pleuré quand Jimi Hendrix était mort, quand Janis Joplin était morte. Encore une année mémorable côté météo. Neige. Canalisations gelées. Tout le monde pleura cette année-là.

Nous habitions une vieille ferme au bord du fleuve. Marty et moi venions de divorcer, c'était ma première année d'enseignement, mon premier boulot. La maison était difficile à entretenir seule. Toit qui fuit, pompe grillée, mais c'était une grande, une belle maison.

Ben et Jesse jouaient de la musique très fort, faisaient brûler de l'encens violet qui sentait le pipi de chat. Mes autres fils, Keith et Nathan, ne pouvaient pas souffrir Jesse – hippie au bout du rouleau – mais Joel, le tout-petit, l'adorait, ses bottes, sa guitare, sa carabine à plombs. Il s'exerçait sur des canettes de bière derrière la maison. Ping.

On était en mars et il faisait sacrément froid. Le lendemain matin les grues seraient dans le canal de drainage à l'aube. C'était le nouveau pédiatre qui m'en avait parlé. Un bon médecin, célibataire de surcroît, mais je regrette toujours ce vieux Dr Bass. Du temps où Ben était bébé, je l'avais appelé pour lui demander combien il fallait laver de couches à la fois. Une seule, avait-il répondu.

Aucun des gosses n'avait voulu venir. Je me suis habillée en grelottant. J'ai fait du feu avec du bois de pin, une Thermos de café. Préparé la pâte à pancakes, nourri les chiens et chats, Rosie la chèvre. Avions-nous un cheval à l'époque ? Si oui, j'ai oublié de lui donner du foin. Jesse a surgi derrière moi dans le noir, au niveau des barbelés, près de la petite route blanche de givre.

— J'ai envie de voir les grues.

Je lui ai donné la torche, et la bouteille Thermos aussi, je crois. Il éclairait tout sauf la route et je n'arrêtais pas de l'embêter pour ça. Allez, arrête.

— Tu vois clair. Tu avances. Apparemment, tu connais le chemin.

C'était vrai. L'étourdissant faisceau lumineux balayait les nids d'oiseaux dans les pâles peupliers de Virginie, les citrouilles dans le champ de Gus, les silhouettes préhistoriques de ses taureaux brahman. Leurs yeux d'agate s'ouvraient pour réfléchir un point éblouissant, se refermaient.

On a marché sur le tronc jeté au-dessus du lent et sombre fossé d'irrigation, avant d'atteindre le canal de drainage où on s'est allongés sur le ventre, taciturnes comme des guérilleros. Je sais, je romance tout. C'est vrai qu'on s'est caillés pendant un bon moment dans le brouillard. Ce n'était pas du brouillard. Plutôt de la brume émanant du canal, ou peut-être juste notre haleine.

Au bout d'une éternité, les grues sont bel et bien venues. Par centaines, au moment même où le ciel virait au bleu-gris. Elles se posèrent au ralenti sur leurs pattes grêles. Faisant leur toilette, se lissant les plumes sur la berge. Soudain tout était noir et blanc et gris, un film après le générique, neigeux.

Comme elles se désaltéraient en amont, l'eau argentée se fragmenta sous elles en dizaines de fins serpentins. Puis, très vite, elles s'en allèrent, tout en blancheur, avec un bruit de cartes qu'on brasse.

On est restés couchés là, à boire du café, jusqu'au point du jour et la venue des corneilles. Des corneilles empotées et braillardes, défiant la grâce des grues. Leur noirceur zigzaguait dans l'eau, des branches de peupliers rebondissaient comme des trampolines. On sentait le soleil.

Il faisait clair sur la route, au retour, mais il avait laissé allumée la torche. Éteins, veux-tu ? Comme il m'ignorait, je la repris. On marchait à grands pas dans les traces du tracteur.

— Putain, dit-il, ça m'a foutu les boules.

— Vraiment ? Terrible comme une armée rangée en bataille. C'est dans la Bible.

— Ah oui, maîtresse ?

Déjà il avait son sale caractère.

Étape

Le centre de désintoxication d'Oakland Ouest était un entrepôt. C'est sombre à l'intérieur et sonore comme un parking souterrain. Chambrées, cuisine et secrétariat ouvrent sur une vaste salle. Au milieu de cette salle, il y a un billard et la fosse télé. On dit « fosse », parce que les cloisons qui la cernent ne font qu'un mètre cinquante de haut, pour que les psychologues puissent y plonger le regard.

La plupart des patients étaient là, en pyjama bleu, à regarder *Leave It to Beaver*. Bobo tenait une tasse de thé pour permettre à Carlotta de boire. Les autres hommes rigolaient en évoquant le moment où elle avait couru sur les voies de triage, cherchant à passer sous la motrice. L'Amtrak de L.A. s'était arrêté. Carlotta rigolait aussi. Tous ces mecs cavalant en pyjama. Ce n'était pas qu'elle se foutait de ce qu'elle avait fait : elle ne se rappelait pas, ne reconnaissait pas cet acte comme le sien.

Milton, un psychologue, arriva au bord de la fosse.

— C'est quand le match ?

— Dans deux heures.

Benitez et Sugar Ray Leonard pour le titre de Poids welter.

— Sugar Ray va gagner – facile.

Milton sourit à Carlotta et les hommes firent des commentaires, des blagues. Elle en avait connu la plupart lors de précédentes cures, ici même ou à Hayward, Richmond, San Francisco. Bobo, elle l'avait connu dans le service psychiatrique de Highland.

Les vingt pensionnaires étaient dans la fosse à présent, avec oreillers et couvertures, blottis les uns contre les autres tels des enfants de la maternelle à l'heure de la sieste, ces dessins de Henry Moore montrant des gens dans des abris anti-aériens. À la télévision, Orson Welles disait : « On ne vendra pas de vin avant que ce ne soit le moment. — C'est le moment, mec, c'est le moment ! », s'esclaffa Bobo.

— Arrête de trembler, toi, tu vas dérégler la télé…

Un homme à dreadlocks prit place à côté de Carlotta, posa la main à l'intérieur de sa cuisse. Bobo lui attrapa le poignet. « T'enlèves ou je te le casse. » Le vieux Sam arriva, emmitouflé dans une couverture. Il n'y avait pas de chauffage et il faisait un froid mordant.

— Pose-toi sur ses pieds. Ils bougeront plus.

Cheaper by the Dozen était presque terminé. Clifton Webb mourait et Myrna Loy partait pour la fac. Willie déclara qu'il avait bien aimé l'Europe parce que les Blancs étaient moches ici. Carlotta ne comprenait pas ce qu'il voulait dire, avant de réaliser que les seuls êtres que les ivrognes esseulés voyaient, c'était à la télévision. À trois heures du matin, elle-même guettait l'apparition de Jack l'Éventreur pour Datsun d'Occasion. Sabrant les Prix. Je fais un massacre.

En désintox, la télévision était la seule lumière. C'était comme si la fosse était leur propre ring enfumé, avec à l'intérieur celui des boxeurs en couleur. La voix de l'annonceur était perçante. Ce soir, le prix est d'un million de dollars ! Tous les mecs misèrent leur argent sur Sugar Ray, ou l'auraient fait. Bobo dit à Carlotta que certains ici n'étaient même pas des alcooliques, qu'ils avaient fait semblant d'avoir besoin d'une cure afin de pouvoir assister au combat.

Carlotta était pour Benitez. On aime les jolis garçons, mamita ? Benitez était bel homme, avec de fines attaches, une sémillante moustache. Il pesait soixante-douze kilos, avait remporté son premier championnat à l'âge de dix-sept ans. Sugar Ray Leonard était à peine plus lourd mais il semblait le dominer, immobile. Les deux hommes se rencontrèrent au centre du ring. Il n'y avait pas de son. La foule à la télé, les pensionnaires devant la télévision, tous retenaient leur souffle au moment où les boxeurs se firent face, se tournant autour, ondulant, les yeux dans les yeux.

Au troisième round, le rapide crochet de Leonard envoya Benitez au tapis. Il se releva aussitôt, avec un sourire enfantin. Gêné. J'avais pas prévu ça. C'est alors que les pensionnaires commencèrent à souhaiter sa victoire.

Nul ne bougea, même pas pendant la pub. Sam se roula des cigarettes pendant tout le combat, les faisant circuler. Au cours du sixième round, Milton réapparut au bord de la fosse au moment même où Benitez se prenait un coup au front, sa seule marque durant le combat. Milton vit le sang reflété dans les yeux de tout le monde, dans leur sueur.

— Logique… que vous souteniez tous un loser, dit-il.

— Chut ! Huitième round.

— Allez, vieux, te couche pas.

Ils ne demandaient pas à Benitez de gagner, uniquement d'aller jusqu'au bout. Et c'est ce qu'il fit, il alla jusqu'au bout. Au neuvième round il se cacha derrière son jab, puis un crochet du gauche l'envoya dans les cordes et un autre du droit fit sauter son protège-dents.

Dixième, onzième, douzième, treizième, quatorzième round. Il tenait bon. Devant la télévision, plus personne ne parlait. Sam s'était endormi.

La cloche annonça le dernier round. Il régnait un tel silence dans l'arène qu'on entendit Sugar Ray Leonard murmurer : « Oh, c'est pas vrai, il est encore debout. »

Mais le genou droit de Benitez toucha le sol. Brièvement, comme un catholique qui quitte le prie-Dieu. Cette vague génuflexion qui signifiait que le combat était terminé ; il avait perdu.

— Ô Seigneur, aidez-moi, marmonna Carlotta.

Chiens errants

Arrivée à Albuquerque en venant de Baton Rouge. Il était environ deux heures du matin. Vent cinglant. Il est comme ça, le vent à Albuquerque. J'ai traîné à la gare routière jusqu'au moment où un taxi s'est pointé. Le type avait tellement de tatouages de taulard que j'ai pensé que je pourrais me fournir et il me dirait où loger. Il m'a branchée, amenée à une piaule, une *noria* comme on dit par ici, dans South Valley. Une chance de l'avoir rencontré, Noodles. Je ne pouvais pas trouver pire endroit où me planquer qu'Albuquerque. Les Chicanos contrôlent cette ville. Les *mayates*, ils ne peuvent pas se fournir, ils ont déjà de la chance de ne pas se faire tuer. Certains Blancs, qui ont fait assez de taule pour qu'on soit sûr d'eux. Les Blanches, oublie, elles font pas long feu. Le seul moyen, et Noodles m'a aidée là aussi, c'était de se mettre avec un gros fournisseur, comme j'avais fait avec Nacho. À l'époque, personne ne pouvait me faire de mal. Quelle pitié, quand j'y pense. Nacho était un saint, même si ça peut paraître dur à croire. Il a beaucoup fait pour les Bérets Bruns[1],

1. Bérets Bruns : mouvement de jeunesse chicano inspiré des Panthères Noires.

toute la communauté chicano, des jeunes, des vieux. Je ne sais pas où il est passé. Il s'est tiré avant son procès, alors qu'il était sous caution. Une énorme caution. Il avait abattu un agent des stups, Marquez, de cinq balles dans le dos. Le jury ne l'avait pas pris pour un saint, mais pour Robin des Bois peut-être, puisqu'on ne l'avait inculpé que d'homicide involontaire. Je me demande ce qu'il est devenu. On m'a chopée à peu près à la même époque, pour des traces de piquouse.

Tout ça, c'était il y a bien longtemps, sinon je ne pourrais même pas en parler. En ce temps-là on pouvait écoper de cinq à dix ans de prison pour un malheureux joint ou des traces de piquouse.

C'était l'époque où étaient lancés les premiers programmes de réhabilitation à la méthadone. On m'a envoyée dans un établissement pilote. Six mois à La Vida au lieu de plusieurs années à « *la pinta* », la prison fédérale de Santa Fe. Vingt autres toxicos avaient eu le même deal. On est tous arrivés là-bas dans un vieux bus scolaire jaune. Une bande de chiens errants nous attendait à la descente, grondant et aboyant contre nous, avant de déguerpir dans des nuages de poussière.

La Vida était à cinquante kilomètres d'Albuquerque. En plein désert. Rien aux alentours, pas un arbre, pas un buisson. La Route 66 était trop loin pour être atteinte à pied. C'était un ancien site radar, une installation militaire datant de la Seconde Guerre mondiale. Abandonnée depuis. Et quand je dis abandonnée, c'est abandonnée. Nous étions là pour la restaurer.

Notre groupe se tenait là, fouetté par le vent, sous le soleil éblouissant. Une gigantesque parabole dominait les lieux de toute sa hauteur, seule source d'ombre.

Baraquements croulants. Stores à lamelles déchirées et rouillées, cliquetant dans le vent. Pin-up à moitié décollées du mur. Trois ou quatre dunes de sable dans chaque pièce. De vraies dunes, avec vaguelettes et motifs, comme sur les cartes postales du Painted Desert.

Un tas de trucs contribueraient à notre réhabilitation. Et tout d'abord, le fait d'être soustrait à l'« environnement urbain ». Chaque fois qu'un psychologue employait cette expression, on était morts de rire. Il n'y avait pas de routes en vue, encore moins de rues, et celles comprises dans le périmètre du site étaient sous le sable. Il y avait des tables dans les réfectoires et des lits de sangle dans les baraques, mais ça aussi, c'était sous le sable. Les W.-C. étaient bouchés par des charognes et toujours plus de sable.

On n'entendait que le vent et cette meute de chiens qui nous encerclait. Par moments c'était agréable, ce silence, à ceci près que les radars ne cessaient de tourner avec un vilain geignement plaintif, jour et nuit, nuit et jour. Flippant au début, mais à la longue c'était de plus en plus réconfortant, comme des carillons éoliens. Ils avaient permis d'intercepter des pilotes japonais kamikazes, disait-on, mais on disait un tas de trucs bizarroïdes.

Bien entendu, notre réhabilitation passerait principalement par un honnête labeur. La satisfaction du devoir accompli. Apprendre à dialoguer. Le travail d'équipe. Ce travail d'équipe commençait par la queue qu'il fallait faire pour recevoir notre méthadone à six heures du mat'. Après le petit déjeuner on travaillait jusqu'à la pause de midi. Groupe de quatorze heures à dix-sept heures, puis de dix-neuf heures jusqu'à vingt-deux heures.

L'objectif de ces groupes était de nous briser. Nos problèmes principaux étaient l'agressivité, l'arrogance, la méfiance. On mentait, trichait, volait. Il y avait des « crêpages de chignon » quotidiens où des groupes lançaient à la figure d'un seul tous ses défauts et faiblesses.

C'était la curée jusqu'à ce qu'on crie grâce. Pauvres pommes. Vous voyez, je suis encore agressive, arrogante. Dix minutes de retard à la séance et j'avais plus de chignon du tout.

Les groupes, c'était pour l'agressivité. Tout au long de la journée on glissait des petits mots dans une boîte pour dire contre qui on en avait, puis on s'occupait de ça en groupe. En gros, on se contentait de hurler que tous les autres étaient des ratés et des cons. Mais voyez-vous, tout le monde mentait et trichait. La moitié du temps personne n'était en rogne, on faisait seulement semblant pour jouer le jeu, rester à La Vida et ne pas aller en prison. La plupart des petits mots concernaient Bobby, le cuisinier, coupable de nourrir ces chiens errants. Ou des choses genre Grenas ne désherbe pas assez, il se contente de fumer et de balader les broussailles avec un râteau.

On en voulait beaucoup aux clebs. Nous, on faisait la queue à six heures du mat', puis à treize et dix-huit heures devant le réfectoire. Cinglés par le vent de sable. On était crevés, affamés. Glacés le matin et morts de chaleur l'après-midi. Bobby prenait son temps, finissait par traverser son domaine comme un employé de banque plein de morgue pour nous ouvrir la porte. Et pendant qu'on attendait, à quelques mètres de là, à la porte de la cuisine, les chiens attendaient, eux aussi, qu'il leur jette les restes. Des chiens galeux, bigarrés, repoussants, abandonnés par leurs maîtres sur la mesa. Ils aimaient bien Bobby mais nous détestaient, montrant les dents et grondant, jour après jour, repas après repas.

J'ai été transférée de la lessive à la cuisine. Aider le cuisinier, faire la vaisselle et passer la serpillière. Au bout de quelque temps je me suis sentie mieux disposée à l'égard de Bobby, et même des chiens. À tous il avait donné des noms. Des noms idiots. Duke, Spot, Blackie, Gimp, Shorty. Et Liza, sa favorite. Une vieille chienne à la tête toute plate, avec d'immenses oreilles en ailes de chauve-souris et des yeux ambrés. Au bout de quelques mois, elle lui mangeait même dans la main, « Ma douce ! Liza, mon soleil aux yeux d'or », lui susurrait-il. Enfin, elle le laissa la gratter derrière ses vilaines oreilles et juste au-dessus de la longue queue miteuse qui lui pendait entre les pattes. « Mon joli, joli soleil. »

L'argent du gouvernement attirait un flot de gens venus animer des ateliers. Une dame en avait créé un avec pour thème la Famille. Comme si nous avions de la famille, nous autres. Et un type de Synanon qui disait que notre problème était notre froideur. Son expression préférée était : « Quand vous croyez que vous avez l'air bien, vous avez l'air mal. » Chaque jour il nous faisait « casser notre image ». C'est-à-dire faire les imbéciles.

On avait une salle de sport et un billard, des haltères et des punching-balls. Deux télés en couleur. Un terrain de basket, une piste de bowling et un court de tennis. Des tableaux de Georgia O'Keeffe sous cadre. *Les Nymphéas* de Monet. Une équipe de tournage allait venir d'Hollywood pour réaliser un film de science-fiction sur place. On pourrait faire de la figuration et gagner un peu d'argent. Le film tournerait autour du radar et son effet sur Angie Dickinson. Il tombait amoureux d'elle et s'emparait de son âme quand elle mourait dans un accident de voiture. Il s'emparait aussi de celles de tous les autres êtres vivants qui étaient là, à savoir nous, les pensionnaires de La Vida. Je l'ai vu une vingtaine de fois, en pleine nuit, à la télévision.

En somme, ces trois premiers mois se déroulèrent assez bien. On était clean et en bonne santé ; on bossait dur. Le site était pimpant. On était assez proches les uns des autres et on se mettait en boule pour de vrai. Mais pendant ces trois mois, notre isolement avait été total. Personne n'entrait ni ne sortait. Ni coups de fil, ni journaux, ni courrier, ni télévision. La situation commença à se dégrader ensuite. Certains bénéficiaient de permissions et présentaient un test urinaire positif à leur retour, ou ne revenaient pas du tout. Il y avait des nouveaux venus, mais ils n'avaient pas cette fierté que nous inspirait cet endroit.

Chaque jour il y avait une réunion matinale. Mi-séance de doléances, mi-séance de caftage. Il fallait aussi parler à tour de rôle, fût-ce pour raconter une blague ou chanter une chanson. Mais comme personne n'avait jamais d'idée, au moins deux fois par semaine ce vieux Lyle Tanner entonnait « I thought I saw a whippoorwill ». « El Sapo » expliqua comment on élève des chihuahuas, truc assez dégueulasse. Sexy ne cessait de réciter le 23e Psaume, mais avec sa façon de caresser les mots, ça donnait quelque chose d'obscène et tout le monde riait, ce qui la vexait.

Ce surnom de Sexy, c'était pour rire. C'était une vieille prostituée originaire du Mexique. Elle n'était pas venue avec le premier groupe, mais plus tard, après cinq jours à l'isolement sans rien manger. Bobby lui fit de la soupe, des œufs au bacon. Mais elle ne voulait que du pain. Prostrée, elle avala trois pains de mie entiers sans même mastiquer, se contentant d'engloutir, affamée. Alors Bobby donna la soupe, les œufs au bacon à Liza.

Sexy a continué à manger jusqu'au moment où je l'ai amenée dans notre chambre, et là elle s'est effondrée. Lydia et Sherry étaient au pieu ensemble dans la chambre voisine. Elles étaient amantes depuis des années. Je devinais à leurs rires bêtes qu'elles avaient pris un truc, Quaalude ou Seconal, probablement. Je suis retournée à la cuisine pour aider Bobby à nettoyer. Gabe, le psychologue, est venu chercher les couteaux pour les mettre au coffre. C'était comme ça tous les soirs.

— Je vais en ville. C'est toi le responsable, Bobby.

Il n'y avait plus aucun membre du personnel, la nuit.

Bobby et moi, on est allés boire un café sous le margousier. Les chiens jappaient après Dieu sait quoi dans le désert.

— Je suis contente que Sexy soit venue. Elle est sympa.

— Elle est bien. Elle restera pas.

— Elle me rappelle Liza.

— Liza n'est pas aussi moche. *Oye*, Tina, bouge pas. Elle y est presque…

La lune. Jamais elle n'est aussi belle qu'au Nouveau-Mexique par nuit claire. Elle s'élève au-dessus des monts Sandia et caresse ces kilomètres de désert aride de toute la tranquille blancheur des premières neiges. Clair de lune dans les yeux ambrés de Liza et sur le margousier.

Le monde va son chemin. Rien n'a tellement d'importance, vous comprenez ? Vraiment d'importance. Et pourtant, parfois, l'espace d'un instant, on est touché par cette grâce, cette conviction que c'est important, très important.

Lui aussi, il l'a ressenti. Je l'ai entendu soupirer. Certains auraient prié, se seraient agenouillés, dans un moment pareil. Ils auraient chanté un chant religieux. Les hommes des cavernes auraient peut-être interprété une danse. Nous, on a fait l'amour. « El Sapo » nous a pincés. Plus tard, alors qu'on était encore nus.

Donc, cela fut évoqué à la séance du matin et on nous a sanctionnés. Décaper et poncer toute la peinture autour des fenêtres du réfectoire pendant trois semaines, après avoir nettoyé la cuisine. Jusqu'à une heure du matin, soir après soir. Et comme si ça ne suffisait pas, Bobby, tâchant de sauver sa peau, s'était levé pour dire : « Moi, je ne voulais pas coucher avec Tina. Je ne veux que continuer à ne pas me droguer, faire ma peine et rentrer à la maison, pour retrouver ma femme Debbi et ma fille, Debbi-Ann. » J'aurais pu glisser dans la boîte un petit mot pour protester contre ces noms de Blacks à la con.

Ça m'a fait mal. Il m'avait tenue dans ses bras et parlé. Il s'était bien plus décarcassé pour me faire l'amour que la plupart des mecs et j'avais été heureuse avec lui quand la lune était apparue.

On bossait tellement qu'on n'avait pas le temps de parler. Je ne lui aurais jamais laissé voir combien il m'avait blessée, de toute façon. On était fatigués, claqués tous les soirs, tous les jours.

Le truc principal dont on n'avait pas parlé, c'était les chiens. Trois soirs qu'ils ne s'étaient pas pointés.

Finalement, j'ai dit :

— Où tu crois qu'ils sont ?

Il haussa les épaules.

— Un puma. Des gosses armés.

On s'est remis à poncer. À la fin, comme il était trop tard pour aller se coucher, on a fait du café avant d'aller s'asseoir sous l'arbre.

Sexy me manquait. J'ai oublié de dire qu'elle était allée chez le dentiste mais avait réussi à se procurer de la drogue, se faisant choper, d'où retour à la case prison.

— Sexy me manque. Bobby, c'était un mensonge, ce que tu as dit à la séance. T'avais vachement envie de moi.

— Oui, c'était un mensonge.

On est allés dans la chambre froide et on s'est embrassés, faisant de nouveau l'amour mais pas longtemps à cause du froid glacial. On est ressortis.

Les chiens ont commencé à venir. Shorty, Blackie, Spot, Duke.

Ils s'étaient frottés à des porcs-épics. Quelques jours plus tôt, sûrement, car les plaies s'étaient atrocement infectées. De leurs têtes gonflées façon rhinocéros monstrueux suintait un pus verdâtre. Leurs yeux étaient tout enflés, fermés, truffés de piquants. C'était ça le plus affreux, le fait qu'ils ne pouvaient plus rien voir. Ni émettre un son, puisque leur gosier aussi était gonflé.

Blackie eut des convulsions. Il se retrouva projeté en l'air avec un sinistre râle. Agitant les pattes, tressautant, pissant en l'air. Il fit un bond, deux bonds, trois bonds, de plus en plus haut, atteignant jusqu'à un mètre de hauteur et retomba, trempé, mort, dans la poussière. Liza arriva en dernier parce qu'elle ne pouvait plus se tenir sur ses pattes, et elle se traîna jusqu'aux pieds de Bobby, se tortillant alors, donnant des coups de patte sur sa botte.

— File-moi ces foutus couteaux.

— Gabe n'est pas encore revenu.

Seuls les psychologues pouvaient ouvrir le coffre.

Liza lui donna un coup de patte sur le pied, délicatement, comme pour quémander une caresse, qu'il lui lance une balle.

Bobby alla à la chambre froide et en rapporta un steak. Le ciel était bleu lavande. Il faisait presque jour.

Il leur fit flairer la viande. Il les appela, les entraîna dans l'atelier avec des mots affectueux. J'étais restée sous l'arbre.

Une fois là-bas, ayant réussi enfin à les faire tous entrer, il les frappa à mort à coups de marteau. Je ne l'ai pas vu, mais j'entendais et, de là où j'étais, je voyais le sang gicler et ruisseler sur les murs. Je croyais qu'il aurait dit quelque chose comme « Liza, mon doux soleil », mais il n'avait rien dit. Quand il est revenu, couvert de sang, il ne m'a pas regardée et s'est éloigné vers les baraquements.

L'infirmière est arrivée avec les doses de méthadone et tout le monde a fait la queue pour le petit déjeuner. J'ai allumé le gril et commencé à préparer les pancakes. Tout le monde m'en voulait d'être aussi lente.

Il n'y avait toujours pas de membre du personnel quand les semi-remorques de l'équipe de tournage ont commencé à arriver. Ils s'y sont mis tout de suite, jaugeant les décors, embauchant des figurants. Des types couraient partout avec mégaphones et talkies-walkies. Mais personne n'est allé dans l'atelier.

Ils ont commencé une scène tout de suite… une prise du cascadeur censé être Angie Dickinson et qui sortait de la salle de gym en voiture tandis qu'un hélicoptère stationnait au-dessus du radar. La voiture devait s'écraser contre le radar et l'esprit d'Angie s'envoler pour se confondre avec lui, mais la voiture a embouti le margousier.

On a préparé le repas de midi, Bobby et moi, si fatigués qu'on marchait au ralenti, tout comme les figurants qui jouaient les zombies. On ne se parlait pas. Tout à coup, préparant une salade de thon, j'ai dit :

— Condiment ?

— Quoi ?

— J'ai dit condiment.

— Condiment toi-même !

Là, on s'est marrés, pas moyen de s'arrêter. Il m'a effleuré la joue, légèrement, une aile d'oiseau.

L'équipe de tournage trouvait que l'endroit était cool, génial. Angie Dickinson enviait mon ombre à paupières. Je lui ai dit que c'était juste de la craie, celle dont on frotte l'embout des queues de billard.

— C'est extra, ce bleu, me dit-elle.

Après le déjeuner, un vieux technicien lumière est venu me demander où se trouvait le bar le plus proche. Il y en avait un sur la route, en allant vers Gallup, mais j'ai dit Albuquerque. Je lui ai dit que je ferais n'importe quoi pour aller là-bas.

— T'en fais pas pour ça. Monte dans mon camion et en route…

Boum, vlan, bing.

— Bon Dieu, c'était quoi ?

— Une grille anti-bétail.

— Ah, quel bled.

On a enfin atteint la nationale. Quel bonheur d'entendre le bruit des pneus sur le goudron, le vent. Semi-remorques, autocollants sur les pare-chocs, gamins qui chahutent sur les banquettes arrière. La Route 66.

On est arrivés en haut de la côte, avec la large vallée et le Rio Grande devant nous, les monts Sandia si jolis au loin.

— Monsieur, ce qu'il me faudrait, c'est du fric pour me payer un billet pour Baton Rouge. Vous pouvez me filer ça, dans les soixante dollars ?

— Facile. T'as besoin d'un billet. Moi, j'ai besoin d'un verre. On va s'entendre.

Tristesse

— De quoi peuvent-elles bien parler toute la journée ? demanda Mme Wacher à son mari, au petit déjeuner.

Sous le toit en chaume de la salle à manger ouverte à tout vent, au bord de la mer, les sœurs oubliaient leur papaye, leurs *huevos rancheros*[1] et parlaient, parlaient. Plus tard, tandis qu'elles marchaient au bord de la mer, leurs têtes étaient inclinées l'une vers l'autre. À parler, parler. Des vagues les prenaient par surprise, les éclaboussant, et elles riaient. La plus jeune pleurait souvent… Alors l'aînée attendait, la réconfortant, lui passant son mouchoir. Lorsque les pleurs cessaient, le dialogue reprenait. Elle n'avait pas l'air dur, l'aînée, mais elle ne pleurait jamais.

Pour la plupart, les autres clients de l'hôtel dans la salle de restaurant ou sur les transats de la plage restaient sagement assis ensemble, commentant de temps en temps la perfection de la journée, le bleu turquoise de la mer, disant à leurs enfants de se tenir droit. Les deux tourtereaux en voyage de noces parlaient à voix basse et se taquinaient, se donnaient des morceaux de melon à

1. Petit déjeuner typiquement mexicain.

la bécquée, mais le plus souvent ils se regardaient dans les yeux en silence, ou contemplaient les mains l'un de l'autre. Les couples plus âgés buvaient du café et lisaient ou faisaient des mots croisés. Leurs conversations étaient brèves, monosyllabiques. Ceux qui étaient satisfaits de leur conjoint parlaient aussi peu que ceux qui étaient pleins de rancune ou d'ennui ; c'était leur débit qui était différent, comme une balle de tennis mollement renvoyée ou le va-et-vient d'une mouche.

Dans la soirée, à la lueur de la lanterne, le couple allemand, les Wacher, jouait au bridge avec un autre couple de retraités originaires du Canada, les Lewis. Comme tous les quatre prenaient cela au sérieux, la conversation était réduite au minimum. Snap, snap, des cartes distribuées, hmmm de M. Wacher. Deux sans atout. Le grésillement du ressac, glaçons dans les verres. Les femmes parlaient, occasionnellement, de projets de shopping pour le lendemain, d'une excursion à La Isla, des mystérieuses sœurs si loquaces. L'aînée si élégante et froide. La cinquantaine mais encore séduisante, coquette. La cadette, la quarantaine, était jolie mais mal fagotée, effacée. Voilà qu'elle recommence à pleurer !

Mme Wacher décida de s'attaquer à l'aînée pendant sa baignade matinale. Mme Lewis parlerait à la cadette, qui ne nageait jamais ni ne s'exposait au soleil, mais attendait sa sœur en sirotant du thé, un petit livre fermé à la main.

Ce soir-là, tandis que M. Wacher allait chercher les cartes et le carnet pour noter les scores et que M. Lewis commandait boissons et amuse-gueules au bar, les deux femmes confrontèrent leurs informations.

— Si elles se parlent autant, c'est qu'elles ne s'étaient pas revues depuis vingt ans ! Vous imaginez ! Des sœurs ? La mienne s'appelle Sally, elle vit à Mexico, est mariée à un Mexicain et a trois enfants. On a parlé en espagnol, elle fait très mexicaine en fait. Elle vient de subir une mastectomie, c'est pour ça qu'elle ne nage pas. Elle entame un traitement pour son cancer le mois prochain. Voilà sans doute pourquoi elle pleure sans arrêt. C'est tout ce que j'ai pu glaner, avant que la sœur n'arrive et qu'elles n'aillent se changer.

— Non ! Ce n'est pas pour ça qu'elle pleure ! Leur mère vient de mourir ! Il y a deux semaines ! Vous imaginez… venir dans une station balnéaire ?

— Qu'a-t-elle dit d'autre ? Comment s'appelle-t-elle ?

— Dolores. C'est une infirmière originaire de Californie, qui a quatre grands fils. Elle m'a dit que leur mère venait de mourir, qu'elle et sa sœur avaient beaucoup de choses à se raconter.

Les femmes comprenaient tout. Sally, la douce, avait dû prendre soin de la mère invalide pendant toutes ces années. Quand la vieille maman était finalement morte, Dolores s'était sentie coupable, coupable de s'être déchargée de cette responsabilité sur sa sœur, et de ne jamais être allée les voir. Et maintenant, ce cancer. Dolores était celle qui payait pour tout, les taxis, les serveurs. Elles l'avaient vue payer des vêtements à Sally dans les boutiques du centre-ville. Oui, c'était ça. La culpabilité. Elle regrette de n'être pas allée voir sa mère avant sa disparition, veut être bonne pour sa sœur tant qu'il en est encore temps.

— Ou avant qu'elle ne disparaisse elle-même, ajouta Mme Lewis. Quand vos parents sont morts, on doit regarder en face sa propre condition de mortel.

— Oh, je vois ce que vous voulez dire… Il n'y a plus personne pour vous défendre contre cela.

Les deux femmes se turent, ravies de leur inoffensif bavardage, de cette analyse. Songeant à leur propre fin. Celle de leurs maris. Mais brièvement. Bien que septuagénaires, les deux couples étaient en bonne santé, actifs. Ils vivaient pleinement, savourant chaque journée. Quand les maris tirèrent les chaises et s'installèrent pour la partie, elles s'y consacrèrent avec plaisir, oubliant tout au sujet des deux sœurs, qui étaient assises côte à côte sur la plage, sous les étoiles.

Sally ne pleurait pas sur sa mort ou son cancer. Elle pleurait parce que Alfonso, son mari, l'avait quittée au bout de vingt ans pour une jeune femme. C'était brutal d'agir ainsi, juste après sa mastectomie. Elle était atterrée, mais non, pas question de divorcer, même si l'autre était enceinte et qu'il voulait l'épouser.

— Qu'ils attendent donc que je crève. Ça ne devrait pas tarder, sans doute l'année prochaine…

Sally pleurait mais l'océan étouffait le bruit.

— Tu ne vas pas mourir. Ils ont dit que le cancer avait disparu. Cette radiothérapie, c'est la procédure standard, une précaution. J'ai entendu le médecin dire cela, qu'ils sont venus à bout du cancer.

— Mais ça reviendra. Ça revient toujours.

— Ce n'est pas vrai. Arrête, Sally.

— Tu es si froide. Parfois tu es aussi cruelle que maman.

Dolores ne releva pas. Sa plus grande peur, être comme sa mère. Cruelle, alcoolique.

— Écoute, Sally, tu lui accordes le divorce et tu commences à prendre soin de toi-même.

— Tu ne comprends pas ! Comment peux-tu comprendre ce que je ressens après vingt ans de vie commune ? Toi, tu es seule depuis presque aussi longtemps ! Pour ma part, je n'ai connu qu'Alfonso depuis mes dix-sept ans ! Je l'aime !

— Je crois que je peux arriver à comprendre, répliqua Dolores, sèchement. Et maintenant, rentrons, ça se rafraîchit.

Dans la chambre, la lampe de chevet de Dolores était sous sa moustiquaire blanche ; elle lisait avant de s'endormir.

— Dolores ?

Sally pleurait – encore. Seigneur. Quoi encore.

— Sally, je deviens dingue si je ne peux pas lire quand je me réveille et avant de m'endormir. C'est une habitude idiote, mais c'est ainsi. Qu'y a-t-il ?

— J'ai une écharde dans le pied.

Dolores se leva, alla chercher une aiguille, de l'antiseptique et un pansement, procéda à la petite opération. Sally se remit à pleurer et l'embrassa.

— Restons toujours aussi proches, à partir de maintenant. C'est si bon d'avoir une sœur qui prend soin de moi !

Dolores lissa le pansement sur le pied de Sally, comme elle l'avait souvent fait au temps de leur enfance.

— A pu bobo, dit-elle machinalement.

— A pu bobo !

Sally soupira. Elle s'endormit peu après. Dolores lut pendant encore quelques heures. Finalement elle éteignit, regrettant de n'avoir rien à boire.

Comment parler à Sally de son alcoolisme ? Ce n'était pas comme parler de la mort, de la perte d'un mari, d'un sein. On disait que c'était une maladie, mais personne ne la forçait à lever le coude. J'ai une maladie mortelle. Je suis terrifiée, aurait-elle voulu dire, mais elle s'abstenait.

Les Wacher et les Lewis étaient toujours les premiers à prendre leur petit déjeuner, installés à des tables voisines. Les maris lisaient le journal, les femmes bavardaient avec les serveurs ou ensemble. Ensuite, ils iraient tous les quatre pêcher en haute mer.

— Où sont les deux sœurs aujourd'hui ? demanda Mme Lewis.

— Elles s'engueulent ! Quand je suis passée devant leur chambre, elles se disputaient. Herman est sans pitié, il m'a empêchée d'écouter à la porte. Sally disait : Non ! Elle ne voulait pas un sou de cette sorcière ! Car quand elle avait été aux abois, sa mère l'avait repoussée, l'insultant, cette pauvre petite chose ! *Puta ! Desgraciada !* Dolores lui criait : « Tu ne sais donc pas ce que c'est, la folie ? Des deux, c'est toi la plus folle… toi qui refuses d'ouvrir les yeux ! Maman était folle ! » Et là, elle s'est mise à hurler : « Ôte ça ! Ôte-moi ça tout de suite ! »

— Chut ! Les voilà.

Sally était débraillée ; elle avait l'air, comme d'habitude, d'avoir pleuré. Et comme d'habitude Dolores était calme et tirée à quatre épingles. Elle commanda un petit déjeuner pour deux et une fois servie on put l'entendre dire à sa sœur :

— Mange ! Tu te sentiras mieux. Bois aussi mon jus d'orange. Il n'est pas acide, c'est délicieux.

— Ôte-moi ça !

Sally se recroquevilla, serrant son *huipil* contre elle. Dolores le lui arracha, la fit se tenir debout, nue ; les cicatrices à l'endroit du sein étaient rouge et bleu violacé.

Sally s'écria :

— Je suis hideuse ! Je ne suis plus une femme ! Ne regarde pas !

Dolores l'agrippa par les épaules, la secoua.

— Tu veux que je sois ta sœur ? Laisse-moi regarder ! Oui, c'est hideux. Ces cicatrices sont dures à voir, atroces. Mais c'est toi, désormais. Et tu es une femme, espèce d'idiote ! Sans ton Alfonso, sans ton sein, tu peux être une femme plus que jamais, t'appartenir ! Pour commencer, tu vas aller nager aujourd'hui, avec le rembourrage à cent cinquante dollars que je t'ai rapporté et qui se fixe au maillot de bain.

— Je ne peux pas.

— Oh, que si. Allons, habille-toi pour le petit déj'.

— Bonjour, mesdames ! leur lança Mme Lewis. Encore une superbe journée. On va à la pêche. Et vous, quel programme ?

— On va nager, et ensuite shopping et coiffeur.

— Pauvre Sally, déclara Mme Lewis. Elle n'a manifestement aucune envie de ça. Elle est malade, en deuil. Sa sœur la force à être en vacances. Ma sœur Iris tout crachée. Tyrannique, tyrannique ! Vous avez une grande sœur ?

— Non, fit Mme Wacher en riant. C'était moi, la grande sœur. Croyez-moi, les petites sœurs ont aussi leurs inconvénients.

Dolores étala leurs serviettes sur le sable.

— Ôte-moi ça.

Elle voulait dire le peignoir que sa sœur avait passé par-dessus son maillot de bain.

— Ôte-moi ça, insista-t-elle. Tu es splendide. Ton sein fait vrai. Tu as la taille fine. De belles jambes. Mais c'est vrai que tu n'as jamais, jamais réalisé à quel point tu étais ravissante.

— Non, c'était toi, la belle. Moi, j'étais la gentille.

— Pour moi non plus, ce n'était pas une étiquette facile à porter. Ôte ce chapeau. Il ne nous reste plus que quelques jours. Tu rentreras bronzée.

— *Pero...*

— *Callate.* Tais-toi. Sinon, tu vas bronzer avec des rides.

— Quel bonheur, ce soleil, soupira Sally au bout d'un moment.

— Alors, tu ne te sens pas bien dans ton corps ?

— Je me sens toute nue. Comme si tout le monde pouvait voir mes cicatrices.

— Tu sais ce que j'ai appris ? La plupart des gens ne remarquent rien, et quand bien même, ils s'en foutent.

— Tu es si cynique.

— Retourne-toi, que je te passe de l'huile sur le dos.

Un peu plus tard, Sally parla à Dolores de la bibliothèque dans le *barrio* où elle travaillait bénévolement. Des histoires réconfortantes sur les enfants et leurs familles qui vivaient dans une misère noire. Elle aimait travailler là-bas, et on l'aimait bien.

— Tu vois, Sally, il y a tant de choses à faire, que tu apprécies.

Dolores ne voyait aucune anecdote réconfortante à raconter au sujet de son boulot, dans une clinique d'East Oakland. Bébés du crack, enfants maltraités, atteints de lésions cérébrales, trisomiques, blessés par balles, malnutris, sidéens. Mais elle était compétente, et aimait son boulot. Ou l'avait aimé – on l'avait finalement virée pour alcoolisme, le mois dernier seulement, avant le décès de leur mère.

— J'aime bien ce que je fais aussi, fut tout ce qu'elle déclara. Allez, viens nager.

— Je ne peux pas. Je me ferais mal.

— Les plaies ont cicatrisé, Sally. Il n'y a plus que les cicatrices. Des cicatrices terribles.

— Je ne peux pas.

— Pour l'amour du ciel, va dans l'eau.

Dolores conduisit sa sœur jusque dans le ressac et la força à lui lâcher la main. Elle la vit se débattre et tomber, boire la tasse, se faire renverser par une vague. Tout en pataugeant dans l'eau, elle vit Sally se relever et plonger sous le nouveau rouleau, poursuivre à la brasse. Dolores nagea après elle. Oh, Seigneur, elle pleure encore, mais non, Sally riait aux éclats.

— Elle est bonne ! Qu'est-ce qu'elle est bonne ! Je suis légère comme un bébé !

Elles nagèrent dans l'eau bleue pendant longtemps. Enfin, elles retournèrent au rivage. Hors d'haleine, hilares, elles quittèrent le ressac. Sally se jeta à son cou et toutes deux restèrent enlacées, l'écume s'enroulant autour de leurs chevilles. « *Mariconas !* », se moquèrent deux garçons de plage qui passaient.

Mme Lewis et Mme Wacher assistaient à la scène de leurs transats, très émues.

— Elle n'est pas méchante, seulement ferme... Elle savait que sa sœur serait contente, une fois dans le bain. Comme elle a l'air heureuse... La pauvre, elle avait bien besoin de ces vacances.

— Oui, cela n'a plus l'air si choquant, à présent, n'est-ce pas ? Partir en vacances alors que leur mère vient de décéder.

— Vous savez... c'est dommage que ce ne soit pas une tradition. Des vacances post-obsèques, comme une lune de miel, ou une fête pour la naissance d'un enfant.

Toutes deux éclatèrent de rire.

— Herman !

Mme Wacher appelait son mari.

— Quand nous serons mortes, nous deux, vous nous promettez de prendre des vacances ?

Herman secoua la tête.

— Non. Le bridge, ça se joue à quatre.

À leur retour ce soir-là, tout le monde complimenta Sally sur sa bonne mine. Rosie par le soleil, avec sa nouvelle coupe bouclée, les frisettes auburn encadrant doucement son visage.

Sally ne cessait d'agiter sa chevelure en se regardant dans la glace. Ses yeux verts brillaient telles des émeraudes. Elle était en train de se maquiller avec les fards de Dolores.

— Tu me prêtes ton petit haut vert ?

— Quoi ? Alors que je viens de te payer trois robes splendides, tu veux mon haut ? À propos, je te rappelle que tu as tes propres produits de beauté, et ton propre parfum !

— Tu vois que tu m'en veux ! Oui, tu me fais des cadeaux, mais tu es quand même égoïste, égoïste, comme elle !

— Égoïste !

Dolores enleva son corsage.

— Tiens ! Et prends aussi ces boucles d'oreilles. Ça va avec…

Le soleil se couchait pendant que les clients en étaient au flan. Au moment du café, Dolores prit la main de sa sœur.

— Tu te rends compte qu'on se comporte comme quand on était petites ? C'est attendrissant, quand on y pense. Tu ne cesses de dire que tu veux qu'on soit des vraies sœurs, à présent, mais c'est ce qu'on fait : on se bagarre !

Sally sourit.

— Tu as raison. Je crois que je n'ai jamais su comment on se comportait dans une famille normale. On n'a jamais eu de vacances en famille, même pas de pique-nique.

— Je suis sûre que c'est pour ça que j'ai eu autant d'enfants, et que tu as épousé un homme qui avait cette immense famille mexicaine – parce qu'on voulait passionnément un foyer.

— Et voilà pourquoi la trahison d'Alfonso est si dure…

— Ne parle plus de lui.

— De quoi parler, alors ?

— Il faut parler d'elle. Maman. Elle est morte à présent.

— Je l'aurais tuée ! Je suis contente qu'elle soit morte, déclara Sally. C'était trop affreux quand papa est mort. J'ai pris un vol pour L.A., puis un bus jusqu'à San Clemente. Elle ne m'a même pas laissée entrer. J'ai tambouriné à la porte : « J'ai besoin d'une mère ! Laisse-moi te parler ! », mais elle ne m'a pas laissée franchir le seuil. Ce n'était pas juste. L'argent, je m'en fiche, mais ça non plus, ce n'était pas juste.

Leur mère n'avait jamais pardonné à Sally d'avoir épousé un Mexicain, elle avait refusé de voir ses enfants, légué tout son argent à Dolores. Celle-ci avait tenu à partager l'héritage, mais l'insulte n'en était pas moins cuisante.

Dolores berça Sally sur le sable. Le soleil s'était couché.

— Elle n'est plus là, Sally. Elle était malade, parano. Elle mordait, comme une… hyène blessée. Tu as de la chance de ne pas l'avoir revue. Moi, si. J'étais allée lui dire qu'on emmenait papa à l'hôpital en ambulance. Tu sais ce qu'elle a dit ? « Tu peux t'arrêter quelque part pour me prendre des bananes ? »

— Aujourd'hui, c'est mon dernier jour ! déclara Sally à Mme Wacher. On va sur l'île. Vous connaissez ?

— Ah, oui. Nous y sommes allés avec les Lewis il y a quelques jours. C'est ravissant. Vous ferez de la randonnée palmée ?

— Plongée sous-marine, dit Dolores. *Vamos*, Sally, la voiture attend.

— Pas de plongée sous-marine pour moi. Pas question, déclara celle-ci sur le chemin d'Ixtapa.

— Tu verras. Attends de connaître César. J'ai vécu quelque temps avec lui il y a vingt-cinq, trente ans. Ce n'était qu'un plongeur à l'époque, un pêcheur.

Depuis, il était devenu riche et célèbre, le Jacques Cousteau du Mexique, avec beaucoup de films, d'émissions télévisées. Dolores avait du mal à le concevoir. Elle se rappelait son vieux bateau en bois, le sol sablonneux du palapa, leur hamac.

— C'était un maître, déjà à ce moment-là. Nul ne connaît comme lui l'océan. La presse l'a surnommé Neptune, ce qui fait assez cucu… mais c'est la vérité. Il ne se souviendra sans doute pas de moi, mais je tiens quand même à te le faire connaître.

C'était un vieil homme à présent, avec une longue barbe blanche, des cheveux blancs flottants. Bien entendu, il se souvenait de Dolores. Son doux baiser sur ses paupières, son étreinte. Elle se rappelait ses mains calleuses, marquées de cicatrices… Il les mena jusqu'à une table sur la véranda. Deux hommes de l'Office du Tourisme buvaient de la tequila, s'éventant avec leurs chapeaux de paille, leurs *guayaberas* humides et fripées.

La grande véranda faisait face à l'océan, mais des manguiers et avocatiers bouchaient complètement la vue.

— Comment peut-on se priver d'une vue aussi extraordinaire sur l'océan ? s'étonna Sally.

César haussa les épaules.

— *Pues*, j'ai tout vu.

Il raconta toutes les plongées que lui et Dolores avaient effectuées autrefois. La fois avec les requins, le gigantesque *peine*, le jour où Flaco s'était noyé. Comment les plongeurs l'appelaient « La Brava ». Mais c'est à peine si elle entendit cet éloge. Elle l'entendit dire : « Quand elle était jeune, c'était une femme magnifique. »

— Alors, on est venue plonger avec moi ? dit-il, en lui prenant les mains.

Elle avait très envie de plonger, mais n'osait pas lui avouer qu'elle craignait que le détendeur ne soit fatal à ses prothèses dentaires.

— Non. J'ai le dos fragile, aujourd'hui. Je t'ai amené ma sœur pour qu'elle plonge avec toi.

— *Lista ?* demanda-t-il à Sally.

Elle buvait de la tequila, jouissant des compliments et de l'attitude dragueuse des deux visiteurs. Ceux-ci s'en allèrent. César, Sally et Dolores mirent à l'eau un canoë pour se rendre à La Isla. Sally s'agrippait à l'embarcation, blanche de peur. À un moment donné, elle se pencha par-dessus bord et vomit.

— Tu es sûre qu'elle devrait plonger ? demanda-t-il à Dolores.

— Absolument.

Ils se sourirent. Les années s'étaient effacées, la complicité subsistait. Un jour, elle avait dit avec ironie qu'il avait été parfait. Il ne savait ni lire ni écrire, et le plus gros de leur idylle se déroulait sous l'eau, où on ne s'exprimait pas avec des mots. Il n'y avait jamais eu besoin d'explication.

Tranquillement, il exposa les principes de base à Sally. Au début, alors qu'elle avait encore pied, elle tremblait toujours de peur. Perchée sur les rochers, Dolores le regarda nettoyer le masque de Sally avec de la salive, montrer le fonctionnement du détendeur. Il lui mit la bouteille d'oxygène sur le dos. Dolores vit sa sœur se raidir, craignant qu'il ne découvre la vérité sur son sein, puis se décontracter, osciller en cadence devant lui tandis qu'il la rassurait, bouclait le matériel et la caressait, l'attirait sous l'eau.

Il fallut quatre essais. Sally refaisait surface, suffoquant. Non, non, c'était impossible, elle était claustrophobe, ne pouvait plus respirer ! Mais il continuait à lui parler doucement, à l'amadouer, à la décrisper par des caresses.

Dolores éprouva une bouffée de jalousie quand, prenant la tête de sa sœur à deux mains, il lui sourit tendrement à travers leurs masques. Elle se rappelait son sourire à travers le verre.

C'est toi qui l'as voulu, se disait-elle. Elle s'efforçait de se calmer tout en contemplant les ondoyantes vagues vertes où ils avaient disparu. Elle s'efforçait de se concentrer sur le plaisir de sa sœur. Car elle savait que ce serait un plaisir. Mais tout ce qu'elle ressentait, c'était du regret et des remords, un sentiment de perte inavouable.

Il s'écoula une éternité avant leur réapparition. Sally riait ; son rire était celui d'une jeune fille. Impétueusement elle embrassait et tenait dans ses bras César, qui était en train de la soulager de son fardeau, de lui ôter ses palmes.

Dans la cabane du plongeur, elle embrassa également Dolores.

— Tu savais que ce serait formidable ! Je volais ! L'océan se déroulait à l'infini ! Dolores, je me sens si vivante et forte ! J'étais une Amazone !

Dolores faillit faire remarquer que les Amazones n'ont justement qu'un seul sein, mais elle se mordit la langue. Elle et César souriaient tandis que sa sœur continuait à parler de la beauté de cette plongée. Elle allait revenir, bientôt, pour passer une semaine à plonger ! Oh, les coraux et les anémones, ces couleurs, les brillants bancs de poissons !

César voulait les retenir à déjeuner. Il était trois heures de l'après-midi.

— Je crains d'avoir besoin d'une sieste, déclara Dolores.

Sally en fut déçue.

— Tu reviendras, Sally. Je t'ai juste montré le chemin.

— Merci à tous les deux, dit-elle.

Sa joie et sa gratitude étaient pures, innocentes. César et sa sœur baisèrent ses joues roses.

Elles étaient à la station de taxis sur la plage. César serrait la main de Dolores.

— *So, mi vieja*, est-ce que tu reviendras un jour ?

Elle fit non de la tête.

— Reste avec moi ce soir.

— *No puedo.*

César l'embrassa sur les lèvres. Elle sentit le désir et le sel de leur passé. Au cours de leur dernière nuit, il lui avait rongé les ongles jusqu'au sang.

— Pense à moi, dit-il.

Sally parla avec enthousiasme pendant tout le trajet, une heure de route. Combien elle s'était sentie vivante, libre.

— Je savais que tu aimerais particulièrement cet aspect-là. Ton corps disparaît avec la sensation de pesanteur, mais en même temps la conscience qu'on en a est décuplée.

— Il est merveilleux, merveilleux. Je me verrais bien avoir une liaison avec lui ! Quelle chance tu as !

— Imagine, Sally, toute cette portion de plage où se trouve maintenant le Club Med ? C'était absolument désert. En haut, dans la jungle, il y avait un puits artésien. Des chevreuils, presque apprivoisés. On passait des journées là-bas sans voir personne. Et l'île. C'était juste une île, la forêt vierge. Pas de club de plongée ni de restaurant. Pas un seul bateau à part le nôtre. Tu imagines ?

Non, elle ne pouvait pas.

— C'est troublant, déclara Mme Wacher, au moment où les deux sœurs descendaient du taxi. C'est comme si les rôles s'étaient inversés. À présent la cadette est superbe et radieuse, l'autre hagarde et échevelée. Regardez-la… elle toujours si bien coiffée.

La nuit fut orageuse. Des nuages noirs défilaient devant la lune et la plage passait de la clarté à l'obscurité, telle une chambre d'hôtel éclairée de l'extérieur par une enseigne clignotante. Le visage de Sally brillait comme celui d'un enfant quand il était dans la lumière.

— Alors, maman ne parlait jamais – jamais – de moi ?

Non, en vérité, sauf pour se moquer de ton bon caractère, pour dire que ta docilité était signe de sottise.

— Mais si, énormément, mentit Dolores. L'un de ses souvenirs préférés, c'était la passion que tu portais à ton livre Dr Bunny. Tu faisais semblant de le lire, tournant les pages, toute sérieuse. Et tu prononçais tous les mots parfaitement, sauf que quand le Dr Bunny disait « Affaire classée », toi tu disais « Affaire cassée ».

— Je me rappelle ce livre ! Les lapins étaient des petites boules de poil !

— Au début, mais à force de les caresser, ils ont perdu leurs poils. Elle parlait aussi de toi et ce chariot rouge, quand tu avais environ quatre ans. Tu mettais Billy Jameson dedans, avec toutes tes poupées, et Mabel, la chienne, et les deux chats, et tu disais « En voiture ! », mais les chats et la chienne sortaient, et Billy aussi, et les poupées tombaient par terre. Tu avais passé toute la matinée à les rassembler et à dire : « En voiture. »

— Ça, je ne me rappelle pas du tout.

— Moi, si, c'était dans le passage près des jacinthes de papa, le rosier grimpant près du portail. Tu te rappelles comme ça embaumait ?

— Oui !

— Elle me demandait si je me souvenais de toi au Chili, quand tu partais pour l'école à bicyclette. Tous les matins, tu levais les yeux vers la fenêtre du couloir, avec un petit signe de la main, et ton chapeau de paille s'envolait.

Sally sourit.

— C'est vrai. Je m'en souviens. Mais, Dolores, c'est toi qui étais à la fenêtre du couloir. À toi que je disais au revoir.

Vrai.

— Eh bien, je suppose qu'elle te voyait de son lit.

— C'est idiot comme ça me fait du bien. Je veux dire, même si elle ne m'a jamais dit au revoir. Le fait qu'elle me regardait aller à l'école. Je suis contente que tu m'aies dit cela.

— Bien, fit tout bas Dolores, à elle-même.

Le ciel était noir désormais, et il tombait de grosses gouttes de pluie, froides. Les sœurs regagnèrent leur chambre en courant.

L'avion de Sally s'envolait le lendemain matin ; Dolores, le surlendemain. Au petit déjeuner, avant son départ, Sally prit congé de chacun, remercia les serveurs, Mme Lewis et Mme Wacher pour leur gentillesse.

— Nous sommes ravis que vous ayez passé un bon séjour. Quelle consolation d'avoir une sœur ! déclara Mme Lewis.

— C'est vrai que c'est une consolation, dit Sally en embrassant Dolores à l'aéroport.

— On fait seulement connaissance, dit cette dernière. À partir de maintenant, on sera toujours là l'une pour l'autre.

De voir toute cette bonté, cette confiance dans les yeux de sa sœur, elle en eut un pincement au cœur.

Sur le chemin de l'hôtel, elle fit arrêter le taxi devant un caviste. Dans sa chambre elle picola et dormit puis alla chercher une autre bouteille. Le lendemain matin, en allant prendre son avion pour la Californie, elle acheta une demi-pinte de rhum, pour soigner sa tremblote et sa migraine. Et au moment où le taxi atteignit l'aéroport, elle était devenue, comme on dit, insensible à la douleur.

Fleurs bleues

— M'man, j'en reviens pas que tu fasses une chose pareille. Toi qui ne sors jamais avec personne, passer une semaine avec un inconnu. Et si c'était un assassin…

Nick, le fils de Maria, la conduisait à l'aéroport d'Oakland. Ah, que n'avait-elle pris un taxi ! Ses fils, tous adultes maintenant, pouvaient se montrer pires que des parents, plus moralisateurs, plus vieux jeu quand il était question d'elle.

— Je ne l'ai encore jamais rencontré, mais ce n'est pas exactement un inconnu. Il aime mes poèmes, m'a demandé de traduire son livre en espagnol. On s'est écrit et parlé au téléphone pendant des années. Nous avons beaucoup en commun. Il a élevé ses quatre fils seul, lui aussi. Je jardine ; il a un ranch. Je suis flattée qu'il m'ait invitée… je ne crois pas qu'il voie beaucoup de monde.

Maria avait interrogé une vieille amie à Austin à propos de Dixon. Un génie. Complètement excentrique, d'après Ingeborg. Ne fréquente personne. Au lieu d'une serviette en cuir, il a un sac en toile de jute. Ses étudiants l'idolâtrent ou le détestent. Il a la quarantaine bien tassée, séduisante. Tu me raconteras tout…

— Le bouquin le plus bizarre que j'aie jamais lu, déclara Nick. Illisible, d'ailleurs. Reconnais-le… tu as pu le lire, toi ? Avec plaisir, j'entends.

— Le style est très intéressant. Clair et simple. Agréable à traduire. C'est de la philosophie et de la linguistique, donc très abstrait, voilà tout.

— Quand je pense à ce que tu vas faire… avoir un genre d'aventure… au Texas.

— C'est bien ce qui t'ennuie. Que ta mère puisse avoir une vie sexuelle, elle, une quinquagénaire. De toute façon, il n'a pas dit : « Ayons une aventure. » Il a dit : « Et si vous veniez passer la semaine dans mon ranch ? Les lupins commencent tout juste à fleurir. Je pourrai vous montrer des notes pour mon prochain livre. On pourrait pêcher, se balader dans les bois. » Lâche-moi un peu. Je travaille dans un hôpital public, à Oakland. À ton avis, qu'est-ce que ça représente pour moi, une balade dans les bois ? Des petites fleurs bleues ? Je pourrais aussi bien aller au paradis.

La voiture s'arrêta devant United Airlines et Nick sortit son bagage du coffre. Il la serra dans ses bras, lui fit la bise.

— Pardon de t'avoir enquiquinée. Bon voyage, M'man. Hé, tu pourras peut-être aller à un match des Rangers !

Neige sur les montagnes Rocheuses. Maria lut, écouta de la musique, s'efforça de ne pas réfléchir. Bien entendu, dans un coin de sa tête, il y avait la possibilité d'une aventure.

Elle ne s'était pas déshabillée depuis qu'elle avait cessé de boire ; l'idée était terrifiante. Enfin, il avait l'air assez guindé lui-même, donc peut-être était-il dans les mêmes dispositions d'esprit. À chaque jour suffit sa peine.

Exerce-toi déjà à être en compagnie d'un homme, mon Dieu, profite de ce séjour. C'est au Texas que tu vas.

Le parking sentait le Texas. Poussière de *caliche* et laurier-rose. Il jeta son bagage sur la plate-forme d'un vieux Dodge pick-up avec des traces de griffes de chien sur les portières. « Vous connaissez "Tennessee Border" ?, demanda Maria. — Mais bien sûr. » Ils chantèrent. « … Je l'ai prise dans mon pick-up et elle m'a brisé le cœur. » Dixon était grand, maigre, avec de sympathiques rides d'expression. Des pattes d'oie autour des yeux gris bien fendus. Il était tout à fait à l'aise, lui posait une ribambelle de questions personnelles avec un accent nasal et traînant en tout point semblable à celui de son oncle John. Comment connaissait-elle le Texas, cette vieille chanson ? Pourquoi avait-elle divorcé ? À quoi ressemblaient ses fils ? Pourquoi ne buvait-elle pas d'alcool ? Pourquoi était-elle alcoolique ? Pourquoi traduisait-elle la prose des autres ? Ces questions étaient embarrassantes, un peu brutales, mais c'était apaisant cette attention, comme un massage.

Il s'arrêta à un marché aux poissons. Restez ici, je reviens tout de suite. Puis l'autoroute et de brûlantes bouffées d'air. Ruban de route macadamisée où ne passait jamais personne. Un tracteur rouge qui allait au pas. Moulins à vent, bovins Hereford enfoncés jusqu'aux genoux dans la Castilléjie. Dans la petite ville de Brewster, Dixon se gara à l'autre bout de la placette. Pause coiffeur. Elle le suivit dans la petite boutique à un seul fauteuil, signalée par une enseigne de barbier, écouta sagement le vieux coiffeur et lui discuter de la chaleur, des pluies, de la pêche, de la candidature de Jesse Jackson à la présidence des États-Unis, de quelques décès et un mariage. Dixon s'était contenté de lui adresser un large sourire quand elle avait demandé si son bagage ne risquait rien à l'arrière du pick-up. Elle considéra par la vitrine le centre-ville. C'était le début de l'après-midi et personne ne marchait dans les rues. Deux vieux étaient assis sur les marches du tribunal tels des figurants dans un film situé dans le vieux Sud, chiquant du tabac et crachant.

Cette absence de bruit était ce qui lui évoquait le plus son enfance, un autre temps. Ni sirène ni circulation ni radios. Un taon bourdonnait contre la vitrine, clic-clic des ciseaux, le rythme des deux voix masculines, un ventilateur électrique avec des rubans sales qui voletaient, froissant de vieux magazines. Le barbier l'ignorait ; ce n'était pas de la grossièreté de sa part mais de la courtoisie.

— Merci mille fois, dit Dixon en s'en allant.

Comme ils traversaient la placette pour se rendre au magasin d'alimentation, elle lui parla de sa grand-mère texane, Mamie. Un jour, une vieille femme était passée la voir. Mamie avait sorti théière, sucrier et pot à lait, petits sandwiches, biscuits et parts de gâteau. « Miséricorde, Mamie, il ne fallait pas vous donner toute cette peine. — Mais si, avait dit Mamie, c'est ce qu'on devrait toujours faire. »

Ils mirent les provisions à l'arrière du pick-up et allèrent à la coopérative acheter grain et pâtée pour poules, deux bottes de foin, une douzaine de poussins. Il lui sourit en voyant qu'elle l'observait en train de parler luzerne avec deux fermiers.

— Qu'est-ce que tu ferais, à Oakland ? demanda-t-il en remontant dans la camionnette.

Ce jour-là, c'était consultation pédiatrique. Bébés du crack, blessures par balle, bébés sidéens. Hernies et tumeurs, mais surtout les plaies engendrées par la misère dans les grandes villes.

Bientôt, ils se retrouvèrent hors de la bourgade, sur une étroite route de terre. Les poussins piaillaient dans la boîte, par terre.

— Voilà ce que je voulais te montrer : la route qui va jusqu'à chez moi en cette période de l'année.

Ils roulaient sur ce chemin désert, par-dessus des collines en pente douce, odorantes et tapissées de fleurs roses, bleues, fuchsia, rouges. Éclats jaunes ou bleu lavande. L'air brûlant et parfumé enveloppait l'habitacle. D'énormes nuages d'orage s'étaient formés et la lumière était de plus en plus jaune, conférant à toutes ces fleurs à perte de vue une luminosité iridescente. Alouettes et sturnelles, merles à ailes rouges filaient au-dessus des fossés au bord de la route ; les chants couvraient le bruit du moteur. Maria se pencha à sa portière, sa tête toute moite reposant sur ses bras. On n'était qu'en avril, mais la lourde chaleur texane la baignait, le parfum des fleurs l'endormait comme une drogue.

Une vieille ferme au toit de zinc avec un fauteuil à bascule sur la véranda, une dizaine de petits chats de tous âges. Ils rangèrent les courses dans une cuisine où il y avait de beaux tapis iraniens devant l'évier et la cuisinière, un autre brûlé par des étincelles jaillies d'un poêle à bois. Deux fauteuils en cuir. Des bibliothèques tapissaient les murs, avec des livres sur deux rangées. Une imposante table en chêne couverte de livres. Des livres étaient empilés par terre. Les fenêtres anciennes, au verre cannelé, donnaient sur un pâturage verdoyant où des chevreaux tétaient leurs mères. Dixon mit les victuailles au frigo, les poussins dans une boîte plus grande par terre, avec une ampoule à l'intérieur, malgré la chaleur ambiante. Son chien venait de mourir, déclara-t-il. Et là, pour la première fois, il parut embarrassé. Il faut irriguer, ajouta-t-il, et elle le suivit, passant devant les poulaillers et des granges jusqu'à un grand potager planté de maïs, tomates, haricots, courges et autres. Elle se percha sur la barrière tandis qu'il ouvrait les vannes pour arroser les sillons. Une jument alezane et son poulain galopaient dans le champ de lupins, un peu plus loin.

L'après-midi tirait à sa fin quand ils allèrent donner à manger aux animaux dans la grange. Dans un coin sombre des sacs en étamine remplis de fromage dégouttaient, tandis que d'autres chats trottinaient sur les poutres, indifférents aux oiseaux qui entraient et sortaient par les lucarnes du toit. Une vieille mule blanche, Homer, arriva d'un pas lourd, attirée par le bruit du seau. Allonge-toi par terre avec moi, dit Dixon. Mais ils vont nous piétiner. Non, allonge-toi. Un cercle de chèvres occulta le soleil, leurs yeux ourlés de longs cils les observant de haut. Frottements des lèvres veloutées d'Homer contre les joues de Maria. La jument et son poulain s'ébrouèrent, projetant leurs haleines brûlantes tout en la passant en revue.

Les autres pièces de la maison n'étaient absolument pas comme la cuisine encombrée. Une avec un plancher en bois, et pour tout meuble un piano à queue Steinway. Le bureau de Dixon, où il n'y avait que quatre tables de ferme couvertes de cartes blanches au format carte postale. Sur chacune d'elles, un paragraphe ou une sentence. Elle vit qu'il les avait remuées, comme d'autres brasseraient des choses dans un ordinateur. Ne regarde pas maintenant, lui dit-il.

Le séjour et sa chambre n'étaient qu'une seule grande pièce avec de hautes fenêtres sur deux côtés. De grands tableaux luxuriants sur les deux autres murs. Maria fut surprise d'apprendre qu'ils étaient de lui. Lui si discret. Les tableaux étaient puissants, somptueux. Il avait peint une fresque sur son canapé en velours côtelé, des personnages qui étaient comme assis là. Un lit en cuivre et son vieil édredon en patchwork, des commodes, secrétaires et tables d'appoint raffinés, des antiquités américaines qui avaient appartenu à son père. Le sol de cette pièce avait été peint dans un blanc brillant sous d'autres précieux tapis persans. N'oublie pas de te déchausser, dit-il.

Sa chambre à elle était un solarium qui occupait tout l'arrière de la maison, avec des paravents sur trois côtés composés de maille plastique qui brouillaient les fleurs roses et vertes, le vert tout neuf des arbres, l'éclat d'un cardinal. C'était comme le sous-sol de l'Orangerie, à Paris, quand on est parmi les nymphéas de Monet. Il lui faisait couler un bain dans la pièce à côté. Tu dois avoir envie de t'allonger un moment. J'ai encore quelques corvées à expédier.

Propre et fatiguée, elle s'allongea parmi les douces couleurs qui se brouillèrent lorsqu'il se mit à pleuvoir et que le vent remua les feuillages des arbres. Pluie sur le toit en zinc. Juste au moment où elle s'était endormie, Dixon vint se coucher auprès d'elle et attendit qu'elle se réveille, après quoi ils firent l'amour ; ce fut aussi simple que ça.

Dixon fit du feu dans le poêle en fonte et elle s'installa là tandis qu'il préparait un gombo au crabe. Il cuisinait sur un réchaud mais avait un lave-vaisselle. Ils dînèrent sur la véranda à la lueur de la lampe à pétrole tandis que la pluie se calmait et, quand les nuages se dispersèrent, ils éteignirent pour contempler les étoiles.

Ils nourrissaient les bêtes chaque jour à la même heure, mais tout le reste était chamboulé. Ils passaient la journée au lit, prenaient le petit déjeuner quand le soir tombait, se promenaient dans les bois au clair de lune. Ils regardèrent *Pile ou Face* avec Cary Grant à trois heures du matin. Paresseux sous le soleil de plomb, ils se balançaient dans la barque sur l'étang, pêchant, lisant John Donne, William Blake. Allongés dans l'herbe humide, ils observaient les poules, parlaient de leur enfance, de leurs enfants. Ils virent Nolan Ryan écraser les Athletics d'Oakland, dormirent dans des sacs de couchage au bord d'un lac perdu en pleine nature. Ils firent l'amour dans une baignoire à griffes de lion, dans la barque, dans les bois, mais surtout dans le vert chatoyant du solarium quand il pleuvait.

Qu'est-ce que l'amour ? se demandait Maria en contemplant les traits purs de son amant endormi. Qu'est-ce qui nous empêcherait de faire l'amour, de nous aimer ?

Ils admettaient tous deux qu'ils avaient rarement l'occasion de parler, d'où ce besoin de s'exprimer dont ils étaient les premiers à se moquer, cette propension à se couper mutuellement la parole, oui, mais. C'était difficile quand il parlait de son prochain livre ou se référait à Heidegger et Wittgenstein, Derrida, Chomsky, et d'autres qu'elle ne connaissait même pas de nom.

— Désolée, mais moi c'est la poésie. Je m'intéresse au particulier. Tout ce qui est abstrait m'échappe. Je ne suis tout simplement pas assez cultivée pour discuter de ça avec toi.

Il s'emporta.

— Comment as-tu fait pour traduire mon livre ? Tu as bien travaillé si j'en crois l'accueil qu'on lui a réservé. Tu ne l'as donc pas lu ?

— Oui, j'ai bien travaillé. Je n'ai pas déformé un seul mot. On pourrait traduire mes poèmes à la perfection tout en les jugeant personnels et sans intérêt. Ce que je n'ai pas… saisi, c'est… la teneur philosophique de l'ouvrage.

— Alors, cette visite est une farce. Mes livres, c'est moi. Il est inutile qu'on discute de quoi que ce soit.

Maria commençait à se sentir vexée et furieuse et elle le laissa sortir seul. Mais elle le suivit, s'assit sur les marches de la véranda auprès de lui.

— Ce n'est pas inutile. Et je suis en train d'apprendre à te connaître.

Dixon la prit dans ses bras, l'embrassa, avec délicatesse.

Étudiant, il avait vécu dans une cabane à quelques kilomètres de là, au milieu des bois. Un vieillard y habitait et Dixon faisait des courses pour lui, lui rapportait à manger et des fournitures de la ville. À sa mort, il avait légué la maison et cinq hectares à Dixon, le reste de ses terrains à l'État pour en faire une réserve ornithologique. Ils firent une excursion là-bas le lendemain matin. Il fallait même rapporter l'eau, lui précisa-t-il. C'était la période la plus heureuse de sa vie.

La cabane était nichée dans un bosquet de peupliers de Virginie. Il n'y avait pas de sentier pour y accéder, et apparemment aucun repère parmi les chênes buissonnants et les acacias. En approchant, Dixon poussa un cri, comme un cri de douleur.

Quelqu'un, des jeunes probablement, avait tiré dans toutes les fenêtres, saccagé l'intérieur à coups de hache, tagué des obscénités sur les murs de pin brut. On avait du mal à imaginer qu'on puisse venir de si loin, en pleine nature, pour faire ça. On se croirait à Oakland, déclara Maria. Dixon lui jeta un regard noir, tourna les talons et repartit à travers les arbres. Elle ne le perdait pas de vue mais sans parvenir à marcher à son rythme. Ce silence était inquiétant. De temps en temps elle voyait un énorme taureau brahman à l'ombre d'un arbre. Planté là sur ses quatre pattes, impassible, silencieux.

Dixon ne parla pas dans la voiture. Des sauterelles vertes s'écrasaient contre le pare-brise. « Je suis désolée de ce qui est arrivé à ta maison », dit-elle, et comme il ne réagissait pas, elle ajouta : « C'est ce que je fais aussi, quand j'ai mal. Ramper sous la maison comme un chat malade. » Il ne disait toujours rien. Lorsqu'ils furent arrivés, il se pencha pour lui ouvrir la portière. Le moteur tournait toujours. « Je vais aller chercher mon courrier. Je reviens dans un moment. Tu pourrais peut-être lire des passages de mon livre. »

Elle savait que par « livre », il désignait les centaines de cartes sur la table. Pourquoi cette proposition maintenant ? Peut-être parce qu'il n'arrivait pas à parler. Elle en faisait autant parfois. Quand elle voulait exprimer ce qu'elle ressentait mais que c'était trop dur, elle montrait un poème. En général, son interlocuteur ne comprenait pas.

La mort dans l'âme, elle rentra dans la maison. Ce serait bien de vivre quelque part où l'on n'a pas à fermer ses portes. Elle voulut se rendre dans le living pour mettre de la musique mais changea d'avis, alla dans la pièce où se trouvaient les cartes. Là, elle se percha sur un tabouret qu'elle déplaça de table en table tout en lisant et relisant les phrases.

— Tu n'y comprends rien, hein ?

Il était revenu silencieusement, se tenait derrière elle, penché par-dessus son épaule. Elle n'avait touché à aucune carte.

Il commença à les déplacer, frénétiquement, comme quelqu'un qui joue à ce jeu où il faut aligner des chiffres correctement. Maria s'en alla sur la véranda.

— Je t'avais demandé de ne pas marcher sur ce sol avec tes chaussures.

— Quel sol ? De quoi parles-tu ?

— Le sol blanc.

— Je n'y ai pas mis les pieds. Tu es fou.

— Ne mens pas. Il y a des traces de pas.

— Oh, mille pardons. J'ai voulu y aller… Je n'ai pas dû faire plus de deux pas.

— Exact. Deux.

— Dieu merci, je m'en vais demain matin. En attendant, je vais me promener.

Elle emprunta le sentier qui menait à l'étang, grimpa dans la barque verte et se repoussa de la berge. Elle rit toute seule quand les libellules lui rappelèrent les hélicoptères de la police d'Oakland.

Dixon arriva à grandes enjambées, marcha dans l'eau et se hissa à bord. Il l'embrassa, la cloua dans le fond humide de l'embarcation et la pénétra. Ils se heurtèrent violemment, la barque tangua et tournoya avant de s'amarrer d'elle-même dans les roseaux. Et ils restèrent là, à se balancer au soleil. Elle se demanda si toute cette ardeur n'était pas le fruit de la colère ou du chagrin. Ils firent l'amour sans un mot une bonne partie de la nuit, dans le solarium, au son de la pluie. Avant la pluie, ils avaient entendu le cri d'un coyote, les gloussements des poules perchées dans les arbres.

Ils roulèrent vers l'aéroport en silence, parmi ces champs de lupins et de primevères à perte de vue. Tu n'as qu'à me déposer, dit-elle, je ne suis pas très en avance.

À Oakland, Maria prit un taxi pour revenir à son appartement, dans un grand ensemble. Bonjour au gardien, courrier. L'ascenseur était vide, tout comme les couloirs dans la journée. Elle posa son bagage derrière sa porte et alluma le climatiseur. Elle se déchaussa, comme faisait tout un chacun pour fouler sa moquette. Elle alla dans sa chambre et s'allongea sur son lit à elle.

La Vie en Rose

Les deux filles sont couchées à plat ventre sur des serviettes qui disent GRAND HOTEL PUCON. Le sable est blanc et fin ; l'eau du lac est verte. D'un vert tendre plus profond sont les pins qui cernent le lac. Le volcan Villarica dresse sa masse blanche au-dessus du lac et des arbres, de l'hôtel, du village de Pucon. Des panaches de fumée s'élèvent de son cône pour s'évanouir dans le bleu limpide du ciel. Cabanes de plage bleues. Casque roux de Gerda, un ballon jaune, les larges ceintures rouges des *huasos* qui vont au petit galop parmi les arbres.

De temps en temps, l'une des jambes bronzées de Gerda ou de Claire remue avec indolence dans l'air, chassant du sable, une mouche. Parfois leurs jeunes corps tressaillent sous l'effet du rire irrépressible propre aux adolescentes.

— Et la tête de Conchi ! Tout ce qu'elle a trouvé à dire, c'est « *Ojala* ». Quel culot !

Le rire de Gerda est un bref jappement germanique. Celui de Claire est haut perché, en cascade.

— Et elle ne reconnaîtra jamais sa propre bêtise.

Claire se redresse sur son séant pour se huiler le visage. Ses yeux bleus survolent la plage. *Nada*. Les deux beaux garçons n'ont pas réapparu.

— Ah, la voilà… Anna Karénine…

Sur un transat rouge et blanc, sous les pins.

La mélancolique dame russe au panama blanc, à l'ombrelle de soie blanche.

Gerda soupire :

— Oh, quelle beauté. Son nez. De la flanelle grise en été. Et elle a l'air si malheureuse. Elle doit avoir un amant.

— Je vais me couper les cheveux comme elle.

— Sur toi, ça donnera la coupe au bol. Elle, elle a la classe.

— C'est bien la seule, ici. Tous ces Argentins et Américains vulgaires. Apparemment, il n'y a pas de Chiliens ici, même pas parmi le personnel. Tout le village parle allemand.

— Quand je me réveille, je me fais l'effet d'être en Allemagne ou en Suisse. J'entends les domestiques qui chuchotent dans le couloir, qui chantent dans la cuisine.

— Personne ne sourit à part ces Américains, pas même ces enfants, si graves avec leurs seaux.

— Seuls les Américains sourient tout le temps. Tu parles en espagnol mais ton sourire niais te trahit. Ton père aussi, il rit tout le temps. Le prix du cuivre s'est effondré sur le marché, ha ! ha !

— Ton père aussi, il rit beaucoup.

— Seulement quand une chose est stupide. Regarde-le. Il doit avoir nagé jusqu'à ce radeau une centaine de fois, ce matin.

Gerda et Claire ne se déplacent jamais sans l'un de leurs pères. Au cinéma ou aux courses de chevaux avec M. Thompson, au concert ou au golf avec Herr von Dessaur. Par contraste, leurs amies chiliennes sont invariablement avec des mères ou des tantes, des grand-mères ou des sœurs.

La mère de Gerda a été tuée en Allemagne pendant la guerre ; sa belle-mère est médecin, rarement à la maison. La mère de Claire boit, elle est alitée ou au sanatorium la plupart du temps. Après l'école les deux amies rentrent chez elles pour prendre le thé, lire ou étudier. Leur amitié est née parmi les livres, dans ces maisons vides.

Herr von Dessaur se frictionne. Il est mouillé, hors d'haleine. Yeux gris et froids. Enfant, Claire se sentait coupable quand elle voyait des films de guerre. Elle aimait bien les nazis… leur capote, leurs voitures, leurs yeux gris et froids.

— *Ja.* Ça suffit. Allez nager. Que je voie votre crawl, et comment vous plongez, maintenant.

— Il est gentil, non ? dit Claire en allant se mettre à l'eau.

— Oui, quand il n'est pas avec elle.

Les filles s'éloignent d'un crawl assuré sur le lac glacial, jusqu'à ce qu'elles entendent *Gerdalein !* et le voient leur faire signe. Elles nagent jusqu'au radeau, s'allongent contre le bois tiède. Le volcan blanc scintille et fume au-dessus d'elles. Rires du côté d'un bateau distant sur le lac, *pataclop* des sabots sur le chemin de terre le long de la rive. Rien d'autre. Clapotis de l'eau contre le radeau qui se balance.

Dans la vaste salle de restaurant haute de plafond, les rideaux blancs sont gonflés par la brise soufflant du lac. Des feuilles de palmier se déploient dans des amphores. Un serveur en queue-de-pie sert à la louche le consommé, un autre casse des œufs, en lâchant un dans chaque assiette creuse en étain. Ensemble, ils ôtent les arêtes de la truite, flambent les desserts.

Un monsieur voûté à cheveux blancs s'assoit en face de la belle Anna Karénine.

— Et si c'était son mari ?

— J'espère que ce n'est pas le comte Vronsky.

— Où avez-vous pêché cette idée, les filles, qu'ils sont russes ? Je les ai entendus parler en allemand.

— C'est vrai, papa ? Qu'est-ce qu'ils disaient ?

— Elle disait : « Je n'aurais pas dû manger des pruneaux au petit déjeuner. »

Les filles louent une barque, partent pour une île. Le lac est immense. Elles se relaient pour ramer, riant, tournant en rond au début puis glissant en douceur. Plouf-plouf des rames. Elles échouent la barque dans une crique, plongent d'un rocher dans l'eau verte qui a un goût de mousse et de poisson. Elles nagent longtemps puis s'étalent, les bras en croix, au soleil, la figure enfouie dans le trèfle. Une lente secousse prolongée fait rouler et vibrer le sol sous leurs jeunes corps. Elles s'agrippent aux touffes de lavande en fleur tandis que la terre ondule en contrebas, plus loin. Leurs yeux sont au niveau de cette moutonnante masse verte. L'atmosphère est-elle assombrie par des émanations de fumée ? L'odeur de soufre est intense, terrifiante. Le tremblement cesse. L'espace d'une seconde on n'entend plus rien, puis les oiseaux éclatent d'un piaillement hystérique. Vaches qui meuglent, chevaux qui hennissent tout autour du lac. Des chiens jappent, jappent. Au-dessus des filles les oiseaux bruissent et s'agitent dans les branches des arbres. De hautes vagues giflent les rochers. Les filles se taisent. Aucune ne peut exprimer ce qu'elle ressent, qui diffère de la peur. Gerda rit, de son rire guttural.

— On a fait des kilomètres, papa. Regarde nos mains, c'est des ampoules à force de ramer ! Tu as ressenti la secousse ?

Il était en train de jouer à ce moment-là, se trouvait sur le green. Le cauchemar du golfeur… voir sa balle s'éloigner du trou et revenir à vous !

Les jeunes hommes sont dans le hall, en train de parler avec le réceptionniste. Oh, comme ils sont beaux. Forts et hâlés, avec des dents blanches. Ils ont une tenue voyante, le milieu de la vingtaine. Celui de Claire, le brun, a une fossette au menton. Quand il baisse les yeux, ses cils caressent ses pommettes bronzées. Sois sage, ô mon cœur ! Claire rit. Herr von Dessaur déclare qu'ils sont bien trop âgés, et vulgaires, visiblement de la pire espèce. Des paysans, sans doute. Passant devant eux, il escorte les deux filles, leur recommande de lire dans leur chambre en attendant le dîner.

La salle à manger est en fête. À cause du tremblement de terre les gens se saluent de loin, parlent aux serveurs, bavardent entre eux. Il y a des musiciens, qui sont très vieux. Des violons jouent des tangos, des valses. « Frenesi ». « La Mer ».

Les jeunes hommes se tiennent sur le seuil, encadrés par des palmiers en pot et des appliques en velours bordeaux.

— Papa, ce ne sont pas des paysans. Regarde !

Ils resplendissent dans l'uniforme bleu pastel des cadets de l'armée de l'Air chilienne. Bleu pâle orné d'un galon d'or. Col montant et épaulettes, boutons dorés. Ils portent des bottes à éperons, des capes en laine qui descendent jusqu'à terre, des épées. Ils tiennent leur calot et leurs gants au creux du bras.

— Des militaires ! Encore pire ! s'esclaffe Herr von Dessaur.

Il détourne son visage, essuyant des larmes d'hilarité.

— Des capes, un soir d'été. Des éperons et des épées dans un avion ? Bon sang, visez-moi ces pauvres idiots !

Claire et Gerda les contemplent, pâmées. Les cadets leur renvoient un regard expressif, des petits sourires. Ils s'installent à une table près du kiosque, buvant du cognac dans de grands verres ballon. Le blond a un fume-cigarette en écaille qu'il coince entre ses dents.

— Papa, reconnais-le, ses yeux sont juste du même bleu que sa cape.

— Ah oui, le bleu Armée de l'Air chilienne. L'armée de l'Air chilienne n'a même pas d'appareils !

Il devait faire trop chaud, finalement. Ils vont s'attabler près de la porte qui donne sur la terrasse, drapent leurs capes sur leurs sièges.

Les filles supplient qu'on les laisse veiller encore un peu, pour écouter la musique, voir danser le tango. La sueur fait boucler les cheveux sur le front des danseurs qui se regardent droit dans les yeux, hypnotisés. Comme des somnambules, ils virevoltent et plongent au son des violons.

Les garçons, Roberto et Andrés, font claquer les talons de leurs bottes. Ils se présentent au père de Gerda, demandent la permission de danser avec les deux demoiselles. Herr von Dessaur commence par refuser mais il les juge toujours si amusants qu'il dit une danse et au lit.

L'orchestre joue « La Vie en Rose » pendant une éternité tandis que les jeunes gens tournoient, tournoient sur le parquet ciré. Les uniformes bleus, les robes de mousseline blanche se reflètent dans les miroirs sombres.

L'assistance sourit en contemplant ces beaux danseurs. Les rideaux enflent comme des voiles. Andrés tutoie Claire. Roberto suggère qu'elles redescendent une fois que Herr von Dessaur sera allé se coucher. La danse est terminée.

Les jours se succèdent. Les garçons travaillent au *fundo* de Roberto, viennent à l'hôtel seulement le soir. Gerda et Claire nagent, escaladent le volcan. Soleil brûlant, neige froide. Elles jouent au golf et au croquet avec Herr von Dessaur. Elles rament jusqu'à leur petite île. Elles pratiquent l'équitation avec Herr von Dessaur. Basses, les épaules. Droite, la tête, dit-il à Claire. Il lui tient la gorge longuement. Claire déglutit. Les filles jouent à la canasta avec des dames sur la terrasse. Une femme argentine leur dit la bonne aventure à l'aide de cartes. Cigarette aux lèvres, elle plisse les yeux derrière la fumée. Gerda tire un nouveau chemin, un mystérieux inconnu. Claire, un nouveau chemin aussi et le 2 de Cœur. Un baiser des dieux.

Tous les soirs, elles dansent avec Roberto et Andrés sur « La Vie en Rose » et enfin, une nuit, elles redescendent après que Herr von Dessaur est allé se coucher. Un couple en voyage de noces et quelques Américains sont les seuls à être encore dans la salle à manger. Roberto et Andrés se lèvent et s'inclinent. Les vieux musiciens de l'orchestre ont l'air choqué mais jouent « Adios Muchachos », un mélancolique et vibrant tango. Les couples dansent rêveusement jusque sur la terrasse, au bas des marches et sur le sable mouillé. Les bottes crissent dans le sable comme sur de la neige fraîche. Ils grimpent dans une barque. Ils sont assis au clair de lune, se tenant les mains, écoutant les violons. Les lumières de l'hôtel et le volcan blanc fragmentent de l'argent dans l'eau. Une brise. C'est frais.

Non, c'est froid. La barque s'est détachée de ses amarres. Il n'y a pas de rames. L'embarcation se déplace rapidement, glissant comme le vent, avec le vent, vers le milieu du lac sombre. Oh, non ! s'étrangle Gerda. Les filles sont embrassées tant qu'il est encore temps. Il m'a fourré toute sa langue dans la bouche, dira plus tard Gerda. Claire est heurtée au front. Un baiser la cueille à la commissure des lèvres, frôle son nez avant que les deux filles ne plongent comme du mercure dans les eaux noires du lac.

Leurs chaussures sont perdues. Trempées et glacées, elles grelottent devant l'entrée de l'hôtel, fermée désormais par un portail en fer. On n'a qu'à attendre, dit Claire. Quoi, jusqu'à demain matin ? T'es folle ? Gerda secoue le portail jusqu'à ce que, enfin, l'intérieur s'éclaire. *Gerdalein* ! s'exclame son père d'un balcon, mais soudain le voici derrière la grille. Le *mayordomo* est en peignoir, avec des clés.

Dans leur chambre les filles s'emmitouflent dans des couvertures. Herr von Dessaur est pâle. Il t'a touchée ? Gerda fait non de la tête. Non. On a dansé puis on a grimpé dans une barque mais elle s'est détachée, alors on… Il t'a embrassée ? Elle ne répond pas. Je te repose la question. Il t'a embrassée ? Gerda hoche la tête ; son père la gifle sur la bouche. Traînée.

La femme de chambre vient avant le jour. Elle fait les bagages. Ils partent pendant que tout le monde dort encore, attendent longtemps à la gare ferroviaire de Temuco. Herr von Dessaur est assis en face d'elles. Elles lisent, en silence, tenant le livre entre elles. *Sonata de Otono*. La femme expire dans les bras de l'homme, dans une distante aile du château. Il doit aller la recoucher dans son lit, en empruntant les galeries. Les longs cheveux noirs s'accrochent aux pierres. Pas de bougie.

— Tu ne verras personne, et surtout pas Claire, jusqu'à la fin de l'été.

Finalement, Herr von Dessaur va fumer dehors et pendant un bref et miséricordieux instant les deux amies peuvent rire. Un fou rire joyeux. Quand il revient, elles lisent sagement.

Macadam

Frais, ça ressemble à du caviar, et ça fait un bruit de verre brisé, comme quand on croque de la glace.

Moi, j'en croquais de la glace, quand la citronnade était terminée, tout en oscillant avec ma grand-mère sur la balancelle de la véranda. Nous regardions les forçats enchaînés paver Upson Street. Un contremaître répandait le macadam ; les forçats le pilonnaient sur un rythme lourdement cadencé. Les chaînes tintaient ; le macadam faisait entendre comme des applaudissements.

Nous prononcions ce mot souvent, toutes les trois. Ma mère parce qu'elle détestait l'endroit où nous vivions, dans des conditions sordides, et qu'au moins à présent nous aurions une rue macadamisée. Ma grand-mère, elle, voyait seulement la propreté – cela retiendrait la poussière. La poussière rouge du Texas qui s'infiltrait avec de grisâtres résidus miniers de la fonderie pour s'amalgamer en dunes sur le parquet ciré de l'entrée, la table en acajou.

Moi, je me disais *macadam* tout haut, à moi-même, parce qu'on aurait dit le nom d'un ami.

Chère Conchi

Chère Conchi,

L'université du Nouveau-Mexique, c'est pas du tout comme on l'imaginait. L'école secondaire au Chili, c'était plus difficile que la fac ici. Je suis logée dans une résidence universitaire avec des centaines d'autres filles qui sont toutes extraverties et sûres d'elles-mêmes. Je me sens encore bizarre, mal à l'aise.

Le cadre me plaît beaucoup. On voit beaucoup de vieux bâtiments en pisé sur le campus. Le désert est magnifique et il y a des montagnes ici. Pas comme les Andes, bien sûr, mais hautes à une autre échelle. Découpées et rocheuses. Bécasse… c'est leur nom : les Rocheuses. L'air est pur et limpide, froid la nuit avec des millions d'étoiles.

Mes tenues ne passent pas du tout. Une fille m'a même fait remarquer qu'ici, personne ne « s'endimanche » comme moi. Il me faut des socquettes blanches et d'amples jupes corolle, un jean. Ici, les femmes sont vraiment mal fagotées. En revanche, c'est chouette sur les hommes, les tenues décontractées et les bottes.

Je ne me ferai jamais à la nourriture. Céréales au petit déjeuner et café aussi insipide que du thé. À l'heure du goûter, on sert le repas du soir. Et quand ce serait le moment de dîner, c'est l'extinction des feux à la résidence.

Je n'ai pas pu m'inscrire aux cours de Ramon Sender avant le semestre prochain. Mais je l'ai vu dans le couloir ! Je lui ai dit que *Cronica del Alba* était mon livre préféré. Il a dit : « Bien, mais c'est que vous êtes très jeune. » Il est tel que je l'imaginais, à part qu'il est très vieux. Très espagnol et arrogant, digne…

Chère Conchi,

J'ai un job, tu te rends compte ? À temps partiel, mais tout de même. Je relis sur épreuves le journal de la fac, *The Lobo*, qui est un hebdo. Je travaille trois soirs par semaine dans l'immeuble du département de journalisme, juste à côté de la résidence universitaire. J'ai même la clé de la résidence, puisque c'est fermé à partir de dix heures et que je travaille jusqu'à onze heures du soir. Le typographe est un vieux Texan nommé Jonesy, qui travaille sur une linotype. Une machine merveilleuse avec un millier de pièces et rouages. Plomb en fusion qui fabrique les lettres. Il met les mots là-dedans, ça fait cling, clang et clong, ressort sous forme de lignes de plomb brûlant. Chaque ligne en paraît d'autant plus importante.

Il m'apprend des choses, comment titrer, quels sont les bons articles et pourquoi. Il me taquine souvent, me joue des tours pour m'inciter à la vigilance. Au milieu d'un article sur un match de basket, il glisse par exemple quelque chose comme « Down upon the Swanee River ».

Parfois, un certain Joe Sanchez vient lui apporter de la copie et une bière. C'est un journaliste sportif et rédacteur d'articles de fond. Un étudiant, mais bien plus âgé que les garçons à mes cours parce que c'est un ancien combattant, bénéficiaire du GI Bill. Il nous parle du Japon, où il faisait le toubib. Il a l'air d'un Indien, de longs et brillants cheveux noirs coiffés en queue de canard.

Désolée, j'utilise déjà des expressions que tu n'as jamais entendues. La plupart des garçons ici arborent la coupe en brosse, c'est-à-dire qu'ils ont quasiment le crâne rasé. Certains ont les cheveux plus longs, avec une mèche lissée sur la nuque qui ressemble à une queue de canard.

Vous me manquez beaucoup, toi et Quena. Je ne me suis pas encore fait d'amies. C'est que je suis différente, venant du Chili. On doit me juger coincée parce que je ne suis pas ouverte. Je ne comprends pas encore l'humour local, je suis gênée parce qu'il y a plein de blagues et d'allusions à connotation sexuelle. Des inconnus peuvent vous raconter toute l'histoire de leur vie, mais comme ils ne sont ni émotifs ni affectueux comme des Chiliens, je n'ai toujours pas l'impression de les connaître.

Pendant toutes ces années passées en Amérique latine, j'ai désiré rentrer dans mon pays, les États-Unis, parce que c'était la démocratie, pas juste deux classes sociales comme au Chili. Mais il y a bien des classes, ici. Des filles qui étaient gentilles avec moi au début me snobent parce que je n'ai pas intégré une association d'étudiantes, que je dors dans un dortoir et pas un petit pavillon. Et certaines associations sont « mieux » que d'autres. Plus riches.

J'ai indiqué à ma voisine de lit, Ella, que Joe, le reporter, était drôle et gentil, et elle a dit : « Oui, mais il est mexicain. » Il n'est pas originaire du Mexique, c'est comme ça qu'on appelle tous ceux qui sont d'ascendance espagnole. Il n'y a pas tellement de Mexicains à la fac, quand on considère la population ici, et seulement une dizaine de Noirs.

Mes cours de journalisme se passent bien, les profs sont formidables, ils ressemblent même aux reporters dans les vieux films. Pourtant je commence à avoir une impression bizarre. J'ai pris journalisme comme matière principale pour devenir écrivain ; or la particularité du journalisme, c'est de couper l'essentiel…

Chère Conchi,

… Je suis sortie plusieurs fois avec Joe Sanchez. On l'invite à des manifestations pour qu'il couvre l'événement. Je l'aime bien parce qu'il ne dit jamais une chose juste par conformisme. C'est très cool d'aimer Dave Brubeck, un musicien de jazz, mais dans sa chronique Joe l'a traité de poule mouillée. Ça n'a pas plu. Et Billy Graham. C'est dur à expliquer à une catholique comme toi ce qu'est un évangéliste. Il parle, vocifère au sujet de Dieu et du péché, et tâche d'amener les gens à consacrer leur vie à Jésus. Tous ceux que je connais le prennent pour un fou, vénal et désespérément bête. La colonne que Joe a écrite était sur l'habileté et le pouvoir de cet homme. C'est devenu un papier sur la foi.

Nous n'allons pas dans les repaires favoris des étudiants après les cours, mais dans des petits restos de la South Valley ou les bars mexicains, les bars à cow-boys. C'est comme être dans un autre pays. On va dans les montagnes ou le désert en voiture, on marche, on grimpe pendant des kilomètres. Il n'essaie pas de me « peloter » (*atracar*) comme tous les autres garçons le font, incorrigiblement, ici. Quand on se quitte, sa main effleure seulement ma joue. Un jour, il a embrassé mes cheveux.

Il ne parle pas de choses, d'événements ou de livres. Il me rappelle mon oncle John. Il raconte des histoires, sur ses frères, son grand-père, ou des geishas au Japon.

Je l'aime bien parce qu'il s'adresse à tout le monde. Il désire vraiment savoir ce que les gens fabriquent.

Chère Conchi,

Je sors avec un type très cultivé, Bob Dash. On est allés voir une pièce, *En attendant Godot,* puis un film italien, j'ai oublié le titre. Il a l'air d'un auteur distingué sur la jaquette d'un livre. Une pipe, des pièces de cuir aux coudes. Il habite une maison en pisé pleine de poteries et de tapis indiens, d'art moderne. On boit des gin-tonic avec du citron vert, on écoute de la musique comme la *Sonate pour deux pianos et percussion.* Il parle souvent de livres dont je n'ai jamais entendu parler, et m'en a prêté une flopée… Sartre, Kiirkeggard (?), Beckett et T.S. Eliot, et bien d'autres. J'aime bien un poème intitulé « Les Hommes creux ».

Joe m'a dit que c'était Dash, l'homme creux. Il est exagérément contrarié par ces sorties avec Dash, le simple fait de boire un café avec lui. Il prétend que ce n'est pas de la jalousie mais qu'il ne supporte pas l'idée que je devienne une intellectuelle. Que je dois écouter Patsy Cline et Charlie Parker en guise d'antidote. Lire Walt Whitman et *L'Ange Exilé*, de Thomas Wolfe.

En fait, j'ai mieux aimé *L'Étranger* de Camus que *L'Ange Exilé.* Mais j'aime Joe parce qu'il aime ce livre-là. Il ne craint pas la sentimentalité. Il aime l'Amérique, et le Nouveau-Mexique, le *barrio* où il habite, le désert. On fait de longues randonnées en moyenne montagne. Un jour, une grosse tempête de sable s'est déclarée. Broussailles déboulant dans les airs et blizzards de poussière jaune ululant. Il dansait sur place. À peine si je l'entendais brailler combien c'était merveilleux, le désert. On a aperçu un coyote, on l'entendait glapir.

En plus, il est sentimental avec moi. Il se souvient des choses et m'écoute parler à jet continu. Un jour que je pleurais sans raison, juste parce que je m'ennuyais de toi et Quena, de la maison, il n'a pas essayé de me remonter le moral, mais m'a prise dans ses bras et laissée être triste. Nous parlons en espagnol quand il s'agit de choses douces, ou quand on s'embrasse. On s'embrasse souvent.

Chère Conchi,

J'ai écrit une nouvelle, « Pommes ». Ça parle d'un vieillard qui ratisse des pommes. Bob Dash a souligné en rouge une dizaine d'adjectifs et déclaré que c'était une « petite chose passable ». Joe a dit que c'était précieux et faux. Qu'il faut écrire seulement sur ce que je ressens, pas inventer des trucs sur un vieux que je n'ai jamais connu. Ça m'est bien égal, ce qu'ils disent. Je la relis sans cesse.

Bien sûr que ça ne m'est pas égal.

Ella, ma coloc, a dit qu'elle préférait ne pas la lire. Si seulement on s'entendait mieux. Tous les mois, sa mère lui envoie ses Kotex de l'Oklahoma. Sa matière principale, c'est théâtre. Mais enfin, comment jouer Lady Macbeth si elle est aussi stressée par un peu de sang ?

Je fréquente davantage Bob Dash. C'est comme avoir un séminaire à moi toute seule. Aujourd'hui, on est allé prendre un café et parler de *La Nausée*. Mais c'est à Joe que je pense le plus souvent. Je le vois à l'interclasse et quand je travaille. Jonesy et lui rient beaucoup, mangent des pizzas et boivent de la bière. Joe a une petite pièce qui est en quelque sorte son bureau, et c'est là qu'on s'embrasse. Ce n'est pas à lui que je pense, pour être exacte, mais à nos baisers. J'y pensais en Rédaction, et j'ai même soupiré ou parlé à haute voix car le professeur m'a regardée et dit : « Oui, mademoiselle Gray ? »

Chère Conchi,

… Je lis Jane Austen. Son écriture est comme de la musique de chambre, mais c'est concret et drôle en même temps. Il y a des milliers de livres que je voudrais découvrir, mais je ne sais pas par où commencer. Je change ma matière principale pour l'Anglais au prochain semestre…

Chère Conchi,

Un couple de vieux garde le bâtiment du département de Journalisme. Un soir, ils nous ont emmenés sur le toit pour prendre une bière après le travail. Ce toit est surplombé par des peupliers de Virginie et on peut donc s'asseoir sous les arbres et admirer les étoiles. Si on veut, on peut aussi regarder passer les voitures sur la Route 66, ou de l'autre côté, à travers les fenêtres de mon dortoir. Ils nous ont donné la clé du placard à balais, où est rangée l'échelle pour accéder au toit. Personne ne connaît cet endroit. On y monte entre les cours et après le travail. Joe a apporté un gril, un matelas et des bougies. C'est comme une île à nous ou notre cabane dans les arbres…

Chère Conchi,

Je suis heureuse. Quand je me réveille le matin, j'ai mal aux joues à force de sourire.

Lorsque j'étais petite, je crois que je me sentais quelquefois en paix, dans la forêt ou dans un pré, et au Chili je m'amusais tout le temps. Au ski, c'était de la joie. Mais je n'avais jamais été heureuse comme maintenant, avec Joe. Je n'avais jamais senti que j'étais moi-même, et que j'étais aimée pour moi-même.

J'ai demandé la permission de passer les week-ends chez lui, où son père sera responsable de moi. Joe vit avec son père, qui est très vieux, un enseignant à la retraite. Il adore cuisiner, fait une cuisine horriblement grasse. Il boit de la bière toute la journée. Le seul effet apparent sur lui, c'est qu'il chante des trucs comme « Minnie the Mermaid » ou « Rain on the Roof » à tue-tête devant ses fourneaux. Il raconte des histoires, aussi, sur tous les gens à Armijo, le voisinage. Ils étaient pour la plupart dans sa classe.

Chère Conchi,

Le week-end, on va en général dans les montagnes Jemez et on passe toute la journée à grimper, bivouaquant la nuit. Il y a des sources chaudes par ici. Jusqu'à présent, on n'a jamais croisé personne. Chevreuils et chouettes, mouflons, geais bleus. On s'allonge dans l'eau, on discute ou on lit à haute voix. Joe adore lire du Keats.

Tout va bien en cours et au travail, mais j'ai toujours hâte que ça finisse pour pouvoir rejoindre Joe. Il est journaliste sportif pour *La Tribune*, en plus, donc c'est dur de trouver le temps. On va à des rencontres d'athlétisme, des matches de basket au lycée, des courses de stock-cars. Je n'aime pas le football américain, le soccer et le rugby me manquent.

Chère Conchi,

Tout le monde est exagérément contrarié au sujet de Joe et moi. La responsable des filles m'a prise à part. Bob

Dash a été atroce, il m'a sermonnée pendant une heure, jusqu'à ce que je me lève et m'en aille. Disant que Joe était vulgaire, banal, un hédoniste sans aucun sens des valeurs et aucune envergure intellectuelle. Entre autres. La plupart des gens s'inquiètent à cause de ma jeunesse. Ils pensent que je vais renoncer à mes études, à une carrière. En tout cas, c'est ce qu'ils répètent. Moi je crois qu'ils sont jaloux de notre amour. Et quels que soient leurs arguments – ça va ruiner ma réputation, mettre mon avenir en péril –, ils invoquent toujours le fait qu'il est mexicain. Personne ne réalise que, venant du Chili, c'est plutôt normal que j'apprécie un Latin, un être doué de sensibilité. Je ne m'adapte pas du tout, ici. Si seulement je pouvais rentrer à Santiago avec Joe…

Chère Conchi,

… Quelqu'un a fini par écrire à mes parents, pour leur dire que j'avais une liaison avec un homme bien trop âgé pour moi.

Ils ont appelé, hystériques, vont faire le voyage depuis le Chili. Ils arriveront la veille du Nouvel An. Apparemment, ma mère s'est remise à boire. Mon père dit que c'est ma faute.

Quand je suis avec Joe, plus rien n'a d'importance. Je crois qu'il est journaliste parce qu'il aime bien parler aux gens. Partout où on va, on finit par parler à des inconnus. Et à les apprécier.

Je ne crois pas avoir aimé le monde avant notre rencontre. Mes parents n'aiment ni le monde ni moi, sinon ils me feraient confiance.

Chère Conchi,

Ils sont arrivés la veille du Nouvel An, mais épuisés par le voyage donc on a juste un peu parlé. Ils n'ont pas écouté quand j'ai dit que j'étais la première en classe, que j'adorais mon travail, qu'on m'avait choisie pour être la reine du bal de l'école de journalisme ce soir-là. J'étais désormais une femme déchue, une vulgaire putain. « Avec un métèque », disait ma mère.

Le bal était merveilleux. Nous avons dîné avec des amis du département avant de danser, beaucoup rigolé. Il y a eu une cérémonie au cours de laquelle j'ai reçu une couronne en papier journal et une orchidée. Bizarrement, je n'avais jamais dansé avec Joe jusque-là. C'était merveilleux. Danser avec lui.

Il était convenu qu'on verrait mes parents le lendemain, à leur hôtel. Mon père avait dit qu'il pourrait suivre à la télévision le Rose Bowl Game[1], que ça briserait la glace.

Comme j'ai été bête. J'ai vu qu'ils avaient déjà bu des martinis, cru qu'ils seraient plus détendus. Joe a été super. À l'aise, chaleureux, ouvert. Eux, ils étaient de marbre.

Papa s'est un peu décoincé quand le match a commencé ; ils l'appréciaient autant l'un que l'autre. Maman et moi, on ne disait rien. Joe ne boit que de la bière, donc il s'est vraiment dégelé avec les martinis de mon père. À chaque but, il beuglait : « Le pied ! » ou « *A la verga* ! ». À plusieurs reprises il a donné une bourrade à mon père. Maman avait un mouvement de recul, buvait et ne disait rien.

---

1. Match annuel de football américain au niveau universitaire.

Après le match, Joe voulait inviter mes parents au restaurant, mais mon père a déclaré qu'ils allaient chercher – lui et Joe – des plats chez le traiteur chinois.

En leur absence, maman a parlé de la honte que leur causait mon immoralité, de son écœurement.

Conchi, je sais qu'on s'était promis de se parler des choses du sexe, de notre première fois. C'est un sujet ardu. Ce qui est bien, c'est qu'on ne peut pas être plus proche de l'autre, plus nu. Et chaque fois c'est différent et surprenant. Parfois on rigole du début à la fin. D'autres fois, ça vous fait pleurer.

Le sexe est ce qui m'est arrivé de plus important. Je ne pouvais pas comprendre ce que disait ma mère, que j'étais souillée.

Dieu sait de quoi Joe et Papa ont parlé. Ils étaient tous deux pâles à leur retour. Apparemment mon père avait parlé de « détournement de mineure » et Joe avait répondu qu'il m'épouserait dès demain, ce qui était le comble, pour mes parents.

Après le repas, Joe a dit : « Bon, nous sommes tous bien fatigués. Je me sauve. Tu viens, Lu ? »

— Non, elle reste ici, a dit mon père.

Je suis restée plantée là, pétrifiée. J'ai dit :

— Je vais avec Joe. Je vous verrai demain.

Je t'écris depuis le dortoir. Le calme est inquiétant. La plupart des filles sont allées passer les fêtes dans leur famille.

Sauf pour me résumer ce que mon père lui avait dit, Joe ne m'a pas parlé pendant le trajet en voiture. Quand on s'est embrassés à la porte, j'ai cru que mon cœur allait se briser.

Chère Conchi,

Mes parents me retirent de l'école à la fin du semestre. Ils m'attendront à New York. Je dois aller là-bas, et ensuite nous irons en Europe jusqu'à la session d'automne.

J'ai pris un taxi pour aller chez Joe. On devait aller à Sandia Peak pour parler, on est montés en voiture. Je ne sais pas à quoi je m'attendais de sa part, ce que je souhaitais.

J'espérais qu'il me dirait qu'il m'attendrait, qu'il serait toujours là à mon retour. Mais il a déclaré que si je l'aimais vraiment, il fallait l'épouser tout de suite. Cela m'a fait bondir. Il avait ses diplômes à passer ; il ne travaille qu'à mi-temps. Je n'ai pas dit toute la vérité, à savoir que je ne voulais pas abandonner mes études. Je veux étudier Shakespeare, les poètes romantiques. Il a dit qu'on pourrait habiter chez son père en attendant d'avoir de quoi se débrouiller. Nous traversions le Rio Grande quand j'ai dit que je ne voulais pas encore me marier.

— Tu ne réaliseras pas avant longtemps ce que tu es en train de rejeter.

J'ai dit que je savais ce que nous avions, que ce serait toujours là quand je reviendrais.

— Ça, oui – mais toi, tu ne reviendras pas. Non, vas-y, aie des « relations », épouse un connard.

Il a ouvert la portière, m'a poussée sur le pont alors que la voiture roulait. Il s'est éloigné. J'ai traversé toute la ville à pied pour regagner la résidence. Je n'arrêtais pas de me dire qu'il allait revenir, mais il n'est pas revenu.

C'est bête de pleurer

La solitude est un concept anglo-saxon. À Mexico, si vous êtes seule dans le bus et qu'un passager monte à bord, non seulement il viendra s'asseoir à côté de vous, mais il s'appuiera contre vous.

Quand mes fils étaient à la maison, s'ils entraient dans ma chambre, c'était en général pour une raison précise. T'as pas vu mes chaussettes ? Qu'est-ce qu'on mange, ce soir ? Encore aujourd'hui, quand ça sonne à mon portail, c'est Salut, M'man ! Allons voir le match, ou Tu peux pas garder le petit ce soir ? Mais au Mexique, les filles de ma sœur monteront trois volées de marches et passeront trois portes juste parce que je suis là. Pour s'appuyer sur moi ou dire *Que honda ?*

Leur mère, Sally, dort à poings fermés. Elle a pris des antidouleurs et un somnifère. Elle ne m'entend pas, moi qui suis dans le lit d'à côté, tourner des pages, pleurer. Quand Tino, son fils de quinze ans, rentre, il m'embrasse et va s'allonger à côté d'elle, lui tenir la main. Puis il l'embrasse et va dans sa chambre.

Mercedes et Victoria ont leur propre appartement à l'autre bout de la ville, mais chaque soir elles viennent même si leur mère ne se réveille pas. Victoria lisse le front de Sally, arrange ses oreillers et ses couvertures, dessine une étoile sur son crâne chauve à la pointe d'un feutre. Sally gémit dans son sommeil, plisse le front. Reste tranquille, *Amor*, dit Victoria. À environ quatre heures du matin, Mercedes vient dire bonsoir à sa mère. Elle est décoratrice pour le cinéma. Quand elle bosse, c'est jour et nuit. Elle aussi s'allonge contre Sally, lui chante quelque chose, l'embrasse sur le front. Elle voit l'étoile et rit. Ça c'est du Victoria ! *Tia*, es-tu réveillée ? *Si. Oye !* Allons s'en fumer une. On va dans la cuisine. Elle est très fatiguée, sale. Plantée devant le frigo, elle en scrute l'intérieur, soupire et le referme. On fume et partage une pomme, assises ensemble sur la seule chaise de la cuisine. Elle est contente. Ce tournage est formidable, le metteur en scène une pointure. Elle fait du bon boulot. « On me traite avec respect, comme un homme ! Cappelini me veut sur son prochain film ! »

Le lendemain matin, Sally, Tino et moi allons prendre un café au La Vega. Tino va de table en table avec son cappuccino pour bavarder avec des copains, draguer les filles. Mauricio le chauffeur attend à l'extérieur pour l'emmener à l'école. Sally et moi, on parle, parle, comme on n'a pas cessé de le faire depuis que je suis arrivée de Californie il y a trois jours. Elle porte une perruque bouclée auburn, une robe verte qui met en valeur ses yeux de jade. Tous la dévisagent, fascinés. Vingt-cinq ans qu'elle fréquente ce café. Tout le monde la sait condamnée, mais jamais elle n'a paru aussi belle ni aussi heureuse.

Quant à moi… si on me disait que je n'ai plus qu'un an à vivre, je suppose que j'irais nager en pleine mer, pour en finir, mais pour Sally, c'est comme si cette sentence de mort était un cadeau. Peut-être parce qu'elle est tombée amoureuse de Xavier une semaine avant de savoir. Elle s'est épanouie. Elle savoure chaque chose. Elle dit ce qu'elle veut, fait tout ce qui lui plaît. Elle rit. Sa démarche est sexy, sa voix est sexy. Elle se fâche et balance des trucs, lâche des jurons. La petite Sally toujours si douce et passive, dans mon ombre quand elle était petite, dans celle de son époux pendant une bonne partie de sa vie. Aujourd'hui, elle est forte, radieuse ; son entrain est contagieux. On s'arrête pour la saluer, les hommes lui baisent la main. Le médecin, l'architecte, le veuf.

Mexico est une immense métropole mais les gens ont des titres, comme le forgeron dans un village. L'étudiant en médecine ; le juge ; Victoria la ballerine ; Mercedes la beauté ; l'ex-mari de Sally, le ministre. Moi, c'est la sœur américaine. Tout le monde m'accueille avec des bises et des accolades.

L'ex-mari de Sally, Ramon, s'arrête pour un expresso, suivi comme son ombre par son garde du corps. Dans un grand bruit de chaises, les hommes se lèvent pour lui serrer la main ou lui donner un *abrazo.* Il est membre du cabinet à présent, pour le PRI[1]. Il nous embrasse, Sally et moi, interroge Tino sur ses études. Tino prend congé de son père en le serrant dans ses bras et part pour l'école. Ramon consulte sa montre.

Attends encore un peu, dit Sally. Elles qui ont tellement envie de te voir ; elles ne vont plus tarder.

Victoria la première, en justaucorps décolleté, se rendant à son cours de danse. Elle a une coiffure punk, un tatouage à l'épaule. Bon sang, un peu de pudeur ! dit son père.

---

1. PRI, *Partido Revolucionario Institucional,* l'une des principales forces politiques au Mexique.

— Papa, tout le monde ici est habitué à moi. Pas vrai, Julian ?

Julian, le serveur, secoue la tête.

— Non, *mi dona*, chaque jour c'est une nouvelle surprise.

Il nous a apporté ce qu'on voulait sans qu'on ait commandé. Thé pour Sally, un autre latte pour moi, un expresso, puis un latte, pour Ramon.

Mercedes débarque, le cheveu en bataille, très fardée, allant faire le mannequin avant de se rendre sur le plateau de tournage. Tout le monde dans ce café connaît les deux sœurs depuis qu'elles sont toutes petites, mais on les dévisage néanmoins parce qu'elles sont si belles, si scandaleusement fringuées.

Ramon se lance dans son sermon habituel. Mercedes est apparue dans des scènes torrides sur MTV Mexique. Embarrassant. Il voudrait que Victoria aille à la fac et ne travaille qu'à mi-temps. Elle l'enlace.

— À quoi bon faire des études, Papa, puisque tout ce que je veux, c'est danser ? Et pourquoi travailler, alors qu'on est si riches ?

Ramon secoue la tête et finit par lui donner l'argent pour ses cours, pour des souliers, et pour un taxi parce qu'elle est en retard. Elle s'en va, agitant la main et envoyant des baisers à la ronde.

Ramon soupire. « Je suis en retard ! » Lui aussi, il s'en va, non sans avoir à affronter une forêt de mains tendues. Une limousine noire l'enlève, l'emporte sur l'avenue des Insurgés.

— *Pues*, enfin on peut manger, dit Mercedes.

Julian arrive avec jus de fruits, fruits et *chilaquiles*. « Maman, tu ne veux pas essayer de manger un petit quelque chose ? » Sally fait non de la tête. Elle a chimio plus tard et ça la rend malade.

— Je n'ai pas fermé l'œil de la nuit ! dit-elle.

Elle semble vexée quand Mercedes et moi, nous rions, mais en fait autant quand on lui dit toutes les visites qu'elle a manquées.

— Demain, c'est l'anniversaire de *Tia*. La Saint-Basil ! Maman, tu étais à la Fête Grange, toi aussi ?

— Oui, mais j'étais petite, je n'avais que sept ans, le jour où ça a coïncidé avec le douzième anniversaire de Carlotta, l'année où elle a connu Basil. Tout le monde était là… adultes, enfants. Il y avait une petite enclave anglaise au Chili. Églises anglicanes, manoirs et cottages anglais. Jardins et chiens anglais. Le Country Club Prince de Galles. Équipes de rugby et cricket. Et bien entendu, l'École Grange. Une excellente école de garçons, genre Eton.

— Et toutes les filles de notre école étaient amoureuses des garçons de Grange…

— La fête durait toute la journée. Il y avait des matches de soccer et de cricket, des épreuves de cross, de lancer du poids et de saut. Toutes sortes de jeux et de stands, de trucs à acheter et à manger.

— Des diseuses de bonne aventure, dis-je. Elle m'a prédit que j'aurais plein d'amants et d'ennuis.

— J'aurais pu t'en dire autant. Bref, c'était juste comme une kermesse anglaise.

— À quoi ressemblait-il ?

— Noble et préoccupé. Grand et beau, sauf qu'il avait de grandes oreilles.

— Et un menton en galoche…

— Plus tard, dans l'après-midi, ce fut la distribution des prix, et tous les garçons dont on était amoureuses, mes copines et moi, ont été distingués dans le domaine du sport, mais Basil ne cessait d'être appelé pour des prix en Physique Chimie, en Histoire, en Grec et Latin. Et plein d'autres. Au début tout le monde applaudissait, mais ensuite, c'était drôle, chaque fois qu'il montait sur l'estrade pour recevoir un nouveau prix, un livre, son visage devenait de plus en plus rouge. Une dizaine de livres. Genre Marc Aurèle.

« Ensuite, ce fut l'heure du thé, avant le bal. Tout le monde se promenait partout ou prenait le thé à des petites tables. Conchi m'a mise au défi d'aller l'inviter à danser, donc je me suis exécutée. Il était debout parmi toute sa famille. Un père à grandes oreilles, sa mère et ses trois sœurs, tous avec ce regrettable menton en galoche. Je l'ai félicité, et invité à danser. Et il est tombé amoureux, là sous mes yeux.

« Comme il n'avait jamais dansé, je lui ai montré combien c'était facile, il suffisait de faire des carrés. Sur « Siboney ». « Long Ago and Far Away ». On a dansé toute la nuit… ou fait des carrés. Il est venu prendre le thé tous les jours pendant une semaine. Ensuite, c'étaient les vacances d'été et il est allé dans le *fundo* de sa famille. Il m'écrivait tous les jours, m'envoyant des dizaines et des dizaines de poèmes.

— *Tia*, comment embrassait-il ? demande Mercedes.

— Embrasser ! Il ne m'a jamais embrassée, même pas tenu la main. Cela aurait été très grave, dans le Chili de l'époque. Je me rappelle avoir défailli quand Pirulo Diaz m'a pris la main pendant le film *Beau Geste*.

— C'était toute une affaire d'être tutoyée par un garçon, déclare Sally. C'était il y a très longtemps. On se frottait de la pierre d'alun sous les aisselles en guise de déodorant. Les Kotex n'étaient pas encore inventées ; on utilisait des chiffons que les bonnes lavaient et relavaient.

— Tu étais amoureuse de Basil, *Tia* ?

— Non, de Pirulo. Mais pendant des années Basil a toujours été là, à la maison, aux matches de rugby, aux soirées. Il venait prendre le thé tous les jours. Papa jouait au golf avec lui, l'invitait toujours à dîner.

— C'était le seul soupirant approuvé par lui.

— Le pire, pour une idylle, soupire Mercedes. Les braves garçons ne sont jamais sexy.

— Mon Xavier est un bon garçon ! proteste Sally. Il est formidable avec moi ! Et sexy !

— Basil et Papa s'y entendaient pour être condescendants et faire la morale. J'avais beau être horrible avec lui, il revenait toujours. À chacun de mes anniversaires, il m'a envoyé des roses ou téléphoné. Année après année. Depuis plus de quarante ans. Il retrouvait ma trace grâce à Conchi, ou ta mère… n'importe où. Chiapas, New York, Idaho. Une fois, c'était même dans un service psychiatrique fermé, à Oakland.

— Qu'est-ce qu'il te disait au téléphone, pendant toutes ces années ?

— Très peu de choses, en fait. Sur sa propre vie, je veux dire. Il est président d'une chaîne de magasins d'alimentation. En général, il me demandait comment j'allais. Et invariablement il y avait eu une catastrophe… notre maison réduite en cendres, ou un divorce, un accident de voiture. À chaque fois, il dit la même chose. Comme s'il débitait son chapelet. Aujourd'hui, 12 novembre, il pense à la plus adorable femme qu'il ait jamais connue. « Long Ago and Far Away » s'entend en fond sonore.

— Année après année !

— Et il ne t'a jamais écrit, jamais revue ?

— Non, répond Sally. Quand il a appelé la semaine dernière pour demander où se trouvait Carlotta, je lui ai dit qu'elle venait à Mexico, alors pourquoi ne pas déjeuner avec elle ? J'ai eu l'impression qu'il n'avait pas tellement envie de la revoir. Soi-disant qu'il ne pouvait pas le dire à sa femme. J'ai dit : Pourquoi ne pas l'amener ? Mais il a dit que ce n'était pas possible.

— Voici Xavier ! T'en as de la chance, Maman ! On te désapprouve toutes complètement. *Pilla envidia* !

Xavier est à côté d'elle, à lui tenir les mains. Il est marié. Personne n'est censé être au courant de leur liaison. S'il est là, c'est seulement par hasard. Comment cette électricité dans l'air pourrait-elle passer inaperçue ? Julian me sourit.

Xavier a changé, lui aussi, tout comme ma sœur. C'est un aristocrate, un éminent chimiste, autrefois très grave et réservé. Aujourd'hui, il rit lui aussi. Tous deux jouent, pleurent, se disputent. Ils prennent des leçons de *danzon* et vont à Mérida. Ils dansent sur la place, sous les étoiles – chats et enfants jouant dans les fourrés, lampions dans les arbres.

Tout ce qu'ils se disent, les choses les plus triviales comme « Bonjour, *mi vida* » ou « passe-moi le sel », est si chargé d'émotion que Mercedes et moi, on pouffe. Mais nous sommes émues, impressionnées par ces deux êtres en état de grâce.

— Demain, c'est la Saint-Basil ! fait Xavier, en souriant.

— Victoria et moi pensons qu'elle devrait se déguiser en punk, ou en très vieille dame, dit Mercedes.

— Ou envoyer Sally à ma place ! dis-je.

— Non. Victoria ou Mercedes... Et il se croira revenu dans les années 40 en te retrouvant presque telle que tu étais !

Xavier et Sally sont partis pour sa séance de chimio et Mercedes est allée travailler. Moi, j'ai passé la journée à Coyoacan. Dans l'église, le prêtre baptisait une cinquantaine d'enfants en même temps. Je me suis agenouillée au fond, près du Christ sanglant, pour assister à la cérémonie. Parents et parrains étaient debout, formant deux longues files face à face dans l'allée. Les mères tenaient leurs bébés, tout habillés de blanc. Joufflus, maigres, gros, chauves. Le prêtre s'est avancé dans l'allée, suivi de ses deux enfants de chœur qui balançaient des encensoirs. Il priait en latin. Humectant ses doigts dans un calice qu'il tenait de la main gauche, il faisait le signe de croix sur le front de chaque enfant, les baptisant au nom du Père, du Fils et du Saint-Esprit. Les parents étaient graves, ils priaient avec solennité. J'aurais voulu que le prêtre bénisse chaque mère, également, fasse un signe quelconque, lui accorde sa protection.

Dans des villages mexicains, quand mes fils étaient tout petits, des Indiennes faisaient parfois le signe de croix sur leur front. *Pobrecito !* disaient-elles. Dire que ce mignon petit être allait souffrir toute sa vie !

Mark, quatre ans, dans un jardin d'enfants sur Horatio Street à New York. Jouant à la mère de famille avec d'autres enfants. Il ouvrait un frigo miniature, remplissait de lait un verre imaginaire et le tendait à son copain. Le copain jetait le verre imaginaire par terre. L'air peiné de Mark, celui que j'ai perçu plus tard chez tous mes fils dans leur vie. Blessure causée par un accident, un divorce, un échec. La férocité de mon désir de les protéger. Mon impuissance.

En sortant de l'église, j'allume un cierge sous la statue de la Sainte Vierge. *Pobrecita.*

Sally est au lit, épuisée et vaseuse. J'applique sur son front des linges rafraîchis dans l'eau glacée. Je lui parle des gens sur la place de Coyoacan, du baptême. Elle me parle des autres patients en chimio, de Pedro, son médecin. Elle me rapporte les propos de Xavier, me parle de sa tendresse et elle verse des larmes, des larmes amères.

Lorsque nous sommes devenues amies, à l'âge adulte, nous avons mis plusieurs années à évacuer nos ressentiments et jalousies. Ensuite, alors que nous étions toutes les deux en psychothérapie, il nous a fallu des années pour expulser notre colère contre notre grand-père, notre mère. Notre mère cruelle. Et encore d'autres années pour notre colère contre notre père, le saint, dont la cruauté n'était pas aussi flagrante.

Mais aujourd'hui, on ne se parle plus qu'au présent. Dans un *cenote* au Yucatán, en haut de Tulum, dans le couvent de Tepoztlán, dans sa petite chambre, nous rions des similitudes de nos réactions, de la stéréo de nos points de vue.

Le matin de mon cinquante-quatrième anniversaire, nous ne restons pas longtemps au La Vega. Sally veut se reposer avant sa chimio. Je dois m'habiller pour déjeuner avec Basil. Quand nous arrivons à la maison, Mercedes et Victoria suivent une *telenovela* avec Belen et Dolores, les deux domestiques. Belen et Dolores passent leur vie à regarder des soap-operas. L'une et l'autre sont au service de Sally depuis vingt ans ; elles logent dans un petit appartement sur le toit. Il n'y a plus grand-chose à faire depuis que Ramon et les filles sont partis, mais Sally ne les congédierait jamais.

Aujourd'hui, c'est un grand jour dans *Los Golpes de la Vida*. Sally enfile un peignoir et vient voir. Moi, je me suis douchée et maquillée, mais je reste en peignoir aussi, pour ne pas froisser mon lin gris.

Adelina va devoir dire à sa fille, Conchita, qu'elle ne peut épouser Antonio. Avouer qu'Antonio est son fils naturel, le frère de Conchita ! Adelina a accouché de lui dans un couvent il y a vingt-cinq ans.

Les voici au restaurant, mais avant qu'Adelina n'ait le temps d'ouvrir la bouche, Conchita lui annonce qu'elle et Antonio se sont mariés en secret. Et ils attendent un enfant ! Gros plan sur le visage affligé d'Adelina, sa mère. Mais celle-ci sourit et embrasse Conchita. *Mozo*, dit-elle, servez-nous du champagne.

D'accord, c'est idiot. Ce qui l'est encore plus, c'est qu'à nous six nous gobions tout cela et pleurions comme des fontaines quand on a sonné à la porte. Mercedes s'est précipitée pour ouvrir.

Basil la contemple, frappé d'horreur. Pas seulement parce qu'elle est en larmes, ou vêtue d'un short et d'un haut sans soutien-gorge. Les gens sont toujours décontenancés par la beauté des deux filles. À la longue, on s'y fait, comme à un bec-de-lièvre.

Mercedes lui fait la bise. « Le fameux Basil, dans de l'authentique tweed anglais ! »

Il est écarlate. Il nous dévisage, nous toutes qui sanglotons, l'air tellement troublé qu'on en a le fou rire. Comme des gamines. Rires graves, répréhensibles. Pas moyen de s'arrêter. Je me lève pour aller lui donner un *abrazo*, moi aussi, mais il se raidit de nouveau, me tend froidement la main.

— Excuse-nous… on regardait une série qui fait pleurer dans les chaumières.

Je le présente à chacune.

— Tu te souviens de Sally, bien sûr ?

De nouveau, il semble horrifié.

— Ma perruque !

Elle court la récupérer. Je vais m'habiller. Mercedes m'accompagne.

— Allons, *Tia*, mets des sapes bien vulgaires et sexy… qu'est-ce qu'il est coincé !

— Il n'y a pas de restaurants dans le coin, évidemment, est-il en train de dire.

— Évidemment que si ! La Pampa, un restaurant argentin, en face de l'horloge de fleurs dans le parc.

— L'horloge de fleurs ?

— Je vais te montrer, dis-je. Allons-y.

Je descends derrière lui les trois volées de marches, jacassant nerveusement. Quel bonheur de le voir, comme il a l'air en forme.

Dans le hall d'entrée, il s'arrête pour regarder autour de lui.

— Ramon est ministre maintenant. Il doit pouvoir offrir à sa famille un autre cadre de vie ?

— Il a une nouvelle famille maintenant. Ils habitent à La Pedregal, une belle maison. Mais ici, c'est très bien,

Basil. Ensoleillé et spacieux… plein de vestiges du passé, de végétation et d'oiseaux.

— Le voisinage ?

— Calle Amores ? Sally ne voudrait jamais vivre ailleurs. Elle connaît tout le monde. Même moi, je connais tout le monde.

J'ai salué des gens jusqu'à sa voiture. Il avait payé des gamins pour la surveiller, la préserver des bandits.

On boucle nos ceintures.

— Qu'est-il arrivé aux cheveux de Sally ?

— Elle est devenue chauve à cause de la chimiothérapie. Elle a un cancer.

— C'est terrible ! Le pronostic est bon ?

— Non, elle n'en a plus pour longtemps.

— Je suis désolé. Je dois dire qu'aucune de vous n'a l'air particulièrement affecté.

— Affectées, nous le sommes toutes. Pour le moment, on est contentes : Sally est amoureuse. On est devenues proches, comme de vraies sœurs. Ça aussi, c'est comme être amoureuse. Ses enfants la voient, l'entendent.

Il se tait, les mains agrippées au volant.

Je le dirige vers le parc sur l'avenue des Insurgés.

— Gare-toi n'importe où. Regarde, l'horloge de fleurs !

— Ça ne ressemble pas à une horloge.

— Mais si. Regarde les chiffres ! Enfin, mettons… ça ressemblait à une horloge l'autre jour. Les fleurs sont des œillets d'Inde, et elles ont un peu trop monté en graines. Mais tout le monde sait que c'est une horloge.

On s'est garés loin du resto. Il fait très chaud. J'ai mal au dos, je fume beaucoup. Le smog, mes hauts talons. J'ai si faim que j'en défaille. Le resto embaume. Ail et romarin, vin rouge, agneau.

— Je ne sais pas, dit-il, c'est très bruyant. Difficile de discuter dans ces conditions. C'est plein d'Argentins !

— Euh, ouais, c'est un restaurant argentin.

— Ton accent est si américain ! Tu dis « ouais » tout le temps.

— Euh, ouais, je suis américaine.

On arpente la rue dans les deux sens, scrutant par les vitrines des salles de restaurant toutes plus accueillantes les unes que les autres, mais aucun de ces établissements n'est tout à fait acceptable, et l'un d'eux est trop onéreux. Dorénavant, je dirai « onéreux » plutôt que « cher ». Oh, mon onéreuse facture de téléphone !

— Basil… achetons une *torta* et allons dans le parc. Je meurs de faim, et je voudrais passer du temps à parler avec toi.

— Il va falloir aller dans le centre-ville. Où je connais les restaurants.

— Et si je t'attendais ici, pendant que tu vas chercher la voiture ?

— Je ne veux pas te laisser sans protection dans ce quartier.

— C'est un chouette quartier.

— Je t'en prie. On va retrouver la voiture ensemble.

Retrouver la voiture. Bien entendu, il ne sait plus où il s'est garé. On trace, on trace. On fait demi-tour, on erre, on tournicote, croisant les mêmes chats, les mêmes domestiques qui draguent le facteur, appuyées aux portails. Le rémouleur jouant de la flûte, roulant à vélo sans les mains.

Je m'écroule dans le siège capitonné de la voiture, larguant mes chaussures. Je sors un paquet de cigarettes, mais il me prie de ne pas fumer dans sa voiture. Nos visages ruissellent de larmes à cause du smog de Mexico. Moi qui croyais que ma propre fumée pourrait former une sorte d'écran protecteur, dis-je.

— Ah, Carlotta, toujours ce goût du danger !

— Allons-y. Je crève de faim.

Mais il a sorti de la boîte à gants des photos de ses enfants. Je tiens les cadres argentés. Jeunes gens au regard limpide, décidés. Menton en galoche. Il parle de leur intelligence supérieure, de leurs succès, de leurs carrières comme médecins. Oui, ils voient leur fils, mais Marilyn et sa mère ne s'entendent pas. Des têtes de mule, autant l'une que l'autre.

— Elle sait s'y prendre avec les domestiques, dit-il au sujet de sa femme. Elle ne les laisse jamais passer les bornes. Ces femmes, ce sont les domestiques de ta sœur ?

— Oui, avant. Aujourd'hui, elles font plutôt partie de la famille.

On a enfilé par erreur une rue à contresens. Basil recule, sous les klaxons des voitures et camionnettes. Ensuite, le *periférico*, à toute vitesse, jusqu'à ce qu'un accident un peu plus loin nous contraigne à nous arrêter. Basil coupe le moteur et la climatisation. Je sors pour fumer.

— Tu vas te faire renverser !

À perte de vue, des véhicules au point mort.

Nous arrivons au Sheraton à 16 h 30. Le restaurant est fermé. Que faire ? La voiture est garée. On va au fast-food d'à côté.

— La restauration rapide… on touche le fond, dis-je. Je prendrais bien un club sandwich et un thé glacé. Et toi ?

— Je ne sais pas. La nourriture ne m'intéresse pas.

Je suis profondément déprimée. J'ai envie de dévorer mon sandwich et de rentrer à la maison. Mais je fais la conversation. Oui, ils font partie d'un country club anglais. Il joue au golf et au cricket, est membre d'un club de théâtre. Il a incarné l'une des vieilles dames dans *Arsenic et vieilles dentelles*. Très sympa.

— Au fait, j'ai acheté cette maison, au Chili, avec la piscine ; près du troisième trou du terrain de golf à Santiago. Elle est louée actuellement mais nous envisageons d'y passer notre retraite. Tu vois laquelle ?

— Bien sûr. Une très jolie maison, avec glycine et lilas. Regarde sous le lilas, tu trouveras une centaine de balles de golf. C'est là que j'expédiais les miennes.

— Quels sont tes projets pour la retraite ? Ton avenir ?

— Mon avenir ?

— Tu as des économies ? Un plan d'épargne, ce genre de choses ?

Je fais signe que non.

— Je me suis beaucoup tracassé pour toi. En particulier quand tu étais à l'hôpital. Tu as pas mal bourlingué… trois divorces, quatre enfants, tous ces boulots. Et tes fils, que font-ils dans la vie ? Es-tu fière d'eux ?

Je suis irritable, malgré l'arrivée de mon sandwich. Il a commandé un sandwich au fromage non toasté et du thé.

— Je déteste cette idée-là… tirer fierté de ses enfants, s'enorgueillir de leurs succès. J'aime bien mes fils. Ils sont affectueux ; ils sont intègres.

Ils rient. Ils bouffent *comme quatre*.

De nouveau, il me demande ce qu'ils font. Cuisinier, cameraman pour la télévision, concepteur graphique, serveur. Chacun aime son boulot.

— Apparemment, aucun ne pourra prendre soin de toi quand ce sera nécessaire. Oh, Carlotta, si seulement tu étais restée au Chili. Tu aurais mené une vie sereine. Tu serais toujours la reine du country club.

— Sereine ? Je serais morte pendant la révolution !

La reine du country club ? Changeons de sujet, et vite.

— Vous allez sur le front de mer, Hilda et toi ?

— Penses-tu, après la côte chilienne ? Non, pas avec ces foules d'Américains. Je trouve l'océan Pacifique au Mexique ennuyeux.

— Basil, comment peux-tu trouver l'océan ennuyeux ?

— Et toi, qu'est-ce qui t'ennuie ?

— Rien, en fait. Je ne me suis jamais ennuyée.

— Il est vrai que tu as fait tout ce qu'il fallait pour…

Il a écarté son sandwich intact et se penche en avant, plein de sollicitude.

— Ma chère Carlotta… comment recolleras-tu les morceaux de ta vie ?

— Je n'en veux pas de ces vieilleries. Je préfère aller de l'avant, en m'efforçant de ne nuire à personne.

— Dis-moi, qu'as-tu accompli dans ta vie ?

Rien ne me vient.

— Je n'ai pas bu une seule goutte d'alcool en trois ans.

— Tu parles d'une réussite ! Autant dire : « Je n'ai pas tué ma mère. »

— Ben, ça aussi, dis-je en souriant.

J'ai mangé tous mes triangles de sandwiches et le persil.

— On peut avoir un flan et un cappuccino, s'il vous plaît ?

C'est le seul resto de la République du Mexique à ne pas servir de flan. Jello, *si*.

— Et toi, Basil, ton ambition de poète ?

Il secoue la tête.

— Je lis toujours de la poésie, bien sûr. Dis-moi, quel est ton vers préféré ?

Quelle intéressante question ! Je suis ravie, mais des phrases perversement inacceptables me viennent à l'esprit. Dis-le, Mer, emporte-moi ! Toute femme adore un fasciste. J'aime un regard d'angoisse, car je sais qu'il est vrai.

— « N'entre pas apaisé dans cette bonne nuit ».

Moi qui n'aime même pas Dylan Thomas.

— Toujours rebelle, ma Carlotta ! Le mien est de Keats : « Sois secret, et exulte. »

Mazette. J'écrase mon mégot, finis mon café instantané.

— Et « une bonne distance à parcourir/Avant de pouvoir m'assoupir » ? Il faut que je rentre chez Sally.

La circulation et le nuage de pollution sont denses. On se traîne. Il me débite tous les décès de gens qu'on a connus, les fiascos financiers ou maritaux de tous mes anciens petits amis.

Il s'est rangé le long du trottoir. Je lui dis adieu. Sottement, je m'avance pour l'embrasser. Il se recule contre sa portière. *Ciao*, dis-je. Exulte !

La maison est silencieuse. Sally dort après sa chimio. Elle s'agite dans son sommeil. Je prépare du café bien fort, vais m'asseoir près des canaris, du parfum des tubéreuses, tout en écoutant l'homme du rez-de-chaussée scier son violoncelle.

Je me suis glissée dans le lit de ma sœur. Nous avons dormi ensemble jusqu'à la tombée de la nuit. Victoria et Mercedes sont venues me questionner sur ce déjeuner.

J'aurais pu leur en parler. En faire une histoire désopilante. Les œillets d'Inde avaient tellement poussé que Basil n'avait pas vu que c'était une horloge. J'aurais pu l'imiter incarnant l'une des vieilles dames d'*Arsenic et vieilles dentelles*. Mais je me suis rallongée contre l'oreiller, tout près de Sally.

— Il ne me rappellera plus jamais.

J'ai pleuré. Sally et ses filles m'ont consolée. Elles ne trouvaient pas que c'est bête de pleurer.

Deuil

J'adore les maisons, tout ce qu'elles me racontent, voilà entre autres pourquoi ça ne m'ennuie pas d'être femme de ménage. C'est comme lire un livre.

Je travaille pour Arlene, à Central Reality. Il s'agit de faire le ménage dans des maisons vides, en général, mais même les maisons vides laissent une histoire, des indices. Une lettre d'amour fourrée tout au fond d'un placard, des bouteilles de whisky vides derrière le sèche-linge, des listes de commissions… « S'il te plaît, prends du Tide, un paquet de linguines vertes, un pack de six Coors. Je ne pensais pas ce que j'ai dit hier soir. »

Depuis peu, je nettoie des maisons où quelqu'un vient de mourir. Nettoyer et aider à trier des trucs que prendront des gens ou à donner à Goodwill. Arlene demande toujours s'ils ont des vêtements ou des livres pour le Foyer pour Parents Juifs, c'est là qu'est Sadie, sa mère. Ces boulots-là sont déprimants. Soit les membres de la famille veulent tout, et se disputent la moindre babiole, une vieille paire de bretelles miteuses, un mug. Ou personne ne veut rien, et alors j'emballe tout. Dans tous les cas, ce qui est triste, c'est que ça prenne si peu de temps.

Songez-y. Si vous mourez… je pourrais me débarrasser de toutes vos affaires en deux heures max'.

La semaine dernière j'ai nettoyé la maison d'un très vieux facteur noir. Arlene le connaissait, il paraît qu'il était grabataire à cause du diabète, qu'il est mort d'une crise cardiaque. Un vieillard mesquin, rigide, membre du Conseil de l'Église. Il était veuf ; sa femme était morte dix ans plus tôt. Sa fille est une amie de celle d'Arlene, une activiste politique, membre de la Commission scolaire de Los Angeles. « Elle a beaucoup fait pour l'éducation et le logement des Noirs ; c'est une femme de tête », m'a-t-elle dit, et ce doit être le cas puisque c'est ce qu'on dit toujours d'Arlene. Le fils est un client à elle, et c'est une autre histoire. Substitut du procureur à Seattle, possède des propriétés dans tout Oakland. « Je ne dirais pas que c'est un marchand de sommeil, mais… »

Le fils et la fille n'ont débarqué qu'en fin de matinée, mais j'en savais déjà beaucoup sur eux, d'après ce que Arlene m'avait dit, et des indices. La maison était silencieuse quand je suis entrée, ce silence plein d'échos d'une maison où il n'y a plus personne, où l'on vient de mourir. La maison proprement dite se trouvait dans un quartier minable de West Oakland. On aurait dit une fermette, coquette et bien rangée, avec une balancelle sur la véranda, un jardinet bien entretenu avec azalées et roses anciennes. La plupart des maisons alentour avaient leurs fenêtres condamnées, des murs tagués. Des bandes de vieux poivrots m'observaient depuis des marches de vérandas croulantes ; de jeunes revendeurs de crack se tenaient au coin de la rue, ou attendaient dans des voitures.

À l'intérieur, aussi, la maison semblait très éloignée de ce voisinage, avec ses rideaux en dentelle, ses meubles en chêne verni. Le vieillard avait passé son temps dans un vaste solarium à l'arrière de la maison, dans un lit médicalisé et un fauteuil roulant. Il y avait des fougères et des violettes africaines entassées sur des étagères fixées aux fenêtres et quatre ou cinq mangeoires à oiseaux juste derrière la vitre. Une grosse télé et un magnétoscope neufs, un lecteur de CD – cadeaux des enfants, sûrement. Sur le manteau de la cheminée, une photo de mariage, lui en smoking, cheveux lissés à la gomina, fine moustache. Sa femme était jeune et ravissante, tous deux étaient solennels. Une photo d'elle, âgée et les cheveux blancs, mais avec le sourire, des yeux rieurs. Solennels, les portraits des deux enfants à la remise des diplômes ; beaux, sûrs d'eux-mêmes, arrogants. La photo de mariage du fils. La belle mariée blonde en satin blanc. Tous deux avec leur petite fille, un bébé d'environ un an. La fille avec le député Ron Dellums. Sur la table de chevet, une carte qui disait : « Excuse-moi, trop d'obligations pour passer Noël à Oakland… » qui pouvait être de l'un comme de l'autre. La bible du vieillard était ouverte au Psaume 104 : « Il regarde la terre et elle tremble. Il touche les montagnes, et elles fument. »

Avant leur arrivée, j'avais fait le ménage dans les chambres et la salle de bains à l'étage. Il n'y avait pas grand-chose, mais ce qui était dans les placards et l'armoire à linge, j'en ai fait des piles sur les lits. J'en étais à nettoyer l'escalier et éteignais l'aspirateur quand ils arrivèrent. Lui, amical, me serra la main ; elle se contenta d'un signe de tête avant de monter. Ils devaient être venus juste après les obsèques. Lui était en costume trois-pièces noir à fines rayures jaunes ; elle en tailleur de cachemire gris, veste de daim grise. Tous deux étaient grands, d'une beauté frappante. Elle avait un chignon. Elle ne souriait jamais. Lui, tout le temps.

Je me suis tenue derrière eux tandis qu'ils traversaient les pièces. Il a pris un miroir ovale en chêne sculpté. Ils ne voulaient rien d'autre. J'ai demandé s'il y avait quelque chose qu'on pouvait donner au Foyer pour Parents Juifs. Elle m'a regardée de travers.

— On a l'air juif, d'après vous ?

Vivement, il expliqua que des personnes de l'église baptiste Rose de Sharon allaient venir récupérer tout ce dont ils ne voulaient pas. Et la boutique de fournitures médicales pour le lit et le fauteuil roulant. Il voulait me payer maintenant, préleva quatre billets de vingt dollars d'une grosse liasse maintenue par un clip en argent. Quand j'aurais fini, il suffirait de fermer la maison et de remettre la clé à Arlene.

J'étais en train de nettoyer dans la cuisine pendant qu'ils étaient dans le solarium. Le fils prit la photo de mariage de ses parents, les siennes. Elle, elle voulait le portrait de sa mère. Lui aussi, mais il déclara : Non, vas-y. Il prit la bible ; elle prit la photo d'elle-même avec Ron Dellums. On l'aida toutes les deux à transporter le téléviseur, le magnétoscope et le lecteur de CD jusque dans le coffre de sa Mercedes.

— Quelle tristesse de voir ce qu'est devenu le quartier, dit-il.

Elle, elle n'a rien dit. Elle n'avait pas dû faire attention. Rentrée à l'intérieur, elle s'est assise dans le solarium et a regardé autour d'elle.

— Je n'arrive pas à me représenter Papa en train d'observer les oiseaux ou d'arroser des plantes, dit-elle.

— Curieux, hein ? Mais je ne crois pas l'avoir jamais compris.

— C'est lui qui nous a fait bosser.

— Je me rappelle qu'il te fouettait quand tu n'avais qu'un C en maths.

— Non, dit-elle, c'était un B. B+. J'avais beau faire, je ne lui donnais jamais satisfaction.

— Je sais. Pourtant… Je regrette de ne pas l'avoir vu plus souvent. Quand suis-je venu pour la dernière fois… ? Bon, je l'appelais souvent, mais…

Elle l'interrompit, lui disant de ne pas se faire de reproches, puis ils parlèrent du fait qu'il aurait été impossible pour leur père de vivre chez l'un ou l'autre, qu'il était difficile de s'absenter de leurs boulots. Chacun essayait de rassurer l'autre, mais on devinait qu'ils se sentaient coupables.

Moi et ma grande bouche. J'aurais été mieux inspirée de me taire. Mais j'ai dit :

— Ce solarium est bien agréable. Votre père a dû être heureux, ici.

— Oui, n'est-ce pas ? dit le fils, en me souriant, mais la fille me lança un regard noir.

— Pourquoi, ça vous regarde ?

— Je regrette, dis-je.

Je regrette de ne pas te claquer le museau.

— Je prendrais bien un verre, dit le fils. Il n'y a sûrement rien dans la baraque.

Je lui ai montré le placard où il y avait l'eau-de-vie, de la crème de menthe et du sherry. Je leur ai proposé de migrer dans la cuisine, pour que je puisse vider les éléments, leur montrer des choses avant de les mettre dans des cartons. Ils sont allés s'y attabler. Il a servi deux grands verres d'eau-de-vie. Ils ont bu et fumé des Kool tandis que je fouillais les placards. Comme ni l'un ni l'autre ne voulait rien, ce fut vite expédié.

— Tout de même… il y a des trucs dans le garde-manger…

Je le savais, étant donné que j'avais eu des vues là-dessus. Un vieux fer à repasser en fonte, au manche en bois.

— Je le veux ! dirent-ils en chœur.

— Votre mère s'en servait vraiment pour repasser ? demandai-je au fils.

— Non, pour faire les croque-monsieur. Et le corned-beef, pour l'aplatir.

— Je m'étais toujours demandé comment les gens faisaient…, dis-je, jacassant de nouveau, mais je l'ai bouclé parce qu'elle regardait de mon côté.

Un vieux rouleau à pâtisserie déglingué, patiné par l'usage, tout velouté.

— Je le veux ! dirent-ils en chœur.

Là, elle a éclaté de rire. L'alcool, la chaleur de la cuisine avaient assoupli sa coiffure, de fines mèches bouclaient autour de son visage devenu moite. Son rouge à lèvres s'était estompé ; on aurait dit la jeune fille sur la photo de remise des diplômes. Lui-même ôta sa veste, son gilet et sa cravate, retroussa les manches de sa chemise. Elle me surprit à jauger son physique d'athlète et me foudroya encore du regard.

Sur ces entrefaites, les envoyés de Western Medical Supply sont venus chercher le lit et le fauteuil roulant. Je les ai emmenés dans le solarium, j'ai ouvert la porte de service. À mon retour le frère avait remis ça pour l'eau-de-vie. Il se pencha vers elle.

— Fais la paix avec nous. Viens passer un week-end, fais connaissance avec Debbie. Et tu n'as jamais vu Latania. Elle est splendide, ton portrait craché. Je t'en prie.

Elle ne disait rien. Mais je voyais la mort l'influencer. La mort panse les plaies, elle nous apprend à pardonner, nous rappelle que nous ne voulons pas mourir seuls.

Elle acquiesça.

— Entendu.

— Ah, super !

Il lui toucha la main, mais elle se rétracta ; cette main alla agripper la table telle une griffe rigide.

Hou, quelle garce, dis-je. Pas tout haut. Tout haut, je dis :

— Voici quelque chose qui va vous intéresser tous les deux, je parie.

Un lourd gaufrier en fonte, le genre qui se pose sur la cuisinière. Ma grand-mère, Mamie, en avait un. Il n'y a rien de meilleur que ces gaufres. Croustillantes et brunies à l'extérieur, fondantes à l'intérieur. Je l'ai posé entre eux.

Elle souriait. « Ça, c'est pour moi ! » Il rit. « Ça va te coûter une fortune en excédent de bagage. »

— Je m'en fiche. Tu te souviens que Maman nous faisait des gaufres quand on était malades ? Avec de l'authentique sirop d'érable ?

— Le jour de la Saint-Valentin, elle les faisait en forme de cœur.

— Sauf que ça ne ressemblait jamais à des cœurs !

— Non, mais on disait : « Maman, que c'est bien imité ! »

— Avec des fraises et de la chantilly.

Il y avait d'autres choses que je sortis alors, des poêles à frire et des cartons de bocaux à conserve qui n'étaient pas intéressants. Le dernier carton, tout en haut du placard, je l'ai posé sur la table.

Tabliers. À l'ancienne, à bavette. Cousus main, avec oiseaux et fleurs brodés. Torchons, également brodés. Coupés dans des sacs de farine ou de vieux vêtements en tissu vichy. Tout doux et décolorés, fleurant bon la vanille et le clou de girofle.

— C'est le tissu de la robe que je portais pour la rentrée des classes en CM1 !

La sœur dépliait chaque tablier et torchon, les étalait sur la table. Oh. Oh, disait-elle sans arrêt. Les larmes ruisselaient sur ses joues. Ramassant tabliers et torchons, elle les serra contre son cœur.

— Maman ! s'écria-t-elle. Chère, chère Maman !

Le frère pleurait aussi, maintenant, et il alla vers elle. Il l'enlaça, et elle le laissa la tenir dans ses bras, la bercer. Je m'éclipsai et sortis par la porte de derrière.

J'étais toujours assise sur les marches quand un camion est arrivé et trois hommes de l'église baptiste en sont descendus. Je leur ai fait contourner la maison pour passer par-devant et monter à l'étage, et j'ai indiqué tout ce qu'il fallait emporter. J'en ai aidé un pour les choses à l'étage, puis pour charger ce que contenait le garage, outils et râteaux, une tondeuse à gazon et une brouette.

— Voilà, c'est bon, a dit l'un d'eux.

Le camion a reculé, ils m'ont saluée de la main. Je suis rentrée à l'intérieur. Le frère et la sœur n'étaient plus là. J'ai passé un coup de balai avant de m'en aller, fermant les portes de la maison vide.

Panteón de Dolores

Ni « Repos Éternel » ni « Vallée Sereine ». Panthéon des Douleurs est le nom du cimetière qui se trouve dans le parc de Chapultepec. Impossible d'y échapper au Mexique. Mort. Sang. Douleur.

La torture est partout. Dans les matches de catch, temples aztèques, cilices à clous dans les vieux monastères, épines sanglantes sur la tête du Christ dans toutes les églises. Mon Dieu, en ce moment tous les gâteaux et bonbons sont en forme de crâne, car c'est bientôt le Jour des Morts.

C'est ce jour-là que Maman est morte, en Californie. Ma sœur Sally était ici, à Mexico, où elle habite. Elle et ses enfants firent une *ofrenda* à notre mère.

Une *ofrenda*, c'est amusant à faire. Offrande au défunt. Il faut que ce soit le plus joli possible. Bigarré et débordant d'œillets d'Inde et de crêtes de coq, fleur qui ressemble à un cerveau, et de petites *sempiternas* bleues. Ici, on cherche à rendre la mort belle et festive. Sensuels Christs ensanglantés, l'élégance, la beauté fatale des corridas, tombes richement sculptées, stèles pour les sépultures.

Sur les *ofrendas* on dispose tout ce que le défunt pourrait désirer. Tabac, portraits de famille, mangues, tickets de loto, tequila, cartes postales de Rome. Épées, bougies, café. Crânes où sont inscrits des noms d'amis. Friandises en forme de squelette.

Sur l'*ofrenda* à notre mère, les enfants de ma sœur avaient mis des dizaines de figurines du Ku Klux Klan. Elle les détestait parce que c'étaient les filles d'un Mexicain. Son *ofrenda* comprenait des barres Hershey, du whisky, des polars et plein, plein de billets américains. Somnifères, armes à feu et couteaux, puisqu'elle était toujours entre deux suicides. Pas de corde de pendu… elle disait qu'elle ne savait pas faire le nœud.

En ce moment, je suis au Mexique. Cette année, nous avons fait une belle *ofrenda* à ma sœur Sally, qui se meurt d'un cancer.

Nous avons mis des masses de fleurs orange, fuchsia, bleues. Beaucoup de cierges blancs. Des statues de saints et d'anges. Des petites guitares et des presse-papiers Paris. Cancun et le Portugal. Le Chili. Tous les endroits qu'elle a connus. Des dizaines et des dizaines de crânes avec les noms et portraits de ses enfants, de nous tous qui l'avons aimée… Une photo de Papa dans l'Idaho, la tenant dans ses bras, bébé. Des poèmes d'enfants qui étaient ses élèves.

Maman, tu n'étais pas sur cet autel. Nous ne t'avons pas omise exprès. Au contraire, nous avons dit des choses affectueuses sur ton compte au cours de ces derniers mois.

Pendant des années, quand Sally et moi on était ensemble, on déblatérait de façon obsessionnelle sur ta folie, ta cruauté. Mais ces derniers temps… Eh bien, je suppose qu'il est naturel quand on va mourir de faire en quelque sorte la somme de ce qui a compté, de ce qui fut beau. On s'est rappelé tes blagues et ta façon de regarder, sans jamais rien louper. Tu nous as donné cela. Le regard.

Pas l'ouïe. Tu nous donnais peut-être cinq minutes pour te parler de quelque chose, après quoi tu disais : « Ça suffit. »

Je n'arrive pas à comprendre pourquoi notre mère détestait à ce point les Mexicains. Je veux dire, bien au-delà des préjugés hérités de toute sa famille texane. Sales, menteurs, voleurs. Elle détestait les odeurs, n'importe quelle odeur, encore plus que les gaz d'échappement. Oignons et œillets. Coriandre, urine, cannelle, caoutchouc brûlé, rhum et tubéreuses. Les hommes sentent au Mexique. Tout le pays sent le sexe et le savon. C'est ce qui vous terrifiait, Maman, toi et ce vieux D.H. Lawrence aussi. Il est aisé d'assimiler le sexe à la mort, ici, puisqu'ils marchent de conserve. Une simple balade en ville dégage de la sensualité, est semée d'embûches.

Sauf qu'aujourd'hui, personne n'est censé sortir, à cause du degré de pollution.

Mon mari, mes fils et moi avons vécu pendant des années au Mexique. Nous avons été très heureux pendant toutes ces années. Mais nous vivions toujours dans des villages, au bord de la mer ou dans la montagne. Il y avait toujours une chaleureuse quiétude, une gentillesse passive là-bas. À l'époque, car c'était il y a bien longtemps.

Mexico, aujourd'hui… fataliste, suicidaire, corrompu. Un marais fétide. Oh, mais il y a une élégance raffinée. De tels éclairs de beauté, de bonté et de couleur qu'on en retient son souffle.

Je suis rentrée il y a quinze jours, pour une semaine, à l'époque de Thanksgiving, aux USA où l'honneur, l'intégrité et Dieu sait quoi encore, ont encore droit de cité – pensais-je. J'ai perdu pied. Le président Bush et Clarence Thomas, les anti-avortement et le sida, David Duke[1] et le crack, les SDF. Et partout, MTV, les dessins animés, les pubs, les magazines – guerre juste, sexisme et violence. Au Mexique, au moins, on est tué par un bac de ciment tombé d'un échafaudage, pas des Uzis et ça n'a rien de personnel.

Ce que je veux dire, c'est que je suis ici pour une durée indéterminée. Mais ensuite, où aller ?

Maman, tu voyais la laideur et le mal partout, en chacun, en tout lieu. Étais-tu folle ou clairvoyante ? Dans tous les cas, je ne peux pas supporter l'idée de devenir comme toi. Je suis terrifiée, je suis en train de perdre tout sens de ce qui est… précieux, authentique.

Aujourd'hui je me sens comme toi, critique, méchante. Quel gourbi. Tu haïssais les lieux avec la même passion que tu mettais à haïr les gens… Tous les camps de mineurs où nous avons vécu, les USA, El Paso, ton foyer, le Chili, le Pérou.

Mullan, Idaho, au cœur des montagnes de Cœur d'Alene. C'est la petite ville minière que tu détestais le plus, parce que c'était justement une petite ville. « Un cliché de petite ville ». Une école à classe unique, un marchand de glaces, un bureau de poste, une prison. Un bordel, une église. Une petite bibliothèque de prêt au magasin général. Zane Grey et Agatha Christie. Il

---

1. Clarence Thomas : Juge de la Cour suprême des États-Unis nommé par George Bush en 1991, et second membre noir de cette haute juridiction. David Duke : homme politique, promoteur de théories racistes.

y avait une mairie, avec des réunions sur le black-out et les raids aériens.

En retournant à la maison, tu dégoisais sur ces vulgaires et ignares Finlandais. On s'arrêtait pour prendre le *Saturday Evening Post* et une grosse barre Hershey avant de gravir la côte qui menait à la mine, Papa nous tenant par la main. Il faisait sombre parce que la guerre venait de commencer et que les fenêtres en ville étaient occultées, mais les étoiles et la neige étaient si brillantes qu'on pouvait parfaitement se repérer… À la maison, Papa te faisait la lecture jusqu'à ce que tu t'endormes. Si c'était vraiment une bonne histoire, tu pleurais, parce que c'était triste, beau, et que tout le reste dans la vie était sordide.

Mon ami Kentshereve et moi, on creusait sous les lilas quand tu étais à ta partie de bridge, le lundi. Les trois autres femmes étaient en blouse, parfois elles restaient même en chaussettes et chaussons. Il faisait si froid dans l'Idaho. Souvent elles avaient même des bigoudis et un turban, se pomponnant en vue de… quoi ? C'est toujours une coutume américaine. On voit partout des femmes avec des rouleaux roses sur la tête. C'est toute une conception de l'existence ou de la mode. On aura peut-être mieux, plus tard.

Tu soignais toujours ta toilette. Porte-jarretelles. Bas couture. Une combinaison de satin pêche que tu laissais dépasser un peu, exprès, juste pour montrer à ces péquenauds que tu en portais une. Une robe en mousseline épaulée, une broche avec des petits diamants. Et ton manteau. Je n'avais que cinq ans, et même alors je savais que c'était un vieux manteau miteux. Bordeaux, les poches tachées et râpées, les poignets effilochés. Cadeau de mariage de ton frère, Tyler, dix ans plus tôt. Il avait un col de fourrure. Oh, le pauvre col de fourrure feutrée, jadis argentée, désormais jaunie comme le derrière des ours polaires au zoo, quand ils se pissent dessus. Kentshereve m'avait dit que tout le monde à Mullan se moquait de tes tenues. « Elle, elle se moque de leurs fringues, qui sont encore plus moches ! »

Tu gravissais la pente en chancelant sur des hauts talons bon marché, le col remonté autour de ta coiffure soigneusement crantée. Ta main gantée se cramponnait à la rampe de la passerelle vermoulue qui s'élevait après la mine et l'usine de traitement. À l'intérieur du séjour, tu allumais le poêle à charbon, larguais tes chaussures.

Tu restais prostrée dans la pénombre, fumant, sanglotant sur ta solitude et ton ennui. Ma mère, madame Bovary. Tu lisais des pièces. Tu aurais voulu être actrice. Noël Coward. *Hantise.* Tout ce dans quoi les Lunt s'étaient illustrés, mémorisant les répliques que tu disais à voix haute tout en faisant la vaisselle. *Oh*, il me semblait bien avoir reconnu ton pas, Conrad… Non. Oh, il me semblait *bien* avoir reconnu ton pas, Conrad…

Lorsque Papa rentrait, crasseux, avec ses grosses bottes de mineur, son casque à lampe frontale, il allait se doucher et toi, tu préparais des cocktails sur une petite table, avec un seau à glace et un siphon à eau de Seltz. (Ce siphon causa bien des problèmes. Papa devait penser à racheter des cartouches lors de ses rares voyages à Spokane. Et la plupart des visiteurs ne l'appréciaient pas. « Non, pas de cette eau qui fait du bruit. Eau normale pour moi. ») Mais on s'en servait au théâtre et dans *L'Introuvable*, la série de films.

Dans *Mildred Pierce*, Joan Crawford avait une fille prénommée Sherry, et tout en faisant pétiller sa propre boisson, le vil séducteur demandait à Joan Crawford ce qu'elle désirait.

— Sherry… Je veux qu'elle rentre à la maison.

— Quelle réplique ! me dis-tu à la sortie du cinéma. Je crois que je vais t'appeler Sherry, rien que pour pouvoir la replacer.

— Et pourquoi pas Bière Fraîche ?

Ce fut mon premier trait d'esprit. En tout cas, la première fois où je t'ai fait rire.

L'autre fois, c'est quand Earl, le coursier, livra un carton de provisions. J'étais en train de t'aider à les ranger. Notre maison n'était, en fait, qu'une bicoque en papier-goudron, comme tu le disais justement, et le sol de la cuisine penchait jusqu'au mur du fond, formant des vagues de lino pourri et de planches gauchies. J'avais sorti trois boîtes de soupe à la tomate et m'apprêtais à les ranger quand je les ai lâchées. Elles roulèrent sur le sol et butèrent contre le mur. Je relevai la tête, croyant que tu allais crier ou me frapper, mais tu riais. Sortant d'autres boîtes du placard, tu les fis rouler toi aussi.

— Dis, faisons la course. Mon maïs contre tes petits pois !

Nous étions accroupies par terre, riant et lançant les boîtes qui se carambolaient, lorsque Papa rentra.

— Arrête tout de suite ! Range-moi ces boîtes !

Il y en avait énormément. (Tu les stockais, à cause de la guerre, et c'était mal d'après lui.) On a mis du temps à tout remettre dans le placard, gloussant toutes les deux, sous cape, et chantonnant « Loue le Seigneur et passe les munitions », pendant que tu me les tendais.

C'est le meilleur souvenir que j'ai de toi. On venait de finir quand il est apparu à la porte et a dit : « Va dans ta chambre. » J'ai obéi. Mais c'était valable pour toi aussi ! Je n'ai pas tardé à comprendre que lorsqu'il t'envoyait dans ta chambre, c'était parce que tu avais bu.

Par la suite, si j'ai bonne mémoire, tu étais la plupart du temps dans ta chambre. Deerlodge, dans le Montana ; Marion, dans le Kentucky ; Patagonia, en Arizona ; Santiago, au Chili ; Lima, au Pérou.

Sally et moi sommes maintenant dans sa chambre mexicaine ; c'est là qu'on est la plupart du temps depuis ces cinq derniers mois. On sort, parfois, pour aller à l'hôpital faire des radios ou des analyses, drainer ses poumons. À deux reprises, on est allées prendre un café au Café de Paris, et un jour chez son amie Elizabeth pour le petit déjeuner. Mais elle se fatigue vite. Même sa chimiothérapie s'effectue dans sa chambre désormais.

On parle, on rit, je lui fais la lecture à haute voix, elle reçoit des visites. Le soleil touche les plantes pendant un moment dans l'après-midi. Une demi-heure environ. Elle dit qu'en février, c'est très ensoleillé. Aucune des fenêtres n'étant face au ciel, la lumière n'est pas directe, à vrai dire, mais reflétée par le mur voisin. Dans la soirée, quand le jour tombe, je ferme les rideaux.

Sally et ses enfants vivent ici depuis vingt-cinq ans. Sally n'est pas du tout comme notre mère, en fait c'est tout le contraire au point que c'en est presque agaçant, en cela qu'elle voit la beauté et la bonté partout, en chacun. Elle adore sa chambre, tous les souvenirs sur les étagères. Qu'on s'assoie dans le séjour et elle vous dira : « Voilà mon coin préféré, avec la fougère et le miroir. » Ou, une autre fois : « Voilà mon coin préféré, avec le masque et la corbeille d'oranges. »

Moi, aujourd'hui, tous les coins me rendent dingo.

Sally adore le Mexique avec la ferveur d'une convertie. Son mari, ses enfants, sa maison, tout chez elle est mexicain. Sauf elle-même. Elle est très américaine, sur un mode rétro, saine. D'une certaine façon, je suis plus mexicaine qu'elle, ma nature est sombre. J'ai connu la mort, la violence. La plupart du temps, je ne remarque même pas ce laps de temps où la pièce est ensoleillée.

Lorsque notre père est parti à la guerre, Sally était encore tout bébé. On a fait le voyage en train depuis l'Idaho jusqu'au Texas pour habiter chez nos grands-parents pendant cette Durée. *Duro* = dur.

Une chose qui détermina la psychologie de Maman, c'est que, lorsqu'elle était petite, sa vie était facile et pleine de charme. Ses parents étaient issus des meilleures familles texanes. Grand-Père était un dentiste riche ; ils avaient une belle maison avec des domestiques, une nounou pour Maman, qui la gâtait, de même que la gâtaient ses trois frères aînés. Et puis un jour badaboum elle se fit renverser par un coursier de la Western Union et passa presque un an à l'hôpital. Cette année-là, tout s'aggrava. La crise économique, la passion du jeu chez Grand-Père, son alcoolisme. À son retour, le monde avait changé. Une maison minable près de la fonderie, pas de voiture, pas de domestique, pas de chambre à soi. Sa mère, Mamie, servant d'assistante à Grand-Père, ne jouait plus au mah-jong ni au bridge. Tout était sinistre. Et effrayant, probablement, si Grand-Père lui fit ce qu'il nous a fait, à Sally et à moi. Elle n'en a jamais parlé, mais c'est probable, étant donné la haine qu'elle lui vouait, le fait qu'elle ne se laissait jamais toucher par quiconque, allant jusqu'à refuser les poignées de main…

Le train approcha d'El Paso au moment où le soleil se levait. C'était impressionnant, tout cet espace, ces grands espaces, au sortir des sombres forêts de pins. Comme si le monde s'était découvert, qu'on avait ôté un couvercle. Des kilomètres et des kilomètres de luminosité et un ciel bleu, bleu. Je me précipitais aux fenêtres de part et d'autre du wagon-restaurant enfin ouvert, enchantée de découvrir ce tout nouveau visage de la terre.

— Ce n'est que le désert, disait-elle. Vide. Aride. Et bientôt on va s'arrêter dans ce trou perdu que j'appelais mon chez-moi.

Sally a voulu que je l'aide à arranger sa maison de Calle Amores. Trier photos, vêtements et paperasses, poser des tringles de rideau de douche, des vitres. À part celle de l'entrée, aucune porte n'avait de poignée ; il fallait utiliser un tournevis pour ouvrir les penderies et bloquer la porte de la salle de bains avec un panier. J'ai fait appel à des ouvriers. Ils sont bien venus mais c'était un dimanche après-midi pendant un repas en famille et ils sont restés jusqu'à dix heures du soir environ. Ce qui s'est passé, c'est qu'ils ont bien mis les poignées, mais sans serrer les vis, donc chaque fois qu'on en tournait une, ça nous tombait des mains et plus moyen d'ouvrir les penderies. De plus, plusieurs de ces vis roulèrent par terre et disparurent. J'ai rappelé les ouvriers le lendemain et, quelques jours plus tard, ils sont revenus dans la matinée, juste au moment où ma sœur venait de s'endormir après une mauvaise nuit. Tous trois firent tellement de boucan que j'ai dit laissez tomber, ma sœur est malade, gravement, et vous êtes trop bruyants. Revenez une autre fois. Je suis retournée dans sa chambre, mais un peu plus tard j'ai commencé à entendre des soupirs et halètements, des coups assourdis. Ils étaient en train de dégonder toutes les portes afin de pouvoir les emporter sur le toit et les arranger sans faire le moindre bruit.

Suis-je en fait seulement en colère parce que Sally est mourante, et que j'en veux à tout le pays ? Le W.-C. est cassé à présent. Il faudrait démonter tout le plancher.

La lune me manque. La solitude me manque.

Au Mexique, on n'est jamais seul. Si on va dans sa chambre pour lire, il y en a toujours un pour remarquer qu'on est seul et qui vient vous tenir compagnie. Sally n'est jamais seule. Le soir, je ne la quitte qu'après m'être assurée qu'elle dort.

Il n'y a pas de guide du bien-mourir. Personne pour vous dire quoi faire, comment ce sera.

Quand nous étions petites, notre grand-mère, Mamie, avait pris Sally sous son aile. La nuit, Maman mangeait, buvait et lisait des romans policiers dans sa chambre. Grand-Père mangeait, buvait et écoutait la radio dans sa chambre. En fait, Maman s'absentait souvent le soir, avec Alice Pomeroy et les filles Parker, pour faire un bridge ou aller à Juarez. Dans la journée elle allait à l'hôpital Beaumont en tant que membre de la Croix-Rouge, pour faire la lecture aux soldats aveugles et jouer au bridge avec les mutilés.

Elle était fascinée par le monstrueux, comme Grand-Père, et à son retour elle appelait Alice pour lui parler en détail des blessures des soldats, de leurs épreuves, comment leurs femmes les avaient plaqués après avoir découvert qu'ils n'avaient plus de mains ou de pieds.

Parfois, Sally et elle allaient à un bal organisé pour divertir les GI, afin de trouver un mari à Alice. Alice n'a jamais trouvé de mari, elle a travaillé dans un grand magasin comme retoucheuse jusqu'à sa mort.

Byron Merkel travaillait dans ce même magasin, au rayon luminaires. Comme chef de rayon. Il était toujours follement épris de Maman après toutes ces années. Ils avaient fait partie du club de théâtre au lycée, et avaient tenu la vedette dans toutes les pièces. Maman était toute petite, et pourtant chaque fois qu'il y avait des scènes d'amour ils devaient s'asseoir parce qu'il ne mesurait qu'un mètre cinquante-sept. Sans cela il serait devenu un acteur célèbre.

Il l'emmenait au théâtre. *Le Chant du Berceau. La Ménagerie de Verre.* Parfois il venait dans la soirée et ils s'installaient sur la balancelle de la véranda. Ils lisaient des pièces qu'ils avaient jouées dans leur jeunesse. J'étais toujours sous la véranda, dans un petit nid que j'avais confectionné avec une vieille couverture et une boîte en fer-blanc remplie de biscuits salés. *L'importance d'être Constant. Miss Ba.*

Il était abstinent. Moi, je croyais que cela signifiait qu'il ne buvait que du thé, ce qui était d'ailleurs le cas, alors qu'elle, c'était des Manhattan. C'était ce qu'ils étaient en train de boire quand je l'ai entendu lui dire qu'il était toujours follement épris d'elle après toutes ces années. Qu'il ne pouvait pas tenir la chandelle à Ted (Papa), autre expression étrange. Il disait toujours : « C'est une affaire de longue haleine », que je ne comprenais pas non plus. Un jour que Maman se plaignait des Mexicains, il déclara : « On leur donne le doigt, ils vous prennent le bras. » L'ennui avec ce qu'il disait, c'est qu'il avait une voix de ténor profonde et bien projetée, de sorte que chaque mot semblait lourd de signification et résonnait en moi. Abstinent, abstinent…

Un soir, après son départ, elle est rentrée dans la chambre où je dormais avec elle. Elle a continué à boire, pleurer, et gribouiller, littéralement gribouiller dans son journal intime.

— T'es OK ? ai-je fini par lui demander, et elle m'a giflée.

— Je t'ai dit de ne plus dire « OK » !

Puis elle a regretté de s'être emportée contre moi.

— C'est que je déteste vivre dans Upson Street. Ton père ne me parle que de son bateau, qu'il n'appelle pas navire. Et le seul sigisbée qui se présente dans ma vie, c'est un nabot vendeur de lampes !

Ça paraît drôle aujourd'hui, mais ça ne l'était pas à ce moment-là, quand elle pleurait, pleurait, comme si son cœur allait se briser. Je lui ai tapoté le dos et elle s'est crispée. Elle détestait qu'on la touche. Alors, je me suis contentée de la regarder à la lueur du réverbère filtrant à travers la moustiquaire de la fenêtre. Juste de la regarder pleurer. Elle était absolument seule, comme ma sœur Sally quand elle pleure ainsi.

À plus

J'aime entendre Max dire hello.

Je l'appelais à l'époque où nous étions de jeunes amants, des amants adultères. Le téléphone sonnait, sa secrétaire décrochait et je demandais à lui parler. Oh, hello ? disait-il. Max ? Je défaillais, prise de vertige dans la cabine.

On a divorcé il y a de nombreuses années. Il est invalide aujourd'hui, sous oxygène, en fauteuil roulant. Lorsque je vivais à Oakland il m'appelait cinq ou six fois par jour. Il avait des insomnies ; un jour, il m'a appelée à trois heures du matin pour savoir si c'était déjà le matin. Parfois ça m'agace et je lui raccroche au nez, ou je ne décroche pas.

La plupart du temps on cause de nos enfants, de notre petit-fils ou du chat de Max. Je me lime les ongles, je couds, je suis un match des Athletics d'Oakland pendant qu'on se parle. Il est marrant, et c'est une vraie commère.

Je vis à Mexico depuis presque un an, maintenant. Ma sœur Sally est très malade. Je m'occupe de sa maison et de ses enfants, lui rapporte à manger, lui fais ses piqûres, sa toilette. Je lis pour elle, des livres merveilleux. On parle pendant des heures, on pleure et on rit, on s'indigne de l'actualité, on s'inquiète pour son fils qui sort le soir.

C'est incroyable comme nous sommes devenues proches. On est ensemble toute la journée depuis si longtemps. On voit et entend les choses de la même façon, on sait d'avance ce que l'autre va dire…

Je quitte rarement l'appartement. Aucune des fenêtres ne donne sur le ciel, uniquement sur des puits d'aération ou les appartements d'à côté. On peut voir le ciel depuis son lit, mais je ne le vois qu'au moment d'ouvrir ou refermer ses rideaux. Je parle espagnol avec elle et ses enfants, tout le monde.

En fait, on ne parle plus tellement. C'est mauvais pour ses poumons. Je lis, ou chante, ou on reste simplement allongées ensemble dans l'obscurité, respirant à l'unisson.

J'ai l'impression de m'être volatilisée. La semaine dernière, au marché de Sonora, j'étais si grande, entourée d'Indiens à la peau mate, dont beaucoup parlaient en nahuatl. Non seulement je m'étais volatilisée, mais j'étais invisible. Je veux dire par là que pendant un long moment j'ai cru que je n'étais plus là du tout.

Naturellement, j'ai une identité propre, ici, et une nouvelle famille, de nouveaux chats, de nouvelles blagues. Mais je tâche sans cesse de me rappeler qui j'étais en anglais.

C'est pourquoi je suis ravie d'avoir des nouvelles de Max. Il appelle souvent, de Californie. Hello, dit-il. Il me dit qu'il écoute du Percy Heath, parle des manifestations contre la peine de mort à San Quentin. Notre fils Keith lui a fait des œufs Bénédicte le dimanche de Pâques. L'épouse de Nathan, Linda, lui a dit de ne pas l'appeler aussi souvent. Notre petit-fils Nikko a dit qu'il s'endormait à son insu.

Max me parle de la circulation et des bulletins météo, décrit les vêtements dans l'émission d'Elsa Klensch. Il m'interroge sur Sally.

À Albuquerque, au temps de notre jeunesse, avant de faire sa connaissance, je l'avais écouté jouer du saxophone, vu courir sur Porsche à Fort Sumter. Tout le monde savait qui il était. Il était beau, riche, exotique. Un jour je l'ai vu à l'aéroport dire au revoir à son père. Il l'embrassait, les larmes aux yeux. Je m'étais dit que je voulais un homme qui embrasse son père.

Quand on est mourant, il est naturel de se retourner sur son passé, de soupeser les choses, d'avoir des regrets. C'est ce que j'ai fait, moi aussi, en même temps que ma sœur ces derniers mois. Il nous a fallu du temps pour nous libérer l'une et l'autre de la colère et de la rancœur. Même nos regrets et nos listes de ce qu'on se reproche à nous-mêmes raccourcissent. Les listes concernent désormais ce qui nous reste. Amis. Lieux. Elle aimerait danser le *danzon* avec son amant. Elle voudrait voir la *parroquia* à Veracruz, des palmiers, des lampions au clair de lune, des chiens et chats parmi les souliers vernis des danseurs. On se rappelle les écoles à classe unique en Arizona, le ciel quand on skiait dans les Andes.

Elle a cessé de s'inquiéter pour ses enfants, ce qu'ils deviendront à sa mort. Je recommencerai sans doute à m'inquiéter pour les miens quand je serai partie d'ici, mais pour le moment on se laisse dériver lentement au fil des humeurs et des rythmes de chaque journée. Certains jours sont pleins de douleur et de vomi, d'autres calmes, avec des marimbas qui jouent au loin, le sifflement du vendeur de *camote* le soir…

Je ne regrette plus mon alcoolisme. Avant mon départ de Californie, mon plus jeune fils, Joel, est venu pour le petit déjeuner. Celui à qui je piquais du fric, qui m'avait dit que je n'étais plus sa mère. J'avais fait des blintzes au fromage ; on a bu du café et lu le journal, marmonnant l'un à l'autre des nouvelles sur Rickey Henderson, George Bush. Puis il est allé au travail. Il m'a embrassée et dit À plus, Maman. À plus, ai-je dit.

Dans le monde entier, des mères prennent le petit déjeuner avec leurs fils, les accompagnent à la porte. Peuvent-elles savoir la gratitude que je ressens, à me tenir là, à agiter la main ? Le répit.

J'avais dix-neuf ans quand mon premier mari m'a quittée. J'ai épousé alors Jude, un homme sérieux avec un humour pince-sans-rire.

C'était quelqu'un de bien. Il voulait m'aider à élever mes deux petits garçons en bas âge.

Max était notre témoin. Après le mariage, dans le jardin, Jude est allé travailler, au Al Monte Bar où il était pianiste. Ma meilleure amie Shirley, l'autre témoin, partit sans presque avoir desserré les lèvres. Elle était très contrariée par ce mariage, estimant que j'avais agi en désespoir de cause.

Max est resté. Une fois les enfants couchés, on s'est installés pour manger le gâteau et boire du champagne. Il m'a parlé de l'Espagne, j'ai parlé du Chili. Il m'a raconté ses années à Harvard avec Jude et Creeley. Ce que c'était d'être saxophoniste au début du bebop. Charlie Parker et Bud Powell, Dizzy Gillespie. Max était accro à l'héroïne en ce temps-là. Je ne savais pas ce que cela signifiait alors, à vrai dire. Pour moi, le mot « héroïne » avait une connotation charmante… Jane Eyre, Becky Sharp, Tess.

Jude jouait la nuit. Il se réveillait en fin d'après-midi, puis répétait, ou bien Max et lui jouaient en duo pendant des heures, et ensuite on dînait. Il partait travailler. Max m'aidait à faire la vaisselle et à coucher les enfants.

Je ne pouvais pas déranger Jude à son travail. Si jamais il y avait un rôdeur, si jamais les enfants tombaient malades, en cas de pneu crevé, c'était Max que j'appelais. Hello, disait-il.

Bon, bref, un an plus tard on a eu une liaison. Ce fut intense et passionné, un gros gâchis. Jude ne voulait pas en parler. Je l'ai quitté pour vivre seule avec les enfants. Jude débarqua et m'ordonna de monter dans la voiture. Nous allions à New York, où il jouerait du jazz et où on sauverait notre ménage.

On n'a jamais parlé de Max. À New York, on travaillait tous deux très dur. Jude s'exerçait et faisait des bœufs, jouait à des noces dans le Bronx, des clubs de strip-tease dans le New Jersey, jusqu'au jour où il fut syndiqué. De mon côté, je fabriquais des vêtements pour enfants qui furent même vendus chez Bloomingdale's. Nous étions heureux. New York était alors une ville merveilleuse. Allen Ginsberg et Ed Dorn faisaient des lectures au YMCA. L'expo Mark Rothko au MoMA, durant la grosse tempête de neige. Avec cette neige, la lumière à travers les verrières était intense ; les tableaux palpitaient. On a écouté Bill Evans et Scott LaFaro. John Coltrane au saxophone soprano. La première soirée d'Ornette au Five Spot.

Dans la journée, pendant que Jude dormait, les garçons et moi on sillonnait la ville en métro, descendant chaque jour à une station différente. On se baladait en ferries, sans jamais se lasser. Un jour que Jude jouait au Grossinger's, on a campé à Central Park. C'est vous dire combien New York était agréable, à l'époque, ou combien j'étais bête… On vivait dans Greenwich Street, près de Washington Market, au niveau de Fulton Street.

Jude fabriqua un coffre à jouets rouge pour les garçons, suspendit des balançoires aux canalisations de notre loft. Il était patient et sévère avec eux. La nuit, quand il rentrait, on faisait l'amour. Toute la colère, la tristesse et la tendresse électrique dans nos corps. Ce n'était jamais exprimé à haute voix.

Le soir, quand il était au travail, je faisais la lecture à Ben et à Keith, je leur chantais des chansons pour les endormir, et ensuite je cousais. J'appelais « Symphony Sid » pour lui demander de passer Charlie Parker et King Pleasure jusqu'au jour où il me pria de ne plus appeler aussi souvent. Les étés étaient caniculaires et on dormait sur le toit. Les hivers étaient glacials et il n'y avait pas de chauffage à partir de cinq heures du soir ni le week-end. Les garçons allaient au lit avec des bonnets et des moufles. Je voyais fumer mon haleine quand je chantais pour eux.

Au Mexique, aujourd'hui, je chante du King Pleasure à Sally. « Little Red Top ». « Parker's Mood ». « Sometimes I'm Happy ».

C'est plutôt horrible quand il n'y a plus rien d'autre à faire.

À New York, quand le téléphone sonnait la nuit, c'était Max.

Hello.

Il participait à une course de voitures à Hawaii. Dans le Wisconsin. Il regardait la télé, en pensant à moi. Les iris étaient en fleur au Nouveau-Mexique. Crues éclair dans les arroyos, en août. Les peupliers de Virginie jaunissaient en automne.

Il venait souvent à New York, pour écouter de la musique, mais je ne l'ai jamais vu. Il appelait et me racontait New York, et moi j'en faisais autant. Épouse-moi, disait-il, donne-moi une raison de vivre. Parle-moi, disais-je, ne raccroche pas.

Une nuit, il faisait un froid mordant. Ben et Keith dormaient avec moi, en combinaison de ski. Le vent faisait claquer les volets, des volets aussi vieux que Herman Melville. Comme on était dimanche, il n'y avait pas de voiture. Dans les rues, le fabricant de voiles passait, sur une carriole tirée par des chevaux. Clop-clop. Le grésil sifflait contre les fenêtres et Max appela. Hello. Je suis juste au coin de la rue, dans une cabine publique.

Il est venu avec des roses, une bouteille d'eau-de-vie et quatre billets d'avion pour Acapulco. J'ai réveillé les enfants et on est partis.

Ce n'est pas vrai, ce que j'ai dit sur les regrets, même si je n'en ai eu aucun à l'époque. Encore un de ces faux-pas que j'ai faits dans ma vie, partir comme ça.

Au Plaza Hotel, il faisait bon. Et même très chaud. Ben et Keith se sont immergés dans le bain fumant avec une expression de stupeur sacrée, on aurait dit un baptême texan. Ils se sont endormis dans des draps tout blancs. Dans la pièce adjacente, Max et moi avons fait l'amour et parlé jusqu'au matin.

On a bu du champagne au-dessus de l'Illinois. On s'embrassait tandis que les enfants dormaient à côté et que des nuages se gonflaient derrière le hublot. Quand on a atterri, le soleil au-dessus d'Acapulco était strié de corail et de rose.

Nous avons nagé tous les quatre, puis mangé du homard avant de nager de nouveau. Le matin, le soleil filtrant par les volets en bois formait des raies sur Max, Ben et Keith. Je me suis redressée dans le lit pour le regarder, avec bonheur.

Max les portait dans ses bras et les bordait dans leur lit. Il les embrassait affectueusement, comme il avait embrassé son père. Il avait le sommeil aussi profond qu'eux. Je crois qu'il devait être épuisé par ce que nous étions en train de faire, lui quittant son épouse, prenant la responsabilité d'une famille.

Il leur apprit à nager et à plonger avec un masque. Il leur raconta des choses. À moi aussi. Des petites choses sans importance, sur la vie, les gens qu'il connaissait. On se coupait sans cesse la parole pour lui dire des choses, nous aussi. On s'étendait sur le sable fin de la plage de Caleta, chaude au soleil. Keith et Ben m'enfouirent dans le sable. Le doigt de Max dessinant mes lèvres. Bouffées de couleur suscitées par le soleil contre mes paupières closes et sablonneuses. Désir.

Dans la soirée, on allait dans un parc près des quais où on pouvait louer des tricycles. Main dans la main, nous regardions les enfants disputer une course effrénée autour du parc, filant devant des bougainvillées roses, des arums rouges. Derrière eux, des cargos étaient en train de faire leur plein de chargement sur les quais.

Un après-midi, mes parents, bavardant, montèrent sur la passerelle du *S.S Stavangerfjord*, un navire norvégien. Ma sœur m'avait écrit qu'ils faisaient le voyage de Tacoma à Valparaiso. Mes parents ne me parlaient plus alors, à cause de mon mariage avec Jude. Je ne pouvais pas leur crier : Salut, Maman ! Salut, Papa ! Quelle coïncidence, hein ? Voici Max.

Mais ça m'a fait du bien de savoir qu'ils étaient là. Et maintenant ils étaient au bastingage du bateau qui prenait le large. Mon père était hâlé et portait un chapeau blanc. Ma mère fumait. Ben et Keith allaient de plus en plus vite sur la piste cimentée, s'interpellant, nous hélant… Regarde-moi !

Aujourd'hui, il y a eu une grosse explosion de gaz à Guadalajara, des centaines de personnes ont été tuées, leurs maisons détruites. Max a appelé pour avoir de mes nouvelles. Je lui ai dit que tout le monde au Mexique juge drôle de dire : « Dis donc… tu trouves pas que ça sent le gaz ? »

À Acapulco, on s'était fait des amis à l'hôtel. Don et Maria, qui avaient une fille de six ans, Lourdes. Le soir, les enfants coloriaient sur leur balcon jusqu'à en tomber de sommeil.

On restait très tard, jusqu'à ce que la lune paraisse, haute et pâle. Don et Max jouaient aux échecs à la lueur d'une lampe à pétrole. Caresse des papillons de nuit. Maria et moi, on s'allongeait en travers d'un grand hamac, parlant doucement de choses futiles comme les fringues, de nos enfants, l'amour. Elle et Don étaient mariés depuis seulement six mois. Avant de le rencontrer, elle avait été très seule. Je lui ai dit qu'au matin, avant même d'ouvrir les yeux, je prononçais le nom de Max. Elle a dit que sa vie avait été comme un disque monotone qui reprenait tous les jours, et qu'en un clin d'œil le disque avait été retourné – musique. Max, qui avait l'oreille qui traînait, m'a souri. Tu vois, *amor*, on est la face B.

Nous avions d'autres amis. Raul, le plongeur et sa femme, Soledad. Un week-end, on s'est réunis tous les six pour faire cuire des clams à la vapeur sur la terrasse de notre hôtel. Les gosses avaient été envoyés faire la sieste. Mais à tour de rôle, ils se pointaient, curieux d'assister à ce qui se passait. Au dodo ! Celui-ci avait soif, celui-là ne parvenait pas à dormir. Au dodo. Keith arriva, affirmant avoir vu une girafe ! Au dodo, on va bientôt venir vous chercher. Puis ce fut Ben, disant qu'il y avait des tigres et des éléphants. Ah, ces gosses. Mais si, c'était là, défilant sous nos yeux. Une parade de cirque. On a alors réveillé tous les enfants. L'un des employés du cirque ayant pris Max pour une vedette de cinéma, on nous a donné des billets. Ce soir-là, on est tous allés au spectacle. Une soirée magique, sauf que les enfants se sont assoupis avant la fin du numéro de trapèze.

Aujourd'hui, il y a eu une secousse sismique en Californie. Max a téléphoné pour dire que ce n'était pas sa faute et que son chat avait disparu.

C'est sous un fantastique coucher de lune qu'on a fait l'amour, cette nuit-là. On était allongés côte à côte, sous le ventilateur en bois, brûlants, poisseux. La main de Max reposait sur mes cheveux moites. Merci, ai-je chuchoté, à Dieu. Je crois…

Le matin, quand je me réveillais, ses bras étaient autour de moi, ses lèvres contre ma nuque, sa main sur ma cuisse.

Un jour, je me suis réveillée alors qu'il faisait encore nuit et il n'était pas là. Pas le moindre bruit dans la chambre. Il devait être allé nager. Je me suis rendue dans la salle de bains. Max était assis sur les w.-c., en train de chauffer un truc dans une cuillère noircie. Sur le lavabo il y avait une seringue.

— Hello, dit-il.
— Max, qu'est-ce que c'est ?
— Héroïne.

On pourrait croire que c'est la fin de l'histoire, ou le début, alors qu'en fait, ce ne fut qu'un aspect des années à venir. Temps de bonheur intense en technicolor, et temps à la fois sordides et effrayants.

Nous avons eu deux fils, Nathan et Joel. Nous avons survolé le Mexique et les États-Unis dans un Beechcraft Bonanza. Nous avons vécu à Oaxaca avant de nous fixer dans un village, sur la côte. Nous avons été heureux, tous ensemble, et puis ce fut une période difficile et de solitude, parce que c'était l'héroïne qu'il aimait le plus.

La désintox, non…, dit Max au téléphone… La réintox, c'est ce dont nous avons tous besoin. Et « dire non » ? C'est « non merci » qu'il faut dire. Il blague, ça fait des années qu'il a décroché.

Pendant des mois, on s'est efforcées d'analyser nos vies, nos mariages, nos enfants, Sally et moi. Elle n'a jamais bu ou fumé comme moi.

Son ex-mari est un homme politique. Il vient presque chaque jour, amené en voiture avec deux gardes du corps, et deux véhicules d'escorte avec des hommes à bord. Sally est aussi proche de lui que je le suis de Max. Alors, qu'est-ce que le mariage ? Je n'ai jamais compris. Et aujourd'hui c'est la mort que je ne comprends pas.

Pas seulement la mort de Sally. Mon pays, après Rodney King et les émeutes. Dans le monde entier, cette fureur et ce désespoir.

Sally et moi communiquons par rébus afin qu'elle ne s'esquinte pas les poumons à parler. Un rébus, c'est des petits dessins qui remplacent des mots ou des lettres. Violence, par exemple, c'est une viole et une anse. Lamentable, un amant et une table. On rit tranquillement dans sa chambre, tout en dessinant. En vérité, l'amour n'est plus un mystère pour moi. Max appelle et dit hello. Je lui dis que ma sœur va bientôt mourir. Et toi, comment ça va ? dit-il.

Une liaison

C'était dur d'être au four et au moulin. Je devais changer les pansements, prendre les températures et la tension, tout en m'efforçant d'accueillir les nouveaux patients et de répondre au téléphone. C'était très embêtant car avant d'aller faire un électrocardiogramme, d'aider à recoudre une plaie ou à exécuter un frottis j'aurais dû demander au service téléphonique de prendre les appels. La salle d'attente était bondée, les gens se sentaient négligés, et j'entendais les téléphones sonner, sonner.

La plupart des patients du Dr B. étaient très âgés. Souvent les femmes venues pour des frottis étaient obèses, donc difficile d'accès, et cela prenait encore plus de temps.

Je crois qu'une loi imposait ma présence quand il était avec une femme. Ça me semblait être une précaution d'une autre époque. Eh bien, pas du tout. C'est incroyable le nombre de vieilles dames qui étaient amoureuses de lui.

Je lui tendais le spéculum et, ensuite, l'écouvillon. Une fois le frottis exécuté, il le déposait sur une lame de verre que je tenais, et je fixais ce prélèvement avec un spray. Puis je le recouvrais d'une autre lame de verre, le mettais dans une boîte que j'étiquetais pour le labo.

Ma mission principale consistait à faire que les patientes placent leurs pieds dans les étriers, et leurs fesses au bord de la table, à hauteur des yeux du médecin. Puis je déployais un drap par-dessus leurs genoux et j'étais censée les aider à se décontracter. Je causais et blaguais jusqu'à ce qu'il arrive. La causette, c'était facile. Je connaissais ces patientes qui étaient toutes sympas.

Mais ensuite, c'était moins drôle. C'était un homme terriblement timide, avec un tremblement accusé des mains qui se manifestait sans crier gare. Toujours quand il signait des chèques ou réalisait des frottis.

Il s'accroupissait sur un tabouret, les yeux au niveau du vagin, avec sa lampe frontale. Je lui tendais le spéculum (tiédi) et, au bout de quelques minutes, tandis que la patiente suait et soupirait, l'écouvillon. Il le tenait, l'agitant comme une baguette de chef d'orchestre, tout en plongeant sous le drap. Enfin sa main émergeait avec l'écouvillon, qui était devenu un métronome fou pointé vers ma lame de verre en attente. Comme je buvais encore à l'époque, ma propre main, celle tenant la lame, tremblait sensiblement en tâchant de se rapprocher de la sienne. Mais de haut en bas. Alors que la sienne, c'était latéralement. Clac, enfin. Cette procédure prenait tellement de temps qu'il loupait souvent des appels importants, et bien entendu les gens dans la salle d'attente s'impatientaient. Un jour M. Larraby frappa même à la porte et le Dr B., surpris, en lâcha l'écouvillon. Il fallut tout recommencer. C'est alors qu'il accepta de recruter une réceptionniste à mi-temps.

Si je cherche un jour un autre emploi, je demanderai un salaire énorme. Si quelqu'un est prêt à travailler pour aussi peu que Ruth et moi-même, c'est qu'il y a un os quelque part.

Ruth n'avait jamais travaillé et n'en avait pas besoin, ce qui était déjà assez louche. Elle le faisait pour s'amuser.

C'était si fascinant pour moi que je l'ai invitée à déjeuner après l'entretien. Panini thon-mayonnaise au Pill Hill Café. Je l'ai aimée d'emblée. Je n'avais jamais rencontré une femme comme elle.

Ruth avait la cinquantaine, elle était mariée depuis trente ans à son ami d'enfance, qui était comptable. Ils avaient deux enfants et trois chats. Son passe-temps, sur son acte de candidature, était « chats ». Aussi, le Dr B. demandait-il toujours des nouvelles de ses chats. Comme mon propre passe-temps était « lecture », il me disait : « Sur les rivages de Gitche Gumee » ou « Jamais plus, dit le corbeau ».

Chaque fois qu'un nouveau patient se présentait, il notait quelques phrases au dos du questionnaire. De quoi engager la conversation quand il entrait dans la pièce d'examen. « Croit que le Texas est le pays de Dieu. » « A deux caniches nains. » « Consomme pour cinq cents dollars d'héroïne par jour. » Donc, quand il arrivait devant eux il disait par exemple : « Bonjour ! Vous êtes allé au pays de Dieu récemment ? » ou « Vous vous fourrez le doigt dans l'œil si vous croyez pouvoir vous procurer des drogues grâce à moi ».

Au resto, Ruth me raconta qu'elle avait commencé à se sentir vieille et à tourner en rond, raison pour laquelle elle avait adhéré à un groupe de soutien. Les Merry Pranksters[1] ou M.P., qui correspondait en fait à Meno Pause. Ruth

1. The Merry Pranksters : « Les Joyeuses Farceuses ».

prononçait toujours comme si c'était deux mots. L'objectif du groupe était de mettre du piment dans la vie de ces femmes. On se concentrait sur un seul membre à la fois. La dernière avait été Hannah. Le groupe l'avait convaincue d'aller aux réunions Weight Watchers, au Spa de Rancho del Sol, de prendre des cours de bossa nova, puis de s'offrir une liposuccion et un lifting. Elle avait une mine superbe mais se retrouvait dans deux groupes, désormais. L'un pour les femmes qui ont subi un lifting mais sont quand même déprimées, l'autre pour les « Femmes Qui Aiment Trop ». Ruth soupira : « Hannah a toujours été du genre à avoir des aventures avec des débardeurs. »

Débardeurs ! Ruth usait de termes surprenants comme « dorénavant » et « tohu-bohu ». Elle disait par exemple qu'elle regrettait l'époque de ses « menstrues ». Des moments chaleureux et intimes.

Le groupe l'avait convaincue d'apprendre à faire des bouquets, de suivre des cours de théâtre, d'adhérer à un club de Trivial Pursuit, et de prendre un boulot. Elle était censée prendre aussi un amant mais n'y avait pas encore réfléchi. Elle avait déjà du piment dans sa vie. Elle adorait faire des bouquets, et maintenant elles s'employaient à en faire avec des graminées et des mauvaises herbes. Elle avait un rôle, non chantant, dans *Oklahoma !*

J'appréciais sa présence au bureau. On plaisantait énormément avec les patients et parlait d'eux comme si c'était des membres de la famille. Elle trouvait même le classement amusant, chantant « Abcdefg hi jk lmnop lmnopqrst uvwxyZ ! » jusqu'à ce que je dise « Stop, laisse-moi faire ».

C'était plus facile à présent quand j'étais avec des patients. Mais en fait, elle bossait très peu. Elle étudiait ses cartes de Trivial Pursuit et téléphonait très souvent à ses copines, en particulier Hannah, qui avait une liaison avec son professeur de danse.

À la pause déjeuner, j'allais avec elle cueillir des bouquets de mauvaises herbes, crapahutant, en nage, le long de l'autoroute, à la recherche de carottes et tabac sauvages. Cailloux dans nos chaussures. Elle ressemblait à une banale quinquagénaire juive mais avec quelque chose de libre et d'extravagant. Elle criait quand elle repérait une fleur de roquette rose dans l'allée derrière la clinique.

Son mari et elle avaient grandi ensemble. Leurs familles étaient très liées, parmi les rares familles juives habitant cette petite ville de l'Iowa. Depuis toujours on avait considéré leur mariage comme allant de soi. Mais ils étaient tombés amoureux pour de bon au lycée. Elle avait suivi des cours d'enseignement ménager en attendant qu'il obtienne son diplôme en gestion et comptabilité. Bien entendu, ils s'étaient « réservés » pour le mariage. Ensuite, ils étaient allés vivre dans la famille d'Ephraïm, s'occupant de sa mère invalide. Celle-ci les avait accompagnés à Oakland, vivait toujours avec eux, à l'âge de quatre-vingt-six ans.

Jamais je n'ai entendu Ruth se plaindre, ni de cette vieille femme malade, ni de ses enfants ou d'Ephraïm. Moi, je me plaignais toujours de mes gosses, de mon ex-mari ou d'une belle-fille, et tout spécialement du Dr B. Il me faisait ouvrir tous ses paquets, des fois qu'ils auraient contenu une bombe. Si jamais une abeille ou une guêpe entrait, il sortait jusqu'à ce que je l'aie tuée. Et ça, c'étaient les peccadilles. Il était méchant. Surtout à l'égard de Ruth, disant des choses comme : « Alors, c'est ça ma récompense pour avoir embauché l'inadaptée ? » Il l'appelait « Dislexia » parce qu'elle transposait les numéros de téléphone. C'était fréquent. Régulièrement il m'ordonnait de la virer. Je répondais que c'était impossible. Il n'y avait pas de raison. Elle m'aidait bel et bien et les patients l'appréciaient. Elle égayait l'endroit.

— Je ne peux pas supporter la gaieté, disait-il. Ça me donne envie de lui tordre le cou.

Elle continuait à être sympa avec lui. Pour elle, il était comme Heathcliff ou M. Rochester dans *Jane Eyre*, mais en petit. « Oui, en très petit », disais-je. Mais Ruth n'entendait jamais les remarques négatives. Elle croyait que quelqu'un, à un moment donné, avait dû briser le cœur du Dr B. Elle lui apportait kugels, rugelachs, oreilles d'Aman, trouvait toujours des prétextes pour aller dans son bureau. Jamais je n'aurais imaginé qu'elle pourrait le choisir pour amant, jusqu'au jour où il débarqua dans mon bureau et referma la porte.

— Vous devez la virer ! Voilà qu'elle me drague, à présent ! C'est invraisemblable !

— Eh bien, aussi étrange que cela puisse paraître, elle vous trouve follement séduisant. Je n'en ai pas moins besoin d'elle. C'est difficile de trouver quelqu'un avec qui on s'entend dans le travail. Soyez patient, docteur.

Le « docteur » fit son effet, comme toujours.

— D'accord, soupira-t-il.

Elle était bonne avec moi, mit du piment dans ma vie. Au lieu de passer ma pause déjeuner à ruminer et fumer dans l'allée, je me salopais et m'amusais à cueillir des bouquets avec elle. Je me mis même à cuisiner, en me servant des centaines de recettes qu'elle polycopiait toute la journée. Oignons perlés cuits au four, avec une pincée de sucre. Elle rapportait des *shmates* provenant de friperies, que j'achetais. Quelquefois, quand Ephraïm était trop fatigué, je l'accompagnais à l'opéra.

C'était merveilleux d'y aller avec elle parce qu'à l'entracte elle ne se contentait pas de rester plantée là en prenant l'air blasé comme tout le monde. Elle m'entraînait à travers le Grand Foyer pour qu'on puisse admirer les vêtements et bijoux. J'ai pleuré avec elle à *La Traviata*. Notre scène favorite était l'air de la vieille dame dans *La Dame de Pique*.

Un jour, Ruth proposa au Dr B. d'aller à l'opéra avec elle.

— Non ! Quelle proposition déplacée ! dit-il.

— Quel con ! dis-je après son départ.

Elle-même se contenta de déclarer que les médecins étaient tout simplement trop occupés pour avoir des aventures amoureuses, et que ce serait donc Julius.

Julius était un dentiste à la retraite qui avait figuré dans la distribution d'*Oklahoma !* Il était veuf, et gros. Elle prétendait que c'était bien d'être gros, que c'était chaleureux et confortable.

Je lui ai demandé si c'était parce que Ephraïm ne s'intéressait plus au sexe. « *Au contraire* ! C'est la première chose à laquelle il pense le matin et la dernière le soir. Et s'il est à la maison dans la journée, il n'arrête pas de me courir après. Vraiment… »

J'ai vu Julius aux obsèques de la mère d'Ephraïm, à la Chapel of the Valley. La vieille dame s'était éteinte paisiblement dans son sommeil.

Ruth et sa famille étaient sur les marches du funérarium. Deux adorables enfants, beaux, aimables, réconfortant leurs parents, Ruth et Ephraïm. Ephraïm avait un charme ténébreux. Svelte, songeur, mélancolique. C'était lui qui ressemblait à Heathcliff. Ses yeux tristes et rêveurs plongèrent dans les miens. « Merci d'être si gentil avec ma femme. »

— Le voici ! chuchota Ruth, en désignant un Julius rougeaud.

Chaînes en or, costume bleu à coupe droite, étriqué. Il devait avoir mâché du chewing-gum, ses dents étaient vertes.

— Tu es folle ! lui chuchotai-je à mon tour.

Ruth avait choisi ce funérarium parce que les employés des pompes funèbres étaient nos préférés. Les patients du Dr B. mouraient souvent, donc presque chaque jour un croque-mort venait lui faire signer le certificat de décès. À l'encre noire, comme l'exigeait la loi, mais le Dr B. persistait à signer au stylo bleu, de sorte que l'employé devait boire un café et traîner dans les parages jusqu'à ce qu'il revienne pour rectifier cela.

J'attendais au fond de la chapelle, ne sachant où m'asseoir. Beaucoup de membres de l'organisation Hadassah étaient venus ; c'était bondé. L'un des employés apparut à mon côté. « Comme vous êtes ravissante en gris, Lily », dit-il. L'autre, qui avait une fleur à la boutonnière, s'avança dans l'allée et dit d'une voix grave, triste : « C'est gentil d'être venue, chère madame. Je vais vous trouver une bonne place. » J'ai suivi ces deux hommes dans la travée, assez fière de moi, comme quelqu'un de connu dans un restaurant.

Ce fut une belle cérémonie. Le rabbin lut le passage de l'Ancien Testament où il est dit que l'épouse vertueuse est plus précieuse que des rubis. Personne n'aurait pensé cela au sujet de cette vieille femme, à mon avis. Mais je crois que cet éloge s'appliquait à Ruth et c'est ce que devaient penser Ephraïm et Julius, à voir comme ils la couvaient du regard.

Le lundi, j'ai tenté de la raisonner : « Tu es une femme qui a tout. La santé, la beauté, l'humour. Une maison sur les hauteurs. Une femme de ménage. Un compacteur à ordures. Des enfants merveilleux. Et Ephraïm ! Un bel homme, riche et intelligent. Et qui t'adore, ça crève les yeux ! »

Je lui ai dit que le groupe la poussait dans la mauvaise direction. Il ne fallait rien faire pour contrarier Ephraïm. Mais remercier sa bonne étoile. Ce n'était que jalousie de la part de son groupe. Elles devaient avoir des maris alcooliques, scotchés devant les matches de foot à la télé, impotents ou infidèles. Leurs enfants se baladaient avec des bracelets électroniques, des piercings, étaient boulimiques, drogués, tatoués.

— Je crois que tu as honte d'être aussi heureuse, que tu veux juste avoir quelque chose à raconter au groupe. Je comprends. Quand j'avais onze ans une tante m'a offert un journal intime. Tout ce que j'avais écrit dedans, c'était : « Allée à l'école. Fait mes devoirs. » Alors, j'ai commencé à faire des bêtises afin d'avoir quelque chose à noter.

— Ce ne sera pas sérieux. C'est juste pour pimenter mon existence.

— Et si j'avais une aventure avec Ephraïm ? Voilà qui pimenterait mon existence à moi. Tu serais jalouse et tomberais de nouveau follement amoureuse de lui.

Elle a souri. Un sourire innocent, comme une enfant.

— Ephraïm ne ferait jamais ça. Il m'aime.

Je croyais qu'elle avait renoncé, jusqu'à un certain vendredi où elle apporta un journal.

— Ce soir, je sors avec Julius. Mais je dirai à Ephraïm que c'est avec toi. Tu n'as pas vu un film récemment, dont tu pourrais me parler ?

Je lui ai parlé en long et en large de *Ran*, en particulier le moment où la femme tire le poignard, et quand l'idiot pleure. Les bannières bleues dans les arbres, les bannières rouges dans les arbres, les bannières blanches dans les arbres. J'entrais vraiment dans les détails, quand elle a dit « Stop ! » et m'a demandé où on pourrait aller après le film. Je nous ai amenés, je les ai amenés, au Café Roma à Berkeley.

Julius et elle sortaient désormais tous les vendredis. Cette idylle me fut bénéfique. D'ordinaire je rentrais chez moi après le travail, lisais des romans et buvais de la vodka à 50 degrés jusqu'à tomber de sommeil, jour après jour. Durant La Liaison, j'ai commencé à aller à des concerts de musique de chambre, au cinéma, à écouter Ishiguro ou Leslie Scalapino tandis que Ruth et Julius allaient au Hungry Tiger ou au Rusty Scupper.

Ils sont sortis pendant presque deux mois avant de faire La Chose. Cet événement aurait lieu à Big Sur, lors d'une escapade de trois jours. Que dire à Ephraïm ?

— Oh, c'est facile, dis-je. Toi et moi, on ira faire une retraite dans un monastère zen. Pas de téléphone ! Et il n'y aura rien à raconter puisqu'on se sera contentées de se taire et méditer. On barbotera dans les sources chaudes, sous les étoiles. On fera le lotus sur des falaises surplombant l'océan. À l'infini, des vagues. À l'infini.

Ce fut agaçant de ne pas pouvoir sortir librement pendant ce temps-là, de devoir filtrer mes appels. Mais cela fonctionna. Ephraïm emmena les enfants au restaurant, nourrit les chats, arrosa les plantes et s'ennuya d'elle. Énormément.

Le lundi suivant, il y avait trois gros bouquets de roses au bureau. L'un des bristols disait : « À ma femme chérie avec tout mon amour. » Un autre était de la part de « Ton admirateur secret », et une troisième carte disait : « Elle marche tout en beauté. » Ruth avoua qu'elle se l'était envoyé à elle-même. Elle adorait les roses. Elle y avait fait allusion devant les deux hommes, mais n'aurait jamais espéré en recevoir de leur part.

— Débarrassez-moi de ces arrangements funéraires, et vite ! déclara le Dr B., qui se rendait à l'hôpital.

Un peu plus tôt, il m'avait priée une fois de plus de la virer, et une fois de plus j'avais refusé. Pourquoi l'avait-il prise à ce point en grippe ?

— Je vous l'ai dit : elle est trop gaie.

— En général, j'ai la même réaction à l'égard des gens gais. Mais chez elle, c'est authentique.

— Seigneur. C'est bien le plus déprimant.

— Par pitié, donnez-lui une chance. D'ailleurs, j'ai bien l'impression qu'elle sera bientôt malheureuse.

— Espérons-le.

Ephraïm vint la chercher pour l'emmener au café. Elle n'avait rien fait de toute la matinée, à part bavarder au téléphone avec Hannah. De toute évidence, s'il était venu, c'était principalement pour juger de l'effet de ses roses. Il fut très contrarié par les autres bouquets. Elle lui raconta que l'un d'eux avait été envoyé par une patiente nommée Anna Fedaz, mais gloussa au sujet de l'admirateur secret. Le pauvre. Je vis la jalousie le frapper en pleine poire, en plein cœur. Crochet du gauche dans le bide.

Il me demanda si j'avais apprécié cette retraite. Je déteste mentir, c'est vrai ça m'horripile. Pas pour une raison morale. C'est si dur, de calculer son coup. Se rappeler ce qu'on a dit.

— Eh bien, c'était un bel endroit. Ruth était très sereine et m'a paru s'adapter parfaitement à l'atmosphère. Moi, j'ai du mal à méditer. Je m'inquiète, ou bien je ressasse toutes mes erreurs passées. Mais c'était… euh… propice à un recentrage. Rassérénant. Et maintenant, filez vous deux. Bon appétit !

Plus tard, j'eus le scoop. Big Sur avait été l'Aventure avec un grand A dans la vie de Ruth. Elle savait qu'elle ne pourrait pas raconter ce qu'elle avait fait à son groupe. Sexe oral pour la première fois ! Enfin, oui, elle avait fait des fellations à Ephraïm, mais il ne lui avait jamais rendu la pareille. Et de la M A R… Je sais qu'il y a un « j » quelque part.

— Marijuana ?

— Chut ! Ça m'a surtout fait tousser et rendue nerveuse. Oui, c'était très sympa, le cunnilingus. Mais sa façon de demander tout le temps « T'es prête ? » m'a fait imaginer que nous allions quelque part et a gâché l'ambiance.

Ils allaient à Mendocino dans deux semaines. Le bobard était qu'elle allait assister à un atelier d'écriture et un salon du livre à Petaluma. Robert Haas était le prochain écrivain en résidence.

Un soir, en milieu de semaine, elle m'appela pour me demander si elle pouvait venir chez moi. Comme une idiote, je l'attendis, sans comprendre que je n'étais que l'alibi et qu'elle était allée retrouver Julius. Aussi, quand Ephraïm téléphona, j'avais tout lieu d'être sincèrement énervée parce qu'elle n'était pas encore là, et je le fus encore plus à son deuxième appel. « Je lui dis de vous rappeler dès qu'elle est arrivée. » Au bout d'un moment, il rappela, cette fois furax parce qu'elle était rentrée à présent et que je ne lui avais pas transmis le message.

Le lendemain, je lui déclarai que je ne ferais plus cela pour elle. Elle répondit que ça n'avait pas d'importance, ils commençaient à répéter une nouvelle pièce lundi.

— Toi et moi, on suit les cours d'art floral les vendredis, à Laney. C'est tout.

— Ah, c'est la dernière. Une chance pour toi qu'il n'ait pas demandé de détails.

— Pas de danger. Il a confiance en moi. Mais j'ai la conscience tranquille, à présent. Julius et moi, on ne fait plus La Chose.

— Alors, vous faites *quoi* ? Pourquoi toutes ces cachotteries et complications si c'est pour ne pas faire La Chose ?

— On a découvert qu'on n'est, ni l'un ni l'autre, du genre à coucher à droite et à gauche. J'aime bien mieux faire La Chose avec Ephraïm, et Julius n'est pas trop intéressé. J'aime bien les cachotteries. Lui, c'est me faire des cadeaux et la cuisine. Ce que je préfère, c'est quand je frappe à la porte d'une chambre de motel à Richmond ou ailleurs, qu'il ouvre et que je me précipite à l'intérieur. Mon cœur qui bat éperdument.

— Alors, qu'est-ce que vous faites ?

— On joue à Trivial Pursuit, on regarde des vidéos. Parfois on chante. Des duos. Comme « Bali Hai » ou « Oh, What a Beautiful Morning ». On se promène à minuit sous la pluie !

— Baladez-vous sous la pluie sur votre temps libre ! hurla le Dr B.

On ne l'avait pas vu rentrer.

Il était sérieux. Il resta planté là tandis qu'elle emballait tous ses magazines *Bon Appétit*, ses cartes de Trivial Pursuit et son tricot. Il me pria de lui faire un chèque pour deux semaines de travail, en plus de ce qu'on lui devait.

Après le départ du Dr B., elle appela Julius, lui dit de la retrouver au fast-food tout de suite.

— Ma carrière est fichue ! se lamentait-elle.

Elle me serra dans ses bras et partit. Je m'installai à son bureau, d'où je pouvais voir la salle d'attente.

Ephraïm passa la porte. Il s'avança lentement jusqu'à moi et me serra la main. « Lily », dit-il, de sa voix grave et enveloppante. Il me raconta que Ruth aurait dû déjeuner avec lui au Pill Hill Café, mais qu'elle ne s'était jamais pointée. Je lui appris que le Dr B. l'avait virée, sans aucune raison. Elle avait sans doute complètement oublié ce rendez-vous et était allée directement à la maison. Ou faire du shopping, peut-être.

Ephraïm restait toujours planté là.

— Elle peut trouver des places bien meilleures. C'est moi la responsable, et bien entendu je vais lui donner une bonne recommandation. Elle va vraiment me manquer.

Il restait là, à me regarder.

— Et vous, vous allez lui manquer…

Il s'adossa à la petite fenêtre au-dessus de mon bureau.

— C'est mieux ainsi, ma chère. Sachez que je comprends. Croyez-moi, je compatis.

— Quoi ?

— Il y a beaucoup de choses que je ne partage pas avec elle, contrairement à vous. La littérature, le bouddhisme, l'opéra. Ruth est une femme très facile à aimer.

— Qu'est-ce que vous dites ?

Là il me prit la main, me sonda du regard – ses bons yeux bruns se remplissaient de larmes.

— Ma femme me manque. De grâce, Lily, laissez-la-moi…

Des larmes commencèrent à couler sur mes joues. Je me sentais vraiment triste. Nos mains formaient un petit tas humide au bord de la fenêtre.

— Ne vous en faites pas, dis-je. Ruth n'aime que vous, Ephraïm.

Laisse-moi voir ton sourire

C'est vrai, la tombe est plus puissante que / les yeux d'une amante. Une tombe béante, avec tous ses / charmes. Et je te dis cela à toi, à toi / qui, quand tu souris, me fais penser au commencement / du monde.

Vicente Huidobro, *Altazor*

Jesse m'a déstabilisé. Moi si fier de ma capacité à jauger les gens. Avant de rejoindre le cabinet Brillig, j'ai été avocat commis d'office pendant si longtemps que j'ai appris à évaluer un client ou un membre du jury presque au premier coup d'œil.

C'est vrai que je n'étais pas préparé car ma secrétaire ne l'avait pas annoncé à l'interphone et nous n'avions pas rendez-vous. Elena s'était contentée de me l'amener.

— Jesse souhaite vous parler, monsieur Cohen.

Elle l'avait introduit dans mon bureau en se rengorgeant, ne prononçant que son prénom. Il était si beau garçon, si plein d'autorité en entrant, que j'ai cru avoir affaire à une rock-star connue sous son seul prénom et dont je n'aurais jamais entendu parler.

Il portait des bottes de cow-boy et un jean noir, une chemise de soie noire. Cheveux longs, visage fort et buriné. La trentaine à première vue, mais quand il me serra la main, il y avait une indescriptible douceur dans son sourire, une franchise dans ses yeux noisette qui était innocente et enfantine. Sa voix grave et éraillée acheva de me troubler. Il parlait comme s'il expliquait patiemment quelque chose à un jeune sans expérience. Moi.

Il avait hérité de dix mille dollars et voulait m'embaucher. Sa compagne était dans le pétrin, elle passait en jugement dans deux mois. Dix chefs d'inculpation.

Je fus navré de lui dire qu'avec ce budget-là, il n'irait pas loin avec moi.

— Elle n'a pas un avocat commis d'office ?

— Si, mais ce crétin s'est défilé. Il la trouvait coupable, foncièrement mauvaise, perverse.

— Qui vous dit que je n'en ferai pas autant ?

— Vous ne le ferez pas. D'après elle, vous êtes le meilleur défenseur des libertés individuelles, par ici. Voici le marché : elle ignore que je suis ici. Vous lui laisserez croire que vous la défendez pour rien. Pour le principe. C'est ma seule condition.

J'ai essayé de l'interrompre, de dire : « Laisse tomber, fiston. » De décréter que je ne m'en occuperais pas. J'étais très au-dessus de ses moyens. Je ne voulais pas y toucher, à cette affaire. Pauvre gamin prêt à dilapider tout son fric. Déjà je la détestais, cette bonne femme. Évidemment qu'elle était coupable et foncièrement mauvaise !

Selon lui, le problème c'était le rapport de police, que le juge et le jury liraient. On la condamnerait d'office au vu de ce document qui était biaisé et truffé de mensonges. Mais je pourrais peut-être la sauver en démontrant qu'il s'agissait d'une arrestation arbitraire, que le rapport était diffamatoire, que le flic qu'elle avait frappé était brutal, que l'agent qui l'avait arrêtée était un cinglé, qu'on avait bel et bien dissimulé des preuves pour l'incriminer. Il était convaincu que je pourrais découvrir qu'ils avaient déjà arrêté des innocents et s'étaient rendus coupables de brutalités.

Il avait encore à dire sur la meilleure façon de m'y prendre. Je continue à me demander pourquoi je n'ai pas éclaté, l'envoyant paître. Il argumentait avec chaleur et talent. Il aurait dû être avocat.

Ce n'est pas seulement que je le trouvais sympathique. J'ai même commencé à concevoir que dépenser tout son héritage était un indispensable rite de passage. Un geste noble, héroïque.

C'était comme si Jesse était d'un autre siècle, d'une autre planète. Il a même déclaré à un moment que cette femme l'appelait « L'Homme Tombé du Ciel ». Cela a un peu amélioré ma vision d'elle.

J'ai dit à Elena d'annuler une réunion et un rendez-vous. Il a parlé toute la matinée, avec simplicité et clarté, de leur relation et de cette arrestation.

Je suis avocat de la défense. Je suis un être cynique, matérialiste, cupide. Je lui ai dit que je m'en occuperais gratuitement.

— Non. Merci. Il faudra seulement lui faire croire que vous le faites gratuitement. Mais c'est ma faute si elle a ces ennuis et je tiens à payer. Combien ? Cinq mille ? Plus ?

— Deux mille.

— Je sais que ce n'est pas assez. On dit trois mille ?

— Marché conclu.

Il a retiré l'une de ses bottes et compté trente tièdes billets de cent dollars qu'il a disposés en éventail sur mon bureau comme des cartes à jouer. On s'est serré la main.

— Merci, monsieur Cohen.
— De rien. Appelez-moi Jon.
Il s'est adossé au fauteuil et m'a tout raconté.
Lui et son copain Joe avaient abandonné leurs études, s'étaient enfuis du Nouveau-Mexique l'année dernière. Jesse était guitariste, il voulait se produire à San Francisco. Le jour de ses dix-huit ans, il allait hériter d'une vieille dame dans le Nebraska (encore une histoire à vous fendre le cœur). Il comptait aller à Londres où on lui proposait d'intégrer un groupe. Un groupe anglais avait joué à Albuquerque, appréciait ses chansons et son jeu. Les deux copains n'ayant pas de point de chute à Bay Area, il était passé voir Ben, un ancien camarade de lycée. La mère de ce dernier ignorait que c'étaient des fugueurs. Elle avait accepté de les héberger pendant quelque temps dans le garage. Par la suite, elle avait découvert la vérité et contacté leurs parents pour les tranquilliser, les rassurer sur leur sort.
Tout allait bien. Joe et lui assuraient des travaux de jardinage et mise en déchetterie, divers petits boulots. Jesse jouait avec d'autres musiciens, composait des chansons. Ils s'entendaient à merveille avec Ben et sa mère, Carlotta. De son côté, elle-même appréciait que Jesse consacre du temps à son plus jeune fils, Saul, l'emmenant à des matches, à la pêche, faire de la varappe à Tilden. Elle enseignait, travaillait dur, était contente d'avoir de l'aide pour la lessive, trimbaler les courses et faire la vaisselle. Bref, tout le monde y trouvait son compte.
— J'avais connu Maggie trois ans plus tôt. On l'avait fait venir à notre lycée, à Albuquerque. Quelqu'un avait mis du LSD dans le verre de lait de Ben à la pause déjeuner. Il flippait, ne sachant ce qui lui arrivait. Elle

est venue le chercher. On nous a autorisés, Joe et moi, à l'accompagner, au cas où il se montrerait violent. Je pensais qu'elle l'emmènerait à l'hôpital, mais elle a roulé jusqu'au fleuve. Là, on s'est assis au milieu des joncs, à observer des merles à ailes rouges, à l'apaiser et l'aider finalement à se faire un bon petit trip. Maggie et moi, on était sur la même longueur d'ondes, on parlait des oiseaux et du fleuve. En général, je ne suis pas très causant, mais avec elle j'ai toujours plein de trucs à dire.

À ce moment-là, j'ai mis en marche un magnétophone.

— Donc, on est restés un mois, puis deux, chez eux à Berkeley. Le soir, on faisait du feu et on parlait, on blaguait. Comme Joe avait alors une copine et Ben aussi, ils sortaient. Ben était encore en terminale ; il vendait des bijoux et des portraits de rock-stars dans Telegraph Hill, alors je ne le voyais pas souvent. Le week-end, j'allais à la marina ou à la plage avec Saul et Maggie.

— Excusez-moi, mais vous avez dit qu'elle s'appelait Carlotta. Qui est Maggie ?

— Moi, je l'appelle Maggie. Le soir, elle corrigeait ses copies et moi je grattais ma guitare. Parfois on parlait toute la nuit, on se racontait notre vie, on rigolait, on pleurait. Elle et moi, on est alcooliques, et c'est un mal, d'un certain point de vue, mais un bien dans la mesure où ça nous a aidés à nous dire ce qu'on n'avait jamais raconté à personne. On a eu des enfances tout aussi épouvantables, mais comme des négatifs l'une de l'autre. Quand on s'est mis ensemble ses enfants ont flippé, ses amis jugé que c'était malsain, incestueux. Oui, c'est incestueux mais d'une façon bizarre. Comme si on était des jumeaux. Une seule et même personne. Elle écrit des histoires. Elle fait la même chose dans ses histoires que moi dans ma musique. Bref, chaque jour on se connaissait un peu mieux, si bien que lorsqu'on a fini par coucher ensemble ce fut comme si on avait déjà été l'un dans l'autre. Je devais partir deux mois plus tard. L'idée était d'aller prendre mon fric à Albuquerque le 28 décembre, jour de mes dix-huit ans, puis de partir pour Londres. Elle me poussait à y aller, affirmant que j'avais besoin de cette expérience et qu'il fallait rompre.

« Moi, je ne voulais plus aller à Londres. Je suis peut-être jeune mais je sais que ce qu'on partage est à des années-lumière de l'expérience commune. On se connaît à un niveau spirituel, les bons et mauvais côtés. Il y a de la tendresse entre nous. »

Il m'a raconté alors le moment où il était allé à l'aéroport avec elle et Joe. Le couteau de poche et les fermetures Éclair de ce dernier ayant déclenché l'alarme au portique de sécurité, ils avaient été tous les trois fouillés au corps et il avait raté son vol. Comme il braillait que sa guitare et ses partitions étaient dans la soute, on lui avait passé les menottes et il subissait un passage à tabac quand Maggie était intervenue.

— On s'est fait arrêter. C'est dans le rapport. Le titre du journal était : « UNE ENSEIGNANTE D'UNE ÉCOLE LUTHÉRIENNE ET UN HELL'S ANGEL IMPLIQUÉS DANS UNE RIXE À L'AÉROPORT. »

— Vous êtes un Hell's Angel ?

— Bien sûr que non. Mais c'est ce que dit le rapport. Joe ressemble à un Hell's Angel, il voudrait en être un. Il a dû acheter dix exemplaires de ce canard. Bref, elle et Joe ont été emmenés en prison à Redwood City. Moi, j'ai passé une nuit dans un centre de détention pour mineurs et ensuite on m'a renvoyé au Nouveau-Mexique. Maggie m'a téléphoné le jour de mon anniversaire pour m'annoncer que tout allait bien. Elle n'a pas parlé de procès, ni dit qu'elle avait été expulsée de son appartement et virée de son boulot, que son ex-mari emmenait les enfants au Mexique. Mais Joe a mangé le morceau, ce qu'elle lui avait défendu. Alors je suis revenu.

— Comment a-t-elle réagi ?

— Elle était furieuse. Elle m'a dit que j'aurais dû aller à Londres. Que j'avais besoin d'apprendre et de mûrir. Et elle croyait toutes ces saletés qu'on disait sur son compte parce que j'avais dix-sept ans quand on a couché ensemble. Mais c'est moi qui l'ai séduite. Personne n'a l'air de comprendre ça, sauf elle. Je ne suis pas l'ado type.

— C'est vrai.

— Enfin bref, on est ensemble désormais. Elle a accepté de ne rien décider avant le procès. De ne chercher ni boulot ni logement. Mon espoir, c'est qu'elle partira ensuite avec moi.

Il me tendit le rapport de police.

— Le mieux, c'est que vous le lisiez et qu'on en parle après. Venez dîner. Vendredi, d'accord ? Quand vous l'aurez lu. Vous pourrez peut-être trouver quelque chose sur ce flic – et son collègue. Venez tôt, après le travail. On n'est pas loin.

Plus aucune excuse ne tenait. Je ne pouvais pas dire que c'était contraire à la déontologie. Que j'avais quelque chose de prévu. Que mon épouse trouverait à y redire.

— Entendu, je viendrai à dix-huit heures.

L'adresse qu'il m'indiqua était dans l'un des pires quartiers de la ville.

Ce fut un beau Noël. Attendrissant échange de cadeaux, repas soigné. Keith avait invité Karen, l'une de mes élèves.

C'est puéril, je suppose, mais ça m'a fait du bien de pouvoir lui montrer combien elle m'admirait. Megan, la copine de Ben, a fait des tartelettes fourrées aux fruits secs. Tous deux m'ont aidée en cuisine et on s'est bien amusés. Notre ami Larry était là. Grand feu, une chouette journée rétro.

Nathan et Keith étaient si contents que Jesse s'en aille qu'ils furent vraiment sympas avec lui, allant jusqu'à lui offrir des cadeaux. Jesse avait pensé à tout le monde. Ce fut chaleureux et gai, sauf quand dans la cuisine il m'a murmuré : « Hé, Maggie, qu'est-ce que tu vas faire sans moi ? » et là j'ai cru que mon cœur allait éclater. Il m'a donné une bague avec une étoile et une lune. Coïncidence, on s'est offert mutuellement une flasque en argent. On était ravis. « Ça craint », a dit Nathan, mais je n'ai pas fait attention, sur le moment.

L'avion de Jesse décollait à six heures. Joe a voulu nous accompagner. J'ai roulé jusqu'à l'aéroport sous la pluie. « The Joker » et « Jumpin' Jack Flash » à la radio. Joe sirotait une canette de bière ; Jesse et moi, une pinte de Beam. Je ne croyais pas les encourager à la délinquance. Ils picolaient déjà quand je les avais rencontrés, achetant de l'alcool sans qu'on leur demande jamais leur âge. En vérité, j'étais tellement dans le déni au sujet de mon propre problème que je n'étais pas prête à voir celui des autres.

Une fois à l'aéroport, Jesse s'est arrêté et a dit :

— Mes pauvres enfants, vous ne retrouverez jamais la voiture.

On a rigolé, sans se douter que cela se vérifierait.

Nous n'étions pas totalement ivres, mais gais et surexcités. Je m'efforçais de ne pas montrer à quel point son départ me chagrinait.

C'est aujourd'hui que je me rends compte qu'on devait faire sensation. Nous sommes très grands. Joe, un Indien Laguna au teint mat, aux longues tresses noires, arborant un cuir de motard, un couteau dans sa ceinture. Grosses bottes, zips et chaînes. Jesse en noir, avec son sac marin et sa guitare. Jesse. Il était d'un autre monde. Je ne pouvais même pas le regarder – la ligne de sa mâchoire, ses dents, ses yeux mordorés, ses longs cheveux flottants. J'en aurais pleuré, sinon. J'arborais pour Noël un ensemble pantalon de velours noir, des bijoux Navajos. Je ne sais pas ce qui fut déterminant, le spectacle que nous formions, ou toutes les alarmes que la quincaillerie de Joe déclencha en passant sous les portiques de sécurité... On a vu en nous une menace, et on nous a emmenés dans des pièces à part pour nous fouiller. Ils ont passé au crible mes dessous, mon sac à main, passé les doigts dans mes cheveux, entre mes orteils. Partout. Quand je suis sortie de là, comme je ne voyais pas Jesse, je me suis précipitée à la porte d'embarquement. Son avion était sur le tarmac. Il engueulait l'agent, disant que sa guitare était à bord, ses partitions aussi. J'ai dû aller aux toilettes. À mon retour, il n'y avait plus personne au guichet. Plus d'avion. J'ai demandé si le grand jeune homme en noir avait fini par embarquer. On m'a désigné une porte. J'y suis allée.

C'était plein de vigiles et d'agents de la police de San Francisco. Âcre odeur de transpiration. Deux vigiles maîtrisaient Joe, qui était menotté. Deux policiers tenaient Jesse et un troisième le frappait à la tête avec une lampe-torche longue comme le bras. Un rideau de sang recouvrait son visage et trempait sa chemise. Il hurlait de douleur. Je me suis approchée sans me faire remarquer. Ils étaient tous en train de le regarder se faire matraquer comme on assiste à un match de boxe à la télé. J'ai attrapé la torche et assommé ce flic. Il s'est écroulé lourdement. « Oh, putain, il est mort », a dit l'un de ses collègues.

On nous a passé les menottes, à Jesse et à moi, et emmenés à travers l'aéroport jusqu'à un petit poste de police au sous-sol. On s'est retrouvés côte à côte, les mains liées dans le dos à nos chaises. Les paupières de Jesse étaient engluées par le sang. Il n'y voyait plus et sa plaie au cuir chevelu saignait toujours. Je les ai suppliés de la nettoyer ou de mettre un pansement. De lui laver les yeux. On te décrassera à la prison de Redwood City, a dit le gardien.

— Merde, Randy, il est mineur ! Faut l'emmener de l'autre côté du pont !

— Un mineur ? Cette garce va morfler. Moi, j'y vais pas. J'ai presque terminé mon service.

Il s'est avancé vers moi.

— Vous savez le gardien de la paix que vous avez frappé ? On l'a emmené à l'hosto. Il va peut-être mourir.

— Par pitié. Vous ne voulez pas lui laver les yeux ?

— Je m'en fous de ses yeux.

— Penche-toi, Jesse.

J'ai léché le sang. Processus laborieux ; le sang était épais et coagulé, collé aux cils. Je devais sans arrêt cracher. Au milieu de ces croûtes orangées, ses yeux avaient un beau reflet ambré.

— Hé, Maggie, laisse-moi voir ton sourire.

On s'est embrassés. Le gardien m'a écarté la tête et giflée. « Salope ! » À ce moment-là on a entendu des beuglements et Joe a été projeté parmi nous. Il avait été arrêté pour avoir prononcé des obscénités devant des femmes et des enfants. Comme on n'avait pas voulu lui dire où nous étions passés, il s'était énervé.

— Celui-ci est assez âgé pour être expédié à Redwood City.

Les mains attachées dans le dos, il ne pouvait pas nous serrer dans ses bras, alors il nous a embrassés. Si ma mémoire est bonne, il ne nous avait encore jamais embrassés sur les lèvres. Plus tard il a dit que c'était parce que nos bouches étaient si ensanglantées qu'il avait eu pitié. La police m'a encore traitée de vicieuse, de pédophile.

À ce moment-là, j'étais indignée. Je n'avais pas encore saisi, pas encore compris pour qui j'allais passer. J'ignorais totalement que mon cas s'aggravait. L'un des policiers m'énuméra mes chefs d'accusation depuis le guichet au fond de la pièce. « Ivresse sur la voie publique, résistance aux forces de l'ordre, voies de fait contre un policier, agression à main armée, tentative de meurtre, rébellion, comportement impudique et obscène, actes sexuels sur mineur (lécher ses paupières), corruption de mineurs, possession de marijuana.

— Quoi, vous rigolez ?! dit Joe.

— Tais-toi, murmura Jesse. Ça finira par jouer en notre faveur. Ils cherchent à nous piéger. On a bien été tous fouillés au corps, hein ?

— Ouais, exact, dit Joe. D'ailleurs, on aurait eu du shit qu'on l'aurait fumé.

Jesse fut emmené. Moi et Joe, on nous a mis à l'arrière d'une voiture de patrouille. On a fait des kilomètres et des kilomètres jusqu'à la prison de Redwood City. Je n'avais qu'une idée en tête : j'avais perdu Jesse. Je me disais qu'on allait le renvoyer à Albuquerque et qu'ensuite il irait à Londres.

Deux fliquettes hommasses m'ont fait passer un examen vaginal et rectal, une douche froide. Elles m'ont lavé les cheveux avec de la lessive, m'en mettant dans les yeux. Elles m'ont laissée sans serviette ni peigne. Elles m'ont donné pour tout vêtement une blouse ultra-courte et des tennis. J'avais un cocard et la lèvre tuméfiée, à cause des coups que j'avais reçus quand on m'avait repris la lampe-torche. Le flic qui m'avait emmenée au sous-sol n'avait cessé de tordre les menottes et j'avais des entailles sanguinolentes aux poignets, genre suicide manqué.

On ne m'a pas rendu mes cigarettes. Les deux putes et le poivrot m'ont laissée fumer leurs derniers mégots baveux tout de même. Personne ne dormait ni ne parlait. J'ai grelotté toute la nuit à cause du froid, du manque d'alcool.

Le lendemain matin, on nous a conduits au tribunal en bus. J'ai parlé à travers une fenêtre, par téléphone, à un gros avocat rougeaud qui m'a lu le rapport. C'était biaisé et mensonger sur toute la ligne.

— « Trois individus suspects signalés dans le hall de l'aéroport. Une femme et deux Hell's Angels, dont un Indien. Tous armés et potentiellement dangereux. »

Je lui ai répété que c'était un tissu de mensonges. Il m'ignorait, tout ce qui l'intéressait c'était de savoir si j'avais couché avec le jeune.

— Oui ! ai-je fini par dire. Mais c'est à peu près la seule chose dont je n'ai pas été accusée.

— Vous le seriez, si c'était moi qui avais rédigé ça. Viol statutaire.

Si grande était ma fatigue que je fus prise d'un fou rire qui mit le comble à son exaspération. Viol statutaire. Je croyais voir Pygmalion ou un Italien violant La Pietà.

— Vous êtes tarée. On vous accuse d'avoir commis des actes sexuels sur mineur en public.

J'ai répondu que j'avais essayé de nettoyer les yeux de Jesse encroûtés de sang, pour qu'il puisse y voir.

— Avec la langue ? dit-il en ricanant.

Je vois très bien quel enfer doit être la prison. Comment les détenus n'apprennent qu'à y devenir pires qu'ils ne le sont. Je l'aurais tué. Je lui ai demandé ce qui allait se passer. Il a répondu que j'allais comparaître et qu'on fixerait la date du procès. Je plaiderais non coupable, en espérant que lorsque nous irions au tribunal, on tomberait sur un juge clément. Constituer un jury dans cette ville était un problème, par ailleurs. Les gens étaient très à droite, croyants, très stricts sur la drogue, les délits sexuels. Pour eux, les Hell's Angels, c'était Satan, et la marijuana, n'en parlons pas.

— Je n'en avais pas sur moi. C'est le flic qui m'a piégée.

— Mais oui. Pour vous remercier de lui avoir taillé une pipe ?

— Dites donc, vous êtes là pour me défendre ou pour m'enfoncer ?

— Je suis votre avocat commis d'office. Rendez-vous au procès.

Joe était au tribunal, lui aussi, enchaîné à une ribambelle d'autres hommes en orange. Il ne me regarda pas. J'étais couverte d'ecchymoses, échevelée, et cette liquette m'arrivait au ras des fesses. Par la suite, Joe m'avoua que j'étais si glauque qu'il avait fait semblant de ne pas me connaître. Au mois de janvier les dates de nos procès respectifs furent fixées. Lorsque son affaire fut présentée au juge, celui-ci se marra et abandonna les poursuites.

J'avais appelé à la maison. Il avait été assez difficile de dire à Ben où j'étais. Comme j'étais trop honteuse pour demander à quelqu'un de verser une caution pour moi, j'ai attendu encore un jour qu'on me libère sur parole. Comme une idiote, pour obtenir cela, j'avais fait appeler la directrice de l'école où j'enseignais. C'était une femme qui m'appréciait, me respectait. Je n'avais toujours pas compris comment les gens allaient me juger. Aujourd'hui je suis sidérée par mon aveuglement, mais aujourd'hui je ne bois plus.

La police m'ayant annoncé que Joe avait besoin d'une caution, je suis allée tout de suite chez un garant professionnel. La somme ne devait pas être importante, car je lui ai signé un chèque.

On croyait savoir comment aller à l'aéroport. Mais c'est comme voir l'Everest. Ça *semblait* tout proche. On a marché sous la pluie, par un froid glacial, pendant des kilomètres et des kilomètres. Une bonne partie de la journée. En rigolant beaucoup, même après avoir tenté un raccourci qui passait par un chenil. Escaladant une clôture avec des dobermans qui aboyaient et montraient les crocs derrière nous. Laurel et Hardy. Une fois sur l'autoroute, personne ne voulut nous prendre en stop. Si, un camionneur, mais comme on y était presque, on lui a fait signe de circuler.

Ce fut le pire dans cette histoire. Sans rire. Essayer de la retrouver, cette foutue bagnole. On a fait tout le tour de chacun des gigantesques niveaux, de bas en haut, puis de haut en bas, tournant en rond, puis remontant, et tournant encore en rond, au point d'en pleurer. On en chialait de fatigue, de faim et de froid. Un vieux Noir nous a vus, et il n'a pas pris peur alors que nous étions complètement trempés et pleurant comme des imbéciles. Il n'a même pas bronché quand on a salopé son impeccable vieille Hudson. Il nous a trimbalés par-ici, et par-là, et encore par-là, disant que le Bon Dieu allait nous aider, sûrement. Et quand on a retrouvé la voiture, on a tous dit : « Dieu soit loué. » Quand on est sortis de sa voiture, il nous a dit « Dieu vous bénisse ». « Dieu vous bénisse et merci », avons-nous répondu en chœur, comme on fait à l'église.

— C'était un ange, ce mec.

— C'en était un, dis-je.

— C'est ce que je viens de dire. Un ange, un vrai.

La pinte de Jim Beam dans la boîte à gants était encore plus qu'à moitié remplie. On a passé un moment prostrés dans la voiture, avec le chauffage allumé et les vitres qui s'embuaient, à grignoter des Cheerios et des croûtons destinés aux canards tout en finissant la bouteille.

— Il faut reconnaître, dit-il, que je ne me suis jamais autant régalé.

Nous n'avons pas parlé en roulant sous la pluie. C'est lui qui conduisait. Moi, je n'arrêtais pas d'essuyer la buée sur les vitres. Je lui ai demandé de ne pas parler à mes fils ni à Jesse de mes chefs d'accusation ou du flic. Question de maintenir la paix, compris ? Cool, a-t-il dit. Ensuite, on s'est tus. Je ne me sentais ni coupable ni honteuse, je ne me souciais pas de mes démêlés avec la justice, ni de mon avenir. Je ne pensais qu'à Jesse.

J'ai essayé d'appeler Cheryl avant d'aller chez Jesse, mais elle m'a raccroché au nez ; j'ai réessayé mais c'était sur répondeur. J'aurais dû m'y rendre en voiture, mais je n'étais pas tranquille à l'idée de me garer dans leur quartier. L'idée d'y aller à pied ne me plaisait pas davantage. On en conclura ce qu'on voudra, mais j'ai laissé ma Porsche au garage pour parcourir à pied les sept ou huit pâtés de maisons qui me séparaient de leur appartement.

La porte d'entrée était du contre-plaqué tagué, défendu par des barreaux. L'interphone grésilla et je me suis retrouvé dans un poussiéreux vestibule en marbre, éclairé par une verrière en forme d'étoile au-dessus du troisième étage. Cet immeuble en marbre et pâte de verre avait encore de beaux restes avec son escalier majestueux, ses miroirs ternis aux cadres art-déco. Quelqu'un roupillait contre une vasque ; des silhouettes au regard fuyant me croisèrent dans l'escalier ; il me semblait vaguement les avoir déjà vues au tribunal ou en prison.

En arrivant à leur étage j'étais essoufflé, écœuré par les relents d'urine, de vinasse, d'huile rance, de poussière. C'est Carlotta qui m'ouvrit. « Entrez », dit-elle en souriant. Et j'ai pénétré dans leur monde en technicolor qui sentait le pain de maïs et le piment, le citron vert, la coriandre et son parfum à elle. Haut plafond, hautes fenêtres. Tapis persans sur le parquet. Fougères géantes, plants de bananiers, oiseaux de paradis. Pour tout meuble, un lit avec des draps de satin rouge. Dehors, sous le soleil rasant, le dôme doré de l'église baptiste d'Abyssinie, un bosquet de grands et vieux palmiers, la courbe du train express. On se serait cru à Tanger. Elle me laissa jouir de cette vue, puis me serra la main.

— Merci pour votre aide, monsieur Cohen. Un jour ou l'autre, je serai en mesure de vous payer.

— Ne vous en faites pas. Je le fais de bon cœur. Surtout maintenant que j'ai pris connaissance du rapport. C'est une flagrante dénaturation des faits.

Carlotta était grande et bronzée, vêtue d'une robe blanche fluide en jersey. Elle semblait avoir la trentaine, avait ce que ma mère appelait « de l'allure ». Elle était encore plus surprenante que l'appartement, que Jesse – enfin, Jesse, peut-être pas. Je comprenais que leur couple puisse en perturber certains. Je la dévorais des yeux. C'était une femme ravissante. Pas juste jolie, même si elle l'était. Gracieuse. Si l'affaire devait aller jusqu'au procès, elle ferait sensation au tribunal.

Ce ne fut que la première de mes visites. J'y suis retourné tous les vendredis, marchant, non, courant jusque chez eux après le bureau. C'était comme si on m'avait fait boire une potion magique, telle Alice, ou comme si je me trouvais dans un film de Woody Allen. Celui où l'acteur descend de l'écran. Sauf que c'était moi qui entrais dans l'image.

Le premier soir, elle me conduisit dans l'autre pièce où il y avait un beau tapis Boukhara, des kilims, une table dressée pour trois, des fleurs et des bougies. On entendait « Angie » sur la chaîne. Ces hautes fenêtres étaient équipées de stores en bambou et le plus léger souffle d'air projetait des ombres comme des banderoles sur les murs.

Jesse me dit bonjour de la cuisine, et vint me serrer la main. Il était en jean et T-shirt blanc. Tous deux avaient des couleurs, ils avaient passé la journée sur l'estuaire.

— Ça vous plaît, ici ? C'est moi qui ai repeint. Venez voir la cuisine. « Jaune diarrhée », chouette, non ?

— Extraordinaire, cet appartement !

— Et elle vous plaît. Je le savais.

Il me tendit un gin-tonic.

— Comment vous… ?

— J'ai demandé à votre secrétaire. Ce soir, c'est moi qui fais la cuisine. Vous devez avoir des questions à poser à Maggie pendant que je termine.

Elle m'entraîna sur la « terrasse », un espace à l'extérieur des fenêtres, au-dessus de l'escalier de secours, juste assez grand pour deux casiers à bouteilles. J'avais en effet des dizaines de questions. Le rapport disait qu'elle prétendait être enseignante. Elle me raconta qu'elle avait perdu son emploi au lycée luthérien, qu'on l'avait expulsée de son appartement. Elle fut franche : les voisins se plaignaient depuis longtemps, parce qu'ils étaient nombreux à vivre là-bas, et à cause de la musique. Ce qui n'avait été que la goutte qui fait déborder le vase. Elle était contente que son ex-mari ait emmené les trois plus jeunes au Mexique.

— Je suis complètement déboussolée, chamboulée pour le moment.

C'était difficile à croire à cause de sa belle voix calme.

Elle me résuma ce qui s'était passé à l'aéroport, endossant plus de responsabilités que Jesse ne lui en avait attribué.

— Quant aux chefs d'accusation, je suis coupable pour tout, sauf la marijuana, ils l'ont dissimulée dans mes affaires. Mais c'est leur *description* qui est dégueulasse. Par exemple, Joe nous a bien embrassés, mais chastement. Je ne les prends pas au berceau. Ce qui était vraiment injuste et dégueulasse, c'était de tabasser Jesse, et pour les autres de regarder les bras croisés. N'importe quel individu sain d'esprit aurait réagi comme moi. Enfin, heureusement que ce flic n'est pas mort.

Je l'interrogeai sur ses projets après le procès. Elle prit l'air affolé, chuchota ce que Jesse m'avait dit au bureau, qu'ils avaient décidé de ne s'en occuper qu'après l'audience.

— Mais je peux me ressaisir. Repartir du bon pied.

Elle parlait l'espagnol, pourrait poser sa candidature pour travailler dans des hôpitaux, ou comme interprète au tribunal. Elle avait travaillé pendant presque une année sur un procès au Nouveau-Mexique, avait de bonnes références. Je connaissais cette affaire, et le juge et l'avocat avec lesquels elle avait travaillé. Affaire fameuse… un toxicomane qui avait tiré cinq fois dans le dos d'un agent des stups et s'en était tiré avec un homicide involontaire. On a parlé de cette brillante défense pendant un moment, et je lui ai dit où adresser sa candidature.

Jesse arriva avec du guacamole et des chips, un autre gin-tonic pour moi, des bières pour eux. Elle se laissa glisser au sol et il prit un siège. Elle s'adossa contre ses genoux. Il tenait sa gorge de ses longs doigts fins, buvant sa bière de l'autre.

Jamais je n'oublierai ce geste-là. Leur attitude n'était ni séductrice ni faussement effarouchée, ils ne faisaient pas de geste érotique ni juste démonstratif, mais leur complicité était électrisante. Il lui tenait la gorge. Ce n'était pas un geste possessif ; entre eux c'était fusionnel.

— Bien entendu, Maggie est capable d'assurer plein de boulots différents. Et elle pourrait trouver une maison et récupérer tous ses gosses. Mais c'est mieux pour eux d'être séparés d'elle. Oui, elle leur manque, et réciproquement. C'est une bonne mère. Elle les a bien élevés, leur a donné du caractère et le sens des valeurs, de ce qu'ils sont. Ils sont sûrs d'eux et honnêtes. Ils aiment rire. En ce moment ils sont chez leur papa qui est très riche. Il peut les envoyer à Andover ou à Harvard, les écoles qu'il a fréquentées. Le reste du temps, ils peuvent s'adonner à la voile, à la pêche, à la plongée sous-marine. S'ils revenaient, je devrais m'en aller. Et si je m'en vais, elle boira. Elle sera incapable de s'arrêter et ce sera terrible.

— Et vous, que deviendrez-vous, si vous partez ?

— Moi ? Je mourrai.

Le soleil couchant était dans les yeux bleus et lumineux de Carlotta. Ils se remplirent de larmes, qui s'accrochaient à ses cils et ne roulaient pas, reflétant les palmiers verts si bien qu'elle semblait avoir un masque de plongée turquoise.

— Pleure pas, Maggie.

Il attira sa tête en arrière et but ses larmes.

— Comment avez-vous deviné qu'elle pleurait ?

— Il sait toujours. La nuit, dans le noir, alors que je suis tournée de l'autre côté, si jamais je souris, il dit : « Qu'est-ce qu'il y a de drôle ? »

— Elle, pareil. Elle peut dormir à poings fermés. Et ronfler. Mais si je souris, ses yeux s'ouvrent d'un coup et elle me sourit aussi.

On passa à table. Fantastique repas. On parla de tout sauf du procès. Je ne sais plus pourquoi je me mis à raconter des anecdotes sur ma grand-mère russe, par dizaines. Je n'avais pas autant ri depuis des lustres. Je leur appris le mot *shanda*. Quelle *shanda* !

Carlotta débarrassa. Les bougies avaient diminué de moitié. Elle revint avec du café et un flan au caramel. À la fin, elle dit :

— Jon, je peux vous appeler Maître ?

— Surtout pas, dit Jesse. Ça me rappelle le lycée. Quand le psychologue scolaire me demandait : « Et d'où vient toute cette agressivité ? » Appelons-le monsieur l'Avocat. Monsieur l'Avocat, avez-vous réfléchi au cas de la p'tite dame ?

— Mais oui, mon brave. Je récupère ma mallette et je vous montre où nous en sommes.

J'acceptai un cognac. Tous deux buvaient du whisky allongé d'eau. J'étais surexcité. Je voulais rester détaché, mais j'étais trop content. J'épluchai l'acte d'accusation, le confrontant à la liste de trois pages d'affirmations fausses, trompeuses, calomnieuses et diffamatoires que contenait le rapport de police. « Obscène », « dévergondage » « exhibitionnisme », « menaçant », « armés et dangereux ». Des pages de termes qui pouvaient influencer le juge et le jury contre ma cliente, et qui m'avaient donné une idée erronée de sa personne, même après ma conversation avec Jesse.

J'avais un document de la sécurité de l'aéroport attestant qu'elle, ses vêtements et son sac avaient été soigneusement fouillés et qu'on n'avait trouvé ni drogues ni armes.

— Le plus beau, c'est que vous aviez raison, Jesse. Ces deux flics traînent pas mal de casseroles. Suspension pour recours abusif à la force, violences sur suspects. Deux enquêtes distinctes pour avoir tué un suspect non armé. Beaucoup, beaucoup de plaintes pour brutalité, usage excessif de la force, détention arbitraire et fabrication de preuves. Et cela, au bout de quelques jours de recherche seulement ! Nous savons qu'ils ont été suspendus pour motifs graves, rétrogradés, transférés dans les quartiers sud de San Francisco alors qu'ils exerçaient en centre-ville. On exigera une enquête interne, on menacera de poursuivre la police de San Francisco.

— N'en restons pas aux menaces, passons à l'acte, dit Jesse.

J'avais encore à apprendre que l'alcool lui donnait du courage, mais la fragilisait, elle. Elle fit non de la tête.

— Je ne pourrai pas aller jusqu'au bout.

— Mauvaise idée, Jesse, mais c'est la bonne façon d'appréhender cette affaire.

Le procès n'aurait pas lieu avant la fin juin. Même si mes collaborateurs continuaient à recueillir des preuves contre les deux policiers, il n'y avait pas grand-chose à discuter. Si les charges n'étaient pas abandonnées, alors il faudrait reporter le procès et… prier. Mais je continuais à venir à l'appartement sur Telegraph tous les vendredis. Cheryl, ma femme, en était furieuse et jalouse. À part pour des matches de handball, c'était la première fois que j'allais quelque part sans elle. Elle ne comprenait pas pourquoi elle ne pouvait pas venir. Et je ne pouvais pas l'expliquer, même pas à moi-même. Une fois, elle m'accusa d'avoir une liaison.

C'était comme une liaison. C'était imprévisible et excitant. Le vendredi, j'attendais toute la journée le moment d'aller là-bas. J'étais tombé amoureux de chacun d'entre eux. Parfois avec Jesse, Joe, et Ben, le fils de Carlotta, on jouait au poker ou au billard. Jesse m'apprit à être un bon joueur de poker, et un bon joueur de billard. Je trouvais ça cool de pouvoir les accompagner dans les salles de billard du centre-ville sans avoir peur. La simple présence de Joe était une garantie.

— C'est comme avoir un pitbull, en moins cher à nourrir, disait Jesse.

— Il n'est pas doué que pour ça, disait Ben. Il peut décapsuler une bouteille avec les dents, et il a de l'humour comme personne.

Ça c'était vrai. Joe parlait peu, mais il comprenait les blagues au quart de tour.

Parfois, on se promenait avec Ben dans le centre d'Oakland où il prenait des photos. Carlotta nous incitait à cadrer avec nos mains, à regarder comme à travers un objectif. J'ai dit à Ben que ma façon de voir en avait été transformée.

Joe, lui, aimait bien se glisser sournoisement dans le champ. Quand les planches contact étaient imprimées, voilà qu'il était avachi sur les marches d'un porche avec des poivrots, ou avait l'air paumé dans l'embrasure d'une porte, discutant canard avec un boucher chinois.

Un jour, Ben apporta un Minolta, proposant de me le vendre pour cinquante dollars. Pourquoi pas. J'étais ravi. Plus tard, j'ai remarqué qu'il donnait l'argent à Joe, ce qui me laissa songeur.

— Sers-t'en avant de mettre une pellicule. Balade-toi d'abord, en regardant dans le viseur. Très souvent, je n'ai rien dans le chargeur.

Mes premières photos, je les ai prises dans une boutique non loin du bureau. On y vend des chaussures à l'unité, un dollar pièce. À gauche, des monceaux de vieilles godasses pour pied gauche ; à droite, celles pour pieds droits. Vieillards. Jeunes pauvres. Le vieux vendeur dans son fauteuil à bascule, mettant l'argent dans un paquet de Quaker Oats.

Ce premier rouleau m'a rendu plus heureux que n'importe quoi d'autre depuis belle lurette, y compris un bon procès. Quand je leur ai montré les tirages, ils ont exulté. Carlotta m'a serré dans ses bras.

Ben et moi, on est sortis plusieurs fois ensemble tôt le matin, dans Chinatown, le quartier des entrepôts. Une bonne façon de faire connaissance. Je me concentrais sur des jeunes enfants en uniforme de l'école ; il photographiait les mains d'un vieillard. Je lui ai avoué que j'étais gêné de photographier les gens, que ça me semblait indiscret, impoli.

— J'ai pris modèle sur Maman et Jesse. Eux, ils adressent la parole à tout le monde, et on leur répond. Si je ne peux pas photographier mon sujet à son insu, à présent je m'approche franchement en lançant : « Ça vous dérange que je prenne votre portrait ? » La plupart du temps, ils répondent : « Bien sûr que ça me dérange, petit con. » Mais parfois, ça leur est égal.

Il nous arrivait de parler de Carlotta et Jesse. Comme ils s'entendaient tous très bien, je fus surpris par sa rancœur.

— Évidemment que je leur en veux. C'est une réaction infantile, en partie. C'est si passionnel entre eux que je me sens exclu et envieux, comme si j'avais perdu ma mère et mon meilleur ami. Mais une autre part de moi-même pense que c'est bien. Je ne les avais jamais vus aussi heureux, avant. Sauf qu'ils encouragent mutuellement leur tendance à l'autodestruction, cet aspect d'eux-mêmes qu'ils détestent. Il n'a pas joué, elle n'a pas écrit depuis qu'ils ont emménagé ensemble. L'argent de Jesse leur file entre les doigts – ça passe dans l'alcool, principalement.

— Je n'ai jamais la sensation qu'ils sont ivres.

— C'est que tu ne les as jamais vus sobres. Et ils ne commencent à boire sérieusement qu'après notre départ. Là, ils vont faire les fous en ville, coursant les véhicules des pompiers, faisant Dieu sait quoi. Ils sont incroyablement gentils l'un envers l'autre. Elle n'a jamais été méchante avec nous, ses enfants, elle ne nous a jamais frappés.

Elle nous adore. C'est pour ça que je ne comprends pas qu'elle ne reprenne pas mes frères.

Une autre fois, à l'appartement, il me montra les paroles d'une chanson écrite par Jesse. C'était superbe. Abouti, ironique, tendre. Un peu comme Dylan, Tom Waits et Johnny Cash tout à la fois. Ben me prêta aussi un exemplaire d'*Atlantic Monthly* avec une nouvelle d'elle. Je l'avais lue quelques mois plus tôt et beaucoup appréciée. « Alors, vous êtes capables d'écrire comme ça, vous deux ? » Ils haussaient les épaules.

Ce que Ben m'avait dit était sensé, mais je ne voyais ni haine de soi ni penchant destructeur. Leur fréquentation semblait mettre au jour chez moi un côté positif, un côté naïf.

Carlotta et moi, nous étions seuls sur la terrasse. Je lui ai demandé pourquoi je me sentais aussi bien, ici.

— Est-ce simplement parce qu'ils sont tous jeunes ?

Elle a ri.

— Aucun d'eux n'est jeune. Ben n'a jamais été jeune. Moi non plus. Vous deviez être un vieil enfant aussi, et vous nous appréciez parce que vous pouvez vous exprimer. C'est divin de jouer, n'est-ce pas ? Vous aimez vivre ici parce que le reste de votre vie s'évanouit. Vous ne parlez jamais de votre femme, donc il y a du souci de ce côté-là. Votre boulot, c'est du souci. Jesse permet à chacun d'être soi-même et de penser à soi-même. Il n'y a rien de mal à être égoïste.

« Être avec Jesse, c'est comme méditer. Comme faire zazen, ou être dans un caisson d'isolation sensorielle. Le passé et le futur disparaissent. Les problèmes et les décisions disparaissent. Le temps disparaît et le présent acquiert une couleur intense, il n'existe qu'à l'intérieur du cadre de l'ici et maintenant, de cette seconde-ci, exactement comme les cadres qu'on définit avec ses mains.

Je voyais bien qu'elle était ivre, mais je comprenais néanmoins ce qu'elle cherchait à dire, et qu'elle avait raison.

À une certaine période, Jesse et Maggie dormaient chaque nuit sur un toit différent, en ville. Je ne pouvais pas imaginer pourquoi, alors ils m'ont emmené. D'abord, on a trouvé le vieil escalier de secours métallique, et Jesse a sauté en l'air et l'a tiré à lui. Une fois tout le monde sur le premier palier, il a ramené les marches derrière nous. Ensuite, on a grimpé, grimpé. C'était étrange et magique, de voir l'estuaire, la baie. Il restait une vague traînée rose au-delà du Golden Gate Bridge. Le centre d'Oakland était silencieux et déserté. « Le week-end, c'est comme *Le Dernier Rivage* là-bas », disait Jesse.

J'étais impressionné par le silence, cette sensation d'être seul au monde, cette ville à nos pieds, le ciel tout autour de nous. Je ne savais pas très bien où nous étions quand Jesse m'a fait venir au bord d'une corniche. « Regarde. » J'ai regardé, et là j'ai compris. C'était mon bureau, au quatorzième étage du building Leyman, au-dessus de nous. À quelques fenêtres de là, celui de Brillig. La petite lampe à l'abat-jour en écaille de tortue était allumée. Brillig était à son grand bureau, en bras de chemise et sans cravate, les pieds sur un coussin. En train de lire. Montaigne, probablement, car le livre était relié de cuir et il souriait.

— Ça ne se fait pas, déclara Carlotta. Allons-nous-en.

— En général, ça te plaît de regarder les gens par les fenêtres.

— Oui, mais si on les connaît, ce n'est pas de la curiosité, c'est de l'espionnage.

En redescendant par l'échelle de secours, je me suis dit que cette dispute typique était ce pour quoi je les aimais ; le débat n'était jamais médiocre.

Un jour je suis arrivé alors que Joe et Jesse étaient encore à la pêche. Ben était là. Maggie avait pleuré. Il me tendit une lettre de son fils de quinze ans, Nathan. Une gentille lettre, lui racontant ce qu'ils faisaient, qu'ils voulaient rentrer à la maison.

— Alors, qu'est-ce que tu en penses ? ai-je demandé à Ben, pendant qu'elle était allée se rafraîchir le visage.

— Si seulement ils pouvaient se débarrasser de l'idée que c'est Jesse ou les enfants. Si elle avait un emploi et une maison, si elle cessait de boire, s'il passait de temps en temps, ils verraient que ça peut marcher. Ça peut marcher. Le problème, c'est qu'ils ont peur de se quitter si l'un d'eux décroche.

— Est-ce qu'elle arrêtera de boire s'il s'en va ?

— Oh, non. J'aime mieux ne pas y penser.

Ce soir-là, Ben et Joe allèrent assister à un match de base-ball. Joe faisait toujours allusion à l'équipe comme aux « putains de A[1] ».

— *Macadam Cow-boy* passe à la télé. Ça te dit ? me proposa Jesse.

J'ai dit bien sûr, j'adorais ce film. Je croyais qu'ils voulaient aller dans un bar, oubliant son âge. Non, ils parlaient de la gare routière Greyhound, où on s'est assis côte à côte, chacun avec un petit poste qui marchait avec des pièces. Pendant la pub, Carlotta allait chercher de la monnaie, du pop-corn. Ensuite on est allés dans un

1. « A's » : Athletics d'Oakland, équipe de base-ball. L'expression argotique « fucking A » souligne l'acquiescement, l'enthousiasme.

resto chinois. Mais c'était la fermeture. « Oui, on arrive toujours pour la fermeture. Quand ils commandent des pizzas. » Comment avaient-ils découvert ça, je l'ignore. Ils me présentèrent au serveur et on lui donna de l'argent. Puis on s'installa autour d'une grande table en compagnie des serveurs, des cuisiniers et des plongeurs, pour manger la pizza et boire du Coca. Tout était éteint ; on mangeait à la bougie. Ils parlaient tous chinois, hochant la tête en faisant circuler les parts de pizza. J'avais curieusement l'impression de manger chinois.

Le lendemain soir, Cheryl et moi devions dîner avec des amis dans Jack London Square. C'était une nuit douce, on avait décapoté la Porsche. Nous avions passé une bonne journée, faisant l'amour, paressant au lit. En approchant du restaurant, on riait, de bonne humeur. On fut arrêtés par l'un de ces trains de marchandise qui traversent invariablement le quartier au ralenti. Ça n'en finissait plus. J'ai entendu qu'on me hélait.

— Maître ! Jon ! Hé, monsieur l'Avocat !

Jesse et Carlotta me faisaient des signes depuis un wagon, m'envoyaient des baisers.

— Laisse-moi deviner, dit Cheryl. Ça doit être Peter Pan et sa mère. Les « Bonnie & Clyde » personnels de Jon.

— Ta gueule.

Je ne lui avais jamais parlé comme ça. Elle a regardé droit devant elle, comme si elle n'avait pas entendu. Nous sommes allés dans cet élégant restaurant avec nos élégants et cultivés amis de gauche. Les plats étaient excellents, les vins parfaits. On a parlé cinéma, politique et justice. Cheryl était charmante. Il s'était passé quelque chose de terrible entre nous.

Aujourd'hui nous sommes divorcés. Je crois que notre mariage avait commencé à battre de l'aile à cause de ces vendredis soir, pas parce qu'elle avait entamé une liaison. Elle était furieuse parce que je ne l'emmenais jamais là-bas. Je ne sais pas exactement pourquoi je ne le souhaitais pas, si c'était que je craignais qu'ils ne lui plaisent pas, ou qu'elle ne leur plaise pas. Ou autre chose… parce que j'aurais eu honte de lui montrer cet aspect de moi-même.

Quand on s'est revus, Jesse et Carlotta avaient déjà oublié l'épisode du train de marchandise.

— Maggie est désespérante. On pourrait trouver un moyen. On pourrait voyager à travers tous les États-Unis. Mais dès que ça commence à rouler, elle flippe à mort. On n'a jamais dépassé Richmond et Fremont.

— Si, une fois, on est allés à Stockton. C'est loin. C'est terrifiant, Jon. Sympa, aussi, et c'est vrai qu'on se sent libre, comme si le train était à nous. Le problème, c'est que Jesse n'a peur de rien. Et si on échouait dans le Nord Dakota, en plein blizzard, et qu'on était enfermés dans le wagon ? Quel tableau. Nous, gelés.

— Maggie, c'est pas possible d'être aussi inquiète. Regarde dans quel état tu te mets ! Flipper à propos d'une tempête de neige dans le Sud Dakota.

— Nord Dakota.

— Jon, dites-lui de ne pas se tracasser autant.

— Tout va s'arranger, Carlotta, ai-je dit.

Mais moi aussi, j'avais peur.

On vérifiait que le veilleur de nuit de la marina n'était pas là. À dix-neuf heures trente, il était toujours à l'autre bout des quais. On balançait notre attirail par-dessus la clôture, qu'on escaladait ensuite, près de l'eau où ce n'était pas relié à une alarme. Il nous avait fallu plusieurs virées pour dénicher le bateau idéal, *La Cigale*. Un grand et superbe voilier avec un pont en teck, posé au ras de l'eau. On étalait nos sacs de couchage, on mettait la radio en sourdine, on mangeait des casse-croûte et on buvait de la bière. Du whisky plus tard. C'était cool et ça sentait l'océan. Parfois le brouillard se levait et on voyait des étoiles. Le plus beau, c'était quand les gros cargos japonais tout chargés de voitures remontaient l'estuaire. Comme des gratte-ciel mobiles, tout illuminés. Vaisseaux fantômes glissant sous nos yeux, sans bruit. Les vagues qu'ils produisaient étaient si énormes qu'elles se déroulaient en silence, sans éclabousser. Il n'y avait jamais plus d'une ou deux silhouettes sur le pont. Des hommes seuls, fumant, contemplant la ville sans aucune expression.

Les tankers mexicains, c'était tout le contraire. On pouvait entendre de la musique, sentir l'odeur de gasoil avant d'apercevoir les bâtiments rouillés. Tout l'équipage était accroché au bastingage, à faire des signes aux filles installées à la terrasse des restaurants. Les marins rigolaient ou fumaient ou mangeaient. Un jour, ce fut plus fort que moi, j'ai crié *Bienvenidos !* et le veilleur de nuit m'a entendue. Il a rappliqué et braqué sa torche sur nous.

— J'vous ai déjà r'pérés. Y font d'mal à personne, j'me suis dit, y volent pas, mais j'pourrais avoir un tas d'embêtements à cause de vous.

Jesse lui a fait signe de nous rejoindre. Il a même dit : « Bienvenue à bord. » On lui a donné un sandwich et une bière, déclarant que si on était pris, on jurerait nos grands dieux qu'il ne pouvait pas nous voir. Il s'appelait Solly. Par la suite il vint tous les soirs, dînant à vingt heures avant d'aller faire ses rondes. Il nous réveillait de bonne heure, avant le jour, au moment où les oiseaux bruissaient au-dessus de l'eau.

Douces nuits printanières. On faisait l'amour, on buvait, on parlait. De quoi pouvait-on bien parler autant ? Parfois, la discussion durait toute la nuit. Un jour, ce fut au sujet de nos mauvaises actions quand nous étions petits. On alla même jusqu'à les mimer. C'était excitant, effrayant. On n'a jamais recommencé. Nos conversations portaient sur les gens, surtout ceux qu'on rencontrait en se promenant en ville. Solly. J'adorais l'entendre parler avec Jesse des travaux agricoles. Solly était originaire de Grundy Center, dans l'Iowa, il avait été cantonné à Treasure Island quand il était dans la marine.

Jesse ne lisait jamais un livre, mais les expressions qu'il entendait le ravissaient. Une femme noire déclarant qu'elle était aussi vieille que le sel et le poivre. Solly disant qu'il avait quitté sa vieille quand elle s'était mise à sucrer les fraises.

Jesse donnait à chacun l'impression d'être important. Il n'était pas gentil. La *gentillesse*, c'est comme la *charité* ; ça implique un effort. Comme ces autocollants sur les pare-chocs des voitures qui vous incitent à faire une BA. La générosité, ça devrait être un état d'esprit, pas des actes ponctuels et délibérés. Jesse avait une curiosité pleine d'empathie pour les autres. Toute ma vie j'avais eu l'impression que je n'existais pas vraiment. Lui, il m'a vue. Il a vu qui j'étais. Malgré tous les risques qu'on prenait, il n'y a qu'avec lui que je me suis sentie à l'abri.

La plus dangereuse de nos conneries, c'est quand on a gagné à la nage l'île du lac Merritt. On avait mis tout notre barda – vêtements de rechange, bouffe, whisky, cigarettes –, dans des sacs en plastique et on s'était mis à l'eau. C'était plus loin que prévu. L'eau était vraiment glaciale, fétide, et même une fois rhabillés, on a continué à schlinguer.

Dans la journée, le parc est magnifique avec ses vallons et ses vieux chênes, la roseraie. La nuit, on sent des ondes néfastes. Des bruits horribles nous parvenaient de là-bas, amplifiés par l'eau. Insultes, rixes, verre brisé. Des gens qui vomissaient et hurlaient. Des femmes molestées. La police et des grognements, des coups. Le bruit désormais familier des torches de la police. Les vaguelettes clapotaient contre notre petite île boisée, mais on a frissonné et picolé jusqu'au moment où ça s'est calmé assez pour qu'on ose regagner le rivage. L'eau devait être salement polluée, on a été malades pendant des jours.

Un après-midi, Ben s'est pointé. J'étais seule. Joe et Jesse étaient allés faire un billard. Ben m'attrapa par les cheveux et me traîna dans la salle de bains : « Tu t'es vue ? Qui es-tu ? Et mes frères ? Papa et sa copine, c'est la cocaïne. Avec toi, peut-être qu'ils crèveraient dans un accident de voiture ou que tu ferais brûler la baraque, mais au moins ils ne penseraient pas que l'alcool, c'est super. Ils ont besoin de toi. Moi, j'ai besoin de toi. J'ai besoin de ne pas te détester. » Il sanglotait.

Et pour la millième fois, je n'ai pu que m'excuser.

Mais quand j'ai annoncé à Jesse qu'il fallait arrêter, il a été d'accord. Pourquoi ne pas cesser de fumer aussi, tant qu'on y était ? On a dit aux garçons qu'on allait partir en excursion du côté de Big Sur. On a emprunté la route en épingle à cheveux qui longe la côte. La lune était là, et l'écume des vagues était d'un blanc phosphorescent. Jesse roulait tous feux éteints, ce qui était terrifiant et causa notre dispute. Une fois à destination, alors qu'on était dans la forêt, il s'est mis à pleuvoir. Il pleuvait, pleuvait, et on s'est encore engueulés, à propos des nouilles chinoises. Il faisait froid et on avait la tremblote par-dessus le marché. On n'a tenu qu'une seule nuit. On est rentrés à la maison et on s'est soûlés, puis on s'est sevrés progressivement avant de refaire une tentative.

Cette fois, ce fut mieux. On est allés à Point Reyes. Temps clair et chaud. On contemplait l'océan pendant des heures, sans parler. On randonnait en forêt, courait sur la plage, on se disait combien les grenades étaient délicieuses. On était là-bas depuis environ trois jours quand nous fûmes réveillés par des grognements bizarres. Gesticulant vers nous à travers la brume, il y avait ces créatures genre extraterrestres aux têtes oblongues, et qui produisaient des sons gutturaux, des rires étranges. Elles avançaient avec raideur, balançant tout le corps. « Bonjour, excusez-nous », dit un homme. C'était en fait un groupe d'ados déficients mentaux. Leurs têtes allongées, c'était les duvets roulés au sommet des paquetages. « Seigneur, j'ai besoin d'une clope », fit Jesse. On retrouva l'appartement avec bonheur. Nous n'avions toujours pas bu une seule goutte.

— Incroyable, ce que ça bouffe comme temps, la boisson, non, Maggie ?

Nous sommes allés au cinéma. Voir *La Balade sauvage* trois fois. On n'arrivait pas à dormir. On faisait l'amour jour et nuit, comme furieux l'un contre l'autre, laissant glisser les draps en soie par terre, en nage et fourbus.

Une nuit, Jesse est entré dans la salle de bains alors que je lisais une lettre de Nathan. Il a dit qu'ils devaient revenir. On s'est bagarrés toute la nuit, lui et moi. Comme des chiffonniers, avec les poings, les pieds, les ongles, avant de finir par sangloter, effondrés. On a fini par se soûler à mort pendant des jours, des jours de folie furieuse. J'étais tellement imbibée qu'un verre ne suffisait plus à m'empêcher de trembler. J'étais horrifiée, affolée. Je croyais que je ne pourrais plus m'arrêter, plus m'occuper au minimum de moi-même, sans parler des enfants.

On était dingues, on se rendait dingues. On a décidé que nous n'étions pas faits pour vivre. Lui ne parviendrait jamais à percer comme musicien, il avait déjà gâché ses chances. Moi, j'avais manqué à mes devoirs de mère. Nous étions des alcooliques invétérés. La vie commune n'était plus possible. Ni lui ni moi n'étions faits pour ce monde-ci. Alors, on allait mourir. C'est gênant d'écrire ça. Ça fait mélo et nombriliste. Mais pour nous, c'était l'horrible et sombre vérité.

Le lendemain matin nous avons pris la voiture en direction de San Clemente. J'arriverais chez mes parents le mercredi. Le jeudi, j'irais sur la plage et je nagerais vers le large. Ainsi, ce serait un accident et mes parents pourraient se charger de mon cadavre. Jesse rentrerait en voiture et se pendrait le vendredi, pour que Jon puisse le trouver.

Il nous fallut réduire nos doses rien que pour être en état de faire le voyage. Nous avons appelé Jon, Joe et Ben pour leur annoncer qu'on s'en allait, qu'on les reverrait vendredi prochain. On a descendu tranquillement la côte. Une merveilleuse virée. Baignades dans l'océan. Carmel et Hearst Castle. Newport Beach.

Newport Beach, c'était génial. La patronne du motel a frappé à notre porte et m'a dit : « J'ai oublié de donner les serviettes à votre mari. »

Nous étions en train de regarder *La Grande Vallée* à la télé quand Jesse a dit : « Qu'en penses-tu ? On se marie ou on se suicide ? »

Nous étions tout près de chez mes parents quand on s'est bêtement disputés. Il voulait voir la maison de Richard Nixon avant de me déposer. J'ai dit que je ne voulais pas que ce soit la dernière chose que j'aie faite dans ma vie.

— Alors, casse-toi, descends.

Je m'étais dit que s'il me disait qu'il m'aimait je ne descendrais pas, mais il a juste dit : « Laisse-moi voir ton sourire, Maggie. » Je suis sortie, j'ai pris ma valise sur la banquette. Impossible de sourire. Et il est reparti.

Ma mère était une sorcière. Elle devinait tout. Je ne leur avais rien dit sur Jesse, seulement que j'avais été licenciée, que les enfants étaient au Mexique, que j'étais en recherche d'emploi. Mais je n'étais pas là depuis une heure qu'elle disait : « Alors, tu comptes te suicider, ou quoi ? »

J'ai expliqué que chercher du boulot était minant, que mes fils me manquaient. J'avais pensé qu'aller les voir serait une bonne idée. Mais à quoi bon tergiverser ? Autant rentrer dès demain matin. Ils se montrèrent assez compatissants. Ce soir-là, on a pas mal picolé.

Le lendemain matin, mon père m'a conduite à l'aéroport et payé un billet pour Oakland. Il me répétait que j'aurais avantage à être réceptionniste dans un cabinet médical, pour bénéficier de prestations sociales.

J'étais dans le bus à l'heure où j'étais censée me noyer. J'ai fait tout le reste du chemin en courant, épouvantée à l'idée que Jesse soit déjà mort.

Il n'était pas là. Il y avait des tulipes mauves partout. Vases, vieilles boîtes de conserve, saladiers. Partout dans l'appartement, la salle de bains, la cuisine. Sur la table, ce petit mot : « Tu ne peux pas me quitter, Maggie. »

Il est arrivé par-derrière, m'a retournée contre la gazinière. Il m'a tenue, a retroussé ma jupe, baissé ma culotte, m'a pénétrée et a joui. On a passé toute la matinée par terre dans la cuisine. Otis Redding et Jimi Hendrix. « When a Man Loves a Woman ». Jesse nous a préparé notre sandwich favori. Poulet-pain de mie-mayonnaise. Sans sel. Infect, le sandwich. J'avais les jambes encore flageolantes d'avoir fait l'amour, mal aux zygomatiques à force de sourire.

On a pris une douche et on s'est habillés, on a passé la nuit sur notre toit à nous. Sans parler. Il a dit une seule chose : « C'est bien pire maintenant. » J'ai acquiescé contre sa poitrine.

Jon est arrivé le lendemain soir, puis Joe et Ben. Ben était content qu'on ne boive pas. Ce n'était pas délibéré de notre part, c'était ainsi. Bien entendu ils ont tous posé des questions au sujet des tulipes.

— Fallait de la couleur dans cette baraque, a dit Jesse.

On a décidé d'aller à Flint's Barbeque puis à Berkeley Marina.

— Si seulement on pouvait les emmener sur notre bateau, ai-je dit.

— Moi, j'ai un bateau, a dit Jon. Faisons un tour.

Le sien était plus petit que *La Cigale*, mais c'était chouette tout de même. On a fait une sortie en mer, en mettant le moteur, faisant tout le tour de la baie au soleil couchant. C'était magnifique, les villes, le pont, les embruns. On est retournés à quai et on a dîné sur le pont. Solly est passé, il a eu l'air effrayé en nous voyant. On lui a présenté Jon, disant qu'il nous avait emmenés faire une balade en mer.

— Ça a dû bien vous plaire, les garçons, un tour en bateau ! a dit Solly, tout sourire.

Joe et Ben rigolaient. Ils avaient adoré naviguer dans la baie, l'odeur et cette sensation de liberté. Ils parlaient de s'en procurer un et de vivre à bord. Entraient dans les détails.

— Pourquoi vous faites cette tête, vous ? nous demanda Joe.

C'était vrai. Nous étions prostrés là, tous les trois.

— Je suis déprimé, dit Jon. Un an que j'ai ce bateau, et c'est la troisième fois que je le sors. J'ai jamais mis la voile. Mes priorités sont faussées. Ma vie est un gâchis.

— Moi, je…

Jesse a secoué la tête, sans finir. Je savais qu'il était triste pour la même raison que moi. Ça, c'était un vrai bateau.

Jesse ne voulait pas aller au tribunal. J'ai dit à Carlotta que je viendrais la chercher très tôt. C'était à l'époque où l'essence était rationnée, aussi on ne savait jamais combien de temps on ferait la queue. Je l'ai cueillie au coin de la rue, près du grand magasin Sears. Jesse était avec elle, pâle, cuité.

— T'en fais pas, mon vieux. Tout ira bien, ai-je dit.

Il a acquiescé.

Elle a mis un foulard sur sa tête. Elle avait l'air lucide et calme, arborait une robe vieux rose, des escarpins vernis, un petit sac à main.

— Jackie O va au tribunal ! La robe est parfaite, dis-je.

Ils s'embrassèrent.

— Je déteste cette robe, dit-il. À ton retour, je la fous au feu.

Ils restaient plantés là, à se regarder.

— Allez, montez en voiture. Vous n'irez pas en prison, Carlotta, c'est promis.

L'attente fut effectivement longue à la station-essence. On parla de tout sauf du procès. Boston. La librairie Grolier. Le restaurant Locke-Ober. Truro et ses dunes. Cheryl et moi, on s'était connus à Provincetown. Je lui ai avoué que Cheryl avait une liaison. Que je ne savais pas ce que j'en pensais. De cette liaison, de notre mariage. Carlotta mit sa main sur la mienne, par-dessus le levier de vitesse.

— Je suis désolée, Jon. Le plus dur, c'est de ne pas savoir ce que vous ressentez. Le jour où vous saurez, tout s'éclaircira pour vous, je crois.

— Merci beaucoup.

J'ai souri.

Les deux policiers étaient dans la salle d'audience. Elle s'est assise en face d'eux dans la partie réservée au public. J'ai parlé avec le procureur et le juge, et on s'est rendus dans le cabinet de ce dernier. Auparavant tous deux l'avaient bien regardée.

Tout marcha comme sur des roulettes. J'avais des pages et des pages de renseignements sur la police, le document du contrôle de sécurité qui ne faisait pas mention de marijuana. Le juge comprit mon idée avant même que je ne l'expose.

— Oui, oui, alors que proposez-vous ?

— Nous avons l'intention de poursuivre la Police de San Francisco à moins que toutes les poursuites ne soient abandonnées.

Il y réfléchit, mais pas longtemps.

— Je crois préférable d'abandonner les poursuites.

Le procureur l'avait vu venir, lui aussi, mais je devinais qu'il n'avait aucune envie d'affronter ces policiers.

On est revenus dans la salle d'audience où le juge a déclaré qu'en raison d'une procédure en instance contre la Police de San Francisco, il estimait préférable d'abandonner toute poursuite contre Carlotta Moran. Si les policiers avaient eu des lampes-torches, ils l'auraient matraquée jusqu'à ce que mort s'ensuive. Elle ne put réprimer un sourire angélique.

Je me suis senti floué. Cela avait été si rapide. Et j'avais cru qu'elle serait plus joyeuse, plus soulagée. Si l'autre avocat s'en était occupé, elle se serait retrouvée en taule. Je suis allé jusqu'à le lui dire, en mal de compliments.

— Ça vous ennuie de montrer un peu plus d'allégresse, et… euh… de gratitude ?

— Pardonnez-moi, Jon. Bien sûr que je suis ravie. Bien sûr qu'on vous en est reconnaissants. Et je sais ce que vous coûtez. On vous doit des milliers de dollars. Mais surtout, on a eu la chance de vous connaître, et que vous nous ayez appréciés. Et maintenant, on vous aime.

Elle me serra dans ses bras, et me fit un grand sourire.

Honteux, je lui dis d'oublier pour l'argent, que c'était plus qu'une simple affaire. On est remontés en voiture.

— Jon, j'ai besoin de boire quelque chose. On a besoin d'un petit déjeuner, vous et moi.

Je me suis arrêté pour lui acheter une demi-pinte de Jim Beam. Elle a pris quelques gorgées avant d'arriver au Denny's.

— Quelle matinée. On se croirait à Cleveland. Regardez autour de nous.

Le Denny's à Redwood City, c'est l'Amérique profonde. Je me suis rendu compte qu'elle faisait tous ses efforts pour me montrer sa joie. Elle me demanda de lui dire tout ce qui s'était passé, ce que j'avais dit, ce que le juge avait déclaré. Sur le chemin du retour, elle m'interrogea sur d'autres affaires, quelles étaient mes préférées. Je n'ai compris qu'en arrivant sur le pont, en voyant ses larmes. Une fois sur l'autre rive, je me suis rangé sur le côté, je lui ai tendu mon mouchoir. Elle s'est arrangée devant le miroir, m'a adressé un petit sourire pincé.

— Bon, je suppose que la fête est finie, dis-je.

J'ai relevé la capote juste à temps. Il s'est mis à tomber des cordes tandis qu'on continuait en direction d'Oakland.

— Qu'est-ce que vous allez faire ?

— Que me conseillez-vous, monsieur l'Avocat ?

— Ne soyez pas sarcastique, Carlotta. Ça ne vous ressemble pas.

— Je suis très sérieuse. Qu'est-ce que vous feriez ?

J'ai secoué la tête. J'ai revu son expression, quand elle lisait la lettre de Nathan. J'ai revu la façon dont Jesse lui tenait la gorge.

— Est-ce clair pour vous ? Ce que vous allez faire ?

— Oui, dit-elle. C'est clair.

Il attendait à l'angle, près du grand magasin. Trempé.

— Stop ! Le voilà !

Elle est descendue. Il s'est approché, demandant comment ça s'était passé.

— À merveille. Du gâteau.

Il m'a serré la main.

— Merci, Jon.

J'ai tourné au coin, me suis rangé le long du trottoir, pour les voir s'en aller sous la pluie battante. Ils pataugeaient exprès dans les flaques et se cognaient doucement l'un à l'autre.

Maman

— Maman voyait tout, dit ma sœur. C'était une sorcière. Même aujourd'hui qu'elle est morte, j'ai toujours la trouille qu'elle me voie.

— Moi aussi. Si je suis en train de faire un truc vraiment moche, je me mets tout de suite à m'inquiéter. Le plus pitoyable, c'est que lorsque je fais un truc bien, j'espère qu'elle me voit. « Regarde, Maman. » Et si les morts restaient là, à nous regarder et à se tordre de rire ? Seigneur, Sally, on croirait l'entendre. Et si j'étais comme elle ?

Notre mère se demandait à quoi ressembleraient nos chaises si nos genoux pliaient dans l'autre sens. Et si le Christ avait été électrocuté ? Au lieu d'une croix au bout d'une petite chaîne, chacun se baladerait avec une chaise autour du cou.

— Elle m'a dit : « Quoi qu'il arrive, ne fais pas de gosses », dit Sally. Et si j'étais assez cruche pour me marier, je devais m'assurer qu'il était riche et m'adorait. « Ne te marie jamais, au grand jamais, par amour. Si tu l'aimes tu voudras être avec lui, lui plaire, faire des choses pour lui. Tu lui poseras des questions, comme “Où étais-tu ?” ou “À quoi tu penses ?”, ou encore “Est-ce que tu m'aimes ?". Alors, il te battra. Ou bien, il ira acheter des cigarettes et ne reviendra pas. »

— Elle détestait le mot *amour*. Elle le prononçait comme on prononce le mot *salope*.

— Elle détestait les enfants. Un jour, on s'est rencontrées à l'aéroport, à l'époque où mes quatre gosses étaient petits. Elle a crié : « Rappelle-les ! » comme si c'était une meute de dobermans. Je ne sais pas si elle m'a reniée parce que j'ai épousé un Mexicain ou parce qu'il était catholique.

— Elle accusait le clergé catholique de pousser les gens à faire plein d'enfants. Elle disait que c'était le pape qui était à l'origine de la rumeur selon laquelle l'amour rend heureux.

— L'amour rend malheureux, disait-elle. On s'endort en trempant l'oreiller de ses larmes, on embue les vitres des cabines téléphoniques, on fait hurler le chien à cause de nos sanglots, on fume deux cigarettes à la fois.

— Je lui ai demandé : « Papa te rendait malheureuse ?
— Qui, lui ? Il ne pouvait faire le malheur de personne. »

Mais j'ai suivi son conseil pour sauver le mariage de mon propre fils. Coco, sa femme, m'avait appelée, pleurant comme une Madeleine. Ken voulait quitter le toit conjugal pour quelques mois. Il avait besoin de prendre de la distance. Coco l'adorait ; elle était désespérée. Je me suis surprise à lui donner ce conseil avec la voix de ma mère. Littéralement, avec son accent nasillard de Texane, lourd de sarcasme : « T'as qu'à lui rendre la monnaie de sa pièce, à ce petit con. » Je lui ai dit de ne jamais le supplier pour qu'il revienne. « Ne l'appelle pas. Envoie-toi des fleurs avec des cartes mystérieuses. Apprends à son perroquet gris du Gabon à dire : "Hello, Joe !" Je lui ai conseillé de faire provision d'hommes – d'hommes élégants, nonchalants. En les payant au besoin, juste pour qu'ils traînent chez elle. De les emmener déjeuner chez Panisse. Qu'il y ait toujours un type différent sur place quand Ken risquait de se pointer pour prendre des vêtements ou dire bonjour au perroquet. Coco n'arrêtait pas de m'appeler. Oui, elle suivait mes conseils mais il n'était toujours pas rentré au bercail. Cela dit, elle n'avait pas l'air particulièrement malheureuse.

Enfin, un jour Ken m'a appelée : « Salut, M'man. Figure-toi... Coco est dégueulasse. J'étais allé rechercher des CD dans notre appartement, OK ? Et je vois ce bouffon, en combinaison lycra de cycliste, sûrement tout moite, allongé dans mon lit et regardant Oprah à la télé tout en donnant des graines à mon perroquet. »

Que dire ? Ken et Coco ont vécu heureux par la suite. Il y a peu, j'étais en visite chez eux quand le téléphone a sonné. C'est Coco qui a décroché et elle a parlé pendant un moment, riant de temps en temps. Lorsqu'elle a raccroché, Ken a dit : « Qui c'était ? — Oh, juste un type rencontré à la gym », a-t-elle dit en souriant.

— Maman a gâché mon film préféré, ai-je dit à Sally. *Le Chant de Bernadette*. J'étais scolarisée à Saint-Joseph et j'avais l'intention de me faire religieuse, ou, mieux encore, de devenir une sainte. Tu n'avais que trois ans à l'époque. J'ai vu ce film trois fois. Enfin, elle a accepté de m'accompagner. Elle a ri du début à la fin. Elle a dit que la belle dame n'était pas la Vierge Marie. « C'est Dorothy Lamour, bon sang. » Des semaines durant, elle s'est moquée de l'Immaculée Conception. « Va me chercher une tasse de café, s'il te plaît. Je ne peux pas me lever.

Je suis l'Immaculée Conception. » Ou au téléphone avec son amie Alice Pomeroy : « Salut, c'est moi, la *Maculée* Conception », ou encore : « Salut, c'est la Conception Instantanée. »

— Elle avait de l'esprit, reconnais-le. Comme quand elle donnait une pièce à un mendiant en lui disant : « Pardon, jeune homme, mais quels sont vos rêves et aspirations ? » Ou lorsqu'un chauffeur de taxi était revêche, elle lui disait : « Vous me semblez bien pensif et tourné sur vous-même, aujourd'hui. »

— Non, même son humour faisait froid dans le dos. Au fil des ans ses notes de suicide, toujours adressées à moi, étaient en général des blagues. Quand elle s'ouvrait les veines, elle signait Bloody Mary. Quand elle est passée aux somnifères, elle a écrit que c'était parce qu'elle ne savait pas faire de nœuds. Sa dernière lettre n'était pas drôle. Elle disait qu'elle savait que je ne lui pardonnerais jamais. Qu'elle ne pouvait pas me pardonner d'avoir gâché ma propre vie.

— À moi, elle n'a jamais laissé de lettre d'adieu.

— Sally, ne me dis pas que tu es jalouse parce que c'est à moi qu'elle laissait ses mots d'adieu ?

— Ben, si. Je suis jalouse.

À la mort de notre père, Sally avait pris l'avion de Mexico pour se rendre en Californie. Elle était allée frapper à la porte de notre mère. Celle-ci l'avait vue par la fenêtre mais n'avait pas voulu la laisser entrer. Elle l'avait reniée quelques années plus tôt.

— Papa me manque, lui criait Sally à travers la vitre. Je vais mourir d'un cancer. J'ai besoin de toi, Maman !

Notre mère avait juste tiré les stores vénitiens, tandis qu'elle tambourinait, tambourinait à la porte.

Sally sanglotait, rejouant cette scène et d'autres, plus tristes, je ne sais combien de fois. Finalement, elle fut très malade et sur le point de mourir. Elle ne s'inquiéta plus pour ses enfants. Elle était sereine, ravissante et douce. Pourtant, de temps en temps, la colère la prenait pour ne plus la lâcher, lui refusant la paix.

Alors, j'ai entrepris de lui raconter des histoires chaque soir, comme des contes de fées.

Je lui racontais des histoires drôles sur notre mère. Le jour où elle avait essayé, et essayé d'ouvrir un sachet de chips avant d'abandonner, disant : « La vie est vraiment trop dure », et balançant ça par-dessus son épaule.

Elle n'avait pas parlé à son frère, Fortunatus, pendant trente ans. Enfin, il l'avait invitée à déjeuner au Top of the Mark, pour enterrer la hache de guerre. « Cette pompeuse tête de pioche ! » Mais elle l'avait bien eu. Comme il l'avait forcée à prendre du faisan sous cloche, elle avait lancé au serveur : « Garçon, pas de ketchup ? »

Mais surtout, je racontais à Sally comment était notre mère. Avant qu'elle boive, qu'elle nous fasse du mal. Il était une fois.

— Maman se tient au bastingage du navire qui va à Juneau. Elle va retrouver Ed, son mari. Découvrir sa nouvelle vie. Nous sommes en 1930. Elle a laissé derrière elle la Grande Dépression, Grand-Père. Toute cette sordide pauvreté et souffrance du Texas. Le bateau glisse, tout près de la côte, par une claire journée. Elle contemple les flots bleu marine et les sapins bien verts sur le rivage de ce nouveau pays, pur et sauvage. Il y a des icebergs et des mouettes.

« Il faut surtout se rappeler comme elle était petite, un mètre soixante. Même si elle nous *paraissait* immense. Si jeune, dix-neuf ans. Très belle, très brune et menue. Sur le pont du bateau, elle oscille pour résister au vent. Elle est frêle. Elle tressaille de froid et d'enthousiasme. Elle fume. Le col en fourrure remonté autour de son visage en cœur, ses cheveux de jais.

« Oncle Guyler et oncle John lui avaient offert ce manteau en cadeau de mariage. Elle le portait toujours six ans plus tard, et je l'ai donc connu. J'enfouissais mon visage dans cette fourrure feutrée, puant la nicotine. Pas aux moments où elle l'avait sur le dos. Elle ne supportait pas qu'on la touche. Si on s'approchait trop, elle levait la main comme pour parer un coup.

« Sur le pont, elle se sentait jolie et adulte. Elle s'était fait des amis en voyage. Elle était spirituelle, charmante. Le capitaine badinait avec elle. Il lui resservait du gin, ce qui lui donnait le vertige, et la fit s'esclaffer quand il lui chuchota : “Vous me brisez le cœur, beauté ténébreuse !”

« Lorsque le bateau entra dans le port de Juneau, ses yeux bleus se remplirent de larmes. Non, je ne l'ai jamais vue pleurer non plus. C'est en gros comme Scarlett dans *Autant en emporte le Vent*. Elle se fit une promesse. Plus personne ne me fera du mal.

« Elle savait que Ed était un brave homme, solide et bon. La première fois qu'elle l'avait laissé la reconduire chez elle, dans Upson Avenue, elle avait eu honte. C'était sordide ; oncle John et Grand-Père étaient ivres. Elle craignait que Ed ne veuille plus sortir avec elle. Mais, la prenant dans ses bras, il avait dit : “Je te protégerai.”

« L'Alaska était un pays aussi merveilleux que dans ses rêves. Ils survolaient des étendues sauvages en avion et atterrissaient sur des lacs gelés, skiaient en silence et voyaient des élans, des ours polaires et des loups. Ils campaient dans les bois en été et pêchaient le saumon, apercevaient des grizzlis et des mouflons ! Ils se firent des amis ; elle adhéra à un club de théâtre et joua la médium dans *L'esprit s'amuse*. Il y avait des réceptions pour les acteurs et des soirées entre copains, jusqu'au jour où Ed déclara qu'elle ne pouvait plus faire partie de la troupe parce qu'elle buvait trop, se comportait de façon indigne. Puis je suis née. Il dut se rendre à Nome pendant quelques mois, la laissant seule avec ce nouveau-né. À son retour il la trouva ivre, titubant avec moi dans ses bras. "Il t'a arrachée de mon sein", m'a-t-elle dit. Il s'était complètement chargé de moi, me donnant le biberon. Une femme eskimo venait me garder quand il était à son travail. Il lui disait qu'elle était faible et mauvaise, comme tous les Moynihan. Dès lors, il la protégea contre elle-même, ne la laissant ni conduire ni avoir de l'argent sur elle. Tout ce qu'elle pouvait faire, c'était se rendre à pied à la bibliothèque pour y lire des pièces, des romans policiers et des romans de Zane Grey.

« Quand la guerre a éclaté, tu étais née et nous sommes allées vivre au Texas. Papa était lieutenant sur un navire de munitions, au large du Japon. Maman était malheureuse d'être revenue là-bas. Elle était dehors la plupart du temps, buvant de plus en plus. Mamie avait cessé de travailler au cabinet de Grand-Père afin de s'occuper de toi. Elle avait mis ton berceau dans sa chambre. Elle jouait avec toi, chantait pour toi, te berçait pour t'endormir. Elle ne laissait personne t'approcher, même moi.

« C'était terrible, d'être entre Maman et Grand-Père. Ou seule, la plupart du temps. J'ai eu des ennuis à l'école, je me suis enfuie d'un établissement, et puis fait expulser de deux autres. Pendant six mois je n'ai pas parlé. Maman m'appelait « la mauvaise graine ». Toute sa colère retombait sur moi. C'est seulement à l'âge adulte que j'ai compris qu'elle et Grand-Père ne devaient pas se rappeler leurs actes. Dieu accorde l'oubli aux ivrognes parce que s'ils savaient ce qu'ils font, ils en mourraient de honte.

« Une fois Papa revenu de la guerre, on est allés vivre en Arizona et nous avons été heureux ensemble. Ils plantèrent des rosiers, te donnèrent un chiot nommé Sam et elle était sobre. Mais déjà elle ne savait pas comment se comporter avec nous, ses enfants. On croyait qu'elle nous détestait mais elle avait seulement peur de nous. Elle avait l'impression que c'était nous qui l'avions abandonnée, qu'on la détestait. Elle se protégeait par des moqueries, des sarcasmes, en nous agressant pour garder l'avantage de l'offensive.

« Cette installation au Chili aurait dû être un rêve devenu réalité pour Maman. Elle qui aimait l'élégance, les jolies choses, qui regrettait toujours de ne pas connaître "les gens qu'il faut". Papa avait un boulot prestigieux. À l'aise financièrement, nous avions désormais une belle maison avec plein de domestiques, et il y avait des dîners et des soirées avec "les gens qu'il faut". Elle est un peu sortie au début, mais elle avait trop la trouille, tout simplement. Elle n'était jamais coiffée, habillée comme il le fallait. Elle achetait de coûteuses et fausses antiquités et de la mauvaise peinture. Elle était terrorisée par le personnel. Elle avait quelques amis en qui elle avait confiance ; par une curieuse ironie elle jouait au poker avec des Jésuites, mais la plupart du temps elle restait dans sa chambre. Et Papa l'y maintenait.

« "Au début, il fut mon gardien, ensuite mon geôlier", disait-elle. Il croyait l'aider, mais au fil des ans il rationna sa consommation d'alcool, la cacha, ne lui procura jamais aucune aide. Nous ne l'approchions jamais, personne ne l'approchait. Elle pouvait se mettre dans des fureurs cruelles, irrationnelles. Rien de ce que nous faisions n'était jamais assez bien pour elle. Et elle détestait nous voir réussir, grandir et nous épanouir. Nous étions jeunes, jolies et pleines d'avenir. Tu vois ? Tu vois combien c'était dur pour elle, Sally ?

— Oui, c'était comme ça. Pauvre Maman pitoyable. Tu sais, je suis comme elle à présent. J'en veux au monde entier de travailler, et de vivre. Parfois je te déteste parce que tes jours ne sont pas comptés. Affreux, non ?

— Non, parce que tu peux me le dire. Et que je peux te dire que je suis contente de ne pas être à ta place. Mais Maman n'a jamais eu personne à qui se confier. Ce jour-là, sur le bateau, en entrant dans le port, elle a cru le contraire. Maman a cru que Ed serait toujours là. Elle s'est crue à l'abri.

— Parle-moi encore d'elle. Sur le bateau, quand elle avait les larmes aux yeux.

— OK. Elle jette sa cigarette dans la mer. On entend le grésillement, car les vagues sont calmes près du rivage. Les moteurs du bateau s'arrêtent avec une vibration. En silence alors, un silence seulement troublé par les bouées, les mouettes, la longue et lugubre plainte de la sirène du bateau, il glisse jusqu'au quai, heurtant doucement les pneus qui font tampon. Maman lisse son col et ses cheveux. Le sourire aux lèvres, elle parcourt la foule du regard, cherchant son mari. Jamais elle n'a été aussi heureuse.

Sally pleure tout doucement. « *Pobrecita, pobrecita*, dit-elle. Si seulement j'avais été capable de lui parler. Si j'avais pu lui dire combien je l'aimais ».

Moi… je n'ai pas pitié.

Carmen

Devant chaque pharmacie en ville, il y avait des dizaines de vieilles bagnoles avec des gosses qui chahutaient sur la banquette arrière. Je voyais leurs mères à Payless, Walgreen's et Lee's, mais on ne se saluait pas. Même celles que je connaissais… on s'ignorait. Chacune de nous attendait son tour tandis que les autres achetaient du sirop contre la toux Terpin-Hydrate à la codéine et signaient dans un grand et encombrant registre. Tantôt on signait de notre propre nom, tantôt on s'en inventait un. Je devinais que, comme moi, elles ne savaient pas ce qui était le pire. Parfois j'en voyais dans quatre ou cinq pharmacies au cours de la même journée. Épouses ou mères de toxicos. Les pharmaciens partageaient notre complicité, ils ne montraient jamais qu'ils nous avaient déjà vues. Sauf une fois, un jeune me rappela au comptoir. J'étais terrifiée. J'ai cru qu'il allait me signaler. Il était très timide et rougit en s'excusant de se mêler de mes affaires. Il voyait que j'étais enceinte et s'inquiétait de me voir acheter autant de sirop contre la toux. Ce sirop avait une forte teneur en alcool et je pourrais facilement devenir alcoolique à mon insu. Je n'ai pas dit que ce n'était pas pour moi. J'ai dit merci, mais je me suis mise à pleurer dès que j'ai eu le dos tourné avant de m'enfuir en courant, parce que j'aurais voulu que Noodles soit clean à la naissance du bébé. « Pourquoi tu pleures, Maman ? Maman pleure ! » Willie et Vincent sautaient sur la banquette arrière. « Assis ! » Tendant le bras, j'ai flanqué une taloche sur la tête de Willie. « Assis. Je pleure parce que je suis fatiguée et que vous n'êtes pas sages. »

La police ayant fait une grosse saisie en ville et une encore plus grosse à Culiacan, on ne trouvait plus d'héroïne à Albuquerque. Au début, Noodles m'avait promis de décrocher grâce au sirop et de rester clean, comme ça il serait clean quand le bébé viendrait au monde, dans deux mois. Mais je savais bien que c'était impossible. Jamais il n'avait été aussi accro et en plus il s'était blessé au dos sur un chantier de construction. Au moins il avait une pension d'invalidité.

Il était à quatre pattes, en train de parler, ayant rampé jusqu'au téléphone. Je sais, je sais, j'ai participé aux réunions. Moi aussi, je suis malade, je l'encourage, je suis complice. Tout ce que je peux dire, c'est que je ressentais de l'amour, de la pitié, de la tendresse pour lui. Il était si maigre, si mal. J'aurais fait n'importe quoi pour qu'il ne souffre pas ainsi. Je me suis mise à genoux, je l'ai pris dans mes bras. Il a raccroché.

— Putain, Mona, ils ont chopé Beto.

Il m'a embrassée et serrée contre lui, a fait venir les enfants pour les embrasser, eux aussi. « Dites donc, les gosses, donnez un coup de main à votre vieux, soyez mes béquilles jusqu'aux toilettes. » Quand ils sont repartis, je suis allée le rejoindre et j'ai fermé la porte. Il tremblait si fort que j'ai dû verser le sirop dans sa bouche. L'odeur était à vomir. Sa sueur, sa merde, tout le mobil-home empestait l'orange pourrie à cause de ce sirop.

J'ai préparé le repas pour les enfants et ils ont regardé *Des agents très spéciaux* à la télévision. Tous les gamins à l'école étaient en Levi's et T-shirt, sauf Willie. C'est en CE2, et ça porte un pantalon noir et une chemise blanche. Ses cheveux étaient coiffés comme le mec blond à la télé. Les garçons dormaient dans des lits superposés dans une chambre minuscule. Noodles et moi, dans l'autre chambre. J'avais déjà un berceau en osier au pied de notre lit, des couches et de la layette dans tous les coins. Nous étions propriétaires d'un hectare à Corrales, près du canal de drainage, dans un bouquet de peupliers de Virginie. Au début nous avions projeté de construire notre maison en pisé, d'aménager un potager, mais juste après l'achat du terrain, Noodles avait replongé. La plupart du temps, il travaillait encore dans le bâtiment, mais rien ne se passait pour la maison et à présent l'hiver s'annonçait.

J'ai préparé un chocolat chaud et je suis allée sur les marches. « Noodles, viens voir ! » Mais il n'a pas répondu. Je l'ai entendu décapsuler un autre flacon de sirop. On pouvait voir un splendide coucher de soleil bien cucu. Les vastes monts Sandia étaient rose foncé, les rochers sur les contreforts étaient rouges. Des peupliers jaunes rutilaient sur la berge. Une lune couleur pêche s'élevait déjà. Qu'est-ce que j'avais ? Voilà que je me remettais à chialer. Je déteste voir quelque chose de beau seule. Et puis il est apparu, m'embrassant dans le cou et m'enlaçant.

— Tu savais qu'on les appelle « Sandia » parce qu'ils ont la forme de pastèques ?

— Non, c'est à cause de la couleur.

On s'était chamaillés sur ce point à notre premier rendez-vous amoureux, et je ne sais combien de fois depuis. Il a ri et m'a embrassée, gentiment. Il était bien, maintenant. C'est ça qui est moche avec la drogue : ça marche. On est restés là, à regarder les engoulevents filer au-dessus du champ.

— Noodles, n'en prends plus. Je vais planquer le reste des flacons, je t'en donnerai seulement quand tu seras malade, OK ?

— OK.

Il ne m'écoutait pas.

— Beto était sur le point d'en acheter à Juarez, à La Nacha. Mel est là-bas. Il la goûtera. Il peut pas l'apporter, vu qu'il peut pas passer la frontière. Faut que t'y ailles. T'es la personne idéale : blanche, enceinte et mignonne. T'as l'air d'une dame.

Je suis une dame, me suis-je dit.

— T'iras en avion à El Paso, tu prendras un taxi pour franchir la frontière, et retour en avion. Pas de problème.

Je me souvenais d'avoir attendu dans la voiture, devant le bâtiment où habitait La Nacha, et d'avoir eu peur dans ce quartier-là.

— Je suis la plus mal placée pour ça. Je ne peux pas laisser les enfants. Je ne peux pas aller en prison, Noodles.

— T'iras pas en prison, c'est tout l'intérêt. Connie les gardera. Elle sait que tu as de la famille à El Paso. Ça pourrait être un cas d'urgence. Les gosses seront ravis d'aller chez elle.

— Et si les stups m'arrêtent, me demandent ce que je fais là-bas ?

— On a toujours la carte d'identité de Laura. Tu lui ressembles, elle est peut-être pas aussi jolie mais vous êtes toutes les deux des *gueras* aux yeux bleus. T'auras un miteux bout de papier avec « Lupe Vega » gribouillé dessus et une adresse proche de celle de Nacha. Tu prétendras que tu es à la recherche de ta bonne, qu'elle est pas revenue et te doit du pognon, un truc dans le genre. Fais l'idiote, débrouille-toi pour qu'ils t'aident à la retrouver.

Finalement, j'ai accepté d'y aller. Mel serait sur place et je devrais le surveiller pendant qu'il la testerait. « Si c'est de la bonne, ça se verra. » Oui, je connaissais l'effet d'un flash. « Surtout, le laisse pas seul dans la pièce. Et tu t'en vas toute seule, même pas avec Mel. Demande au taxi de repasser une heure plus tard. Les laisse pas t'appeler un taxi. »

Je me suis préparée, j'ai appelé Connie et déclaré que mon oncle Gabe était mort à El Paso, pouvait-elle garder les enfants pour cette nuit, et peut-être une journée de plus ? Noodles m'a donné une grosse enveloppe avec de l'argent à l'intérieur, scellée avec du Scotch. J'ai préparé les affaires des garçons. Ils étaient ravis. Les six gosses de Connie étaient comme des cousins. Lorsqu'on s'est amenés, elle les a fait entrer rapidement, avant de sortir sur la véranda pour me serrer dans ses bras. Ses cheveux noirs étaient entortillés autour de petits bigoudis, on aurait dit une coiffure kabuki. Avec son jean coupé et son T-shirt, on lui donnait quatorze ans.

— Inutile de me mentir, Mona, dit-elle.

— Toi, t'as déjà fait ça ?

— Oui, plein de fois. Mais pas depuis que j'ai mes enfants. Tu ne le referas plus, je suppose. Fais attention. Je prierai pour toi.

Il faisait encore très chaud à El Paso. J'ai traversé le tarmac au goudron ramolli après être descendue de l'avion, retrouvant l'odeur de terre et de sauge de mon enfance. J'ai demandé au taxi de me conduire au pont, mais en faisant d'abord le tour de la mare aux Alligators.

— Les alligators ? Les pauvres vieux sont morts il y a des lustres. Vous voulez quand même voir la place ?

— Oui.

Calée contre le dossier de la banquette, je voyais défiler les quartiers. Ça avait changé mais j'avais si souvent sillonné cette ville en patins à roulettes, enfant, qu'il me semblait reconnaître chaque maison et chaque arbre. Le bébé me flanquait des coups de pied et prenait ses aises.

— Tu l'aimes, ma ville natale ?

— Quoi ?

— Pardon, je parlais à mon bébé.

Il s'est marré.

— Il a répondu ?

J'ai franchi le pont. J'étais toujours sous le charme des odeurs de feu de bois, de terre à salpêtre, de piment et celle du soufre provenant de la fonderie. Ma copine Hope et moi, on aimait faire les malignes quand les douaniers nous demandaient notre nationalité. Transylvanienne. Mozambicaine.

— USA, ai-je dit.

Personne ne parut me remarquer. Par prudence, je n'ai pris aucun des taxis qui attendaient là, mais fait un bout de chemin à pied, en mangeant de la pâte de coing. Même petite, je n'en raffolais pas, mais le fait que c'était vendu dans une petite boîte en balsa et que le couvercle servait de cuillère me plaisait. J'ai contemplé tous les bijoux en argent, coquillages cendriers et Don Quichotte avant de parvenir à monter dans un taxi et à tendre au chauffeur le bout de papier avec le nom de Lupe et la fausse adresse.

— *Cuanto* ?

— Vingt dollars.

— Dix.

— Bueno.

Ensuite, ça n'était plus possible de faire celle qui n'a pas la trouille. Il a roulé vite pendant un certain temps. J'ai reconnu la rue déserte et le bâtiment en stuc. Il s'est arrêté un peu plus loin. Dans un espagnol approximatif, je lui ai demandé de repasser une heure plus tard. Pour vingt dollars. « OK. *Una hora.* »

Monter jusqu'au troisième étage fut pénible. Avec le bébé je faisais mon poids et mes jambes étaient enflées et douloureuses. J'en pleurais en reprenant mon souffle à chaque palier. Mes genoux et mes mains tremblaient. J'ai frappé à la porte du n° 43. Mel a ouvert et je suis entrée en trébuchant.

— Hé, ma belle, qu'est-ce qui t'arrive ?

— De l'eau, s'il te plaît.

Je me suis assise sur un canapé de skaï sale. Il m'a apporté un Coca Light, a essuyé la canette avec son T-shirt, souri. Il était crasseux, beau, souple comme un guépard. Une légende vivante désormais, pour s'être échappé de plusieurs prisons, avoir fui la justice. Armé et dangereux. Il a approché une chaise pour que j'y repose mes pieds, m'a massé les chevilles.

— Où est La Nacha ?

On ne l'appelait jamais juste Nacha. « La Nacha », Dieu sait ce que cela pouvait bien signifier. Elle est arrivée, vêtue d'un costume d'homme noir et d'une chemise blanche, et elle s'est installée à un bureau. Impossible de savoir si c'était un travesti ou une femme cherchant à passer pour un homme. Elle avait le teint foncé, presque celui d'une Noire, avec un visage maya, un rouge à lèvres très sombre assorti à son vernis à ongles, des lunettes noires. Ses cheveux étaient courts, lisses. Elle a tendu une main boudinée à Mel sans me regarder. À lui, j'ai remis l'argent. Je l'ai vue compter les billets.

C'est alors que j'ai pris peur, vraiment peur. J'avais cru ravitailler Noodles. Mon seul souci, c'était qu'il ne soit pas malade. J'avais cru que l'enveloppe contiendrait une grosse liasse de billets de dix ou vingt dollars. En fait, il y avait des milliers de dollars dans la main de La Nacha. Il ne m'avait pas juste envoyée faire son marché : j'étais en train d'acheter en gros. Si on m'arrêtait, ce serait comme dealeuse, pas comme usager. Et qui s'occuperait des enfants ? Salaud de Noodles.

Mel a vu que je tremblais. Je crois que j'ai même manqué d'air. Il a fouillé dans ses poches, sorti une pilule bleue. J'ai fait signe que non. Le bébé.

— Oh, je rêve, c'est jamais qu'un Valium. Ton bébé va morfler bien plus si t'en veux pas. Réagis ! T'entends ?

J'ai hoché la tête. Son mépris m'a fait de l'effet. J'avais retrouvé mon calme avant même d'avoir digéré le cachet.

— Noodles t'a dit que j'allais tester le produit. Si c'est bon, je te le dirai et tu partiras en emportant le ballon. Tu sais où le mettre ?

Oui, mais pas question de faire ça. Et si ce truc crevait et que mon enfant en pâtissait ?

C'était le diable – il pouvait lire dans mes pensées.

— Si tu te le fourres pas dans la chatte, je te le mets quand même. Ça peut pas crever. Ton bébé est bien emballé dans une poche à l'épreuve de la came, protégé de toute la méchanceté du monde. Après la naissance, ma jolie, là c'est une autre histoire.

Mel a regardé La Nacha peser le paquet et il a hoché la tête quand elle lui a remis cela. Pas une fois elle ne m'avait regardée. J'ai vu Mel se shooter. Le filtre et l'eau dans une cuillère, saupoudrer une pincée d'héroïne brune, faire chauffer. Placer le garrot, se piquer une veine de la main, pomper un peu de sang, puis injecter. Le garrot est tombé et son visage s'est décontracté instantanément. Il était dans une soufflerie, des spectres le propulsaient dans une autre dimension. J'avais envie d'uriner, de vomir. « Où sont les toilettes ? » La Nacha m'a indiqué la porte. Je les ai trouvées au bout du couloir rien qu'à l'odeur. À mon retour, je me suis rappelé que je n'étais pas censée laisser Mel seul. Hilare, il m'a tendu le préservatif roulé en boule.

— Voilà, ma jolie, c'est un bon trip. Et maintenant, range-le où il faut comme une brave petite.

Je me suis retournée pour faire croire que je me le fourrais là, alors que c'était juste sous ma culotte trop serrée. Une fois hors de l'appartement, dans la pénombre du couloir, je l'ai mis dans mon soutien-gorge.

Je descendais les marches lentement, comme une ivrogne. L'escalier était sombre et dégoûtant.

Au niveau du palier du second, j'ai entendu la porte s'ouvrir au rez-de-chaussée, des bruits de la rue. Deux jeunes montaient en courant l'escalier. « *Fijate no mas* ! » L'un m'a plaquée contre le mur, l'autre m'a piqué mon sac. Il n'y avait rien dedans, sinon quelques billets, des produits de beauté. Tout le reste était dans la poche intérieure de ma veste. Il m'a frappée.

— Baisons-la, dit son copain.

— Comment ? Faudrait une bite d'un mètre de long.

— Retourne-la, *bato*.

Au moment où il me frappait encore, une porte s'est ouverte et un vieux a dévalé l'escalier avec un couteau. Les jeunes ont fait demi-tour et décampé. « Ça va ? », a dit l'homme en anglais.

J'ai acquiescé. Je lui ai demandé de m'accompagner.

— J'espère qu'il y a un taxi dehors.

— Attendez ici. S'il est là, je le fais klaxonner trois fois.

Ta mère t'a appris les bonnes manières, me suis-je dit en m'interrogeant sur le protocole. Fallait-il lui offrir de l'argent ? Je me suis abstenue. Son sourire édenté était tout attendri quand il m'a ouvert la portière.

— *Adíos*.

J'ai eu des nausées dans le petit bimoteur qui me ramenait à Albuquerque. Je sentais encore cette odeur de sueur, celle du canapé et des murs tachés d'urine. J'ai demandé un sandwich supplémentaire, des cacahuètes et du lait.

— On mange pour deux ! m'a dit le Texan qui était en face de moi, avec un grand sourire.

Je suis rentrée à la maison en voiture. J'irais chercher les garçons après avoir pris une douche. Comme je roulais sur le chemin de terre en direction de notre mobil-home, j'ai vu Noodles en caban, qui faisait les cent pas et fumait à l'extérieur.

Il avait l'air désespéré et n'est même pas venu à ma rencontre. Je l'ai suivi à l'intérieur.

Il s'est assis au bord du lit. Sur la table, son matériel était là, prêt à servir.

— Fais voir.

Je lui ai tendu le préservatif. Il a ouvert le placard au-dessus du lit et pesé la came sur la petite balance. Puis il s'est retourné et m'a giflée violemment. Jamais il n'avait porté la main sur moi. J'étais assise là, abasourdie, à côté de lui.

— Tu l'as laissé seul avec la came. Hein ? Hein ?

— Il en reste assez pour me mettre en prison pendant très longtemps.

— Je t'avais dit de ne pas le quitter. Et maintenant, qu'est-ce que je vais faire ?

— Appelle la police, ai-je dit, et il m'a encore giflée.

Cette fois, je n'ai rien senti. Ce que j'ai senti, c'est une forte contraction. Braxton-Hicks. Qui était-ce, au fait, ce Braxton-Hicks ? En nage, puant encore Juarez, je l'ai regardé verser le contenu du préservatif dans une boîte à pellicule photo. Il en a saupoudré un peu sur le filtre, dans sa petite cuillère. J'ai compris avec une certitude écœurante que s'il devait choisir entre moi et les garçons ou la drogue, il choisirait la drogue.

Quelque chose de chaud a ruisselé entre mes jambes, aspergeant la moquette.

— Noodles ! Je perds les eaux ! Je dois aller à l'hôpital.

Mais à ce moment-là le shoot avait fait son effet. La petite cuillère a cliqueté sur la table, son garrot est tombé de son bras. Il s'est renversé contre le coussin.

— Au moins, c'est de la bonne, a-t-il marmonné.

J'ai ressenti une nouvelle contraction. Violente. Arrachant ma robe crasseuse, je me suis épongée, j'ai enfilé un *huipil* blanc. Autre contraction. J'ai appelé police-secours. Noodles était dans les vapes. Lui laisser un mot d'explication ? Peut-être qu'il contacterait l'hôpital quand il émergerait. Non, je serais le cadet de ses soucis.

Tout d'abord, il s'injecterait ce qui restait sur le filtre, histoire de se faire un petit plaisir. J'avais un goût d'étain dans la bouche. Je l'ai giflé, mais il n'a pas bougé.

J'ai ouvert la boîte qui contenait l'héroïne en la tenant avec un Kleenex. J'en ai versé une grosse quantité dans la cuillère. J'ai ajouté un peu d'eau, avant de refermer sa belle main autour de la boîte. Autre sévère contraction. Du sang et des glaires coulaient sur mes jambes. J'ai enfilé un pull, pris ma carte médicale et je suis allée attendre l'ambulance dehors.

On m'a conduite directement en salle d'accouchement. J'ai dit : « Le bébé arrive ! » L'infirmière a pris ma carte, m'a posé des questions : téléphone, nom marital, combien d'enfants nés vivants, à quelle date j'aurais dû accoucher.

Elle m'a examinée. « Vous êtes complètement dilatée, la tête est là. »

Les douleurs se succédaient par vagues. Elle a couru chercher le médecin. En son absence le bébé est né, une petite fille. Carmen. Je me suis penchée et l'ai soulevée, la couchant, tiède et gluante, sur mon ventre. Nous étions seules dans le silence de la salle. Puis ils ont débarqué et nous ont emmenées à vitesse grand V sur un brancard ambulant, dans un endroit aveuglant de clarté. Quelqu'un a coupé le cordon et j'ai entendu le bébé crier. Une douleur encore plus vive quand le placenta est sorti et ensuite un masque plaqué sur mon visage.

— Qu'est-ce que vous faites ? Elle est née !

— Le docteur arrive. Vous avez besoin d'une épisiotomie.

On m'a lié les mains.

— Où est mon bébé ? Où est-elle ?

L'infirmière est partie. J'étais ligotée par des sangles aux barres du lit. Un médecin est venu.

— Par pitié, détachez-moi.

C'est ce qu'il a fait, et c'était si gentil que j'ai pris peur.

— Qu'est-ce qu'il y a ?

— Elle était prématurée, elle ne pesait que quelques livres. Elle n'a pas survécu. Je suis désolé.

Il m'a tapoté le bras, gauchement, comme on retape un oreiller. Il regardait mon dossier.

— C'est le numéro de téléphone de chez vous ? J'appelle votre mari ?

— Non, ai-je dit. Il n'y a personne à la maison.

Silence

Au début, je ne parlais pas beaucoup, parce qu'on habitait en montagne dans des petites villes minières, qu'on déménageait trop souvent pour que je puisse me faire une copine. Je me trouvais un arbre ou une pièce dans un vieux moulin déserté, où je passais le temps en silence.

Comme en général ma mère lisait ou dormait, je parlais surtout avec mon père. Dès qu'il passait la porte ou qu'il m'emmenait dans la montagne, ou bien au fond des mines, je devenais une vraie pipelette.

Puis, il partit à l'étranger et on se retrouva à El Paso, Texas, où je fréquentais l'école Vilas. En CE2 je lisais bien mais je ne savais même pas ce qu'était une addition. Corset pesant sur mon dos tordu. J'étais grande, mais encore une enfant. Une sorte de monstre dans cette ville, comme si j'avais grandi dans les bois parmi les mouflons. Je faisais sans arrêt pipi dans ma culotte, m'éclaboussant, jusqu'au jour où j'ai refusé d'aller à l'école et même de parler à la directrice.

L'ancien professeur de ma mère me fit admettre comme élève boursière à la prestigieuse École de Filles Radford, à l'autre bout d'El Paso, à deux bus de chez nous. J'avais toujours les mêmes problèmes, mais désormais j'étais aussi habillée comme une va-nu-pieds. J'habitais chez les pauvres et il y avait un truc particulièrement inadmissible avec mes cheveux.

Je n'ai guère parlé de cette école. Ça ne me dérange pas de raconter des anecdotes affreuses du moment que ça peut être drôle. Mais ce n'était jamais drôle. Un jour, à la récréation, j'ai pris un tuyau d'arrosage pour étancher ma soif et l'enseignante me l'a arraché des mains, disant que j'étais vulgaire.

Mais la bibliothèque. Chaque jour on allait passer une heure là-bas, libre de jeter un coup d'œil aux livres, n'importe lequel, de s'asseoir pour bouquiner ou bien de parcourir le fichier. Quand il ne restait plus qu'un quart d'heure, la bibliothécaire nous prévenait au cas où on aurait voulu emprunter un ouvrage. Cette femme était si – ne riez pas – si douce. Pas seulement discrète, mais bienveillante. Elle disait : « Ici, les biographies », et ensuite elle expliquait ce qu'est une biographie.

— Ici, les ouvrages de référence. Si jamais tu as une question, adresse-toi à moi et nous trouverons la réponse dans un livre.

C'était une chose merveilleuse à entendre et je l'ai crue.

Là-dessus, quelqu'un vola le sac à main de Mlle Brick qui était sous son bureau. Elle décréta que c'était forcément moi. On m'envoya dans le bureau de Lucinda de Leftwich Templin. Lucinda de déclara qu'elle savait que je n'étais pas issue d'un foyer privilégié comme la plupart de ses élèves, et que ce n'était sans doute pas toujours facile pour moi. Elle comprenait, mais voyons, « Où est ce sac à main ? ».

J'ai fichu le camp. Sans même revenir chercher l'argent du bus ou du repas de midi dans mon casier. J'ai traversé toute la ville à pied et ça m'a pris toute la journée. Ma mère m'attendait sur la véranda avec une badine. On l'avait appelée pour dire que j'avais volé le sac avant de m'enfuir. Elle ne me demanda même pas si c'était moi. « Petite voleuse, toujours à m'humilier », vlan, « sale morveuse, ingrate », vlan. Lucinda de rappela le lendemain pour dire que c'était un concierge le coupable, mais ma mère ne me fit même pas ses excuses. Elle se contenta de dire : « Chameau » après avoir raccroché.

Voilà comment j'ai échoué à Saint-Joseph, où je me suis bien plu. Mais ces élèves-là me détestaient également pour toutes les raisons déjà évoquées, à quoi s'en ajoutaient de nouvelles, comme le fait que sœur Cecilia m'interrogeait tout le temps, que je récoltais des Étoiles et des Saints, et que j'étais la chouchou ! la chouchou ! jusqu'au jour où j'ai cessé de lever le doigt.

Oncle John partit pour Nacogdoches, me laissant seule avec ma mère et Grand-Père. Oncle John avait pris l'habitude de manger avec moi, ou de boire tandis que je mangeais. Il me parlait pendant que je l'aidais à réparer des meubles, m'emmenait au cinéma et me laissait tenir son visqueux œil de verre. Ce fut terrible, quand il n'a plus été là. Grand-Père et Mamie (ma grand-mère) passaient toute la journée dans son cabinet de dentiste, et quand ils étaient de retour Mamie gardait ma petite sœur en lieu sûr, dans la cuisine ou sa propre chambre. Ma mère était sortie, elle faisait du bénévolat pour la Croix-Rouge ou jouait au bridge. Grand-Père était à son club ou Dieu sait où. La maison était vide et angoissante sans John, et je devais me cacher de Grand-Père et de Maman quand l'un ou l'autre était ivre. Ça ne se passait pas mieux à la maison qu'à l'école.

J'ai décidé de ne plus parler. J'ai tout simplement renoncé. Cela dura si longtemps que sœur Cecilia pria avec moi dans le vestiaire. Elle voulait bien faire et me toucha juste par compassion, en priant. Mais, prenant peur, je la repoussai, elle tomba et je fus exclue.

C'est alors que j'ai rencontré Hope.

L'année scolaire touchant à son terme, j'allais rester à la maison et retournerais à Vilas à l'automne. Je ne parlais toujours pas, même le jour où Maman m'avait déversé tout le broc de thé glacé sur la tête ou quand elle me pinçait en tournant, si bien que les pinçons ressemblaient à des étoiles, la Grande Ourse, la Petite Ourse, la Lyre partout sur mes bras.

Je jouais aux osselets sur le béton au-dessus des marches, dans l'espoir que la petite Syrienne, ma voisine, m'inviterait à jouer avec elle. Elle jouait sur leur véranda cimentée. Elle était petite et menue mais paraissait âgée. Pas adulte ni mûre, mais genre vieille femme-enfant. Longs cheveux brillants avec une frange qui lui tombait sur les yeux. Pour voir, elle devait renverser la tête en arrière. On aurait dit un jeune babouin. Sympathique, je veux dire. Un petit visage et de gros yeux noirs. Les six petits Haddad étaient émaciés mais les adultes étaient balèzes, cent ou cent cinquante kilos.

Je savais qu'elle m'avait remarquée, de son côté, car si je faisais les « cerises dans le panier », elle aussi. Ou les « étoiles filantes », sauf qu'elle ne faisait jamais tomber un osselet, même quand elle en avait douze. Des semaines durant nos balles et osselets firent un gentil bop-bop-patatras, bop-bop-patatras, jusqu'au jour où elle s'approcha de la clôture. Elle devait avoir entendu ma mère m'engueuler parce qu'elle dit :

— Tu parles, maintenant ?

Je fis non de la tête.

— Bon. À moi tu peux parler – ça comptera pas.

J'ai sauté la clôture. Ce soir-là, j'étais si heureuse d'avoir une amie qu'en allant me coucher, j'ai crié : « Bonne nuit ! »

Ce jour-là, on avait joué aux osselets pendant des heures et ensuite elle m'avait appris à jouer avec un couteau. Triple flip dans l'herbe et, le plus angoissant, une main à plat par terre, on plante la pointe entre chaque doigt. Plus vite plus vite plus vite bon sang. Il me semble qu'on n'avait pas parlé du tout. On a parlé rarement, cet été-là. Tout ce dont je me souviens, ce sont ses premiers et ses derniers mots.

Je n'ai plus jamais eu d'amie comme Hope, ma seule véritable amie. Peu à peu j'ai intégré la famille Haddad. Sans cela, je crois qu'en plus de devenir une adulte névrosée, alcoolique et anxieuse, j'aurais été sérieusement perturbée. Cinglée.

Les six enfants et le père parlaient en anglais. La mère, la grand-mère et cinq ou six autres vieilles femmes ne parlaient qu'en arabe. Rétrospectivement, il me semble avoir suivi une espèce de cursus. Les enfants me regardaient apprendre à courir, ce qui s'appelle courir, à sauter la barrière plutôt que de l'escalader. Je devins experte en lancer de couteau, toupies et billes. J'appris des mots et gestes grossiers en anglais, espagnol et arabe. Pour la grand-mère je faisais la vaisselle, j'arrosais, je ratissais le sable derrière la maison, battais les tapis avec la tapette en osier tressé, aidais les vieilles femmes à étaler au rouleau la pâte à pain sur les tables de ping-pong, au sous-sol. Après-midi nonchalants passés à laver les serviettes souillées de sang menstruel dans une cuve, au jardin, avec Hope et Shahala, sa sœur aînée. Ça ne semblait pas dégoûtant mais magique, tel un rite mystérieux. Le matin, je faisais la queue avec les autres filles pour me faire décrasser les oreilles et tresser les cheveux, déguster des kebbés sur du pain tout chaud. Les femmes me criaient « *Hjaddadinah* ! », m'embrassaient et me donnaient des claques comme si j'étais de la famille. M. Haddad nous laissait, Hope et moi, nous jucher sur des canapés et nous balader à travers la ville à l'arrière de son camion plate-forme « Les Beaux Meubles Haddad ».

J'appris à voler. Grenades et figues dans le jardin du vieux Guca qui était aveugle, parfum Valse Bleue, rouge à lèvres Tangee de chez Kress, réglisse et sodas chez Sunshine Grocery. En ce temps-là, les commerçants livraient, et un jour le coursier Sunshine se présenta à nos adresses respectives avec des cartons de provisions juste au moment où Hope et moi rentrions en léchant des glaces. Nos mères étaient dehors.

— Vos gamines ont volé ces glaces ! dit-il.

Ma mère me flanqua des baffes – pif-paf. « Rentre tout de suite, sale petite menteuse, voleuse ! » Mais Mme Haddad cria : « Sale menteur ! *Hjaddadinah ! Tlajhama !* Dites pas du mal de mes enfants ! Je n'irai plus jamais chez vous ! »

Et elle tint parole, prenant le bus pour aller jusqu'à Mesa Street faire ses courses, sachant fort bien que Hope avait volé. Pour moi, c'était normal. Je ne voulais pas seulement que ma mère me croie quand j'étais innocente, ce qui n'est jamais arrivé, mais qu'elle me défende quand j'étais coupable.

Quand on a eu nos patins à roulettes, Hope et moi, nous avons sillonné tout El Paso, de long en large. On allait au cinéma, l'une de nous faisant entrer l'autre par la sortie de secours. *Pavillon noir. Jusqu'à la fin des temps*. Chopin saignant sur les touches du piano. On a vu *Mildred Pierce* six fois et *La Bête aux cinq doigts*, dix fois.

Notre plus grande passion, c'était les cartes. Le plus souvent possible, on collait aux basques de son frère Sammy, qui avait dix-sept ans. Ses copains et lui étaient beaux, durs, indomptables. Je vous ai parlé de Sammy et les cartes. Nous avons vendu des billets de tombola dont le prix était une boîte à bijoux musicale. On lui a rapporté l'argent et touché notre pourcentage. C'est comme ça qu'on s'est procuré les patins.

On avait vendu nos billets partout. Dans les hôtels et la gare ferroviaire, à l'association de soutien aux GI, à Juarez. Mais même les quartiers étaient magiques. On marche dans une rue, on passe devant des maisons et leur jardinet, et parfois, le soir, on peut voir des gens qui dînent ou qui se reposent, et c'est un charmant aperçu de leur façon de vivre. Hope et moi avons visité des centaines de maisons. Sept ans, avec une bouille marrante chacune à sa façon, les gens nous aimaient bien et se montraient gentils avec nous. « Entrez. Venez prendre une citronnade. » On a vu quatre chats siamois qui faisaient leurs besoins aux toilettes et tiraient même la chasse. On a vu des perroquets et une personne de deux cent cinquante kilos qui n'était pas sortie de chez elle depuis vingt ans. Mais ce qu'on aimait le plus, c'était toutes ces jolies choses : tableaux et bergères en porcelaine de Chine, miroirs, pendules à coucou et horloges grand-père, édredons et tapis de toutes les couleurs. Nous aimions nous asseoir dans des cuisines mexicaines pleines de canaris, à boire du vrai jus d'orange et savourer du *pan dulce*. Hope était si maligne qu'elle apprit l'espagnol rien qu'en écoutant les voisins, au point qu'elle pouvait parler aux vieilles femmes.

On était radieuses quand Sammy nous félicita, nous serra dans ses bras. Il nous fit des sandwiches à la mortadelle et nous laissa nous asseoir auprès d'eux dans l'herbe. On leur parla des gens qu'on avait rencontrés. Les riches, les pauvres. Les Chinois, les Noirs – mais le chauffeur nous avait chassées de la salle d'attente réservée aux personnes de couleur à la gare routière. Une seule méchante personne, l'homme aux chiens. Il n'avait rien fait ni dit de mal, mais nous avait fait une peur bleue avec son visage pâle et narquois.

Lorsque Sammy acheta la vieille bagnole, Hope comprit tout de suite. Personne ne gagnerait la boîte à bijoux.

Folle de colère, elle sauta par-dessus la clôture pour se retrouver dans mon jardin, hurlant, ses cheveux volant tel un guerrier indien au cinéma. Elle ouvrit son couteau et fit de grosses entailles dans nos index, qu'elle tint serrés et saignant ensemble.

— Je ne parlerai plus jamais à Sammy, dit-elle. Répète !

— Je ne parlerai plus jamais à Sammy.

J'exagère pas mal et mélange fiction et réalité, mais je ne mens jamais vraiment. J'étais sincère en faisant cette promesse. Je savais qu'il s'était servi de nous, qu'il nous avait menti et avait trompé tous ces gens. Je ne lui parlerais plus jamais.

Quelques semaines plus tard, je grimpais la côte, non loin de l'hôpital. Il faisait très chaud. (Vous voyez, je tente déjà de me justifier. Il faisait toujours chaud.) Sammy arriva dans sa vieille voiture bleue décapotable, celle pour laquelle Hope et moi avions trimé. Il est vrai qu'ayant vécu à la montagne, et hormis quelques trajets en taxi, j'étais rarement montée dans une voiture.

— Viens faire un tour.

Certains mots me rendent folle. De nos jours, le moindre article de journal est explicité par des italiques, pictogrammes, symboles. Au moins un de ces trucs-là s'applique à ce moment de ma vie.

J'étais une petite fille ; je ne crois pas qu'il s'agissait d'attirance sexuelle. Mais j'étais intimidée par sa beauté physique, son magnétisme. Qu'importe mon excuse… Bon, d'accord, c'est inexcusable, ce que j'ai fait. Je lui ai parlé. Je suis montée dans sa voiture.

Quel bonheur de rouler dans cette voiture décapotée. La brise nous rafraîchissait tandis que nous roulions autour de la Plaza, passant devant le Théâtre Wigwam, le Del Norte, le Popular Dry Goods Company, puis remontant Mesa Street en direction d'Upson. J'allais lui demander de me déposer un peu avant la maison quand je vis Hope dans un figuier, sur le terrain vague, à l'intersection.

Elle poussa un cri. Elle se redressa dans l'arbre, brandissant le poing contre moi, jurant en arabe. Et si tout ce qui m'est arrivé par la suite n'était que la conséquence de cette malédiction ? Plausible.

Je descendis de voiture, la mort dans l'âme, tremblante, pour gravir les marches de la véranda comme une personne âgée, me laisser choir sur la balancelle.

Je savais que c'était la fin de cette amitié et je savais que j'avais tort.

Les journées étaient interminables. Hope passait devant moi comme si j'étais invisible, elle jouait de l'autre côté de la clôture comme si notre jardin n'existait pas. Elle et ses sœurs parlaient uniquement en arabe, à présent. Fort, si elles étaient à l'extérieur. Je comprenais toutes les vilaines choses qu'elles disaient. Hope jouait seule aux osselets sur la véranda pendant des heures, chantant des chants arabes d'une voix aiguë, superbe ; sa voix âpre et plaintive me faisait pleurer de regret.

À l'exception de Sammy, aucun Haddad ne voulait plus me parler. Sa mère crachait à ma vue et brandissait le poing. Sammy me hélait depuis sa voiture, loin de la maison. Pour me dire qu'il était désolé. Il cherchait à être gentil, affirmait qu'elle était en fait toujours mon amie et qu'il ne fallait pas être triste. Qu'il comprenait pourquoi je ne pouvais pas lui parler et implorait mon pardon. Je me détournais pour ne pas le voir à ce moment-là.

Jamais je n'avais été aussi seule. Seule – en italique. Les journées interminables, ce lancinant bruit de sa balle, pendant des heures, contre le béton, le sifflement de son couteau se plantant dans l'herbe, miroitement de la lame.

Il n'y avait pas d'autres enfants dans notre quartier. Pendant des semaines chacune joua dans son coin. Elle, se perfectionnant dans le maniement du couteau. Moi, coloriant et lisant, allongée sur la balancelle.

Elle partit pour toujours juste avant la rentrée des classes. Sammy et son père trimbalèrent son lit, sa table de chevet et un fauteuil jusqu'au gros camion. Hope grimpa à l'arrière, se juchant sur le lit afin de pouvoir voir à l'extérieur. Elle ne me regardait pas. Elle paraissait toute menue dans cet énorme camion. Je la vis disparaître. Sammy me héla de l'autre côté la clôture pour me dire qu'elle était allée vivre à Odessa, Texas, chez des parents à elle. Je précise Odessa, Texas, car un jour quelqu'un m'a dit : « Voici Olga ; elle est d'Odessa. » Et j'ai pensé : et alors ? En fait, c'était en Ukraine. Je croyais que la seule Odessa était celle où Hope s'en était allée.

L'année scolaire reprit et ce n'était pas trop mal. Peu m'importait d'être toujours seule ou qu'on se moque de moi. Mon corset devenait trop petit et je souffrais du dos. Tant mieux, c'était tout ce que je méritais.

Oncle John revint. Il n'avait pas passé la porte depuis cinq minutes qu'il disait à ma mère : « Son corset est trop petit ! »

J'étais si contente de le voir. Il me prépara un bol de blé soufflé avec du lait, environ six cuillerées de sucre et au moins trois cuillerées à soupe de vanille. Il s'attabla devant moi dans la cuisine, buvant du bourbon pendant que je mangeais. Je lui parlai de mon amie Hope, de tout. Et même de mes soucis scolaires. Je les avais presque oubliés, à ce moment-là. Il grommelait ou disait : « Quelle chaleur ! » en m'écoutant, et il comprenait tout, en particulier au sujet de Hope.

Jamais il ne faisait des réflexions comme : « T'en fais pas, ça va s'arranger. » Un jour que Mamie disait : « Ça pourrait être pire.

— Pire ? Les choses pourraient être sacrément meilleures ! », rétorqua-t-il.

Il était alcoolique, lui aussi, mais l'alcool le rendait encore plus bienveillant, pas comme eux. Ou bien il s'en allait, au Mexique, à Nacogdoches ou Carlsbad, parfois aussi en prison, je m'en rends compte aujourd'hui.

C'était un bel homme, brun comme Grand-Père, avec un seul œil bleu puisque Grand-Père l'avait rendu borgne d'un coup de fusil. Son faux œil était vert. Il est exact, je le sais, que c'est Grand-Père qui lui a tiré dessus, mais sur les circonstances du drame il existe au moins dix versions différentes. Quand oncle John était à la maison il dormait dans la cabane au fond, près de l'endroit où il m'avait fait ma chambre à l'arrière de la maison.

Oncle John portait un chapeau et des bottes de cow-boy, et à certains moments il était comme un brave cow-boy de cinéma, et à d'autres rien qu'un pitoyable clodo pleurnichard.

— Encore malades, soupirait Mamie à leur propos.

— Soûls, Mamie, disais-je.

J'essayais de me cacher quand Grand-Père était soûl parce qu'il m'attrapait et se balançait avec moi. Il le faisait dans le grand rocking-chair, en me ceinturant, le fauteuil rebondissant à quelques centimètres du poêle brûlant, son machin se plantant régulièrement dans mon derrière. Il chantonnait « Vieille Poêle en Fer-Blanc avec un Trou au Fond ». Fort. Tout en ahanant et grognant. Mamie était assise tout près, lisant la Bible tandis que je criais : « Au secours, Mamie ! » Oncle John se pointait, ivre et couvert de poussière. Il m'arrachait des genoux de Grand-Père, le tirait par le col de sa chemise et disait qu'il le tuerait de ses mains la prochaine fois. Puis, il refermait brutalement la bible de Mamie.

— Relis bien, M'man. T'as compris de travers, le passage disant qu'il faut tendre l'autre joue. Ça s'applique pas quand on abuse d'une enfant.

Elle pleurait, disait qu'il voulait lui briser le cœur.

Pendant que je finissais mon bol de céréales, il me demanda si Grand-Père m'avait embêtée. Je répondis que non. Mais il avait fait ça à Sally, une fois ; j'étais là.

— La petite Sally ? Et qu'est-ce que tu as fait ?

— Rien.

Je n'avais rien fait. J'avais regardé avec des sentiments mitigés : peur, excitation sexuelle, jalousie, colère. John contourna la table, tira une chaise et me secoua comme un prunier. Il était furieux.

— C'est dégueulasse ! Tu m'entends ? Où était Mamie ?

— En train d'arroser. Sally dormait, mais elle s'est réveillée.

— En mon absence, tu es la seule à avoir un peu de bon sens. Tu dois la protéger. Tu m'entends ?

J'acquiesçai, honteuse. Mais j'avais encore plus honte de ce que j'avais ressenti à ce moment-là. Il le comprit, je ne sais comment. Il comprenait toujours ce qu'on n'arrivait pas à débrouiller dans sa tête, et encore moins à exprimer.

— Pour toi, Sally a la belle vie. Tu la jalouses parce que Mamie lui accorde toute son attention. Et même si c'était mal, ce qu'il faisait, au moins c'était un truc à toi, pas vrai ? Bien sûr, ma puce, que tu es jalouse d'elle. Elle est bien traitée. Mais tu te rappelles comme tu en as voulu à Mamie ? Quand tu l'appelais au secours ? Réponds-moi.

— Je me rappelle.

— Eh bien, tu t'es aussi mal conduite que Mamie. Pire ! Garder le silence, ça peut être une mauvaise action, une très mauvaise action. Qu'est-ce que t'as fait d'autre, à part trahir ta sœur et une amie ?

— J'ai volé. Des bonbons et…

— Je veux dire : blesser des gens.

— Non.

Il dit qu'il allait rester dans les parages pendant quelque temps, afin de me remettre sur le droit chemin et de relancer son activité d'ébéniste avant l'hiver.

Je travaillais pour lui le week-end et après l'école, dans la remise et le jardin derrière la maison. À poncer, poncer, ou à frotter le bois avec un linge imprégné de térébenthine et d'huile de lin. Ses copains, Tino et Sam, venaient parfois l'aider à canner, retapisser, restaurer. Si ma mère et Grand-Père rentraient, ils s'abstenaient d'aller derrière la maison, car Tino était mexicain et Sam, noir. Mamie les aimait bien, toutefois, et elle venait toujours apporter des brownies et des biscuits à la farine d'avoine.

Un jour Tino amena une Mexicaine, Mecha, presque une gamine, très jolie, avec des bagues et des boucles d'oreilles, des paupières peinturlurées et des ongles longs, une robe verte satinée. Elle ne parlait pas anglais mais me demanda par gestes si elle pouvait m'aider à peindre un tabouret de cuisine. J'acceptai. Oncle John me pria de me dépêcher, de faire vite avant qu'on manque de peinture, et Tino dut dire à Mecha la même chose en espagnol. On flanquait de grands coups de pinceaux autour des barreaux et sur les pieds, allant aussi vite que possible, tandis que les trois hommes se tenaient les côtes en se moquant de nous. On comprit l'une et l'autre à peu près en même temps, et on se mit à rire nous aussi. Mamie sortit voir ce qui causait toute cette agitation. Elle demanda à parler à oncle John. Elle était très fâchée au sujet de cette femme, disant que c'était mal de l'avoir amenée. John acquiesçait et se grattait la tête. Lorsque Mamie rentra à l'intérieur, il revint et au bout d'un moment déclara : « Bon, ce sera tout pour aujourd'hui. »

Pendant qu'on nettoyait les pinceaux, il m'expliqua que cette femme était une putain, que Mamie l'avait deviné à sa façon de s'habiller et de se peinturlurer. Il finit par expliquer beaucoup de choses qui m'avaient troublée. J'en compris plus sur mes parents, Grand-Père, le cinéma et les chiens. Il oublia de me dire que les putains se faisaient payer, donc j'étais encore perplexe sur cette question-là.

— Mecha était gentille. Je déteste Mamie.

— Ne dis pas ce mot-là ! D'ailleurs, tu ne la détestes pas. Tu lui en veux parce qu'elle ne t'aime pas. Elle te voit vagabonder dans les rues, traîner avec des petites Syriennes et l'oncle John. Elle s'imagine que tu es une cause perdue, une véritable Moynihan. Tu voudrais qu'elle t'aime, c'est tout. Toutes les fois où tu crois détester quelqu'un, il faut prier pour lui. Essaie, et tu verras. Et tout en priant pour elle, tu pourrais essayer aussi de l'aider de temps en temps. Donne-lui une raison d'apprécier une sale gamine revêche comme toi.

Parfois, le week-end, il m'emmenait aux courses de chiens à Juarez, ou à des parties de cartes un peu partout en ville. J'aimais bien les courses et j'étais douée pour deviner les gagnants. Les seules fois où j'aimais aller aux parties de cartes, c'était quand il jouait avec des cheminots dans un fourgon de queue, sur les voies de triage. Je montais par l'échelle sur le toit du wagon, et je regardais les allées et venues de tous ces trains, les manœuvres, les attelages. Mais la plupart des parties se déroulaient dans l'arrière-boutique de blanchisseries chinoises. Installée du côté de l'entrée, je lisais pendant des heures tandis que, quelque part au fond, il jouait au poker. La chaleur et l'odeur de solvants mêlées à la laine roussie et à la sueur étaient écœurantes. À plusieurs reprises il m'oublia et partit par la porte de service, si bien que lorsque le blanchisseur venait fermer, il me trouvait assoupie sur ma chaise. Je devais faire tout le chemin dans le noir, et la plupart du temps il n'y avait personne à la maison. Mamie avait emmené Sally à ses répétitions de chorale, à ses réunions de l'Ordre de l'Église Orientale, ou faire des pansements pour les GI.

Une fois par mois environ, on allait chez le barbier. Un différent à chaque fois. Il demandait la barbe et une coupe de cheveux. Moi, je m'installais pour lire *Argosy* tandis qu'on lui coupait les cheveux, guettant la suite. Oncle John était incliné en arrière et, comme le barbier finissait de le raser, il demandait : « Dites donc, vous n'auriez pas des gouttes oculaires ? » Ils en avaient toujours. Le barbier se penchait pour lui mettre des gouttes dans les yeux. L'œil de verre se mettait alors à rouler et le barbier poussait des hauts cris. Ensuite, tout le monde riait.

Si seulement je l'avais compris à moitié comme il me comprenait, j'aurais su combien il souffrait, pourquoi il se donnait tant de mal pour faire rire. Car il faisait rire tout le monde. Un peu partout dans Juarez et El Paso, on pouvait manger dans des cafés qui étaient comme chez des particuliers : un tas de tables casées dans la pièce d'une maison ordinaire, avec des bons petits plats. Tout le monde le connaissait et les serveuses riaient toujours quand il demandait si c'était du café réchauffé.

— Oh, non !

— Alors, comment vous faites pour qu'il soit aussi chaud ?

En général, j'étais capable de deviner son degré d'ivresse et, s'il avait beaucoup bu, je trouvais un prétexte pour rentrer à pied ou en tram. Un jour, cependant, je m'étais assoupie dans la cabine de la camionnette et ne me suis réveillée qu'au moment où il démarrait. On roulait dans Rim Road, de plus en plus vite. Il avait une bouteille entre les cuisses, conduisait avec les coudes tout en comptant son argent, les billets disposés en éventail sur le volant.

— Ralentis !

— J'ai le nez dans mes biftons, mon chaton !

— Ralentis ! Tiens le volant !

La camionnette cogna quelque chose, fit un bond en l'air, et retomba. L'argent vola un peu partout dans la cabine. Je regardai par la lunette arrière. Un petit garçon se tenait dans la rue, saignant du bras. Un chien de berger était couché près de lui, tout ensanglanté, et s'efforçait de se relever.

— Stop. Arrête-toi. Faut revenir en arrière, oncle John !

— J'peux pas !

— Ralentis. Faut faire demi-tour !

Je pleurais à chaudes larmes.

À la maison, il se pencha pour m'ouvrir la portière. « Rentre. »

Je ne sais pas si j'aurais cessé de lui parler. Il ne rentra pas à la maison. Ni ce soir-là, ni les jours suivants, semaines, mois. Je priais pour lui.

La guerre prit fin et mon père rentra à la maison. On alla s'installer en Amérique du Sud.

Oncle John échoua dans les bas-fonds de Los Angeles, en incurable poivrot. Puis il rencontra Dora, qui jouait de la trompette dans la fanfare de l'Armée du Salut. Elle le persuada d'aller au refuge, de prendre un bol de soupe, et elle lui parla. Elle a dit plus tard qu'il l'avait fait rire. Ils tombèrent amoureux, se marièrent et il ne but plus une seule goutte d'alcool. Plus tard, je suis allée leur rendre visite à Los Angeles. Elle travaillait comme riveteuse chez Lockheed et lui, il avait un atelier d'ébénisterie dans son garage. Ce sont les deux plus gentilles personnes que j'aie jamais connues, l'une envers l'autre, j'entends. Nous sommes allés à Forest Lawn et à La Brea Tar Pits, et au restaurant Grotto. Pour l'essentiel, je l'aidais à l'atelier, ponçant des meubles, passant l'huile de lin et la térébenthine. On parlait de la vie, on se racontait des blagues. Ni lui ni moi n'évoquions El Paso. Évidemment, à cette époque-là, j'avais compris toutes les raisons pour lesquelles il n'avait pas pu s'arrêter sur la route car, à cette époque-là, j'étais devenue alcoolique.

Mijito

Je veux rentrer à la maison. Quand *mijito* Jesus s'endort, je pense à la maison, à *mamacita*, à mes frères et à mes sœurs. J'essaie de me rappeler tous les arbres et tous les gens de mon village. J'essaie de me souvenir de moi-même, parce que j'étais différente à l'époque, avant *tantas cosas que han pasado.* J'étais ignorante. Je ne connaissais pas la télévision, les *drogas* ou la peur. J'ai eu peur à la minute où j'ai quitté le fourgon et les hommes pour courir et même quand Manolo m'a retrouvée j'ai eu encore plus peur parce qu'il n'était plus le même. Je savais qu'il m'aimait et quand il m'a tenue dans ses bras c'était comme au bord du fleuve mais il avait changé, il y avait de la peur dans ses doux yeux. C'est tous les États-Unis qui étaient effrayants en arrivant à Oakland. Voitures devant, derrière, allant en sens inverse, voitures voitures voitures à vendre et magasins et magasins et toujours plus de voitures. Même dans notre petite chambre à Oakland où je l'attendais c'était plein de bruits, pas juste la télévision mais des voitures et des bus et des sirènes et des hélicoptères, des hommes qui se battent, qui tirent et des gens qui crient. Les *mayates* m'effraient, ils se tiennent en bandes tout au long de la rue alors j'avais peur de sortir.

Manolo était si étrange que je craignais qu'il ne veuille plus se marier mais il a dit : « T'es pas folle, je t'aime *mi vida.* » J'étais contente mais il a ajouté : « De toute façon, faut être dans la légalité pour avoir l'aide sociale et des bons alimentaires. » On s'est mariés tout de suite et ce jour-là il m'a amenée au centre social. J'étais triste. J'aurais voulu aller dans un parc ou boire un peu de vin, une petite fête de *luna de miel.*

On a vécu au Flamingo Hotel sur MacArthur Boulevard. Je me sentais seule. Il n'était pas là la plupart du temps. Il me reprochait d'avoir si peur mais il oubliait comme tout était différent ici. À la maison on n'avait pas de salle de bains ni l'électricité. Même la télévision m'effrayait ; ça faisait tellement vrai. J'aurais préféré une petite maison ou une pièce que j'aurais pu décorer et où faire la cuisine pour lui. Il rentrait avec des Kentucky Fry, des Taco Bell ou des hamburgers. On prenait le petit déjeuner tous les matins dans un petit café et c'était sympathique comme au Mexique.

Un jour, on a tambouriné à la porte. Je n'ai pas voulu ouvrir. L'homme a dit qu'il était Ramon, l'oncle de Manolo. Que Manolo était en prison. Il m'emmenait lui parler. Il m'a fait emballer toutes mes affaires et monter en voiture. Je n'arrêtais pas de lui demander :

— Pourquoi ? Que s'est-il passé ? Qu'est-ce qu'il a fait ?

— *No me jodes ! Callate. Mira*, je ne sais pas. Il te le dira. Tout ce que je sais, c'est que tu vas loger chez nous jusqu'au procès.

On est entrés dans un grand immeuble puis dans un ascenseur jusqu'au dernier étage. Jamais je n'avais pris l'ascenseur. Il a parlé à des policiers et l'un d'eux m'a fait passer une porte et menée à une chaise devant une fenêtre. Il a désigné un téléphone. Manolo est venu s'asseoir de l'autre côté. Il était maigre et pas rasé et ses yeux étaient pleins de peur. Il était pâle et tremblant. Tout ce qu'il portait c'était une sorte de pyjama orange. On restait là, à se regarder. Il a décroché un téléphone et m'a indiqué d'en faire autant. C'était la première fois que je téléphonais. Ce n'était pas sa voix mais je voyais bien que c'était lui qui parlait. J'avais si peur. Je ne me rappelle pas tout, sauf qu'il a dit qu'il m'aimait et regrettait. Qu'il avertirait Ramon de la date du procès. Il espérait qu'il reviendrait alors. Mais sinon, il faudrait l'attendre, lui, mon mari. Ramon et Lupe étaient *buena gente*, ils prendraient soin de moi en attendant. Ils devaient me conduire au centre social pour modifier mon adresse. « N'oublie pas. Je regrette », dit-il en anglais. J'ai dû réfléchir à ce qu'on dit en espagnol. *Lo siento*. Je compatis.

Si seulement j'avais su. J'aurais dû lui dire que je l'aimerais et l'attendrais toujours, que je l'aimais de tout mon cœur. J'aurais dû lui dire pour notre bébé. Mais j'étais si inquiète et trop apeurée pour parler au téléphone, alors je l'ai regardé jusqu'à ce que les deux policiers l'emmènent.

Dans la voiture j'ai demandé à Ramon ce qui s'était passé, où est-ce qu'ils l'emmenaient ? Comme je le tarabustais, il a fini par s'arrêter et dire qu'est-ce que j'en sais, ferme-la. Mon chèque et mes bons alimentaires serviraient à rembourser mes repas et je devrais m'occuper de leurs enfants. Le plus tôt possible, je devrais me trouver un endroit à moi et déménager. Je lui ai dit que j'étais enceinte de trois mois et il a dit : « Ben merde alors. » C'est la première phrase en anglais que j'ai dite à haute voix : « Ben merde alors. »

Le Dr Fritz ne devant plus tarder, je peux au moins introduire certains patients dans les salles. Il devrait être là depuis deux heures, mais comme d'habitude il a casé une autre opération chirurgicale. Il sait qu'il a consultations le mercredi. La salle d'attente est bondée, bébés qui hurlent, enfants qui se battent. On aura de la veine, Karma et moi, si on quitte à dix-neuf heures. Elle, elle est office manager – quel boulot. Il fait une chaleur moite, avec des relents de couches sales et de transpiration, de vêtements mouillés. Il pleut, bien sûr, et la plupart de ces mères ont fait un long trajet en bus pour arriver jusqu'ici.

Lorsque j'apparais, j'affecte un léger strabisme, et au moment de prononcer le nom du patient, je souris à la mère, la grand-mère ou la mère nourricière, mais c'est le troisième œil au niveau du front que je vise. Ça, je l'ai appris aux urgences. C'est la seule façon de travailler ici, surtout avec les bébés du crack, séropositifs, ou cancéreux. Ou ceux qui ne grandiront pas. Si vous regardez les parents dans les yeux, vous partagerez ça, le confirmerez, toute cette peur, cet épuisement et cette souffrance. À l'inverse, une fois qu'on les connaît, c'est parfois la seule chose à faire, les regarder dans les yeux avec l'espoir ou la tristesse qu'on ne peut exprimer.

Les deux premiers sont des post-ops. Je dispose des gants, des instruments pour retirer les sutures, de la gaze et du sparadrap, dis aux mères de déshabiller leur petit. Ça ne sera plus long. Dans la salle d'attente, j'appelle Jesus Romero.

Une très jeune mère s'avance, son nourrisson enveloppé dans un rebozo comme au Mexique. Elle semble intimidée, terrifiée. « *No inglés* », dit-elle.

En espagnol, je lui dis de tout retirer sauf la couche, demande ce qu'il a.

Elle dit : « *Pobre mijito,* il pleure et pleure tout le temps, il arrête jamais. »

Je le pèse, m'informe de sa date de naissance. Trois kilos cinq. À trois mois, il devrait être plus gros.

— Vous lui avez fait faire ses piqûres ?

Oui, elle est allée à La Clinica il y a quelques jours. Ils ont dit qu'il a une hernie. Elle ne savait pas que les bébés avaient besoin de piqûres. Ils lui en ont fait une et dit de revenir le mois prochain mais de se rendre au plus vite ici.

Elle s'appelle Amelia. Elle a dix-sept ans, elle est venue du Michoacan pour épouser son fiancé mais celui-ci est actuellement à la prison de Soledad. Elle habite chez un oncle et une tante. Elle n'a pas les moyens de rentrer chez elle. Ils ne veulent pas d'elle chez eux et n'aiment pas le bébé parce qu'il crie tout le temps.

— Vous l'allaitez ?

— Oui, mais mon lait ne doit pas être bon. Il se réveille et pleure sans arrêt.

Elle le tient comme un sac à patates. Son visage semble dire : « Que faire de ce paquet ? » Je comprends qu'elle n'a personne pour la conseiller.

— Vous savez qu'il faut changer de sein ? Commencez à chaque fois par un sein différent et laissez-le téter un moment, puis mettez-le sur l'autre. C'est important d'alterner. Ainsi il aura plus de lait et votre organisme en produira davantage. Il s'endort peut-être parce qu'il est fatigué, pas repu. Et il doit pleurer à cause de la hernie. Ce docteur est excellent. Il va arranger ça.

Elle paraît se sentir mieux. Difficile à dire ; elle a ce que les médecins appellent un « affect plat ».

— Je dois aller voir les autres patients. Je reviendrai quand le docteur sera là.

Elle acquiesce, résignée. Elle a cet air désespéré des femmes battues. Dieu me pardonne, car je suis une femme, moi aussi, mais quand j'en vois une avec cette tête-là, j'ai envie de la claquer.

Le Dr Fritz est là, dans la première salle. Si longue qu'ait pu être l'attente de ces mères, si grand que soit notre énervement, à nous les employées, quand il est avec un enfant, on lui pardonne tout. C'est une pointure. Le meilleur des chirurgiens, il pratique plus d'actes que tous les autres réunis. Certes, on le dit obsessionnel et égocentrique. Mais on ne peut pas dire qu'il ne soit pas un excellent chirurgien. Il est même célèbre, c'est lui qui a risqué sa vie pour sauver ce garçon juste après le grand tremblement de terre.

Les deux premiers patients sont vite expédiés. Je lui signale qu'il y a une pré-op qui ne parle pas anglais en salle 3, que j'arrive tout de suite. Je nettoie les salles et introduis d'autres patients. Quand j'arrive en salle 3, il a le bébé dans les bras et montre à Amelia comment repousser la hernie. Le petit lui sourit.

— Que Pat lui fixe une date sur le calendrier des opérations. Expliquez-lui ce qu'il faut faire avant, et qu'il doit être à jeun. Dites-lui qu'elle appelle, si jamais elle n'arrive pas à la repousser quand ça ressort.

Il lui rend le bébé. « *Muy bonito* », dit-il.

— Demandez-lui comment Jesus a eu ces marques aux bras. Celles que vous auriez dû noter.

Il désigne les bleus sur la face interne des bras.

— Désolée, dis-je.

Quand j'interroge la mère, elle paraît effrayée et surprise. « *No sé.* »

— Elle ne sait pas.

— Vous en pensez quoi ?

— Il me semble qu'elle…

— Ça va, je sais ce que vous allez dire et je préfère ne pas l'entendre. J'ai des coups de fil à passer. Je serai en salle 1 dans dix minutes. Il me faut des dilatateurs, un 8 et un 10.

Il a vu juste. J'allais dire qu'elle semblait être une victime elle-même, et oui, je sais ce que font souvent les victimes. J'explique à la jeune mère combien l'acte chirurgical est important, tout comme la pré-op la veille. Qu'il faut nous appeler si le bébé est malade ou a un érythème fessier majeur. Pas de tétée trois heures avant l'opération. Je fais venir Pat pour qu'elle cale une date et répète ces consignes.

J'oublie cette femme pendant au moins un mois jusqu'au jour où, allez savoir pourquoi, je m'avise qu'elle n'a jamais amené son bébé pour une post-op. Je demande à Pat quand a eu lieu l'opération.

— Jesus Romero ? Quelle attardée mentale, celle-là. Au jour dit, elle nous pose un lapin. Ne se donne même pas la peine de prévenir. Je la contacte et elle prétend qu'elle n'a trouvé personne pour l'amener. Ah… d'a-ccord. Donc, je lui dis qu'on fera la pré-op le jour même, de venir tôt pour un examen et des analyses sanguines, mais qu'il faut absolument qu'elle vienne. Et alléluia, elle vient… mais tu sais quoi ?

— Elle l'a fait téter une demi-heure avant l'opération.

— T'as tout compris. Comme Fritz va s'absenter, le prochain créneau est dans un mois.

C'était pas bien du tout de vivre avec eux. J'avais hâte que Manolo revienne. Je leur donnais mon chèque et mes bons alimentaires. Ils me redonnaient juste de quoi m'acheter des bricoles. Je prenais soin de Tina et Willie, mais ils ne parlaient pas espagnol et ne m'écoutaient pas. Lupe n'était pas contente de m'avoir chez elle mais Ramon était gentil sauf quand il était ivre, là il était toujours à me peloter ou à me mettre la main aux fesses. J'avais plus peur de Lupe que de lui, alors quand je ne travaillais pas à la maison, je me réfugiais dans mon petit coin, dans la cuisine.

— Qu'est-ce que tu fais là, pendant des heures et des heures ? me demandait Lupe.

— Je pense. À Manolo. À mon *pueblo*.

— Tu ferais mieux de penser à déménager.

Comme Ramon devait travailler le jour du jugement, c'est Lupe qui m'a amenée. Parfois elle pouvait être gentille. Au tribunal, on s'est placées au premier rang. J'ai failli ne pas le reconnaître quand il est arrivé, avec des menottes et des chaînes aux pieds. C'était cruel de faire ça à Manolo, qui est un homme doux. Il se tenait sous le juge, le juge a dit quelque chose et deux policiers l'ont emmené. Il s'est retourné sur moi en repartant, mais je ne lui connaissais pas cette expression de colère. Mon Manolo. Sur le chemin du retour, Lupe a déclaré que c'était mal barré. Elle n'avait pas compris non plus les charges mais ce n'était pas juste de la possession de drogues, car alors on l'aurait envoyé à Santa Rita. Huit ans à la prison de Soledad, c'est grave.

— Huit ans ? *Como que* huit ans !

— Va pas craquer maintenant. Sinon, je te jure, je te jette ici, dans la rue.

Lupe m'a dit que je devais aller à la clinica parce que j'étais enceinte. Je ne savais pas qu'elle voulait dire pour un *aborto*. J'ai dit non à la doctoresse. « Non, je veux avoir mon bébé, *mijito*. Son papa est plus là, j'ai plus que mon bébé. » Au début elle était gentille mais ensuite elle s'est fâchée, disant que je n'étais qu'une enfant, je ne pouvais pas travailler, comment pourrais-je prendre soin de lui ? J'étais égoïste, *porfiada*. J'ai dit : « C'est un péché. Je fais pas ça. Je veux ce bébé. » Elle a jeté son calepin sur la table.

— *Valgame díos*. Au moins, venez pour les contrôles avant l'accouchement.

Elle m'a donné une carte avec le jour et l'heure mais je ne suis jamais revenue. Les mois passaient lentement. J'attendais toujours des nouvelles de Manolo. Willie et Tina restaient plantés devant la télé et ne posaient pas de problème. J'ai accouché dans la maison de Lupe. Elle m'a aidée mais Ramon l'a frappée à son retour et il m'a frappée aussi. Il a dit comme si ça suffisait pas que je débarque. Un mouflet par-dessus le marché.

Je m'efforçais de ne pas gêner. On avait notre petit coin dans la cuisine. Jesus est très beau, il ressemble à Manolo. Je lui ai acheté des jolies choses à Goodwill et Payless. Je ne sais toujours pas ce que Manolo a fait pour aller en prison ni quand on aura de ses nouvelles. Quand j'ai demandé à Ramon, il a dit : « Tu peux faire une croix sur lui. Cherche-toi un boulot. »

Je garde les enfants de Lupe quand elle va travailler et je fais le ménage. Je fais toute la lessive dans la laverie au rez-de-chaussée. Mais je suis si fatiguée. Jesus pleure, et pleure, *no importa* ce que je fais. Lupe m'a dit de l'amener à la clinica. J'ai peur des bus. Les *mayates* me tripotent et j'ai peur d'eux. Je crois qu'ils vont me le prendre.

À la clinica ils m'ont encore disputée, disant qu'il aurait fallu un suivi prénatal, qu'il avait besoin de piqûres et était trop petit. Il faisait trois kilos cinq, j'ai dit, mon oncle l'avait pesé. « Là, il en pèse seulement quatre ». On lui a fait une piqûre, on m'a dit que je devrais revenir. Le médecin a dit que Jesus avait une hernie, ça pouvait être dangereux. Il devait être vu par un chirurgien. Une femme m'a donné une carte en notant le bus et le train BART à prendre pour aller au cabinet du chirurgien, et m'a même dit comment faire pour le retour. Elle a appelé et pris un rendez-vous pour moi.

Lupe m'avait emmenée, elle attendait dans la voiture avec les enfants quand je suis revenue. Je lui ai répété ce qu'on m'avait dit et j'ai fondu en larmes. Elle a arrêté la voiture et m'a secouée.

— Tu es une femme, maintenant ! Assume ! On va te laisser un délai jusqu'à ce que Jesus soit OK, mais ensuite tu te débrouilles toute seule. L'appartement est trop petit. Ramon et moi, on est claqués, et ton gosse crie jour et nuit, ou toi, ce qui est pire. On en a marre.

— J'essaie d'aider.

— C'est ça, merci bien.

On s'est tous levés de bonne heure le jour où je l'ai emmené voir le chirurgien. Lupe devait conduire les enfants à la garderie. C'est gratuit et ils aiment mieux aller là-bas que rester à la maison avec moi, donc ils étaient contents. Mais Lupe était en colère parce que c'était beaucoup de route et en plus, Ramon devrait prendre le métro. Ce n'était pas très rassurant, le bus, puis le train, puis l'autre bus. Comme j'avais été trop nerveuse pour manger, j'avais faim et des étourdissements à cause de la peur. Mais ensuite j'ai vu le grand panneau dont on m'avait parlé et compris que j'étais au bon endroit. On a dû attendre longtemps. J'étais partie à six heures du matin, mais le docteur n'a vu Jesus qu'à trois heures de l'après-midi. J'étais affamée. On m'a expliqué tout bien clairement et l'infirmière m'a dit de changer de sein pour fabriquer plus de lait. Le docteur a été gentil avec Jesus et dit qu'il était *bonito* mais il pensait que je lui avais fait du mal, il a montré les petites taches bleues sur ses bras à l'infirmière. Je ne les avais pas vues avant. C'est vrai. J'ai fait du mal à mon bébé, *mijito*. C'est moi qui ai fait ça cette nuit quand il pleurait, pleurait. Je l'avais pris sous les couvertures avec moi. Je le serrais très fort : « Chut, chut, pleure plus, pleure plus, pleure plus. » Je ne l'avais jamais saisi comme ça. Il n'a pas plus ni moins pleuré.

Deux semaines ont passé. Je cochais les jours sur le calendrier. J'ai dit à Lupe que je devrais aller à la visite préopératoire un certain jour et y retourner le lendemain pour l'opération.

Lupe a dit « Pas question, ducon ». La voiture était en réparation. Elle ne pouvait pas conduire Willie et Tina à la garderie. Alors j'y suis pas allée.

Ramon était resté à la maison. Il buvait de la bière tout en suivant un match des Athletics d'Oakland. Les enfants faisaient la sieste et moi je donnais le sein à Jesus dans la cuisine. « Viens voir le match, *prima* », a-t-il dit, alors j'y suis allée. Jesus tétait toujours mais j'avais mis une couverture sur mon sein. Ramon s'est levé pour aller se chercher une autre bière. Avant de se lever il n'avait pas l'air ivre, mais maintenant il n'arrêtait pas de tomber et il s'est retrouvé par terre à côté du canapé. Il a tiré la couverture, soulevé mon T-shirt. « Donne-m'en un peu, de ce *chichi.* » Et là il se met à téter mon autre sein. Je l'ai repoussé, il a heurté la table, mais Jesus aussi est tombé et la table lui a égratigné l'épaule. Du sang coulait le long de son petit bras. J'essuyais ça avec du papier absorbant quand le téléphone a sonné.

C'était Pat, la dame de la chirurgie, très fâchée parce que je n'étais pas venue et n'avais pas prévenu. Je lui ai demandé pardon en anglais.

Elle a dit qu'il y avait une annulation pour demain. On pourrait faire la visite préopératoire le même jour à condition que je l'amène très tôt, sans faute. Sept heures du matin. Elle était en colère contre moi. Elle a dit qu'il pouvait être très malade et mourir, que si je ne me présentais pas au rendez-vous, l'État pouvait me le prendre. « Vous comprenez ? »

J'ai dit oui, mais je n'y croyais pas.

— Vous viendrez demain ?

— Oui.

J'ai dit à Ramon que le lendemain je devais amener Jesus pour l'opération. Est-ce qu'il pourrait garder Willie et Tina ?

— Je te tète le nibard mais c'est donnant-donnant ? Ouais, je resterai là. De toute façon, j'ai pas de boulot. Et je te conseille de rien dire à Lupe. Parce que ton cul serait lourdé d'ici dans les cinq minutes. C'est pas que ça me dérangerait, mais tant qu'il est là j'ai bien l'intention d'en profiter.

Il m'a emmenée dans la salle d'eau, avec Jesus qui pleurait par terre dans l'autre pièce et les gosses qui tapaient à la porte. Il m'a fait me pencher au-dessus du lavabo et m'a fait mon affaire mais il était tellement soûl que ça n'a pas duré longtemps. Il s'est écroulé par terre, ivre mort. Je suis sortie. J'ai dit aux enfants qu'il était malade. Je tremblais si fort que j'ai dû m'asseoir, berçant *mijito* Jesus et regardant les dessins animés avec les petits. Je ne savais pas quoi faire. J'ai dit un Ave Maria mais il y avait tellement de bruit partout, comment une prière pourrait être entendue ?

Quand Lupe est rentrée à la maison, il est sorti. J'ai bien vu à sa façon de me regarder qu'il sentait qu'il avait fait quelque chose de mal mais sans savoir quoi. Il a dit qu'il allait faire un tour dehors. Elle a dit super.

Elle a ouvert le frigo. « Ce connard a bu toutes les bières. Ça t'embête d'aller au 7-Eleven, Amelia ? Oh, merde, tu peux même pas acheter de la bière. À quoi tu sers ? T'as cherché du boulot, une chambre, au moins ?

J'ai répondu que j'avais gardé les enfants, comment j'aurais pu aller quelque part ? J'ai dit que demain, Jesus se faisait opérer.

— Bon, tu t'y mets le plus tôt possible. Il y a des petites annonces pour des jobs et des sous-locations affichées dans les supérettes, les pharmacies.

— Je sais pas lire.

— Il y a des annonces en espagnol.

— Je sais pas lire l'espagnol *tampoco.*

— Ben merde alors.

J'ai répété cela. « Ben merde alors. » Ça l'a fait rire, au moins. Oh, comme je m'ennuie de mon pueblo où les rires sont doux comme la brise.

— OK, Amelia. Demain, je m'occupe de toi, je passe des coups de fil. Pour le moment, rends-moi service et surveille les gosses. J'ai besoin d'un verre. Je serai au Jalisco.

Elle a dû tomber sur Ramon, car ils sont rentrés ensemble très tard. Il n'y avait à manger que des haricots et du Kool-Aid pour les enfants et moi. Pas de pain, pas de farine pour faire des tortillas. Jesus s'est vite endormi dans notre petit coin mais à la minute où je me suis allongée il s'est mis à pleurer. Je lui ai donné le sein. Je voyais qu'il tétait davantage à présent mais après avoir un peu dormi, il s'est remis à pleurer. J'ai essayé de lui donner la tétine, mais il l'a repoussée. Je recommençais à faire ça, le serrer trop fort en faisant : « Chut, chut », mais j'ai arrêté en réalisant que je lui faisais mal mais aussi parce que je ne voulais pas que le docteur voie des marques bleues. Son épaule était déjà assez vilaine à voir, tout éraflée et bleuie, *pobrecito*. J'ai encore prié la Sainte Vierge de m'aider, de me dire quoi faire.

Il faisait encore nuit quand je suis sortie, le lendemain matin. J'ai trouvé des gens pour m'aider à trouver le bon bus, et le train, et encore le bus. À l'hôpital on m'a indiqué où aller. On lui a pris du sang, au niveau du bras. Un docteur l'a examiné mais il ne parlait pas espagnol. Je ne sais pas ce qu'il a noté. Je sais qu'il a noté quelque chose au sujet de l'épaule, parce qu'il l'avait mesurée avec son pouce avant. Il m'a regardée d'un air interrogateur. J'ai dit, en anglais : « Les enfants, en jouant », et il a hoché la tête. On m'a dit que l'opération aurait lieu à 11 heures, donc il fallait lui donner la tétée à 8 heures. Mais j'ai attendu, attendu, jusqu'à 13 heures. Jesus hurlait. Il y avait là un lit et une chaise. J'attendais sur cette chaise, mais le lit était si attirant que je m'y suis allongée avec le petit. Le lait dégouttait de mes seins ; comme s'ils l'entendaient pleurer. J'ai pas pu le supporter et je me suis dit que quelques gouttes, ça n'avait pas d'importance.

Le Dr Fritz m'a engueulée. Il m'a arraché Jesus des bras puis a secoué la tête et fait signe de continuer à l'allaiter. Une infirmière latina est venue dire qu'ils ne pouvaient plus réaliser l'opération, qu'il y avait une longue liste d'attente et que je leur avais fait faux-bond deux fois.

— Appelez Pat pour fixer un autre rendez-vous. Et maintenant, rentrez chez vous. Appelez-la demain. Cet enfant doit être opéré, c'est bien compris ?

Jamais on ne m'avait disputée comme ça.

En me relevant, j'ai dû m'évanouir. L'infirmière était à mon chevet quand je me suis réveillée.

— Je vous ai commandé un bon repas. Vous devez être affamée. Vous avez mangé, aujourd'hui ?

— Non.

Elle a arrangé mes oreillers et mis un plateau sur mes genoux. Elle a pris Jesus pendant que je mangeais. J'ai mangé comme un ogre. De tout : soupe, biscuits salés, salade, jus de fruits, lait, viande, pommes de terre, carottes, pain, salade, tarte ; c'était bon.

— Il faut bien manger tous les jours pendant que vous allaitez le petit. Vous allez pouvoir rentrer chez vous ?

J'ai fait oui de la tête. J'étais très bien, la nourriture était très bien.

— Allons, venez. Préparez-vous à partir. Voici des couches pour lui. J'ai fini ma journée il y a plus d'une heure et je dois fermer.

Pat a un poste difficile. Notre cabinet de six chirurgiens se trouve à l'Hôpital pour Enfants, à Oakland. Tous les jours, chaque chirurgien a un emploi du temps surchargé.

Et tous les jours, il y a des interventions annulées, d'autres qui prennent leur place, sans compter les urgences. L'un de nos médecins est de permanence tous les jours dans la salle des urgences. Toutes sortes de traumatismes, doigts coupés, cacahuètes aspirées, blessures par balle, appendicites, brûlures – il y a parfois jusqu'à six ou huit interventions-surprises par jour.

Presque tous les patients ont la carte santé des indigents et beaucoup sont des étrangers en situation irrégulière qui n'ont même pas cela, donc aucun de nos médecins n'est motivé par l'argent. C'est un boulot crevant pour le personnel administratif aussi. Je bosse souvent dix heures par jour. Les chirurgiens sont tous différents et pour différentes raisons ils peuvent être chiants, parfois ; mais même si on s'en plaint, on les respecte, on est fières d'eux, et on se sent utiles. C'est un job gratifiant, pas comme du travail de bureau ordinaire. Et cela a changé assurément ma façon de voir les choses.

J'ai toujours été quelqu'un de cynique. Au début, il me semblait que c'était gaspiller les deniers publics que de réaliser dix, douze interventions chirurgicales sur des bébés du crack affligés d'étranges anomalies juste pour qu'ils puissent survivre en étant handicapés, après avoir passé un an à l'hôpital, et être ensuite ballottés de famille d'accueil en famille d'accueil. Il y en a tant qui n'ont plus de mère, et davantage encore qui n'ont plus de père. La plupart des familles d'accueil sont formidables mais certaines craignent. Il y a beaucoup d'enfants qui sont handicapés ou qui ont des lésions cérébrales, des patients qui ne vivront pas au-delà d'un certain âge. Beaucoup de trisomiques. Je me disais que je ne pourrais jamais garder un enfant pareil.

Aujourd'hui, j'ouvre la porte de la salle d'attente et Toby, qui est tout tordu et chancelant, Toby qui ne peut pas parler, est là. Toby qui pisse et chie dans ses couches, qui s'alimente par un trou dans l'estomac. Il vient à moi, en riant, les bras ouverts. C'est comme si ces enfants étaient le fruit d'une bourde commise par le Bon Dieu quand il a répondu à des prières. Toutes ces mères qui voudraient que leur progéniture ne grandisse pas, qui prient pour en être toujours aimées. Les Toby sont la réponse à ces prières.

Certes, un Toby peut bousiller un mariage ou une famille, mais sinon sa présence semble avoir l'effet inverse. Cela fait surgir les sentiments les plus profonds, positifs et négatifs, la force et la dignité que l'individu n'avait jamais soupçonnées en lui-même ou chez son conjoint. Il me semble que chaque joie est savourée davantage, que l'engagement prend une dimension plus profonde. Je ne crois pas romancer. Je les étudie attentivement, car j'ai vu ces qualités à ma grande surprise. J'ai vu plusieurs couples divorcer. Cela semblait inévitable. Il y avait le parent martyr, le parent laxiste, le parent accusateur, le pourquoi-moi ou le coupable, l'alcoolique ou le pleurnicheur. J'ai vu des fratries dérailler par réaction, causant davantage de dégâts, de colère et de culpabilité. Mais le plus souvent, j'ai vu le couple et la famille se rapprocher, aller mieux. Chacun apprend à gérer, doit aider, savoir avouer honnêtement que c'est insupportable. Chacun doit rire, se sentir reconnaissant quand, tout handicapé qu'il est, cet enfant est capable de baiser la main qui caresse ses cheveux.

Je n'aime pas Diane Arbus. Quand j'étais petite, au Texas, il y avait des foires aux monstres et même alors je détestais la façon dont les gens se montraient ces phénomènes du doigt en s'en moquant. Mais j'étais fascinée, aussi. J'aimais l'homme sans bras qui tapait à la machine avec ses orteils. Ce n'était pas l'infirmité qui me plaisait, mais le fait qu'il écrivait, toute la journée. Il y mettait du sérieux, appréciait le résultat.

J'avoue que c'est assez fascinant quand ces femmes amènent Jay au Dr Rook pour une pré-op. Ce sont des naines. On dirait des sœurs, c'en sont peut-être, elles sont toutes petites, potelées, avec des joues roses et des cheveux bouclés, le nez retroussé et de grands sourires. Elles sont amantes, se caressent, s'embrassent et se touchent sans la moindre gêne. Elles ont adopté Jay, un bébé nain, qui a des problèmes graves et multiples. Leur assistante sociale qui est, elle… gigantesque, est venue aussi, pour le porter, lui, son petit réservoir d'oxygène et le sac de couches. Chacune des mères apporte son tabouret, comme un tabouret de traite, et s'assoit dans les salles d'examen, parlant de Jay et des énormes progrès qu'il a accomplis, il peut se concentrer maintenant, les reconnaître. Le Dr Rook va réaliser une gastrostomie afin qu'il puisse être alimenté par une sonde grâce à une ouverture dans l'estomac.

C'est un bébé alerte mais calme, pas spécialement petit mais avec une grosse tête difforme. Elles adorent parler de lui, nous indiquent volontiers comment elles le portent entre elles, lui donnent son bain et le soignent. Bientôt, il aura besoin d'un casque quand il ira à quatre pattes car leurs meubles ne font que trente centimètres de haut. Elles l'ont prénommé Jay parce que c'est proche de « joie », et qu'il leur a procuré beaucoup de joie.

Je ressors pour aller chercher du ruban adhésif. Il est allergique au sparadrap. Quand je regarde en arrière, je vois les deux mamans sur la pointe des pieds, levant les yeux vers Jay qui est couché sur le ventre, sur la table d'examen. Il leur sourit, elles lui sourient. L'assistante sociale et le Dr Rook se sourient.

— Je n'ai jamais rien vu de plus attendrissant, dis-je à Karma.

— Les pauvres. Elles sont heureuses pour le moment. Mais il n'en a que pour quelques années, au mieux.

— Ça vaut le coup. Même s'il mourait demain. Ça justifie tout le chagrin plus tard. Karma, leurs larmes seront douces.

J'ai été surprise d'avoir dit cela, mais c'était sincère. J'étais en train d'apprendre ce qu'est la charité.

Le mari du Dr Rook appelle ses patients des « bébés des fées », ce qui la rend furieuse. Il dit que c'est le nom qu'on donnait à ces enfants-là, dans le Mississippi. Il travaille avec nous comme chirurgien, lui aussi. Il se débrouille pour faire payer presque toutes les interventions par la Croix-Bleue. Le Dr Rook hérite de la plupart des handicapés ou des enfants atteints de pathologies totalement invalidantes, mais pas seulement parce que c'est un bon chirurgien. Elle est à l'écoute des familles, s'y intéresse, et donc on lui envoie du monde.

Aujourd'hui, c'est un défilé. Les enfants sont pour la plupart plus âgés et lourds. Poids morts. Je dois les soulever, puis les maîtriser tandis qu'elle retire l'ancien bouton et pose le nouveau. La plupart ne savent pas pleurer. On voit que c'est très douloureux, mais il y a juste des larmes qui leur tombent dans les oreilles et ces atroces cris inhumains, comme un portail rouillé, tout au fond d'eux-mêmes.

La dernière patiente, c'est formidable. Pas la patiente, mais ce qu'on lui fait. Une petite fille au visage rougeaud, avec six doigts à chaque main. Quand un bébé naît, on demande toujours aux parents pour plaisanter s'ils ont vérifié qu'il y a le bon compte de doigts et d'orteils. Pourtant, c'est une anomalie plus fréquente qu'on ne le croit. En général ce cas est traité en ambulatoire. Ce bébé-ci n'a que quelques jours. Le Dr Rook me demande de la Xylocaïne, une aiguille et du fil de suture résorbable. Elle anesthésie la zone et fait un nœud très serré autour de chaque appendice parasite. Elle donne aux parents du Tylenol liquide au cas où l'enfant paraîtrait souffrir, recommande de ne pas y toucher, dit que bientôt, comme le cordon du nombril, ce doigt noircira et tombera. Elle dit que son père était médecin dans une bourgade en Alabama, qu'elle l'a souvent vu faire cela.

Un jour, le Dr Kelly a vu un petit garçon qui avait six doigts à chaque main. Ses parents voulaient absolument une intervention, mais pas l'enfant. Il avait six ou sept ans, était très mignon.

— Non, j'aime bien ! C'est à moi ! Je veux les garder !

Je croyais que le vieux Dr Kelly raisonnerait l'enfant, mais en fait il a dit aux parents que leur rejeton semblait attaché à ce trait distinctif.

— Et pourquoi pas ?

Les parents n'en croyaient pas leurs oreilles. Il ajouta que si, plus tard, il changeait d'avis, alors on pourrait intervenir. Bien entendu, plus on s'y prenait tôt, mieux c'était.

— J'aime bien l'idée qu'il défende ses droits. Viens là, fiston…

Et il serra la main du gosse. Ils s'en allèrent, les parents furax, le vouant aux gémonies, l'enfant ravi.

Sera-t-il toujours dans cette disposition d'esprit ? Et s'il se met au piano ? Est-ce qu'il ne sera pas trop tard ? Et pourquoi pas six doigts ? De toute façon, c'est bizarre, les doigts, tout comme les orteils, les cheveux, les oreilles. Pour ma part, j'aimerais bien qu'on ait des queues.

Tout en songeant à l'idée d'avoir une queue ou du feuillage à la place des cheveux, je nettoie et réapprovisionne les salles d'examen pour le lendemain, quand j'entends qu'on tambourine à la porte. Le Dr Rook est partie et il n'y a que moi, ici. Je déverrouille la porte et fais entrer Amelia et Jesus. Elle est en pleurs, parle en grelottant. La hernie est sortie et elle n'arrive pas à la résorber manuellement.

Je vais chercher mon manteau, active l'alarme et ferme à clé, l'accompagne jusqu'à la salle des urgences. J'entre pour m'assurer qu'on va s'occuper d'elle. Le Dr McGee est de permanence. Tant mieux.

— Le Dr McGee est un vieux docteur très gentil. Il prendra soin de votre Jesus. On va sûrement l'opérer cette nuit. N'oubliez pas d'appeler pour nous l'amener au cabinet. Dans environ une semaine. Appelez-nous. *Oye*, pour l'amour du ciel, ne l'allaitez pas.

C'était bondé dans le métro et le bus, mais je n'avais pas peur. Jesus dormait. La Sainte Vierge m'avait apparemment répondu. Elle m'avait dit de prendre mon prochain chèque d'allocations et de rentrer au Mexique. La *curandera* soignerait mon bébé et ma *mamacita* saurait comment l'empêcher de pleurer. Je le nourrirais avec des bananes et des papayes. Pas des mangues car parfois les mangues font mal au ventre des bébés. Je me demandais quand ses dents pousseraient.

Lupe regardait une *telenovela* quand je suis rentrée. Ses gosses dormaient dans sa chambre.

— Il a été opéré ?

— Non. Il s'est passé quelque chose.

— Tu m'étonnes. Qu'est-ce que t'as encore fait comme connerie ? Hein ?

Je l'ai déposé dans notre petit coin sans le réveiller. Lupe est arrivée dans la cuisine.

— J'ai trouvé un endroit pour toi. Tu pourras rester là-bas en attendant de trouver mieux. T'auras qu'à toucher ton prochain chèque ici, et ensuite indiquer au centre social ta nouvelle adresse. T'entends ?

— Oui. Je veux l'argent de mon chèque. Je rentre à la maison.

— T'es folle ? Pour commencer, l'argent de ce mois-ci a été dépensé. Je sais pas ce qui te reste, mais t'auras plus rien. *Estas loca ?* Tu ferais même pas la moitié du chemin avec ça. Écoute, ma petite, t'es ici. Trouve-toi un job dans un restaurant, un endroit où on te laissera dormir dans l'arrière-cuisine. Vois des mecs, sors, amuse-toi. T'es jeune, jolie, enfin tu le serais si tu t'arrangeais un peu. T'es comme qui dirait célibataire. T'apprends vite l'anglais. Faut pas renoncer.

— Je veux rentrer chez moi.

— Ben merde alors, elle a dit, et elle est retournée se planter devant la télé.

J'étais toujours assise là quand Ramon est rentré par la porte de derrière. Il n'avait pas dû la voir sur le canapé. Il s'est mis à me peloter les seins et à m'embrasser dans le cou. « Maman, j'veux mon lolo ! »

— *Ya estuvo*, dit-elle. À Ramon : « Va te passer la tête sous l'eau, espèce de porc », et elle l'a poussé hors de la pièce. À moi, elle a juste dit : « Tu dégages. Ramasse tes affaires. Tiens, voilà un sac. »

J'ai tout mis dans ma *bolsa* et le sac en plastique, j'ai pris Jesus.

— Allez, emmène-le et monte dans la voiture. J'apporterai les affaires.

On aurait dit une ancienne boutique condamnée mais il y avait une pancarte et une croix au-dessus de la porte. C'était sombre mais elle a donné de grands coups dans la porte. Un vieux Blanc est sorti. Il a secoué la tête et dit quelque chose en anglais mais elle a parlé plus fort et m'a poussée à l'intérieur avant de s'en aller.

Il a allumé une lampe-torche. Il a essayé de me parler mais j'ai secoué la tête. Pas parler anglais. C'était sûrement pour dire qu'il n'avait plus de place. La salle était pleine de lits de camp occupés par des femmes, quelques enfants. Ça sentait très mauvais, genre vin, vomi et pipi. C'était laid, sale. Il m'a apporté des couvertures et désigné un coin, pas plus grand que l'autre, dans la cuisine. J'ai dit : « Merci. »

Ç'a été horrible. À la seconde où je me suis couchée, Jesus s'est réveillé. Et il n'a plus arrêté de pleurer. J'ai fait une sorte de tente pour étouffer le bruit, mais certaines femmes pestaient et disaient : « Ta gueule ta gueule. » C'était surtout de vieilles ivrognes blanches mais aussi des jeunes Noires qui me poussaient et me bousculaient. Une petite me tapait avec ses mains minuscules, comme des frelons. Et moi je criais : « Assez ! Assez ! Assez ! »

L'homme est arrivé avec la lampe-torche et il m'a fait traverser la salle jusqu'à la cuisine et un nouveau coin. J'ai dit : « *Mis bolsas !* » Il a compris et est retourné chercher mes sacs. J'ai dit : « Excusez-moi », en anglais. Jesus a tété et s'est endormi, mais moi je me suis adossée au mur en attendant le matin. Je me disais : « Tu es en train d'apprendre l'anglais. » J'ai révisé tous les mots que je connaissais. Tribunal, Kentucky Fry, hamburger, good-bye, métèque, nègre, con, salut, Pampers, Combien ? Ben merde alors, enfant, hôpital, arrête, ta gueule, hello, excusez-moi, Hôpital Central, La Force du Destin, hernie inguinale, pré-op, post-op, Geraldo, bons alimentaires, argent, voiture, crack, police, Miami Vice, José Canseco, SDF, très joli, pas question, ducon, excusez-moi, pardon, s'il vous plaît, s'il vous plaît, arrête, ta gueule, ta gueule, pardon. Sainte-Marie Mère de Dieu priez pour nous.

Juste avant le jour, l'homme et une vieille femme sont arrivés et ils ont fait chauffer de l'eau pour la bouillie d'avoine. Elle m'a laissée l'aider, désignant le sucre et les serviettes à mettre au milieu des tables alignées.

On a toutes eu de la bouillie et du lait. Les femmes avaient l'air mal en point, folles ou ivres pour certaines. Sales et sans domicile fixe. On a toutes fait la queue pour prendre une douche, mais quand notre tour est venu, à Jesus et à moi, l'eau était toute froide et il n'y avait qu'une seule petite serviette. Puis on s'est retrouvés SDF, nous aussi. Dans la journée, l'endroit était une crèche. On pouvait revenir le soir pour la soupe et un lit. L'homme était gentil. Il a bien voulu que je laisse ma *bolsa*, comme ça je n'avais que les couches à emporter. J'ai passé toute la journée à marcher dans le centre commercial. Je suis allée dans un parc mais j'ai pris peur parce que des hommes m'abordaient. J'ai marché, marché, et le bébé était lourd. Le deuxième jour, la petite qui m'avait donné des tapes m'a montré ou enfin j'ai compris qu'on peut passer toute la journée en bus avec des billets de correspondance. Alors c'est ce que j'ai fait parce qu'il était trop lourd et comme ça je pouvais m'asseoir et regarder le paysage ou dormir quand Jesus dormait parce que la nuit je ne dormais pas. Un jour j'ai vu où était La Clinica. J'ai décidé que le lendemain j'irais là-bas pour qu'on m'aide. Et alors je me suis sentie mieux.

Mais le lendemain, Jesus s'est mis à pleurer autrement, comme des jappements. J'ai regardé sa hernie, c'était gonflé et dur. J'ai pris tout de suite le bus, mais c'était quand même long, le bus, puis le train, puis un autre bus. J'ai cru que c'était fermé mais l'infirmière était là, elle nous a emmenés à l'hôpital. On a attendu longtemps mais ils l'ont finalement emmené en chirurgie. Ils ont dit qu'ils le garderaient pour la nuit, ils m'ont mise sur un lit de sangle à côté d'une petite boîte pour lui. On m'a donné un ticket pour aller manger à la cafétéria. J'ai pris un sandwich, un Coca et une glace, des biscuits et un fruit pour plus tard mais je me suis endormie, c'était si bon de ne plus être par terre. Quand je me suis réveillée, l'infirmière était là. Jesus était tout propre et enveloppé d'une couverture bleue.

— Il a faim !

Elle me souriait.

— On ne vous a pas réveillée quand il est sorti du bloc. Tout s'est très bien passé.

— Merci.

Oh, Dieu soit loué ! Il allait bien ! Pendant que je l'allaitais j'ai pleuré et prié.

— Il n'y a plus de raison de pleurer, dit-elle.

Elle m'avait apporté un plateau avec du café, du jus de fruit et des céréales.

Le Dr Fritz est arrivé, pas le docteur qui avait opéré, le premier docteur. Il a regardé Jesus et hoché la tête, m'a souri, a parcouru son dossier. Il a soulevé le maillot du petit. Il y avait toujours une égratignure et un bleu à son épaule. L'infirmière m'a interrogée là-dessus. J'ai dit que c'était les enfants là où j'avais habité, mais que je n'y habitais plus.

— Il veut que vous sachiez que s'il voit encore cela, il alertera les services de protection de l'enfance. Ces personnes-là pourraient vous retirer votre enfant, ou juste vous envoyer parler à quelqu'un.

J'ai fait oui de la tête. J'aurais voulu lui dire que j'avais besoin de parler à quelqu'un.

On a eu des journées chargées. Le Dr Adeiko et le Dr McGee étant tous deux en congé, les autres étaient bien occupés. Plusieurs patients gitans, c'est-à-dire que toute la famille est là, les cousins, les oncles, tout le monde. Ça me fait toujours rire (enfin pas exactement rire parce qu'il n'apprécie pas la plaisanterie ou toute attitude non professionnelle), car ce que fait toujours le Dr Fritz quand il entre dans la salle, c'est saluer poliment le membre de la famille : « Bonjour. » Ou s'ils sont deux, il fait un signe de tête à chacun et dit : « Bonjour, bonjour. » Avec les familles gitanes, j'ai du mal à ne pas rire quand il se faufile dans la pièce et dit : « Bonjour, bonjour, bonjour, bonjour, bonjour », etc. Lui et le Dr Wilson ont beaucoup de cas d'hypospadias – c'est quand le bébé mâle a une ouverture à la face inférieure du pénis, parfois plusieurs, si bien que lorsqu'il pisse, ça fait comme un arrosoir. Bref, il y avait un bébé nommé Rocky Stereo qui avait ça, mais le Dr Fritz y avait remédié. La famille au complet, environ une douzaine d'adultes et quelques enfants, s'était rendue à la post-op et ils lui serraient tous la main. « Merci, merci, merci, merci ». Pire que les bonjour ! C'était drôle et attendrissant, et j'ai commencé à dire quelque chose un peu plus tard, mais il m'a fusillée du regard. Il ne discute jamais de ses patients. Aucun d'eux ne le fait, d'ailleurs. Sauf le Dr Rook, et encore, c'est rare.

Je ne connais même pas le diagnostic d'origine pour Reina. Elle a quatorze ans, à présent. Elle vient avec sa mère, deux sœurs et un frère. Ils la véhiculent dans une poussette géante fabriquée par le père. Les sœurs ont douze et quinze ans, le garçon huit ; ce sont de beaux enfants, vifs et drôles. Quand j'arrive dans la salle, ils l'ont calée sur la table d'examen. Elle est nue. À l'exception du bouton de gastrostomie, son corps est sans défaut, doux comme du satin. Ses seins ont poussé. On ne peut pas voir l'excroissance en forme de sabot à la place des dents, ses lèvres superbes sont entrouvertes et rouge vif. Yeux vert émeraude aux longs cils noirs. Ses sœurs lui ont fait une coupe genre punk, mis un piercing rubis, peint un papillon sur la cuisse. Elena lui lime les ongles d'orteils tandis que Tony arrange ses bras derrière sa tête. C'est le plus costaud, celui qui m'aide à lui tenir le buste tandis que les sœurs maintiennent ses jambes. Mais pour le moment elle est allongée telle l'Olympia de Manet, d'une pureté et d'une beauté à couper le souffle. À sa vue, le Dr Rook s'arrête net, comme je l'ai fait.

— Oh, quelle perfection, dit-elle. Quand a-t-elle eu ses premières règles ?

Je n'avais pas remarqué le cordon du Tampax dépassant de la soyeuse toison d'un noir de jais. La mère dit que c'est la première fois. Sans ironie, elle ajoute : « C'est une femme maintenant. »

C'est plutôt qu'elle est en danger, maintenant.

— Bon, tenez-la bien, dit le Dr Rook.

La mère la ceinture, les filles lui attrapent les jambes, Tony et moi on lui tient les bras. Elle se débat violemment mais le Dr Rook parvient à remplacer le bouton.

C'était la dernière de la journée. Je suis en train de ranger, remettant du papier sur la table d'examen, quand le Dr Rook revient.

— Quelle chance j'ai avec mon Nicholas.

Je souris et dis : « Et moi donc, avec le mien. » Elle parle de son bébé de six mois, moi de mon petit-fils qui a six ans.

On se dit bonsoir et elle se rend à l'hôpital. Je rentre chez moi, me prépare un sandwich, allume la télé sur un match des Athletics d'Oakland. Dave Stewart lance contre Nolan Ryan. On en est à la dixième manche quand le téléphone sonne. Le Dr Fritz. Il est aux urgences, voudrait que je vienne.

— Qu'est-ce qu'il y a ?

— Amelia, vous vous souvenez ? Il y a des gens qui parlent espagnol, mais je voudrais que ce soit vous qui lui parliez.

Amelia est dans la salle de consultation aux urgences. Sous sédatif, le regard encore plus vague que d'habitude. Et le bébé ? Il me conduit jusqu'à un lit dissimulé par un rideau.

Jesus est mort. La nuque brisée. Il a des hématomes aux bras. La police va arriver, mais le Dr Fritz veut que je lui parle calmement en premier, pour tâcher de comprendre ce qui s'est passé.

— Amelia ? Vous vous souvenez de moi ?

— *Si. Como no* ? Comment allez-vous ? Je peux le voir, *mijito* Jesus ?

— Dans une minute. Dites-moi d'abord ce qui s'est passé.

Il a fallu du temps pour comprendre qu'elle avait passé ses journées dans les bus, et la nuit dans un refuge pour SDF. Quand elle était rentrée là-bas ce soir-là, deux jeunes femmes avaient pris tout son argent qu'elle avait épinglé à l'intérieur de ses vêtements. Elles l'avaient battue, frappée à coups de pied, avant de filer. Le responsable ne comprenait pas l'espagnol et n'avait pas saisi ce qu'elle disait. Il lui répétait de ne pas faire de bruit, mettait les doigts sur ses lèvres pour montrer qu'il fallait se taire, faire taire son bébé. Ensuite, les femmes étaient revenues. Elles étaient ivres, il faisait sombre et les autres tentaient de dormir, mais Jesus pleurait sans relâche. Amelia n'avait plus un sou désormais et ne savait que faire. Elle n'arrivait pas à réfléchir. Les deux femmes sont arrivées. L'une l'a giflée et l'autre lui a pris Jesus mais Amelia le lui a repris. L'homme est intervenu et les femmes sont allées se coucher. Jesus pleurait toujours.

— Je savais pas quoi faire. Je l'ai secoué pour le faire taire et pouvoir réfléchir.

J'ai tenu ses petites mains dans les miennes.

— Est-ce qu'il pleurait quand vous l'avez secoué ?

— Oui.

— Et ensuite, que s'est-il passé ?
— Ensuite, il a cessé de pleurer.
— Amelia. Vous savez que Jesus est mort ?
— Oui, je sais. *Lo sé.*

Puis, en anglais, elle a ajouté : « Ben merde alors. Pardon. »

502

502 était la définition pour Horizontalement : 1 dans le *Times* de ce matin. Facile. C'est le code de la police pour Conduite en État d'Ivresse, donc j'ai écrit CEI. Erreur. Je suppose que tous ces banlieusards du Connecticut savent que ça se note en chiffres romains. J'ai eu un moment de panique, comme toujours quand des souvenirs du temps où j'étais alcoolique refont surface. Mais depuis que je suis venue vivre à Boulder j'ai appris à pratiquer la respiration profonde et la méditation, ce qui ne manque jamais de me rasséréner.

Heureusement que je m'étais désintoxiquée avant de déménager. C'est la première fois que j'habite quelque part où il n'y a pas un caviste à chaque coin de rue. On ne vend même pas d'alcool au Safeway d'ici et bien entendu jamais le dimanche. Il n'y a que quelques magasins spécialisés surtout aux abords de la ville, donc si vous êtes un pauvre poivrot pris de tremblements et qu'il neige, Seigneur, prends pitié. Ces magasins sont des hyper cauchemars. On pourrait succomber au delirium tremens rien qu'en cherchant le rayon du whisky pas cher.

Le mieux, c'est à Albuquerque où ces magasins-là ont un guichet, on n'a même pas à quitter son pyjama. Mais là non plus ce n'est pas ouvert le dimanche. Donc, si je n'avais pas pris mes précautions, il y avait toujours ce problème de savoir chez qui je pourrais passer à l'improviste sans me voir proposer une pochette-cadeau.

Même si j'étais sobre depuis des années avant de m'installer ici, j'ai eu du mal au début. Chaque fois que je regardais dans le rétroviseur je me disais « Oh, non », mais ce n'étaient que les porte-skis que tout le monde a sur le toit de sa voiture. En réalité je n'ai jamais vu la police aux trousses d'un conducteur ni assisté à une arrestation. J'ai vu des policiers en short au centre commercial, dégustant du yaourt glacé Ben & Jerry's, et des membres des forces spéciales dans une camionnette. Six hommes en tenue camouflage armés de grosses carabines hypodermiques et chassant un ourson au milieu de Mapleton Avenue.

C'est sûrement la ville la plus saine des États-Unis. Pas de beuveries aux soirées étudiantes ou aux matches de football. Personne pour fumer, manger de la viande rouge ou des beignets au sucre. On peut se promener toute seule la nuit, ne pas fermer sa porte à clé. Il n'y a pas de gang ici, pas de racisme. D'ailleurs, il n'y a pas beaucoup de races.

502 de mes fesses. Tous ces souvenirs ont reflué dans ma tête, en dépit des exercices de respiration. Mon premier jour de travail à U..., le problème Safeway, l'incident à San Anselmo, la scène avec A...

À présent, tout va bien. J'adore mon boulot et mes collègues. J'ai de bons amis. Je vis dans un superbe appartement juste sous Mount Sanitas. Aujourd'hui, un tangara occidental s'est posé sur une branche dans mon jardin. Mon chat Cosmo dormait au soleil et il ne s'est donc pas jeté dessus. Aujourd'hui, je rends grâce pour la vie que je mène.

Aussi, que Dieu me pardonne si j'avoue qu'une fois de temps en temps me vient l'envie diabolique de… eh bien de tout gâcher. Incroyable d'avoir cette pensée-là après toutes ces années de galère. L'agent Wong m'emmenant soit en prison soit au centre de désintoxication.

Wong, on l'appelait tous le Poli. Les autres, on les traitait de poulets, ce qui n'aurait jamais convenu à l'agent Wong qui était très gentil, c'est vrai. Méthodique et formaliste. Entre lui et moi, il n'y eut jamais de ces vulgaires échanges physiques comme avec les autres. Jamais il ne vous plaquait contre la voiture ni ne vous blessait exprès avec les menottes. On restait planté là pendant des plombes tandis qu'il rédigeait méticuleusement son PV et vous lisait vos droits. Quand il vous passait les menottes il disait : « Permettez » et « Attention la tête » quand il vous embarquait.

Il était zélé et honnête, un membre très remarquable des forces de l'ordre d'Oakland. On avait de la veine de l'avoir dans le quartier. Il y a un incident en particulier que je regrette. L'une des étapes des Alcooliques Anonymes consiste à faire amende honorable auprès de ceux qu'on a lésés. Je crois avoir reconnu la plupart de mes fautes mais j'ai encore à reconnaître mes torts envers l'agent Wong. Car je lui ai fait du tort.

En ce temps-là je vivais à Oakland, dans ce grand appartement turquoise à l'angle d'Alcatraz et Telegraph, juste au-dessus d'Alcatel Liquors, à deux pas du White Horse, en face du 7-Eleven. Bon emplacement.

Le 7-Eleven était une sorte de lieu de rassemblement pour vieux poivrots. Même si, contrairement à eux, j'allais travailler tous les jours, ils me croisaient chez les cavistes le week-end. Files d'attente au Black and White qui ouvrait à six heures du matin. Tardifs marchandages avec le Pakistanais sadique qui bossait au 7-Eleven.

Ils étaient tous gentils avec moi. « Comment va, miss Lu ? » Parfois ils me demandaient de l'argent, et je leur en donnais toujours, et les fois où j'avais perdu mon boulot, il m'arrivait de leur rendre la pareille. Leur groupe était à géométrie variable, certains allant en prison, à l'hôpital, au cimetière. Les habitués étaient Ace, Mo, Little Ripple et Champ. Ces quatre vieux Noirs passaient leur matinée au 7-Eleven et l'après-midi à roupiller ou à boire dans une Chevrolet Corvair aigue-marine garée dans la courette d'Ace. Clara, sa femme, ne les laissait pas fumer ou boire dans la maison. Hiver comme été, par tous les temps, ils étaient tous les quatre dans cette voiture. Pionçant comme des petits enfants durant une excursion en voiture, la tête sur leurs mains jointes, ou regardant droit devant eux comme s'ils étaient en goguette, le dimanche, à faire des commentaires sur tous ceux qui passaient par là en voiture ou à pied, tout en faisant circuler la bibine.

Quand je remontais la rue depuis l'arrêt du bus, je lançais : « Comment va ? — Ça baigne ! disait Mo. J'ai ma dose ! » et Ace d'ajouter : « Ça roule tout seul, avec mon muscat ! » Ils m'interrogeaient sur mon patron, cet idiot de Dr B.

— Plaque ce boulot pourri ! Vis des allocs, comme tout le monde ! Viens faire sissite avec nous, ma vieille, passe le temps confortablement, pas besoin de bosser !

Un jour, Mo déclara que je n'avais pas bonne mine, j'avais peut-être besoin d'une cure de désintoxication.

— De désintoxication ? ricana Champ. Jamais de détox. Retox ! C'est ça qui faut !

Petit et gros, Champ portait un costume bleu satiné, une chemise bien blanche et un feutre rond. Il avait une montre en or avec une chaîne et toujours un cigare. Les trois autres portaient des chemises à carreaux, des salopettes et une casquette de base-ball des Athletics d'Oakland.

Ce vendredi-là, je n'étais pas allée travailler. J'avais dû boire la veille. J'ignore où je m'étais rendue dans la matinée, mais je me rappelle être revenue et que j'avais une bouteille de Jim Beam. J'avais garé ma voiture derrière une fourgonnette de l'autre côté de la rue, en face de mon immeuble. J'étais montée chez moi et m'étais endormie. J'ai été réveillée par de grands coups frappés à ma porte.

— Ouvrez, madame Moran. C'est l'agent Wong.

J'ai planqué la bouteille dans la bibliothèque et ouvert.

— Bonjour, monsieur l'agent. Que puis-je pour vous ?

— Possédez-vous une Mazda 626 ?

— Vous savez bien que oui, monsieur l'agent.

— Où est cette voiture, madame Moran ?

— Euh, pas ici.

— Où avez-vous garé ce véhicule ?

— Là-haut, en face de la chapelle.

Impossible de me souvenir.

— Réfléchissez bien.

— Je ne me rappelle pas.

— Regardez par la fenêtre. Que voyez-vous ?

— Rien. Le 7-Eleven. Des téléphones. Des pompes à essence.

— Pas de place de parking ?

— Si. Incroyable. Deux places ! Oh. Je me suis garée là, derrière une fourgonnette.

— Vous avez laissé votre véhicule au point mort, sans serrer le frein à main. Lorsque la fourgonnette a quitté son stationnement, votre véhicule a descendu à sa suite Alcatraz à l'heure de pointe, traversé pour se retrouver sur l'autre voie, ratant de peu des voitures, et dévalé le trottoir, manquant de justesse un homme, son épouse, et un bébé dans sa poussette.

— Ah. Et ensuite ?

— Je vous emmène voir ça. Venez.

— J'arrive tout de suite. Je voudrais me débarbouiller.

— Je vous attends.

— S'il vous plaît, monsieur l'agent. Mon intimité. Attendez derrière la porte.

J'ai pris une bonne rasade de whisky. Me suis brossé les dents et coiffée.

On a marché en silence dans la rue. Deux gros pâtés de maisons. Dur, dur.

— Quand on y réfléchit, c'est un miracle que ma Mazda n'ait rien percuté ni blessé personne. Vous ne trouvez pas, monsieur l'agent ? Un miracle !

— Ma foi, elle a percuté quelque chose. Le miracle, c'est qu'aucun de ces messieurs n'était à bord à ce moment-là. Ils étaient sortis pour voir la Mazda dévaler la rue.

Ma voiture était gentiment encastrée dans l'aile droite de la Chevy Corvair. Les quatre hommes se tenaient là, hochant la tête. Champ tirait sur son cigare.

— Dieu merci, t'étais pas dedans, ma vieille, dit Mo. La première chose que j'ai faite, c'est ouvrir la portière et j'ai dit : « Où qu'elle est donc passée ? »

Il y avait un grand coup dans l'aile et la portière de la Chevrolet. Ma voiture avait un pare-chocs et un phare cassés, un clignotant en miettes.

Ace hochait toujours la tête.

— J'espère que vous êtes assurée, miss Lucille. J'avais une belle voiture de collection qu'est bien endommagée.

— Ne vous en faites pas, Ace. Je suis assurée. Vous m'apporterez le devis dès que vous aurez le temps.

Champ parla doucement aux autres. Ils tâchaient de ne pas sourire, mais sans y parvenir. Ace déclara : « On est là, sans demander rien à personne, et voilà ce qui arrive ! Dieu soit loué ! ».

L'agent Wong était en train de noter les numéros des plaques.

— Il y a un moteur dans cette voiture ? demanda-t-il à Ace.

— C'est une pièce de musée. Modèle vintage. Pas besoin de moteur.

— Bon, je vais essayer de reculer sans renverser personne, dis-je.

— Pas si vite, madame, dit l'agent. Je dois rédiger le PV.

— Un PV ? Honte à vous, monsieur l'agent !

— Vous pouvez pas lui dresser une contravention. Elle dormait au moment des faits !

Les vieux l'encerclaient, le rendant nerveux.

— Euh, bredouilla-t-il, elle est coupable de… de conduite imprudente…

— Ça se peut pas : elle était pas au volant !

Il s'efforçait de réfléchir. Ils marmonnaient, râlaient.

— Honteux, honteux. L'innocent contribuable. La pauvre, seule au monde et tout ça…

— En tout cas, je flaire bien une odeur d'alcool.

— C'est moi ! déclarèrent-ils en chœur, en lui soufflant dans les bronches.

— Non, monsieur l'agent, décréta Champ. Du moment qu'on est pas au volant, on peut pas avoir un PV pour conduite en état d'ivresse !

— Ça c'est bien vrai !

— Manquerait plus que ça.

L'agent Wong nous regarda avec une expression complètement découragée. Sa radio se mit à glousser. Il glissa prestement son calepin dans sa poche, tourna les talons et s'empressa de regagner la voiture de patrouille, démarra avec phares et sirène.

Le chèque de l'assurance arriva sans tarder, adressé à moi mais libellé à l'ordre de Horatio Turner. Les quatre hommes étaient dans la voiture quand je l'ai remis à Ace. Quinze cents dollars.

Cet après-midi-là, c'est la seule fois où je suis montée dans cette vieille bagnole. J'ai dû me glisser à l'intérieur après Champ, l'autre portière étant bloquée. Little Ripple, qui était petit, s'installa à mon côté. Ils buvaient tous du Gallo Port, mais m'apportèrent un grand Colt 45. On me porta un toast. « À la santé de ma'am Lucille ! » Voilà comment je fus connue dans le quartier par la suite.

Hélas, on n'était qu'au début du printemps. L'agent Wong avait encore tout le printemps et l'été à patrouiller dans ce même secteur. Tous les jours, il lui fallut passer devant ces mecs dans la Chevrolet Corvair, qui souriaient et agitaient la main.

Bien entendu, j'eus d'autres rencontres inopinées avec l'agent Wong après celle-ci, pas plaisantes du tout.

Ici, c'est samedi

Le chemin qui va de la ville à la prison du comté passe par le sommet des collines au-dessus de la baie. L'avenue est bordée d'arbres et ce matin-là il faisait brumeux comme dans une vieille peinture chinoise, juste le bruit des pneus et des essuie-glaces. Nos chaînes sonnaient comme des instruments orientaux et les prisonniers en combinaison orange oscillaient tous ensemble tels des moines tibétains. Vous riez. Ben moi aussi, je riais. Je savais que j'étais le seul Blanc dans le bus et que tous ces lascars n'étaient pas le Dalaï Lama. Mais c'était magnifique. Peut-être que j'ai ri parce que je me sentais bête, de voir les choses ainsi. Karaté Kid m'a entendu me marrer. Ce vieux Chaz, il a le cerveau imbibé d'alcool, c'est certain. La plupart de ceux qui vont en prison de nos jours, c'est le crack. Ils m'enquiquinent pas, me prennent juste pour un vieil hippie.

La première vision de la prison, c'est super. Après une longue ascension, on tombe sur une vallée dans les collines. Ce domaine était la résidence d'été d'un millionnaire appelé Spreckles. Les terrains tout autour sont comme le parc d'un château français. Ce jour-là, il y avait des centaines de cerisiers en fleur. Cognassiers du Japon. Plus tard, c'est des champs de jonquilles, et d'iris ensuite.

En face de la prison, il y a un pré où paît un troupeau de bisons. Une soixantaine de bisons. Il y avait déjà six petits. Je ne sais pas pourquoi, tous les bisons malades aux USA sont expédiés ici. Les vétérinaires les soignent et les étudient. On voit qu'un lascar en est à sa première peine au fait qu'il flippe. « Ouah ! C'est quoi, ça ? Ils nous donnent du bison à bouffer ? Mate-moi ces bestiaux ! »

La prison et l'établissement pour les femmes, le garage et les serres. Personne, pas d'autre maison, on a l'impression d'être tout à coup dans une prairie du temps jadis éclairée par des rayons de soleil à travers la brume. Le bus Bluebird effraie toujours les bisons bien qu'il vienne une fois par semaine. Ils partent au galop, c'est un sauve-qui-peut vers les collines vertes. Tel un touriste de safari j'espérais avoir une vue sur les prés.

Le bus s'est débarrassé de nous dans les cellules au sous-sol où nous avons attendu d'être triés. Longue attente et nouvelle fouille au cul. « C'est pas le moment de rigoler, Chaz », m'a dit Karaté Kid. Il m'a appris que CD était là, qu'on l'avait violé. Le jargon des prisons, c'est comme l'espagnol. La tasse se casse toute seule. On ne viole pas sa probation. C'est la police qui vous viole.

Le gang de Sunnyvale avait buté Chink. Je savais pas. Je savais que CD aimait son frère Chink, un gros dealer dans le quartier de la Mission.

— Relou, dis-je.

— Sans déc'. Y avait plus personne quand la police s'est pointée, sauf CD qui était assis là, tenant la tête de Chink. Tout ce qu'ils avaient contre lui, c'est la violation. Six mois. Il en fera peut-être trois. Après, il les chopera, ces enculés.

J'ai eu du pot, on m'a mis au troisième étage (mais pas de vue), dans une cellule avec seulement deux jeunes maussades et Karaté, que j'ai connu dans la rue. Comme il n'y avait que trois autres Blancs à cet étage, j'étais content qu'il soit là. Les cellules ont été prévues pour deux détenus. En général, on est six ; on en aura deux de plus dans une semaine. Le Kid passera son temps à soulever de la fonte et à pratiquer ses coups de latte et ses feintes, s'il s'agit bien de ça.

Quand on est arrivés, Mac était l'adjoint responsable. Il cherche toujours à m'imposer le prêchi-prêcha des Alcooliques Anonymes, mais il sait que j'aime bien écrire, alors il m'a apporté un calepin jaune et un stylo. Il a dit qu'il avait vu que j'étais là pour cambriolage avec effraction et que j'en avais donc pour un bail. « Peut-être que cette fois tu franchiras la quatrième étape, Chaz. » C'est quand on reconnaît tous ses torts.

— Apporte-moi plutôt dix comprimés de plus, que j'ai dit.

Tout ce qu'on peut dire au sujet de la prison est un cliché. L'humiliation. L'attente, la brutalité, les odeurs fétides, la bouffe, la circularité. Impossible de décrire cet incessant vacarme qui vous casse les oreilles.

Deux jours durant, j'ai fait une crise de delirium tremens. J'ai dû avoir des convulsions une nuit, ou bien cinquante mecs m'ont tabassé dans mon sommeil. Lèvre fendue, quelques dents cassées, des hématomes partout. J'ai essayé d'aller à l'infirmerie, mais aucun gardien n'a voulu.

— T'es pas obligé d'en passer encore par tout ça, a dit Mac.

Au moins on me laissait rester au pieu. CD était à un autre étage, mais pendant la promenade je pouvais le voir dans la cour, fumant avec d'autres mecs, les écoutant pendant qu'ils se marraient. La plupart du temps, il se promenait seul.

Curieux, l'autorité de certains. Je vois des brutes épaisses s'écraser devant lui, rien qu'à leur façon de s'écarter sur son passage. Il est pas balèze comme son frère, mais il a la même force, la même classe. Mère chinoise et père noir. CD a une longue natte dans le dos. Il a une couleur de peau surnaturelle, comme une vieille photo sépia, thé noir avec un nuage de lait.

Parfois il me fait penser à un guerrier Massaï, d'autres fois à un bouddha ou un dieu maya. Il reste planté là sans rien faire, sans ciller, pendant une demi-heure. Il a la calme indifférence d'une divinité. Je dois parler comme un cinglé ou un pédé. Bref, il fait cet effet-là à tout le monde.

Quand je l'ai connu en prison il venait d'avoir dix-huit ans. C'était sa première peine. Je l'ai branché bouquins. La première fois qu'il a accroché, c'était *Le Bateau ouvert* de Stephen Crane. Chaque semaine le type de la bibliothèque venait ; on lui rendait nos livres, et on en avait d'autres. Les Latinos ont un langage par signes chiadé qu'ils utilisent ici. Moi et CD, on a commencé à parler le langage des livres. *Crime et Châtiment, L'Étranger*, Elmore Leonard. On s'est retrouvés un peu plus tard à purger une autre peine en même temps et, à ce moment-là c'est lui qui m'a branché sur d'autres écrivains.

Dans la rue, je le croisais de temps en temps. Il me filait toujours du fric, ce qui était gênant, mais comme je faisais la manche, je disais jamais non. On se mettait sur un banc à un arrêt de bus et on parlait. Aujourd'hui, CD a lu plus que moi. Il a vingt-deux ans. J'en ai trente-deux, mais on se figure toujours que je suis plus vieux. Moi, il me semble que j'ai toujours seize ans. Comme j'ai plus dessoûlé depuis cet âge-là, pas mal de trucs me sont passés sous le nez. J'ai loupé le Watergate – ça, c'est pas dommage. Je parle toujours comme un hippie, disant des trucs comme « sensass » et « quel trip ».

Willie Clampton m'a réveillé en cognant mes barreaux quand l'étage est rentré de la promenade.

— Salut, Chaz, qu'est-ce tu d'viens ? CD te dit bienvenue à la maison.

— Comment va, Willie ?

— Ça baigne. Encore quelques émissions de *Soul Train* et je suis sorti. Faut vous inscrire à l'atelier d'écriture, les mecs. Y a des cours vachement bien. Musique, poterie, théâtre, peinture. Ils en laissent même venir de la prison pour meufs. Par exemple, Kid, Dixie est dans cet atelier. Parole.

— Non ! Qu'est-ce qu'elle fout en prison ?

Karaté Kid était autrefois son proxénète. Depuis, elle gère sa propre entreprise féministe, filles et coke à d'importants hommes de loi, conseillers municipaux. Quelle que soit la raison de son incarcération, elle sera bientôt dehors. Elle a quarante ans mais est toujours belle fille. Dans la rue on la prendrait pour une cliente de chez Neiman Marcus. Elle ne s'abaisserait pas à me connaître mais me file toujours cinq ou dix dollars avec un grand sourire. « Et maintenant, jeune homme, va t'offrir un bon petit déjeuner nourrissant. »

— Alors, qu'est-ce que t'écris ?

— Des histoires, du rap, des poèmes. Écoute ça :

« Bagnoles de police dare-dare
Ils s'en cognent
C'est noir sur noir
et
Une Blanche
Vaut deux Noires
C'toute l'Histoire »

Karaté Kid et moi, on se gondolait.

— Allez-y, bande d'empaffés, marrez-vous. Écoutez ça…

Et voilà que ce con nous débite un sonnet de Shakespeare. Willie. Sa voix grave couvrait la folie du boucan ambiant.

« Te comparerai-je à un jour d'été ? Tu es plus aimable et plus tempérée… » La prof est blanche, vieille. Vieille comme ma mémé, mais cool. Bottines Ferragamo. Le premier jour elle avait mis du *Coco*. Elle en revenait pas que je connaisse. Maintenant, elle porte différents parfums. Je les connais tous. *Opium*, *Ysatis*, *Joy*. Le seul que j'avais pas deviné, c'est *Fleur de Rocaille*.

Sa prononciation du français avait l'air nickel. Karaté Kid et moi, on se tordait de rire.

En fait, ça rit beaucoup en prison.

Ici, c'est pas l'établissement lambda. J'en ai connu, des établissements lambda : Santa Rita, Vacaville. Un miracle si je suis encore en vie. County n° 3 est passé dans l'émission *60 minutes*, montrant combien c'est à la pointe. Formation à l'informatique, atelier de mécanique, imprimerie. Une école d'horticulture réputée. C'est nous qui fournissons en légumes Chez Panisse, Stars, d'autres restos. C'est là que j'ai eu mon diplôme d'équivalence de fin d'études.

Le directeur de la prison, Bingham, c'est autre chose. C'est un ex-taulard, pour commencer. Il a tué son père. Écopé d'une longue peine pour ça. Quand il est sorti, il a fait des études de droit, décidé de changer le système carcéral. La prison, ça le connaît.

Aujourd'hui, il aurait plaidé l'autodéfense pour maltraitance et aurait été acquitté. Moi-même, j'aurais pu être coupable de meurtre au premier degré et m'en tirer les mains dans les poches, rien qu'en parlant de ma mère au jury. Et si j'avais parlé du paternel, j'aurais pu me permettre d'être le Zodiac.

Ils vont construire une nouvelle prison, juste à côté de celle-ci. Bingham prétend qu'ici, c'est comme la rue. Mêmes rapports de pouvoir, comportements, brutalité, drogues. La nouvelle prison changera tout ça. On ne voudra jamais y revenir. Soyons clairs, une part de nous-mêmes aime revenir ici, se reposer un peu.

Je me suis inscrit à l'atelier juste pour voir CD. Mme Bevins m'a dit que CD lui avait parlé de moi.

— Ce vieux poivrot ? Je parie qu'on vous a surtout parlé de moi. Moi, je suis Karaté Kid. Celui qui fait craquer les filles. Sérieux, je suis un prince.

Un écrivain, Jerome Washington, a écrit sur ce complexe d'infériorité. Parler p'tit nègre aux Blancs. Des trucs comme « Moi si riche que moi du fric dans mes deux bottes. » C'est vrai qu'on aime ça. La prof rigolait.

— Ignorez-le, dit Dixie. Il est incorrigible.

— Non, non, mam. Encourage-moi tout plein.

Mme Bevins nous a fait remplir, à Karaté Kid et à moi, un formulaire tandis qu'ils lisaient leur texte à haute voix. Je m'attendais à des questions sur notre niveau scolaire et notre casier judiciaire, mais c'était par exemple : « Décrivez votre chambre idéale », ou : « Vous êtes une souche d'arbre. Décrivez-vous. »

On grattait ferme, mais en même temps j'écoutais Marcus lire son histoire. Marcus est un type violent, un Indien, un gros truand. Mais son histoire était bien, c'était un petit garçon qui voit son père se faire tabasser par des péquenauds. Le titre était : « Comment je suis devenu un Cherokee. »

— Belle histoire, dit-elle.

— C'est merdique. Je l'ai trouvée nulle quand je l'ai lue pour la première fois, quelque part. Moi, j'ai jamais connu mon père. Je me suis dit que c'était le genre de connerie que vous attendez de nous. Je parie que ça vous fait jouir de nous aider, nous les pauvres victimes de la société, à nous connecter à notre Moi profond.

— Je m'en contrefiche de votre Moi profond. Je suis là pour vous apprendre à écrire. En vérité, on peut mentir et dire quand même la vérité. Cette histoire est bonne et elle sonne vrai, qu'importe d'où elle vient.

Elle reculait vers la porte tout en parlant.

— Je déteste les victimes. Et je n'ai aucune envie d'être la tienne.

Elle ouvrit la porte, dit au gardien de ramener Marcus à l'étage.

— Si cette classe doit fonctionner, c'est qu'on sera parvenus à se faire totalement confiance.

Elle nous a dit, à Karaté Kid et à moi, que le thème était la douleur.

— Lis-nous ton histoire, s'il te plaît, CD.

Quand il a eu fini, Mme Bevins et moi on se souriait. CD souriait aussi. Première fois que je le voyais vraiment sourire – ses petites dents blanches. L'histoire, c'était un jeune homme et une fille qui contemplent la vitrine d'un brocanteur à North Beach. Ils parlent des objets exposés, une vieille photo d'une jeune mariée, des petits souliers, un coussin brodé.

Sa façon de décrire la jeune fille, ses poignets fins, sa veine bleue au front, sa beauté et son innocence, ça vous prenait aux tripes. Kim pleurait. C'est une jeune pute du quartier de Tenderloin, une coriace.

— Ouais, c'est cool, mais c'est pas sur la douleur, a déclaré Willie.

— Moi, j'ai senti de la douleur, a dit Kim.

— Moi aussi, a renchéri Dixie. Qu'est-ce que je ferais pas, pour qu'on me voie comme ça.

Tout le monde argumentait, disait que c'était sur le bonheur, pas la douleur.

— C'est sur l'amour, a dit Daron.

— L'amour, tu rêves ! Il l'a même pas touchée, cette fille.

Mme Bevins nous a fait remarquer que tous ces objets évoquaient des personnes mortes.

— Le coucher de soleil se reflète dans la vitrine. Toutes ces images sont sur la fragilité de la vie et l'amour. Ces poignets fins. La douleur est dans la conscience que le bonheur est éphémère.

— Ouais, a dit Willie. Sauf que dans cette histoire, il fait greffe sur elle.

— Qu'est-ce tu racontes, negro ?

— C'est dans Shakespeare, mon pote. C'est tout l'intérêt de l'art. Ça préserve son bonheur. CD peut s'y replonger à tout moment, rien qu'en lisant cette histoire.

— Ouais, mais il peut pas niquer.

— Tu as parfaitement compris, Willie. Sincèrement, aucune de mes classes n'a été plus réceptive que la vôtre, a-t-elle dit.

Un autre jour, elle a dit qu'il y avait peu de différence entre le psychisme des criminels et celui du poète :

— Il s'agit de perfectionner la réalité, de se forger sa propre vérité. Vous avez le sens du détail. Deux minutes dans une pièce et vous avez jaugé tout et tout le monde. Vous êtes tous capables de détecter un mensonge.

Les cours duraient quatre heures. On parlait tout en écrivant, on lisait notre travail, ou elle nous faisait la lecture. On parlait à nous-mêmes, à elle, entre nous. Shabazz disait que ça lui rappelait le catéchisme quand il était petit, à colorier des images de Jésus et à causer tout doucement comme ici. Shabazz est un fanatique religieux, qui est là pour avoir cogné sa femme et ses gosses. Ses poèmes étaient à cheval entre du rap et le Chant de Salomon.

Cet atelier d'écriture a changé mon amitié avec Karaté Kid. On écrivait tous les soirs dans notre cellule et on se lisait nos histoires, à haute voix, tour à tour. « Blues pour Sonny » de Baldwin. « L'envie de dormir » de Tchekhov.

J'ai cessé d'être timide après le premier jour, quand j'ai lu tout haut « Ma souche ». Ma souche était la seule qui restait d'une forêt ravagée par un incendie. Elle était noire, morte et, quand le vent soufflait, des morceaux de charbon s'effritaient et tombaient.

— Qu'avons-nous là ? a-t-elle demandé.

— Dépression clinique, a répondu Daron.

— Un hippie cramé, a dit Willie.

— Une mauvaise image corporelle ! s'est exclamée Dixie en riant.

— C'est bien écrit, a déclaré CD. On ressent vraiment le caractère lugubre et désolé de tout.

— Exact, a dit Mme Bevins. On affirme toujours qu'il faut « dire la vérité » quand on écrit. En fait, c'est dur de mentir. Le thème semble idiot… une souche. Mais c'est profondément ressenti. Moi, je vois un alcoolique qui en a assez. Cette souche, c'est comme ça que je me serais décrite avant d'arrêter de boire.

— Vous vous êtes sentie différente combien de temps après avoir arrêté ? j'ai demandé.

Elle a dit que c'était l'inverse. D'abord je devrais penser que je pouvais m'en sortir, et là seulement je pourrais décrocher.

— Holà, a dit Daron. Si je veux entendre ces conneries, je vais aux Alcoolo Anonymes.

— Pardon. Mais faites-moi plaisir – ne répondez pas à haute voix. Tous autant que vous êtes. Demandez-vous si la dernière fois, ou les dernières fois où on vous a arrêtés, quelle que soit l'infraction… vous n'étiez pas défoncés ou alcoolisés à ce moment-là.

Silence. Pris. On a tous rigolé. Dwight a dit :

— Vous connaissez le MADD : les mères contre les chauffards ivres ? Nous, on a notre propre association : les chauffards contre les mères !

Willie est parti deux semaines après mon arrivée. On l'a regretté. Puis deux femmes se sont bagarrées, si bien qu'il ne restait plus que Dixie, Kim, Casey, et six mecs. Sept quand Vee de la Rangee a pris la place de Willie. Un travesti horrible, chétif et boutonneux avec une permanente blonde, des racines noires. Il portait un clip à pain de mie en guise d'anneau de nez, une vingtaine d'autres à chaque oreille. Daron et Dwight le regardaient d'un air mauvais. Il a déclaré qu'il avait écrit des poèmes. « Lis-nous-en un. »

C'était une luxuriante fantaisie sur l'univers des drag-queens. Après sa lecture, personne n'a pris la parole. Finalement, CD a dit : « C'est fort. Faudrait en écouter un autre. » Comme si CD nous donnait à tous la permission d'accepter ce mec. À partir de là, Vee a décollé et, à la séance suivante, il était comme chez lui. On voyait combien ça comptait pour lui d'être écouté. D'ailleurs, pour moi aussi. Une fois, j'ai même eu le culot de raconter la mort de mon chien. Ça m'était égal qu'ils rient, mais personne n'a ri.

Kim n'écrivait pas tellement. Beaucoup de poèmes pleins de remords sur l'enfant qu'on lui avait retiré. Dixie écrivait des textes sardoniques sur le thème : « Le Vice, Quel Pied. » Casey était fantastique. Elle écrivait sur l'addiction à l'héroïne. Ça m'a vraiment touché. La plupart des mecs ici vendaient du crack mais n'en consommaient pas énormément ou bien ils étaient trop jeunes pour connaître les conséquences de plusieurs années d'esclavage volontaire. Mme Bevins, elle, savait. Elle n'en parlait pas souvent, mais assez pour rendre attirant le sevrage.

On a tous écrit de bonnes choses.

— Super ! a dit Mme Bevins à Karaté Kid, un jour. Tu t'améliores de semaine en semaine.

— Sans déc' ? Alors, m'dame, je suis aussi bon que CD ?

— L'écriture, ce n'est pas une compétition. L'important, c'est d'améliorer son propre travail.

— Mais CD est votre préféré.

— Je n'ai pas de chouchou. J'ai quatre fils. J'ai un rapport différent avec chacun. C'est pareil avec vous.

— Mais vous ne nous dites pas de reprendre nos études, de décrocher une bourse. Lui, vous lui répétez toujours qu'il faut qu'il change de vie.

— Elle fait ça avec nous tous, ai-je dit. Sauf avec Dixie. Mais elle la joue subtile. Qui sait, je vais peut-être arrêter de boire un jour. De toute façon, CD est le meilleur. Tout le monde le sait. Le jour de mon arrivée, je l'ai vu dans la cour. Vous savez ce que je me suis dit ? Je me suis dit qu'il avait l'air d'un dieu.

— Un dieu, je sais pas, a fait Dixie. Mais il a tout d'une star. Pas vrai, madame Bevins ?

— Lâchez-moi la grappe, a dit CD.

Mme Bevins a souri.

— OK. Je plaide coupable. Je crois que chaque prof a l'occasion de voir ça, parfois. Ce n'est pas juste de l'intelligence ou du talent. C'est de la noblesse d'esprit. Une qualité qui pourrait le mener loin, dans n'importe quel domaine.

Là, on s'est tus. Je crois qu'on était tous d'accord. Mais on avait pitié d'elle. On savait ce qu'il voulait, ce qu'il allait faire.

Puis on s'est remis au boulot, choisissant des textes pour notre revue. Elle allait la faire composer et ensuite ça serait imprimé au sein de la prison.

Elle et Dixie rigolaient. Elles adoraient toutes les deux cancaner. À présent, elles décernaient des notes à certains adjoints. « C'est le genre à garder ses chaussettes, disait Dixie. — Oui. Et à se passer le fil dentaire, avant. »

— On va manquer de textes. Travaillez ce thème pour la semaine prochaine, voyons ce que ça donne.

Elle nous a distribué une liste de titres tirés du carnet de notes de Raymond Chandler. Chacun devait en choisir un. J'ai pris « Nous aimions tous Al ». Casey a préféré « Trop tard pour sourire ». CD, « Ici, c'est samedi ».

— En fait, il a dit, je crois qu'on devrait donner ce titre à notre revue.

— Trop tard, a dit Kim. On a promis à Willie de prendre le sien. *À travers un œil de chat.*

— OK, donc ce que je veux, c'est deux ou trois feuillets débouchant sur un cadavre. Ne nous montrez pas le cadavre. Ne nous l'annoncez pas. Concluez la nouvelle en sorte que le lecteur le déduise de lui-même. Compris ?

— Compris.

— C'est l'heure, messieurs, a dit le gardien en ouvrant la porte. Par ici, Vee.

Mme Bevins a lâché sur lui une bouffée de parfum avant de le renvoyer là-haut. L'étage homo était assez lamentable. Pour moitié, il s'agissait de vieux poivrots séniles, les autres étaient gays.

J'ai pondu un super bon texte. C'est sorti dans la revue et encore aujourd'hui je le relis sans cesse. C'était sur Al, mon meilleur ami. Il est mort, maintenant. Sauf qu'elle a dit que je n'avais pas respecté la consigne car j'avais parlé de moi et la logeuse trouvant son cadavre.

Kim et Casey ont écrit la même affreuse histoire. Kim, c'était sur son vieux qui la tabassait, Casey, sur un client sadique. C'était clair qu'elles finiraient par leur faire la peau. Dixie avait écrit une belle histoire sur une femme recluse. Celle-ci avait une crise d'asthme mais personne ne l'entendait. Terreur et obscurité totale. Puis il y a un tremblement de terre. Fin.

C'est impossible d'imaginer ce que c'est d'être en prison durant un tremblement de terre.

CD avait écrit sur son frère. La plupart de ses textes étaient sur lui quand ils étaient petits. Les années où ils s'étaient perdus de vue, placés dans différents foyers. Comment ils s'étaient retrouvés par hasard à Reno. Cette histoire-là se déroulait dans le district de Sunnyvale. Il la lut à voix basse. On aurait entendu une mouche voler. C'était sur l'après-midi et la soirée menant à la mort de Chink. Les détails sur le face-à-face des deux gangs. À la fin, les mitraillettes parlaient et CD débouchait au coin de la rue.

J'en avais la chair de poule. Mme Bevins était pâle. Personne ne lui avait dit que le frère de CD était mort. Il n'y avait pas un mot sur lui dans ce texte. C'est dire à quel point c'était fort. L'histoire était si chatoyante et tendue qu'il n'y avait qu'une seule fin possible. La salle était silencieuse et Shabazz a dit : « Amen. » Le gardien a ouvert la porte. « C'est l'heure, messieurs. » Ses collègues attendaient les femmes pendant qu'on s'en allait à la queue leu leu.

CD devait être libéré deux jours après le dernier jour de classe. La revue sortirait le dernier jour et il y aurait une grosse fiesta. Une expo et de la musique par les détenus. Casey, CD et Shabazz allaient faire la lecture. Tout le monde aurait un exemplaire d'*À travers un œil de chat*.

On s'était excités sur ce projet de revue mais personne ne savait à l'avance quel effet ça lui ferait. Voir son travail publié. « Où est CD ? », a demandé Mme Bevins. On ne savait pas. Elle nous a donné à chacun vingt exemplaires. On a lu nos textes à voix haute, nous applaudissant mutuellement. Puis on est restés assis, à lire et relire notre propre œuvre à nous-mêmes.

La classe a été écourtée à cause de la fiesta. Un tas d'adjoints sont venus et ont ouvert les portes entre notre salle et celle d'arts plastiques. On a aidé à installer les tables pour disposer la bouffe. Les piles de revues étaient magnifiques à voir. Vertes sur le bleu des nappes en papier. Des mecs en horticulture apportèrent de gros bouquets de fleurs. Il y avait des peintures exécutées par les élèves aux murs, des sculptures sur leur socle. Un groupe de musiciens s'installait.

Ce groupe a joué, puis ç'a été nos lectures et ensuite l'autre groupe. La lecture s'est déroulée parfaitement et la musique était super. Des mecs des cuisines avaient apporté de la bouffe et des boissons sans alcool, et tout le monde a fait la queue. Il y avait des douzaines de gardiens mais eux aussi, ils semblaient bien s'amuser. Même Bingham était là. Tout le monde était là, sauf CD.

Mme Bevins parlait avec Bingham. Qu'est-ce qu'il est cool, lui. Je l'ai vu acquiescer et faire venir un gardien. J'ai compris qu'il disait de la laisser monter à l'étage.

Elle n'est pas restée absente longtemps, malgré tous ces étages et les six portails d'acier verrouillés. Elle a pris une chaise, l'air pas bien. Je lui ai apporté un Pepsi.

— Vous avez parlé avec lui ?

Elle a fait signe que non.

— Il était couché sous une couverture, il n'a pas voulu me parler. J'ai glissé les revues à travers les barreaux. C'est horrible là-haut, Chaz. Sa fenêtre est cassée, il pleut à l'intérieur. Les cellules sont si petites et sombres.

— Hé, c'est le paradis là-haut ! Personne. Imaginez ces cellules-là avec six mecs à l'intérieur.

— Cinq minutes, messieurs !

Dixie, Kim et Casey l'ont serrée dans leurs bras. Aucun mec ne lui a dit au revoir. J'arrivais même pas à la regarder. Je l'ai entendue dire : « Soigne-toi bien, Chaz. »

Je viens de m'apercevoir que j'ai refait le dernier thème. Et je viens encore de me planter, en parlant explicitement du cadavre, en vous disant qu'ils ont tué CD le jour de sa sortie.

BF et moi

Il m'a plu tout de suite, rien qu'en parlant avec lui au téléphone. Voix éraillée, plaisante avec un sourire et du sexe là-dedans, vous voyez ce que je veux dire. Comment fait-on pour deviner les gens rien qu'à leur voix, d'ailleurs ? La dame des renseignements téléphoniques est trop zélée et condescendante et ce n'est même pas quelqu'un de réel. Et le type du câble qui prétend qu'il a votre affaire à cœur et ne souhaite que vous satisfaire, on sent bien qu'il ricane sous cape.

J'ai été standardiste dans un hôpital, passant toute ma journée à parler à divers médecins que je ne voyais pas. Nous avions toutes nos préférés et ceux qu'on ne pouvait pas saquer. Personne n'avait jamais vu le Dr Wright mais sa voix était si douce et charmeuse qu'on était toutes amoureuses de lui. S'il fallait le biper on mettait toutes un dollar sur le standard, et on se dépêchait de répondre aux appels pour être la première à le toucher, raflant la mise, et à dire : « Hell-oh, docteur Wright. Les urgences vous bipent, docteur. » Je n'ai jamais vu le Dr Wright en vrai mais quand j'ai travaillé aux urgences j'ai pu connaître tous les autres médecins à qui j'avais parlé au téléphone. J'ai vite compris qu'ils étaient tels qu'on les imaginait. Les meilleurs étaient ceux qui étaient prompts à décrocher, d'une voix claire et polie, les pires ceux qui avaient l'habitude de nous engueuler et de lancer : « On embauche des attardées mentales au standard ? » C'étaient ceux qui laissaient leurs patients échouer aux urgences, qui refusaient les bénéficiaires de la couverture médicale minimale. Étonnant comme ceux à la voix sexy pouvaient être tout aussi sexy dans la réalité. Mais non, je ne peux pas décrire comment ils font pour donner cette impression qu'ils viennent de se réveiller ou ont envie d'aller au lit. Prenez par exemple la voix de Tom Hanks. Zéro. Bon, et maintenant celle de Harvey Keitel. Et si vous ne trouvez pas Harvey Keitel sexy, allez, fermez les yeux.

Pour ma part, j'ai une très jolie voix. Je suis une femme forte, qui peut avoir la dent dure, mais tout le monde me croit douce à cause de ma voix. Elle fait jeune, bien que j'aie soixante-dix ans. Les types de Pottery Burn me draguent. « Hé, je parie que vous allez adorer vous allonger sur ce tapis. » Ce genre de réflexion.

Je m'efforçais de trouver quelqu'un pour carreler le sol de ma salle d'eau. Ces types qui mettent des petites annonces pour des travaux de bricolage, peinture, etc., ils ne cherchent pas vraiment du boulot. Ils sont tous pas mal débordés pour le moment ou alors c'est un répondeur qui décroche avec Metallica en fond sonore et on ne vous rappelle jamais. Au bout de six tentatives, BF a été le seul à dire qu'il viendrait. Il a décroché, dit Ouais, c'est BF, alors j'ai dit Ouais, c'est LB. Et il a ri, très cool. Je lui ai dit que j'avais des carreaux à poser et il a répondu qu'il était mon homme. Il pouvait venir n'importe quand. J'imaginais un petit malin d'une vingtaine d'années, beau gosse, avec des tatouages et les cheveux en pétard, un pick-up et un chien.

Il ne s'est pas pointé le jour dit mais a rappelé le lendemain, disant qu'il avait eu un contretemps, pouvait-il passer dans l'après-midi ? Et comment. Un peu plus tard, ce jour-là, j'ai vu le pick-up, entendu frapper à ma porte, mais j'ai mis du temps à me radiner. J'ai une méchante arthrite et je m'étais emberlificotée dans mon tuyau d'oxygène par-dessus le marché. Un moment ! ai-je crié.

Il se tenait au mur et à la rampe, ahanant et toussant après avoir monté les trois marches. C'était un type énorme, grand, très gros et très vieux. Alors même qu'il était encore à l'extérieur, à reprendre sa respiration, j'ai senti son odeur. Tabac et laine sale, l'aigre sueur des alcooliques. Il avait des yeux bleu layette injectés de sang, pleins de malice. Il m'a plu tout de suite.

Il a dit qu'il aurait bien besoin d'oxygène lui-même. Je lui ai conseillé de s'en procurer un réservoir, mais il a répondu qu'il aurait peur de se faire exploser, à force. Il est entré et est allé vers la salle d'eau. Pas la peine de lui indiquer le chemin. J'habite un mobil-home et on ne peut pas trop se perdre. Mais il s'est avancé d'un pas pesant en faisant tout trembler. Je l'ai regardé prendre des mesures pendant un moment avant d'aller m'asseoir dans la cuisine. J'avais toujours son odeur dans le nez. Cette puanteur était ma madeleine à moi, qui m'évoquait Grand-Père et oncle John, pour commencer.

Les mauvaises odeurs, ça peut être chouette. Une vague odeur de putois dans les bois. Crottin aux courses. Ce que j'aime au zoo, c'est cette odeur de fauve. À la corrida j'ai toujours aimé m'asseoir en hauteur afin de tout voir, comme à l'opéra, mais si on se place près de la *barrera* on a l'odeur du taureau.

BF était exotique pour moi simplement en raison de sa crasse. À Boulder, où j'habite, il n'y a pas de saleté. Pas de gens sales. Même les joggers ont l'air de sortir à peine de la douche. Je me suis demandé où il buvait parce que je n'ai jamais vu non plus de bar miteux à Boulder. Il me semblait être du genre à aimer parler en buvant.

Il parlait tout seul dans la salle d'eau, grognant et haletant quand il s'est abaissé pour mesurer l'armoire à linge. Lorsqu'il s'est relevé péniblement, avec un BON SANG DE BONSOIR, je jure que toute la baraque en a oscillé. En ressortant, il m'a dit que ça faisait 4,10 mètres carrés. Incroyable ! j'ai dit. J'avais compté 4,10 ! Ben, c'est que vous avez un bon œil. Deux bons yeux. Il a souri, découvrant ses fausses dents marron.

— Vous ne pourrez pas marcher dessus pendant soixante-douze heures.

— Tiens ! Première nouvelle.

— C'est comme ça. La colle doit sécher.

— Jamais au cours de ma vie, je n'ai entendu dire : « On est allés à l'hôtel le temps que la colle des carreaux sèche. » Ou : « Je peux dormir chez toi en attendant que la colle des carreaux sèche ? » Je n'ai jamais entendu parler de ça.

— C'est parce que la plupart des gens qui font poser du carrelage ont deux salles de bains.

— Et ceux qui n'en ont qu'une ?

— Ils gardent la moquette.

Celle-ci était là quand j'ai acheté le mobil-home. Orange à longues mèches. Tachée.

— Je ne peux pas saquer cette moquette.

— Là, je vous donne pas tort. Tout ce que je dis, c'est qu'il faudra pas marcher sur ces carreaux pendant soixante-douze heures.

— Impossible. Je prends du Lasix pour mon cœur. Je vais aux toilettes vingt fois par jour.

— Alors allez-y, mais si jamais ça bouge, faudra pas m'accuser, parce que je suis un bon carreleur.

On s'est mis d'accord sur le prix de son travail et il a dit qu'il viendrait vendredi matin. Il souffrait visiblement de s'être penché. Asphyxié, il est reparti en traînant la jambe, s'arrêtant pour s'appuyer à la paillasse de la cuisine puis au poêle du séjour. Je l'ai raccompagné à la porte, marquant les mêmes stations. Au bas des marches il a allumé une cigarette et m'a souri. À la prochaine. Son chien attendait patiemment dans le pick-up.

Le vendredi il n'est pas venu. Il n'a pas appelé, aussi ai-je composé son numéro le dimanche. Pas de réponse. J'ai trouvé la page du journal avec tous les autres numéros. Aucun ne répondait non plus. J'ai imaginé une salle de bar genre western pleine de carreleurs, tous tenant des bouteilles, des cartes ou des verres, en train de pioncer, la tête sur la table.

Il a appelé hier. J'ai dit allô, et il a dit :

— Comment ça va, LB ?

— Super, BF. Je me demandais si je vous reverrais un jour.

— Et si je venais demain ?

— Ça me va.

— On dit 10 heures ?

— Oui, oui. Quand vous voulez.

Minute papillon !

Soupirs, rythmes cardiaques, contractions de l'accouchement, orgasmes, tout se jette dans le cours du temps de même que des pendules à balancier placées côte à côte finissent par battre à l'unisson. Des lucioles dans un arbre clignotent comme si elles ne faisaient qu'une. Le soleil monte et redescend. La lune croît et décroît, et en principe le journal atterrit sur la véranda à six heures trente-cinq.

Quand quelqu'un meurt, le temps s'arrête. Bon, il s'arrête pour lui, certes, mais pour les proches le temps se détraque. La mort vient trop tôt. Elle oublie les marées, les jours qui rallongent ou raccourcissent, la lune. Elle déchire le calendrier. On n'est pas à son bureau ou dans le métro, ou en train de préparer le repas pour les enfants. On est en train de lire *People* dans la salle d'attente du service de chirurgie, ou de grelotter sur un balcon, à fumer toute la nuit. On regarde dans le vague, assise dans la chambre de son enfance avec le globe sur le secrétaire. Iran, Congo belge. Le côté négatif, c'est que lorsqu'on reprend le train-train quotidien, toutes les petites habitudes, les repères de la journée, tout semble n'être que mensonges absurdes. Tout est suspect, une ruse pour nous endormir, nous réintégrer sournoisement dans la sereine inexorabilité du temps.

Lorsqu'il s'agit d'une maladie mortelle, l'apaisante moulinette du temps vole en éclats. Trop vite, pas le temps, je t'aime, je dois finir ceci, lui dire cela. Minute papillon ! Je voudrais m'expliquer. Au fait, où est Toby ? Ou bien le temps devient sadiquement lent. La mort rôde tandis que tu attends que vienne le soir, que vienne le jour. Chaque jour, tu lui dis un peu adieu. Oh, qu'on en finisse, bon sang. Tu as l'œil sur le panneau Arrivée/Départ. Les nuits sont interminables parce que tu te réveilles au moindre toussotement ou sanglot, et ensuite tu restes éveillée dans ton lit à l'écouter respirer tout doucement, comme un enfant. L'après-midi à son chevet, tu sais l'heure qu'il est en fonction du passage de la lumière, maintenant sur la Vierge de Guadalupe, maintenant sur le nu au fusain, le miroir, la boîte à bijoux sculptée, illuminant le flacon Fracas. Le vendeur de *camote* fait entendre son sifflement dans la rue, en bas, puis tu aides ta sœur à aller dans la *sala* pour regarder les actualités de Mexico, puis celles des USA avec Peter Jennings. Ses chats montent sur ses genoux. Elle est sous oxygène mais les poils la gênent quand même pour respirer. « Non, ne les chasse pas. Minute papillon. »

Tous les soirs après le journal télévisé, Sally pleurait. Elle se lamentait. Sans doute pas longtemps, mais dans l'espace-temps de sa maladie, ça durait, durait, douloureux et rauque. Je n'arrive même pas à me rappeler si au début ma nièce Mercedes et moi on pleurait avec elle. Je ne crois pas. On n'est pas des pleureuses, nous autres. Mais on l'embrassait, on l'étreignait, on chantait pour elle. On essayait de blaguer : « Faudrait peut-être regarder Tom Brokaw à la place ? » On lui préparait des *aguas*, du thé, du chocolat. Je ne sais plus quand elle a cessé de pleurer, peu avant sa mort, mais là ç'a été véritablement horrible, ce silence, et il a duré longtemps.

Quand elle pleurait, parfois elle disait des choses comme : « Excusez-moi, ça doit être la chimio. C'est un genre de réflexe. Ne faites pas attention. » Mais à d'autres moments elle nous suppliait de pleurer avec elle.

— Je ne peux pas, *mi Argentina*, répondait Mercedes. Mais mon cœur pleure. Comme on sait que tu vas le faire, on s'endurcit instinctivement.

C'était gentil de sa part de dire ça. Moi, ces pleurs me rendaient marteau.

Une fois, tout en pleurant, Sally a déclaré : « Je ne reverrai plus jamais d'ânes ! », ce qui nous a paru désopilant. Elle s'est mise en colère, elle a fracassé sa tasse et des soucoupes, nos verres et le cendrier contre le mur. Elle a renversé la table, criant après nous. Garces calculatrices, sans cœur. Pas une once de compassion ou de pitié.

— Une *pinche* larme. Vous n'avez même pas l'air triste.

Elle souriait à présent.

— De vraies fliquettes. Bois ça. Prends ce mouchoir. Vomis dans la cuvette.

La nuit, je l'aidais à se coucher, lui donnais ses cachets, lui faisais une piqûre. Je l'embrassais et la bordais. « Bonne nuit. Je t'aime, ma petite sœur, *mi cisterna*. » Je dormais dans une petite chambre contiguë, un cagibi, et je pouvais l'entendre à travers la cloison en contre-plaqué, lire, fredonner, écrire. Parfois elle pleurait et c'était les pires moments, car elle s'efforçait d'étouffer ces pleurs désolés contre l'oreiller.

Au début, j'allais la consoler, mais ça semblait ne faire qu'aggraver son état, son anxiété. Les somnifères agissaient à l'envers et la réveillaient, provoquant agitation et nausées. Alors, je me contentais de lancer : « Sally. Chère Sal *y pimienta*, Salsa, ne sois pas triste. » Ce genre de choses.

— Tu te rappelles, au Chili, quand Rosa mettait des briques chaudes dans nos lits ?

— J'avais oublié !

— Tu veux que je te trouve une brique ?

— Non, *mi vida*, je vais m'endormir.

Elle avait subi une mastectomie et une radiothérapie et, pendant cinq ans, elle avait été bien. Vraiment bien. Elle était radieuse et magnifique, follement heureuse avec un homme bien, Andrés. Elle et moi étions devenues amies, pour la première fois depuis notre enfance compliquée. C'était comme tomber amoureuse, cette découverte réciproque, tout ce qu'on avait en commun. Nous sommes allées dans le Yucatán et à New York ensemble. J'allais à Mexico, ou bien elle venait à Oakland. Quand notre mère est morte, on a passé une semaine à Zihuatanejo, à parler jour et nuit. On a exorcisé nos parents, notre propre rivalité, et il me semble qu'on a l'une et l'autre mûri.

J'étais à Oakland quand elle a appelé. Le cancer était dans ses poumons à présent. Partout. Le temps pressait. *Apurate*. Viens tout de suite !

Il m'a fallu trois jours pour quitter mon emploi, faire mes bagages et déménager. Dans l'avion pour Mexico, j'ai songé à la façon dont la mort déchiquette le temps. Ma vie ordinaire s'était évaporée. Thérapie, longueurs de bassin à la YMCA. On déjeune ensemble vendredi ? Fête chez Gloria, dentiste demain, lessive, passer chez le libraire, ménage, racheter des croquettes pour le chat, garder mes petits-fils samedi, commander gaze et boutons de gastrostomie au boulot, écrire à August, parler à Josee, faire de la pâtisserie, CJ qui vient. Encore plus étrange, un an plus tard des employés de la supérette ou de la librairie, des amis croisés dans la rue, disaient n'avoir pas remarqué que je n'habitais plus là.

J'ai contacté Pedro, son oncologue, depuis l'aéroport de Mexico, pour savoir à quoi m'attendre. J'avais cru comprendre que c'était une question de semaines ou de mois. « *Ni modo*, dit-il. On va continuer la chimio. Ça peut être six mois, un an, voire plus. »

— Si tu m'avais juste dit : Je veux que tu viennes maintenant, je serais venue, lui ai-je dit un peu plus tard, ce soir-là.

— Non, tu ne serais pas venue ! répondit-elle en riant. Tu es réaliste. Tu sais que j'ai des domestiques pour tout faire, et des infirmières, des médecins, des amis. Tu aurais jugé que je n'avais pas encore besoin de toi. Mais j'ai besoin de toi maintenant, pour m'aider à tout mettre en ordre. Je veux que tu fasses la cuisine pour qu'Alicia et Sergio dînent ici. Je veux que tu me fasses la lecture et prennes soin de moi. C'est maintenant que je me sens seule et que j'ai peur. Maintenant que j'ai besoin de toi.

On a tous des albums mentaux. Images. Instantanés de personnes qu'on aime à différents moments. Celle-ci, c'est Sally en jogging vert foncé, assise en tailleur sur son lit. Teint lumineux, ses yeux verts enluminés de larmes tandis qu'elle me parle. Ni artifice ni apitoiement sur soi-même. Je l'ai embrassée, reconnaissante de cette confiance qu'elle m'accordait.

Au Texas, quand j'avais huit ans et elle trois, je la détestais, je l'enviais avec un violent frémissement dans mon cœur. Notre grand-mère me laissait vagabonder dans la nature, à la merci des adultes, tandis qu'elle protégeait la petite Sally, la coiffait et faisait des tartes uniquement pour elle, la berçait pour l'endormir et lui chantait « Way Down in Missoura ». Mais j'ai des instantanés d'elle y compris à cette époque-là, souriant et m'offrant du gâteau au chocolat avec cette indéniable gentillesse qu'elle n'a jamais perdue.

À Mexico, les premiers mois passèrent à toute allure comme ces éphémérides qui s'effeuillent dans les vieux films. De chaplinesques charpentiers jouaient du marteau dans la cuisine, des plombiers tapaient dans la salle de bains. Des hommes vinrent arranger toutes les poignées des portes et les fenêtres cassées, poncer les parquets. Mirna, Belen et moi, on s'est attaquées à la réserve, le *tapanco*, les placards, les bibliothèques et les tiroirs. On a balancé souliers et chapeaux, colliers de chien, veste Nehru. Mercedes, Alicia et moi, on a sorti tous les vêtements et bijoux de Sally, les étiquetant en vue de les donner à des amies.

Doux après-midi à se prélasser par terre dans sa chambre, triant des photos, lisant des lettres, des poèmes, cancanant, racontant des anecdotes. Le téléphone et le carillon à l'entrée sonnaient sans cesse. Je filtrais appels et visites, j'étais celle qui les abrégeait si elle était fatiguée, ou je laissais faire si elle était contente, comme avec Gustavo, immanquablement.

Lorsqu'une maladie mortelle est diagnostiquée chez quelqu'un, c'est tout d'abord un déluge d'appels, de lettres et de visites. Mais à mesure que les mois passent et que les temps deviennent difficiles, les gens sont moins nombreux à venir. C'est alors que la maladie grandit, que le temps est plus lent et plus sonore. On entend les pendules, les cloches de l'église, les vomissements et chaque souffle haletant.

Miguel, l'ex-mari de Sally, et Andrés venaient tous les jours, mais à des moments différents. Sauf une fois, où leurs visites ont coïncidé. Je fus surprise de constater que l'ex-mari avait automatiquement la préséance. Il s'était remarié depuis longtemps, mais son orgueil était toujours à prendre en compte. Andrés n'était dans la chambre de Sally que depuis quelques minutes. Je lui ai apporté café et *pan dulce*. Mais juste au moment où je les disposais sur la table, Mirna est arrivée en disant : « Le señor est là ! »

— Vite, dans ta chambre ! a dit Sally.

Andrés s'est précipité dans mon cagibi, emportant son café et sa brioche. Je venais de l'y enfermer quand Miguel a fait son entrée.

— Café ! J'ai besoin d'un café ! a-t-il dit.

Alors je suis allée dans ma chambre pour reprendre le café et le *pan dulce* à Andrés et les apporter à Miguel. Andrés a disparu.

Je suis devenue très faible, et j'avais du mal à marcher. On croyait que c'était l'*estress* (pas de mot espagnol pour « stress »), mais finalement je me suis évanouie dans la rue et j'ai atterri aux urgences. Je souffrais d'une grave anémie due à une hernie hiatale entraînant des saignements. Je suis restée plusieurs jours là-bas pour des transfusions sanguines.

Je me sentais bien plus forte à mon retour, mais ma maladie avait effrayé Sally. La mort nous rappelait qu'elle était toujours là. Le temps a repris de la vitesse. Je la croyais endormie et me levais pour aller me coucher.

— T'en va pas !

— Je vais juste aux toilettes, je reviens.

La nuit, si elle s'étouffait ou toussait, je me réveillais pour aller la voir.

Elle était sous oxygène désormais et sortait rarement de son lit. Je lui faisais sa toilette dans sa chambre, des injections contre la douleur et les nausées. Elle avalait un peu de bouillon, grignotait parfois des crackers. Croquait de la glace. Je mettais des glaçons dans une serviette et les balançais, les balançais contre le mur de béton. Mercedes s'allongeait à son côté et moi par terre, pour leur faire la lecture. Je m'arrêtais quand elles semblaient endormies, mais elles disaient toutes les deux : « Encore ! »

Bueno. « Je défie quiconque de dire que notre Becky, qui n'est pas sans défaut, n'a pas été présentée au monde de la plus distinguée et inoffensive des façons… »

Pedro aspira le liquide dans son poumon, mais elle avait de plus en plus de mal à respirer. J'ai décidé de faire un grand ménage dans sa chambre. Mercedes est restée avec elle dans le living, tandis que Mirna, Belen et moi on balayait et époussetait, lavait les murs, les fenêtres et le sol. J'ai déplacé son lit, le collant sous la fenêtre ; désormais, elle pouvait voir le ciel. Belen a mis des draps propres et repassés, des couvertures moelleuses et on l'a ramenée dans sa chambre en la portant. Elle s'est allongée contre son oreiller, le soleil printanier donnant en plein sur son visage.

— *El sol*, a dit Sally. Je le sens.

Assise contre l'autre mur, je l'ai observée en train de regarder par la fenêtre. Avion. Oiseaux. Traînée blanche. Coucher de soleil !

Bien plus tard, je lui ai dit bonne nuit et je suis allée dans ma petite chambre. L'humidificateur de son réservoir d'oxygène glougloutait comme une fontaine. J'ai guetté la respiration qui signifierait qu'elle dormait. Son sommier a grincé. Elle a soupiré, puis gémi, respirant péniblement.

J'ai tendu l'oreille et attendu, puis j'ai perçu le cling-cling des anneaux du rideau au-dessus de son lit.

— Sally ? Salamander, qu'est-ce que tu fabriques ?

— Je regarde le ciel !

Près d'elle, j'ai regardé par ma propre petite fenêtre.

— *Oye*, sœurette…

— Oui, dis-je.

— Je t'entends : tu pleures pour moi !

Il y a sept ans que tu es morte. Bien entendu, ce que je vais dire ensuite, c'est que le temps a passé trop vite. J'ai vieilli. Tout à coup, *de repente*. Je marche avec difficulté. Et même, je bave. Je ne ferme pas la porte à clé, au cas où je mourrais dans mon sommeil, mais il est plus probable que je me survivrai jusqu'à ce qu'on m'expédie quelque part. Déjà je deviens gâteuse. J'ai garé ma voiture au coin de la rue parce qu'il y avait quelqu'un à ma place habituelle. Un peu plus tard, voyant que cette place s'était libérée, je me suis demandé où j'avais bien pu me garer. Il n'est pas si étrange que je parle à mon chat, mais je me sens bête car il est sourd comme un pot.

Mais il n'y a jamais assez de temps. « Du vrai temps », comme disaient les détenus à qui j'enseignais jadis pour faire comprendre qu'on a tort de croire qu'ils ont du temps à revendre. Car ce temps-là, il n'est pas à eux.

J'enseigne dans une jolie ville de montagne *fresa* aujourd'hui. Les mêmes montagnes Rocheuses dont Papa exploitait les gisements, mais bien loin de Butte ou Cœur d'Alene. Et j'ai de la chance. Ici, j'ai de bons amis. Je vis sur les contreforts où les chevreuils passent, gracieux et pudiques, devant ma fenêtre. J'ai vu des mouffettes s'accoupler au clair de lune ; leurs cris perçants étaient comme des instruments de musique orientaux.

Mes fils et leur famille me manquent. Je les vois peut-être une fois par an, et c'est toujours formidable, mais je ne fais plus vraiment partie de leur vie. Pas plus que de celle de tes enfants. Bien que Mercedes et Enrique soient venus se marier ici !

Tant d'autres ont disparu. Autrefois, ça m'amusait d'entendre dire : « J'ai perdu mon mari. » Mais c'est ce que je ressens. Quelqu'un manque. Paul, tante Chata, Buddy. Je comprends qu'on puisse croire aux fantômes ou tenir des séances de spiritisme. Je passe des mois à ne penser qu'aux vivants, puis soudain Buddy se pointe avec une blague, ou toi, te voici bien vivante, évoquée par un tango ou une *agua de sandia*. Si seulement tu pouvais me parler. Tu es aussi contrariante que mon chat sourdingue.

La dernière fois que tu es venue, c'était quelques jours après le blizzard. La glace et la neige recouvraient toujours le sol, mais nous avions par chance une belle journée. Écureuils et pies jacassaient, des moineaux et pinsons chantaient sur les branches nues. J'ai ouvert toutes les portes et fenêtres. J'ai bu du thé à la table de la cuisine, me chauffant le dos au soleil. Des guêpes sortaient du nid sur la véranda, flottant paresseusement à travers la maison, formant des cercles somnolents qui ronronnaient dans toute la cuisine. C'est alors que la pile du détecteur de fumée est morte et ça s'est mis à gazouiller comme un grillon, l'été. Le soleil a effleuré la théière et le pot de farine, le bouquet de giroflées dans le vase argenté.

Une indolente illumination, comme un après-midi mexicain dans ta chambre. Je voyais le soleil sur ton visage.

L'instinct du nid

Je ne les ai jamais vues abandonner l'arbre dans la matinée, mais tous les soirs, environ une demi-heure avant la nuit, les corneilles commencent à affluer depuis les quatre coins de la ville. Il y a peut-être des rabatteuses attitrées qui planent dans le ciel de quartier en quartier, appelant leurs congénères à rentrer au bercail, à moins que chacune d'elles ne tourne en rond, rassemblant des retardataires avant de se matérialiser dans l'arbre. À force d'observer leur manège, je devrais pourtant avoir compris. Mais je ne vois que des corneilles, par dizaines, qui rappliquent de toutes parts, venant de très loin, et cinq ou six qui ont l'air de planer au-dessus de O'Hare, appelant appelant, et ensuite en une fraction de seconde soudain tout est silencieux et on ne voit plus rien. L'arbre a l'air d'un érable ordinaire. On ne se douterait jamais qu'il y en a autant.

Je me trouvais par hasard côté façade quand elles me sont apparues pour la première fois. J'étais allée en ville avec mon réservoir d'oxygène portatif et, assise sur la balancelle de la véranda, j'admirais la lumière du soir. En principe, je m'installe derrière, sur l'autre véranda qui est à portée du tuyau du réservoir principal. Parfois, je regarde les infos à cette heure-là ou je prépare à manger. Ce que je veux dire c'est que j'aurais pu facilement ignorer que cet érable est plein de corneilles au crépuscule.

S'envolent-elles toutes ensemble ensuite pour aller dormir dans un autre arbre, plus haut dans la montagne ? Possible, car je me lève tôt, et postée à la fenêtre qui est face aux contreforts je n'en ai jamais vu s'envoler de l'arbre. En revanche je vois des chevreuils monter dans les collines de Mount Sanitas et Dakota Ridge et le soleil levant teinter de rose les rochers. S'il y a de la neige et qu'il fait très froid, il y a ce phénomène caractéristique – quand les cristaux de glace transforment les couleurs matinales en vitraux roses, corail fluo.

Bien entendu, c'est l'hiver en ce moment. L'arbre est nu et il n'y a pas de corneilles. C'est juste que je réfléchis à leur sujet. Il m'est difficile de marcher, donc pas question de grimper la côte. Je pourrais y aller en voiture, je suppose, tel Buster Keaton qui se faisait conduire de l'autre côté de la rue par son chauffeur. Mais je crois qu'il ferait trop sombre alors pour les voir dans l'arbre.

Je ne sais même pas pourquoi je parle de ça. Des pies surgissent maintenant, bleues, vertes sur fond de neige. Leur cri est tout aussi autoritaire. Certes, je pourrais me procurer un livre ou appeler quelqu'un et me renseigner sur les habitudes de nidification des corneilles. Mais ce qui me tracasse, c'est que j'ai remarqué cela par hasard. Qu'ai-je encore raté ? Combien de fois dans ma vie ai-je été, pour ainsi dire, côté pile au lieu de côté face ? Qu'aurait-on pu me dire alors, que je n'ai pas entendu ? Quel amour m'attendait, que je n'ai pas connu ?

Questions oiseuses. Si j'ai réussi à vivre aussi longtemps, c'est uniquement parce que je ne m'accroche pas au passé. Je ferme la porte sur les chagrins, les regrets, les remords. Si je les laissais entrer, si j'avais cette faiblesse d'entrebâiller la porte, vlan ! elle s'ouvrirait à la volée la douleur cinglerait mon cœur m'aveuglerait de honte casserait tasses et bouteilles renverserait des bocaux fracasserait des fenêtres et je tituberais saignante sur le sucre renversé et le verre brisé terrifiée suffoquée jusqu'à ce que sur un ultime sanglot et frisson je referme la lourde porte. Ramassant les morceaux une fois de plus.

Peut-être n'est-ce pas si dangereux, de laisser entrer le passé s'il est précédé d'un : « Et si ? » Et si j'avais parlé avec Paul avant son départ ? Et si j'avais demandé de l'aide ? Et si j'avais épousé H ? Alors que je regarde cet arbre où il n'y a plus maintenant ni branches ni corneilles, les réponses à ces « Et si » sont étrangement rassurantes. Ça n'aurait jamais pu arriver, ce « et-si »-là ou celui-ci. Tout le bien et le mal qui m'est arrivé dans la vie était prévisible et inéluctable, surtout les choix et les actes qui devaient me mener à la solitude totale qui est la mienne.

Mais si je devais remonter plus loin en arrière, avant notre départ pour l'Amérique du Sud ? Et si le Dr Mock avait décrété que je ne pouvais pas quitter l'Arizona avant une année, que j'avais besoin d'une longue thérapie et d'ajustements de mon corset, éventuellement d'une opération pour ma scoliose ? J'aurais rejoint ma famille l'année suivante. Et si j'avais vécu avec les Wilson à Patagonia, allant une fois par semaine chez l'orthopédiste de Tucson, lisant *Emma* ou *Jane Eyre* pendant l'étouffant trajet en bus ?

Les Wilson avaient cinq enfants, tous assez âgés pour travailler au General Store ou au Sweet Shop que la famille possédait. Je travaillais avant et après l'école au Sweet Shop avec Dot, et partageais sa chambre mansardée. Dot avait dix-sept ans ; c'était l'aînée. Une femme, en fait. Elle ressemblait aux femmes dans les films, à la voir se tartiner de fond de teint, estomper son rouge à lèvres, ou rejeter la fumée de cigarette par les narines. On dormait ensemble sur le matelas de foin recouvert de vieilles couettes. J'appris à ne pas l'embêter, à rester allongée là, électrisée par ses odeurs. Elle domptait ses frisettes rousses avec l'huile Wildroot, se barbouillait de Noxzema avant de se coucher et se mettait toujours du Tweed aux poignets et derrière les oreilles. Elle sentait le tabac, la sueur et le déodorant Mum, et ce que je devais identifier plus tard comme l'odeur du sexe. On sentait toutes les deux le graillon car on faisait cuire des hamburgers et des frites au Sweet Shop jusqu'à la fermeture, à dix heures. Pour rentrer, il fallait traverser la grand-rue et les voies ferrées, passer sans traîner devant le saloon et descendre la rue jusque chez elle. La maison Wilson était la plus jolie de toutes. Une grande maison blanche d'un étage avec une petite barrière, un jardin et sa pelouse. La plupart des maisons à Patagonia étaient petites et moches. Habitations temporaires peintes dans ce curieux brun caramel propre aux villes-champignons. La plupart des gens travaillaient là-haut, dans la montagne, aux mines Trench et Flux où mon père avait été contremaître. À présent, il était acheteur de minerai au Chili, au Pérou et en Bolivie. Il aurait voulu ne pas partir, ne pas quitter les mines, préférant travailler au fond des galeries. Ma mère l'avait convaincu d'y aller, tout le monde l'avait fait. C'était une formidable opportunité et nous allions être très riches.

Il avait payé les Wilson pour mon gîte et mon couvert, mais ils avaient tous jugé qu'il serait bénéfique pour mon caractère de travailler comme les autres enfants. Et on trimait véritablement tous, surtout Dot et moi, car on finissait tard et on se levait à 5 heures du matin. On ouvrait pour les trois bus de mineurs qui allaient de Nogales à la Trench. Les bus se succédaient à quinze minutes d'intervalle ; les mineurs avaient tout juste le temps de prendre un ou deux cafés et des beignets. Ils nous remerciaient et nous saluaient de la main en partant. *Hasta luego !* On finissait la vaisselle, on se préparait des sandwiches pour midi. Mme Wilson venait prendre le relais et on allait à l'école. Je fréquentais encore l'école primaire sur la colline. Dot était élève dans le secondaire.

Quand on rentrait le soir à la maison, elle filait par-derrière pour voir Sextus, son petit copain. Il vivait dans un ranch à Sonoita, avait quitté l'école pour aider son père. Je ne sais pas à quelle heure elle rentrait : je m'endormais à la seconde où ma tête touchait l'oreiller. À la seconde même ! J'aimais l'idée d'un matelas de foin comme dans *Heidi*. C'était agréable et ça sentait bon. Il me semblait toujours que je venais de fermer les yeux quand Dot me secouait. Elle avait déjà fait sa toilette, ou pris une douche et était habillée, et, tandis que j'en faisais autant, elle brossait ses cheveux coupés à la Louise Brooks et se maquillait. « Qu'est-ce que tu regardes ? Fais le lit, si t'as rien d'autre à faire ! » Elle ne m'aimait vraiment pas, mais comme c'était réciproque, ça m'était égal. En allant au Sweet Shop, elle me disait encore et encore que j'avais intérêt à ne rien dire pour Sextus car son père la tuerait. Toute la ville était déjà au courant, sinon j'en aurais parlé, pas à ses parents mais à quelqu'un, uniquement parce qu'elle était méchante. Elle l'était par principe. Elle s'imaginait devoir détester cette gamine qu'on avait collée dans sa chambre. La vérité, c'est qu'on s'entendait bien à part ça, on formait une bonne équipe, toujours prêtes à rire tout en éminçant les oignons, préparant les boissons, retournant les hamburgers. Nous étions l'une et l'autre vives et efficaces, et nous aimions bien les gens, surtout les gentils mineurs mexicains qui blaguaient et nous taquinaient dans la matinée. Après l'école, des gamins et des gens de la ville venaient boire des sodas ou déguster des glaces, faire marcher le juke-box ou jouer au flipper. On servait des hamburgers, des chili dogs, des paninis au fromage fondu. Il y avait la salade au thon et aux œufs, la salade de pommes de terre et la salade de chou préparée par Mme Wilson. Mais le plat le plus populaire, c'était le chili que la mère de Willie Torres apportait tous les après-midi. Ragoût au piment rouge en hiver, ragoût de porc au piment vert en été. Piles de tortillas qu'on faisait réchauffer au gril.

Si Dot et moi on était si dures et rapides à la tâche, c'est qu'il y avait entre nous un accord tacite : une fois la vaisselle faite et le gril nettoyé, elle sortait avec Sextus et moi, je répondais aux quelques commandes de café et parts de tarte entre neuf et dix heures. Mais surtout, je faisais mes devoirs avec Willie Torres.

Willie travaillait jusqu'à neuf heures dans le bureau de l'essayeur, juste à côté. On était dans la même classe à l'école et c'est là qu'on était devenus amis. Le samedi matin, je venais avec mon père dans le pick-up chercher des provisions et le courrier pour les quatre ou cinq familles qui vivaient dans la montagne du côté de la mine Trench. Quand il avait tout acheté et chargé, Papa s'arrêtait au Bureau de Contrôle de M. Wise. Ils buvaient un café et parlaient minerai, mines, veines ? Pardon, j'ai pas bien suivi. Je sais qu'il s'agissait de minéraux. Dans ce bureau, Willie était une autre personne. À l'école, il était timide, étant venu du Mexique à l'âge de huit ans ; donc même s'il était plus futé que Mme Boosinger, il avait parfois du mal à lire et à écrire. La première carte de la Saint-Valentin que j'ai reçue de lui disait : « Tu veu bien aitre ma fiansé ? » Mais personne ne se moquait de lui comme on se moquait de moi et mon corset dorsal, criant : « Gare à la perche ! » sur mon passage parce que j'étais très grande. Lui aussi, il était grand, avec un visage indien, des pommettes saillantes et des yeux sombres. Ses vêtements étaient propres mais miteux et trop petits, ses cheveux noirs et raides, de longueurs inégales car coupés par sa mère. Quand j'ai lu *Les Hauts de Hurlevent*, Heathcliff m'est apparu sous les traits de Willie, brave et indomptable.

Au Bureau de l'Essayeur il paraissait omniscient. Plus tard il serait géologue. Il me montra comment repérer de l'or, « l'or des fous » et l'argent. Ce jour-là, mon père m'a demandé de quoi on avait parlé. Je lui ai montré ce que j'avais appris. « Ça, c'est du cuivre. Du quartz. Du plomb. Du zinc. — Formidable ! », dit-il, très satisfait.

Sur le chemin du retour j'eus droit à un exposé sur la composition géologique des terres qui s'étendaient jusqu'à la mine.

Par la suite, Willie me montra d'autres rochers.

« Ça, c'est du mica. Ici, c'est du schiste. Là, du calcaire. »

Il m'expliqua des cartes minières. On farfouillait dans des boîtes pleines de fossiles. Lui et M. Wise se lançaient à leur recherche. « Tiens, celui-ci ! Regarde cette feuille ! » Je n'ai jamais compris que je l'aimais tant notre relation était paisible, totalement étrangère à l'amour dont les filles parlaient tout le temps, ces coups de foudre, ces béguins, ces ooh Jeeny est amoureuse de Marvin.

À la boutique, on tirait les stores et on s'installait au comptoir pour faire nos devoirs entre neuf et dix, tout en savourant une coupe glacée au chocolat. Il pouvait bidouiller le juke-box pour qu'il passe en boucle « Slow Boat to China », « Cry », ou « Texarkana Baby ». Il était bon en arithmétique et en algèbre et j'étais douée avec les mots alors on s'entraidait. À cheval sur nos tabourets, on s'appuyait l'un à l'autre. Il accrochait même son coude à la partie de mon corset qui dépassait, et ça ne me gênait pas. En général, si je voyais qu'on avait ne fût-ce que remarqué ce corset à travers mes vêtements, j'en étais malade de honte.

Plus que tout autre chose, nous partagions une certaine léthargie. On ne se disait jamais : « Mince, qu'est-ce que j'ai sommeil. Pas toi ? » On était simplement fatigués ensemble, on s'appuyait l'un contre l'autre en bâillant au Sweet Shop. À l'école, on bâillait et on se souriait d'un bout à l'autre de la classe.

Son père avait été tué dans un affaissement de galerie à la mine Flux. Mon père s'était efforcé de la faire fermer depuis qu'on était arrivés en Arizona. Tel était son boulot depuis des années, contrôler les mines pour voir si des veines allaient s'épuiser ou si la sécurité laissait à désirer. On l'appelait : « Ferme-moi celle-là ! » J'avais attendu dans le pick-up pendant qu'il était allé annoncer la nouvelle à la mère de Willie. C'était avant qu'on se connaisse. Mon père avait pleuré tout au long du retour, ce qui m'avait effrayée. C'est Willie qui plus tard m'a appris que mon père s'était battu pour obtenir une pension pour les mineurs et leurs familles, et que cela avait bien aidé sa mère. Elle avait cinq autres enfants, faisait la lessive et la cuisine pour des étrangers.

Willie se levait aussi tôt que moi, il cassait du bois, préparait le petit déjeuner pour ses frères et sœurs. Les cours d'instruction civique étaient les pires, impossible de rester éveillé, de s'intéresser. C'était à trois heures de l'après-midi. Une heure interminable. En hiver, le poêle à bois embuait les fenêtres et nos joues étaient rutilantes. Mme Boosinger rutilait elle aussi sous ses deux taches de fard à joues violacées. En été, avec les fenêtres ouvertes et les mouches ronronnantes, les abeilles bourdonnantes et le tic-tac de la pendule si somnolent si torride, elle parlait parlait du Premier Amendement et vlan ! la règle sur la table. « Réveillez-vous ! Réveillez-vous ! Vous êtes mous comme des limaces, vous deux ! Redressez-vous ! Ouvrez les yeux. Espèce de limaces ! » Un jour, elle me croyait endormie alors que je ne faisais que reposer mes yeux. « Lulu, qui est le secrétaire d'État ?

— Acheson, m'dame. »

Cela la surprit.

« Willie, le secrétaire d'État à l'Agriculture ?

— Topeka et Santa Fe[1] ? »

Il me semble qu'on était tous les deux ivres de sommeil. Chaque fois qu'elle nous flanquait un coup sur la tête avec le manuel d'instruction civique, on riait encore plus fort. Elle nous envoya, lui dans le couloir, moi dans le vestiaire, et nous retrouva recroquevillés et dormant à poings fermés après la classe.

Parfois Sextus grimpait jusqu'à la chambre de Dot. Je l'entendais chuchoter : « La petite s'est endormie ? — En un clin d'œil. »

1. L'Atchison, Topeka et Santa Fe Railway fut l'une des plus grandes compagnies de chemin de fer aux États-Unis.

Et c'était vrai. J'avais beau faire tous mes efforts pour rester éveillée et voir ce qu'ils fabriquaient, je m'endormais.

Il m'est arrivé un truc bizarre cette semaine. Ces petites et vives corneilles passaient juste devant mon œil gauche. Si je me retournais il n'y avait plus rien. Et lorsque je fermais les yeux, des lueurs filaient telles des motos sur l'autoroute. J'ai cru à des hallucinations ou un cancer de l'œil, mais le médecin m'a affirmé que c'étaient des corps flottants, un trouble très répandu d'après lui.

« Comment peut-on voir des flashes, s'il n'y a rien ? », ai-je demandé, aussi perplexe qu'avant au sujet des frigos. Selon lui, mes yeux signalaient au cerveau l'existence de ces flashes et celui-ci était dupe. De grâce, ne riez pas. Cela n'a fait qu'exacerber mon problème avec les corneilles. Et relancer mes oiseuses spéculations philosophiques. C'étaient peut-être mes yeux qui faisaient croire à mon cerveau qu'il y avait des corneilles dans l'arbre.

Un dimanche matin, je me suis réveillée et Sextus dormait près de Dot. J'aurais peut-être été plus intéressée s'ils avaient formé un couple plus séduisant. Il avait les cheveux coupés très court et des boutons, des sourcils blancs et une volumineuse pomme d'Adam. Mais c'était un champion du lasso qui participait à des rodéos et son cochon avait gagné le concours agricole trois années d'affilée. Dot était une personne quelconque, tout bonnement quelconque. Toute cette peinture qu'elle s'appliquait sur la figure ne la rendait même pas vulgaire, mais ne faisait qu'accentuer ses petits yeux bruns et sa grande bouche que des canines proéminentes maintenaient ouverte en permanence dans un demi-rictus. Je la secouai doucement et désignai Sextus. « Oh, crénom d'un chien », dit-elle et elle le réveilla. Il sortit par la fenêtre, descendit par le peuplier et disparut en un clin d'œil. Dot me cloua contre le foin, me fit jurer de ne pas dire un mot. « Ben, j'ai rien dit jusqu'à maintenant, non ? — Fais-le, et moi je parle de toi et ton rital. »

Elle parlait tellement comme ma mère que j'en fus ébranlée.

C'était agréable de ne plus m'en faire au sujet de ma mère. J'étais plus gentille à présent. Ni revêche ni renfrognée. Polie et serviable. Je ne renversais, ne brisais ni ne laissais plus rien tomber comme à la maison. J'aurais voulu ne jamais m'en aller. M. et Mme Wilson disaient toujours que j'étais mignonne, une bonne travailleuse, et que je faisais partie de la famille. On avait des repas en famille le dimanche. Dot et moi, on travaillait jusqu'à midi pendant qu'ils allaient à l'église, puis on fermait et on rentrait à la maison pour aider à préparer le repas. M. Wilson disait le Bénédicité. Les garçons se donnaient des coups de coude et riaient, parlaient base-ball et on parlait tous ensemble de… je ne sais plus. Peut-être qu'on ne disait pas grand-chose mais c'était gentil. On se disait : « S'il te plaît, passe-moi le beurre. — Sauce ? » Ce que je préférais, c'était que j'avais ma serviette et mon rond de serviette qui avaient leur place sur le buffet avec les autres.

Le samedi, on me conduisait jusqu'à Nogales, puis j'allais en bus jusqu'à Tucson. Les médecins me faisaient subir une douloureuse et moyenâgeuse traction pendant des heures, jusqu'à ce que je n'en puisse plus. Ils me mesuraient, cherchaient à détecter une lésion aux nerfs en me plantant des épingles dans le corps, frappant mes jambes et mes pieds avec des maillets. Ils ajustaient le corset et la talonnette dans ma chaussure. Ils semblaient s'acheminer vers une décision. Différents médecins louchèrent sur mes radios. L'as qu'ils avaient attendu déclara que mes vertèbres étaient trop proches de la moelle épinière. Une opération pouvait causer une paralysie, un traumatisme pour tous les organes qui avaient compensé cette déviation. Ce serait onéreux, non seulement l'opération, mais je devrais rester couchée à plat ventre pendant les cinq mois de convalescence. Heureusement, ils ne semblaient pas favorables à cette opération. J'étais convaincue que s'ils redressaient ma colonne vertébrale, je ferais un mètre quatre-vingts. Mais je ne voulais pas qu'ils cessent de s'occuper de moi ; je ne voulais pas aller au Chili. Ils me laissèrent garder l'une des radios où l'on voyait le cœur en argent que Willie m'avait donné. Ma colonne vertébrale en S, mon cœur mal placé et le sien juste en plein milieu. Willie l'exposa contre une petite fenêtre au fond du Bureau de l'Essayeur.

Certains samedis soir, il y avait des « fêtes de grange », du côté d'Elgin ou Sonoita. Dans des granges. On venait de très loin pour y assister, vieux, jeunes, bébés, chiens. Clients des ranches touristiques. Toutes les femmes apportaient à manger. Poulet frit et salade de pommes de terre, cakes, tourtes et punch. Les hommes allaient faire bande à part du côté de leurs pick-up et boire. Certaines femmes aussi, par exemple ma mère. Des élèves du lycée se soûlaient et vomissaient, étaient surpris à se peloter. Les vieilles dames dansaient entre elles ou avec les enfants. Tout le monde dansait. Surtout le two-step, mais aussi des danses lentes et le jitterbug. Le quadrille et des danses mexicaines comme *La Varsoviana*. En anglais, ça donne : « Mets ton petit pied, mets ton petit pied là », et on sautille sautille et se retourne brusquement. On jouait de tout, depuis

« Night and Day » jusqu'à « Detour, There's a Muddy Road Ahead », depuis « *Jalisco no te Rajes* » jusqu'à « Do the Hucklebuck ». Différents groupes chaque fois mais avec la même espèce de mélange. D'où sortaient ces merveilleux et disparates ensembles ? Trompette chicano et joueurs de guiro, guitaristes country à grand chapeau, batteurs be-bop, pianistes qui ressemblaient à Fred Astaire. Ce qui se rapproche le plus du style de ces petits groupes, c'est au Five Spot que je l'ai entendu à la fin des années 50. « Ramblin' » d'Ornette Coleman. Tout le monde s'extasiait sur la nouveauté de ce style, son caractère avant-gardiste. Pour moi ça sonnait comme de la Tex-Mex, un bon bal villageois à Sonoita.

Les très ordinaires mères de famille qui avaient tout des femmes de pionniers s'endimanchaient pour l'occasion. Permanentes Toni, fard à joues et hauts talons. Les hommes étaient des ranchers besogneux et burinés ou des mineurs, qui avaient grandi au temps de la Grande Dépression. Des travailleurs graves doublés de bons chrétiens. J'aimais voir les figures des mineurs. Les hommes que j'avais vus revenir du travail sales et épuisés, maintenant tout rouges et insouciants, entonnant des « Ah ha San Antone ! » ou un « *Ai, Ai, Ai* », car non seulement tout le monde dansait, mais tout le monde chantait et beuglait aussi. Par intervalles, M. et Mme Wilson ralentissaient pour haleter : « T'as pas vu Dot ? »

La mère de Willie venait avec une bande d'amies. Elle participait à chaque danse, toujours dans une jolie robe, les cheveux relevés, sa petite croix volant. Elle était magnifique et jeune. Réservée, aussi. Elle ne se laissait pas serrer pendant les slows, et n'allait pas non plus du côté des pick-up. Non, moi je n'avais pas remarqué cela, mais toutes les femmes de Patagonia, si, et elles citaient ce point en sa faveur. On disait aussi qu'elle ne resterait pas veuve longtemps. Quand j'ai demandé à Willie pourquoi il ne venait jamais, il m'a répondu qu'il ne savait pas danser, et de plus il devait garder les enfants. Mais d'autres enfants venaient, pourquoi ne pas les amener ? Non, sa mère avait besoin de s'amuser, de s'évader de temps en temps.

« Et toi, alors ?

— Ça ne m'ennuie pas trop. C'est pas désintéressé de ma part. Je voudrais qu'elle se trouve un autre mari tout autant qu'elle. »

Si les foreurs au diamant se trouvaient en ville, ça mettait vraiment de l'ambiance. J'ignore s'il en existe encore mais à l'époque c'était une race à part. Il y en avait toujours deux qui s'engouffraient dans le camp à cent cinquante à l'heure dans un nuage de poussière. Leurs voitures n'étaient pas des pick-up ni des berlines classiques mais des deux-places profilés dont la peinture satinée brillait à travers la poussière. Ces hommes ne portaient pas de jeans ni des vêtements de toile comme les ranchers ou les mineurs. Peut-être que si, quand ils descendaient dans les mines, mais en voyage ou au bal ils portaient des costumes sombres, de soyeuses chemises et cravates. Leurs cheveux étaient longs, coiffés à la Elvis Presley, avec de belles rouflaquettes, parfois une moustache. Même si je ne les voyais que dans les mines de l'Ouest, leurs plaques étaient en général du Tennessee, de l'Alabama ou de la Virginie-Occidentale. Ils ne restaient jamais longtemps, une semaine maximum. Ils étaient mieux payés que des chirurgiens du cerveau d'après mon père. C'étaient eux qui ouvraient une bonne veine ou en trouvaient une, il me semble. En tout cas ils étaient importants et leur job était dangereux. Ils avaient l'air dangereux et, je sais cela maintenant, sexy. Cool et arrogants, ils avaient le prestige du toréro, du braqueur de banques, du grand sportif. Toutes les femmes, vieilles, jeunes, voulaient danser avec un foreur au diamant. Moi aussi. Les foreurs voulaient toujours danser avec la mère de Willie. L'épouse ou la sœur de quelqu'un, ayant trop bu, se retrouvait invariablement dehors avec l'un d'eux, et ensuite il y avait une bagarre sanglante, avec tous les hommes qui sortaient en masse à l'extérieur. Ça se terminait toujours par un coup de feu tiré en l'air et les foreurs qui partaient à tout berzingue dans la nuit, tandis que le soupirant blessé rentrait dans la grange avec la mâchoire tuméfiée ou un œil au beurre noir. L'orchestre jouait quelque chose comme « You Two-Timed Me One Time Too Often. »

Un dimanche après-midi, M. Wise nous conduisit, moi et Willie, jusqu'à la mine, pour voir notre ancienne maison. J'eus alors le cafard, à humer l'odeur des roses Lincoln de mon père, à déambuler sous les vieux chênes. De tous côtés pentes escarpées et vues sur les vallées et le Mont Chauve. Les faucons et les geais étaient là, tout comme le ticitic genre tambour et cymbale des poulies dans la mine. Ma famille me manquait et je m'efforçais de ne pas pleurer, mais j'ai pleuré quand même. M. Wise m'a serrée dans ses bras, disant de ne pas m'en faire, j'allais sûrement les rejoindre à la fin de l'année scolaire. J'ai regardé Willie. Il m'a montré les biches et leurs faons qui nous observaient, à deux pas. « Ils ne veulent pas que tu t'en ailles », il a dit.

Je devais donc aller en Amérique du Sud. Mais voilà qu'il y avait un terrible séisme au Chili, une catastrophe nationale, et les miens étaient tués. Je continuais donc à vivre à Patagonia, Arizona, chez les Wilson. Après le lycée on m'attribuait une bourse pour aller à l'université de l'Arizona où j'étudiais le journalisme. Willie décrochait une bourse lui aussi, et il suivait des études de géologie et d'art. On se mariait après avoir obtenu nos diplômes. Willie se faisait embaucher à la Trench et moi je travaillais pour le *Nogales Star* jusqu'à la naissance de notre premier fils, Silver. On vivait dans la splendide maison en pisé de Mme Boosinger (qui était morte, à ce moment-là), là-haut dans les montagnes, dans une pommeraie non loin de Harshaw.

Je sais que ça fait naïf, mais on a vécu heureux et eu beaucoup d'enfants.

Et si c'était arrivé, ce séisme ? Je sais. C'est le problème avec les « Et si ». Tôt ou tard, on tombe sur un os. Je n'aurais pas pu rester à Patagonia. J'aurais échoué à Amarillo, au Texas. Espace sans aspérités, silos, ciel et broussailles chassées par le vent, pas une montagne en vue. À vivre chez oncle David et tante Harriet et mon arrière-grand-mère Grey. Ils m'auraient considérée comme un problème. Leur croix. Il y aurait eu beaucoup de « mauvaise conduite » de ma part et le psychologue aurait parlé d'« appels au secours ». Une fois sortie du centre pour délinquants juvéniles, je n'aurais pas tardé à m'enfuir avec un foreur au diamant de passage en ville, en route pour le Montana, et, incroyable mais vrai, ma vie se serait achevée exactement de la même façon, sous les roches calcaires de Dakota Ridge, avec les corneilles.

POSTFACE

« Les oiseaux ont mangé toutes les graines de roses trémières et pieds d'alouette que j'avais plantées… rangées comme dans une cafétéria. »

Lettre à moi, 21 mai 1995.

Lucia Berlin fut ma plus grande amie. C'est aussi l'un des écrivains les plus remarquables que j'aie jamais rencontrés.

C'est sur cet aspect-là que je voudrais m'exprimer ici. Sa vie extraordinaire – sa couleur, ses malheurs, et l'héroïsme dont elle fit preuve, en particulier dans son combat contre une excessive consommation d'alcool – tout cela est évoqué dans la note biographique à la fin.

L'écriture de Lucia est nerveuse. Quand j'y songe, j'imagine parfois un batteur de grande classe en action, frappant tout un assortiment de caisses, toms et cymbales, et actionnant les pédales des deux pieds.

Non que son œuvre soit percussive, mais il s'y passe tant de choses.

Sa prose décolle de la page. Elle a de la vitalité. Elle est révélatrice.

Une curieuse petite voiture électrique, dans les années 1950 : « Celle-ci ressemblait à n'importe quelle autre voiture, sauf qu'elle était très haute et courte, comme une voiture de BD qui serait rentrée dans un mur. Une voiture aux cheveux dressés sur la tête. »

La voiture était haute *et* courte.

Ailleurs, à l'extérieur du lavomatic fréquenté par les itinérants :

« Matelas sales, chaises hautes rouillées, attachées au toit de vieilles Buick cabossées. Carters d'huile qui fuient, vaches à eau qui fuient. Lave-linge qui fuient. Les hommes attendent dans les voitures, torse nu… »

Et la mère (ah, la mère) :

« Tu soignais toujours ta toilette. Porte-jarretelles. Bas couture. Une combinaison de satin pêche que tu laissais dépasser un peu, exprès, juste pour montrer à ces péquenauds que tu en portais une. Une robe en mousseline épaulée, une broche avec des petits diamants. Et ton manteau. Je n'avais que cinq ans, et même alors je savais que c'était un vieux manteau miteux. Bordeaux, les poches tachées et râpées, les poignets effilochés. »

Ce qu'il y a dans son œuvre, c'est la joie. Denrée précieuse, pas si facile à trouver. Balzac, Isaac Babel, Gabriel Garcia Marquez, sont les noms qui viennent à l'esprit.

Lorsqu'une écriture est aussi chaleureuse, le résultat est que le monde s'en trouve célébré. Tout au long de son œuvre, le monde irradie de joie. Cette écriture est en permanence débordée par ce qu'on ne peut jamais réprimer – humanité, lieux, nourriture, odeurs, couleurs, langage. Le monde vu dans son mouvement perpétuel, penchant vers la surprise et même le ravissement.

Qu'importe si l'auteur est pessimiste ou pas, si les événements ou sensations sont gais. Le caractère palpable de ce qu'on nous montre est positif :

« Tout autour de nous des gens dans les voitures mangeaient des trucs salissants. Pastèques, grenades, ananas talés. Des bouteilles giclaient aux plafonds, la mousse ruisselait sur les carrosseries. J'avais envie de siroter un jus d'orange. J'ai faim, pleurnichai-je.

« Mme Snowden avait prévu le coup. Sa main gantée me passa des biscuits aux figues enveloppés de Kleenex poudreux. Les gâteaux se dilatèrent en moi telles des fleurs japonaises… »

Quant à cette « joie » : non, elle n'est pas omniprésente. Oui, il y a des histoires d'une noirceur sans mélange. Mais je pense surtout à l'effet qui domine.

Voyez « Chiens errants ». La fin est aussi poignante qu'une ballade de Janis Joplin. La jeune toxicomane, balancée par son loser d'amant qui est cuistot et administrateur, a suivi le programme, participé à un groupe, été sage. Mais elle s'enfuit. Dans un camion, avec un vieil éclairagiste de télévision, elle s'en va vers la ville.

« On est arrivés en haut de la côte, avec la large vallée et le Rio Grande devant nous, les monts Sandia si jolis au loin.

— Monsieur, ce qu'il me faudrait, c'est du fric pour me payer un billet pour Baton Rouge. Vous pouvez me filer ça, dans les soixante dollars ?

— Facile. T'as besoin d'un billet. Moi, j'ai besoin d'un verre. On va s'entendre. »

Comme dans une ballade de Janis Joplin, cette fin a une *cadence.*

Bien entendu, en même temps, un humour ravageur anime le travail de Lucia. Au sujet de la joie, c'est pertinent.

Exemple : l'humour de « 502 », récit d'une conduite en état d'ivresse qui se produit… alors qu'il n'y a personne au volant (la conductrice dort chez elle, ivre morte, tandis que sa voiture dévale la pente). Un camarade de beuverie raconte : « – Dieu merci, t'étais pas dedans, ma vieille (…) La première chose que j'ai faite, c'est ouvrir la portière et j'ai dit : "Où qu'elle est donc passée ?" »

Dans une autre histoire, la mère : « Elle détestait les enfants. Un jour, on s'est rencontrées à l'aéroport, à l'époque où mes quatre gosses étaient petits. Elle a crié : "Rappelle-les !" comme si c'était une meute de dobermans. »

Sans surprise, des lecteurs ont parfois employé le terme d'« humour noir ». Ce n'est pas mon avis. Son humour est très drôle, et il n'est pas dur. Céline et Nathanael West, Kafka… ce sont d'autres territoires. D'ailleurs, l'humour de Lucia est contagieux.

Mais s'il y a un ingrédient secret dans son écriture, c'est la soudaineté. Dans la prose elle-même, décalage et surprise génèrent une allégresse qui est sa marque de fabrique.

Sa prose swingue et bondit, change de cadence, de sujet. D'où son caractère pétillant.

La vitesse en écriture n'est pas un point souvent abordé. En tout cas, pas assez.

« Panteón de Dolores » est une nouvelle au spectre large avec une grande profondeur affective. Mais qui a aussi son alacrité. Lisez ce passage qui commence par : « Pas l'ouïe » jusqu'à « degré de pollution »[1].

Ou ceci : « Maman, tu voyais la laideur et le mal partout, en chacun, en tout lieu. Étais-tu folle ou clairvoyante ? »

Sa dernière nouvelle, « BF et moi », est très brève. Elle ne comporte ni fracas ni grands thèmes, ni infanticide, ni contrebande ni réconciliation. D'une certaine façon, voilà pourquoi elle est si remarquable. C'est léger – et vif.

Voici comment elle nous présente le vieux bricoleur usé qui vient travailler dans son mobil-home :

« Il se tenait au mur et à la rampe, ahanant et toussant après avoir monté les trois marches. C'était un type énorme, grand, très gros et très vieux. Alors même qu'il était encore à l'extérieur, à reprendre sa respiration, j'ai

1. Dans la prose de Lucia, la ponctuation est souvent peu orthodoxe et quelquefois incohérente. Elle abhorre la virgule qui provoque une pause qu'on ne percevrait pas à l'oral, ou produit un ralentissement indésirable. Dans d'autres cas, l'évitement de la virgule génère une certaine trépidation qui accentue l'effet d'élan. Le plus souvent, nous nous sommes abstenus d'expurger sa ponctuation. Idem pour quelques bizarreries enracinées dans le langage courant et comparables à de la sténographie.

senti son odeur. Tabac et laine sale, la sueur aigre des alcooliques. Il avait des yeux bleu layette injectés de sang, pleins de malice. Il m'a plu tout de suite. »

Ce « Il m'a plu tout de suite ». C'est presque absurde. Et dans cette presque absurdité réside la vitesse. Et l'esprit. (Voyez tout ce que cela nous dit sur la narratrice.)

Avec un écrivain d'un tel calibre, on peut souvent identifier le travail à travers une simple phrase. Celle-ci par exemple, tirée de cette même histoire, toujours sur BF et son odeur :

« Les mauvaises odeurs, ça peut être chouette. »

Ça, c'est tout elle. Une réflexion tellement innocente qu'elle confine à l'idiotie. Mais juste – et profonde. En outre, par contraste avec sa voix généralement courtoise, cette phrase est presque hypocrite. Ce qui contribue à cette impression de vitesse. Le décalage dans le ton, et même dans la voix, nous expédie, tout simplement, sur un nouveau terrain.

De plus, la phrase est sèche (comment une mauvaise odeur pourrait-elle être réellement « chouette » ?) La sécheresse, en l'occurrence – quand les choses sont autres qu'elles n'en ont l'air – c'est la vitesse.

Cette puanteur de BF nous amène à… Proust.

« Cette puanteur était ma madeleine à moi. »

Qui d'autre qu'elle peut écrire cela ? Cette puanteur était ma madeleine à moi.

Compiler ces nouvelles fut une joie à de multiples égards. C'est avec plaisir que nous avons constaté que depuis la publication de son dernier livre et sa disparition, son œuvre avait pris de l'envergure.

Black Sparrow et ses premiers éditeurs lui avaient donné un bon départ, et elle devait bien avoir mille ou deux mille fervents lecteurs, mais c'est trop peu. Son œuvre réjouira le lecteur le plus cultivé, mais n'a cependant rien d'élitiste. Au contraire, elle est engageante.

Toutefois, cette traversée du désert était peut-être inévitable. Après tout, la vie entière de Lucia s'est déroulée *en marge*.

Vie de bohème sur la côte Ouest, travail de bureau ou manuel, lavomatics, meetings, boutiques vendant des chaussures à l'unité, et habitations comme ce mobil-home, tels sont les cadres où s'est déroulée une bonne partie de sa vie adulte (sans jamais qu'elle se départe de ses bonnes manières.)

Et c'est même cela qui donne à son travail sa force singulière.

Depuis Boulder, elle m'écrivait (et ici elle fait allusion à son constant et dernier compagnon, son réservoir d'oxygène) :

« Bay Area, New York et Mexico (furent les) seuls endroits où je n'ai pas eu la sensation d'être une autre. Je reviens d'avoir fait mes courses et on n'a pas cessé de me souhaiter une bonne journée en me souriant comme si mon réservoir d'oxygène était un caniche ou un enfant. »

Pour ma part, je n'imagine pas qu'on puisse ne pas avoir envie de la lire.

Stephen EMERSON

À PROPOS DE L'AUTEUR

Son œuvre

Lucia Berlin (1936-2004) a publié 76 nouvelles de son vivant. La plupart, mais pas toutes, ont été réunies dans trois volumes édités par Black Sparrow Press : *Homesick* (1991), *So Long* (1993), et *Where I Live Now* (1999). Ceux-ci reprenaient l'essentiel des contenus de trois précédents recueils : *Angel's Laundromat* (1981), *Phantom Pain* (1984), et *Safe & Sound* (1988), ainsi que le petit livre broché de 1977, *A Manual for Cleaning Ladies.*

Ses premiers textes furent publiés alors qu'elle avait vingt-quatre ans, dans *Atlantic Monthly* et *The Noble Savage*, le journal de Saul Bellow et Keith Botsford. Ultérieurement, d'autres histoires parurent dans *New American Writing* et d'innombrables revues plus modestes. *Homesick* remporta un American Book Reward.

Tout au long des années 60, 70, ainsi qu'une bonne partie des années 80, Berlin travailla brillamment mais sporadiquement. À la fin des années 80, ses quatre fils avaient grandi et elle-même avait surmonté le problème d'alcoolisme qui l'avait accompagnée toute sa vie (les récits de ses horreurs, cellules de dégrisement et crises de delirium tremens occupent un coin particulier dans son œuvre et soutiennent la comparaison avec ceux de Malcolm Lowry). Par la suite elle demeura productive jusqu'à sa disparition prématurée.

Sa vie

Lucia Berlin est née Lucia Brown à Juneau, Alaska, en 1936. Son père étant dans l'industrie minière, ses premières années s'écoulèrent dans les camps et petites villes minières des États de l'Idaho, du Montana, et de Washington.

En 1941, le père partit à la guerre, dans les Marines, et Lucia accompagna sa mère et sa jeune sœur, Molly, à El Paso, où les grands-parents maternels et son grand-oncle partageaient une maison. Le grand-père était un dentiste réputé, mais à moitié fou.

Peu après la guerre, le père emmena la famille à Santiago du Chili, et Berlin s'embarqua dans ce qui allait être vingt-cinq années d'une existence passablement extravagante. À Santiago, elle assista à des bals et soirées mondaines, eut sa première cigarette allumée par le prince Ali Khan, quitta l'école, et fit office de maîtresse de maison quand son père recevait. La plupart du temps, sa mère se retirait de bonne heure avec une bouteille.

Dès l'âge de dix ans, Lucia avait commencé à souffrir d'une scoliose sévère et pénible, qui devait jouer un rôle dans son décès.

En 1955, elle s'inscrivit à l'université du Nouveau-Mexique. Parlant couramment l'espagnol, elle eut pour professeur le romancier Ramon Sender. Bientôt elle épousa le sculpteur Paul Suttman et leur fils Mark naquit en

1956. Suttman la quitta en 1957, et leur second fils, Jeff, naquit en avril 1958. Lucia obtint son diplôme et, début 1958, rencontra l'écrivain Robert Creeley et deux condisciples de Harvard, Race Newton et Buddy Berlin, tous deux musiciens. Elle fit la connaissance du poète Edward Dorn, ancien élève de Creeley à Black Mountain College, à peu près à la même époque.

Newton, pianiste de jazz, l'épousa cette même année, à Albuquerque. En 1959, la famille monta à New York, où Newton travailla sans interruption. Ils s'installèrent dans un loft où ils se lièrent d'amitié avec leurs voisins, les écrivains Denise Levertov et Mitchell Goodman. Des artistes et poètes comme John Altoon et Diane di Prima comptèrent aussi parmi leurs amis. À ce moment-là, Lucia écrivait elle aussi, et ses premiers textes parurent sous le nom de Lucia Newton.

En 1960, elle quitta Newton et New York pour voyager avec ses enfants en compagnie de Buddy Berlin jusqu'au Mexique, où ils se marièrent. Entre 1961 et 1968, ils firent la navette entre le Mexique et le Nouveau-Mexique, et deux autres fils, David et Daniel, naquirent.

En 1968, les Berlin divorcèrent et Lucia prépara un master à l'université du Nouveau-Mexique. Elle était employée comme enseignante suppléante.

Les années 1971-74 se déroulèrent à Berkeley et Oakland, Californie. Lucia fut professeur dans le secondaire, standardiste, auxiliaire médicale et infirmière, tout en écrivant, élevant ses enfants, buvant, avant de vaincre sa dépendance à l'alcool. Elle passa une bonne partie des années 1991 et 1992 à Mexico où sa sœur Molly se mourait d'un cancer. Leur père décéda en 1984, leur mère en 1986, s'étant sans doute suicidée.

En 1994, Edward Dorn amena Lucia à l'université du Colorado, et elle passa les six années suivantes à Boulder comme écrivain en résidence et enfin professeur agrégé. Enseignante très populaire, elle fut en 1996 l'un des quatre membres de la faculté distingués par le prix décerné par la Student Organization for Alumni Relations. Comme Katherine Eggert, la directrice du département de Littérature anglaise, devait le souligner : « Être récompensée pour l'excellence de son enseignement au bout de deux années d'exercice seulement, c'est un tour de force. »

À Boulder, elle se lia professionnellement et amicalement avec bon nombre de poètes et écrivains, parmi lesquels Anselm Hollo, Kenward Elmslie, Ronald Sukenick et Steve Katz. Sa vieille amie Bobbie Louise Hawkins, ex-Mme Creeley, comptait parmi ses intimes.

Sa santé déclinant (la scoliose avait entraîné une perforation du poumon, et au début des années 1990, Lucia ne se déplaçait jamais sans réservoir d'oxygène et rarement sans son fauteuil roulant), elle prit sa retraite en 2000 pour s'installer à Los Angeles sur les conseils de ses fils, dont plusieurs vivaient là-bas. Elle lutta avec succès contre son cancer du sein, mais disparut en 2004, à Marina del Rey.

© Buddy Berlin

REMERCIEMENTS

Les écrivains Barry Gifford et Michael Wolfe ont été les chevilles ouvrières de cette édition. Avec Jenny Dorn, Jeff Berlin, Gayle Davies, Katherine Fausset et Emily Bell, ils ont mobilisé leurs efforts et leurs compétences dans l'intérêt de ce projet. Qu'ils en soient ici remerciés, de même que tous les autres partisans et amis de Lucia Berlin.

SE

TABLE